清华语言学博士丛书

陈筱琪 著

闽南西片方言音韵研究

中西书局　　上海辞书出版社

图书在版编目(CIP)数据

闽南西片方言音韵研究/陈筱琪著.—上海：中
西书局，2019
  (清华语言学博士丛书/蒋绍愚主编)
ISBN 978 - 7 - 5475 - 1604 - 1

  Ⅰ.①闽… Ⅱ.①陈… Ⅲ.①闽南话—音韵学—方言
研究 Ⅳ.①H177.2
中国版本图书馆 CIP 数据核字(2019)第 139706 号

闽南西片方言音韵研究

陈筱琪 著

责任编辑 马 沙
装帧设计 梁业礼

出版发行 上海世纪出版集团
          中西书局(www.zxpress.com.cn)
地　　址 上海市陕西北路 457 号(邮编 200040)
印　　刷 上海求知印刷厂
开　　本 890×1240 毫米 1/32
印　　张 11.75
字　　数 305 000
版　　次 2019 年 10 月第 1 版 2019 年 10 月第 1 次印刷
书　　号 ISBN 978 - 7 - 5475 - 1604 - 1/ H·095
定　　价 56.00 元

本书如有质量问题,请与承印厂联系。电话:021 - 65315462

丛书编委会

顾　问

丁邦新　陆俭明

主　编

蒋绍愚

副主编

张美兰

编　委

（按姓名音序排列）

蔡维天　曹志耘　陈保亚　方一新

冯胜利　何大安　邢向东　张伯江

张　赪　张　敏

总　　序

　　近二十年来,我国博士生培养事业有了很大进展,在各个领域都培养出了一大批优秀的博士生;在语言学领域也是这样。这些新培养出来的博士生,大多视野开阔,思想敏锐,既有扎实的专业基础,又有强烈的创新意识,是我国语言学事业继往开来的生力军。博士论文和出站报告是他们刻苦攻读、悉心研究所取得的成果,有些优秀的博士论文达到了学术前沿的水平,体现了语言学研究的新思路、新成就。面对这些学术新人和学术新成果,我们由衷地感到高兴。

　　众所周知,一门学问要能生根,要能茁壮地成长发展,必须不断挖掘和发现新的材料,必须不断进行理论更新,必须不断涌现大批新的研究人员。语言学是一个既古老又相对年轻的学科。中国是拥有语言富矿的国家,汉语历史悠久,语言多种多样;有优良的语言研究传统,新的语言研究成果不断涌现。现在由于国力日益强盛,更引发各国青年人学习汉语的热潮。这对我国语言学科发展来说,既是一种机遇,又是一种挑战。只要我们海峡两岸暨香港、澳门地区语言学同仁合力研究,让我国语言学科走到世界学术的尖端,这是可望也可及的目标。正是从这一思想出发,并为了使得这些学术新成果更快地和读者见面,为了帮助这些新人更迅速地成长,以便为语言学注入新的活力,我们创办了这个《清华语言学博士丛书》。现在计划每年出版一辑,每辑选收 1—5 种海峡两岸暨香港、澳门地区语言学博士的优秀论文、出站报告和其他著作。我们希望《丛书》能聚集一批优秀的年轻学者,这些年轻人将来能带领中国的语言学迈着稳健的步伐前进。

《清华语言学博士丛书》创办以来,得到了海峡两岸暨香港、澳门地区语言学界同仁和有关单位的大力支持。很多著名的语言学家担任了顾问和编委,很多博士生踊跃投稿,很多专家不辞辛劳负责审稿。清华大学提供了经费,上海中西书局负责出书。大家的热忱支持进一步坚定了我们办好《清华语言学博士丛书》的决心,我们一定使之成为展示我国语言学新思想、新成果的平台,成为语言学新苗茁壮成长的园地。

希望大家对《清华语言学博士丛书》不断提出意见和建议。让我们共同努力,把《清华语言学博士丛书》办好!

蒋绍愚

2013 年 6 月

序

    《闽南西片方言音韵研究》是 2013 年陈筱琪毕业于台湾大学的博士学位论文,经评选于 2014 年收入《清华语言学博士丛书》。这项殊荣,肯定了这部论文的学术价值。

    这部论文以"闽客接触"为主题,探讨闽西地区之闽客接触现象,深入研究闽南西片方言的形成过程。文中指出,这个地区经过长久的闽南与客畲语语言接触后,原居民放弃母语,转而使用闽南漳州方言;因此这是以客畲语言为底层,上覆漳州方言而形成,具有许多底层语言的特征,以及底层、上层互动的痕迹。这使它成为一个复杂而富有研究价值的方言区。

    闽客接触所带来的语言现象是中国东南地区最引人入胜的语言问题之一,不论是对历史语言学或社会语言学都极具理论价值。本论文运用历史语言学的比较法及接触理论等适当的架构,观察本地方言"平衡"与"疾变"的种种语言现象,提出富有说服力的结论,对于汉语方言及语言理论研究,具有相当高的学术贡献。

    我很高兴看到这部论文的出版,也期待作者继续努力,让我们不断地读到他的研究成果。

杨秀芳

2017 年 8 月于台湾大学

内 容 摘 要

　　"闽南西片"是漳平及龙岩的闽南话,紧邻闽西客语区。闽南西片内部可分为八个区块,本书针对闽南西片方言,做详细的共时音系描述及历时的音韵比较。并以闽南西片的形成为借镜,思考汉语方言的发展模式。

　　闽南西片是以客畲语言为底层,上覆漳州方言而形成的闽南话。来自漳州的闽南移民在漳平及龙岩一带长期与客畲语言接触,本地的原居民经历漫长的双语时期后,最后放弃了母语,成为闽南单语者,这个过程称为"语言转用"(language shift)。语言转用伴随着"底层干扰"(shift-induced interference),闽南西片的音系、词汇系统,都可看到客畲语言的特点。我们在闽南西片的历史音韵探讨中,也可发现底层音系与上层音系的互动与竞争。

　　闽南西片的形成过程捍击了谱系树理论的语言发展观。谱系树理论所阐述的语言演变图式对汉语方言研究有重大影响,但谱系树排除了"语言接触"状况,可是同源语言与不同源语言之间的接触却是汉语十分常见的现象。我们透过闽南西片这个带着接触性质的方言区,重新检视汉语方言的形成与发展。过去罗杰瑞原始闽语的拟构可以说是历史比较法在汉语方言历史研究中有效性的一个测试,由于完全遵循传统历史语言学的思路,构拟的结果忽视了语言的外来影响。汉语方言的研究必须尝试新的途径,从"语言转用"来了解汉语的变化和方言的形成,就是一个有发展性的途径。

　　本书第一章为绪论,说明我们的基本理念与研究方法。第二章描写闽南西片与周边的万安方言的平面语音系统。第三章讨论闽南西片的历史音变,本章的焦点是闽南西片后起的创新变化。由于闽南西片是漳州移民与本地民族语言接触后形成的闽南话区域,因此我们的做法是以漳州音系作为参照点,观察闽南西片与本土漳州的异同,推测闽南西片的历史演变过程。第四章说明了闽南西片保留的古闽语讯息,以及分析闽西汉语方言共同形成的区域音韵特性。第五章总结本书的研究成果。

关键字　语言转用　闽南西片　闽西客语　闽客接触　畲语

目　　录

第一章　绪　　论

第二章　闽南西片方言的共时音系

第三章　闽南西片方言的历史音变

表 格 目 录

插 图 目 录

第一章

绪 论

1.1 研究意义

　　根据李如龙的分析,闽南方言可分为四片:北片为泉州口音;南片为漳州口音,粤东的潮汕和汕尾地区与漳州连片,也属漳州小片;东片是厦门口音,由泉腔与漳腔混合而成;西片指龙岩与漳平的闽南话,与闽西客话相连。(侯精一 2002:225)①闽南话过去的研究多集中在北、南、东等片,不论是共时或历时的问题,都有许多精辟之见,但西片的研究相对较少,有待深入调查与分析语料。

　　以现今的行政名称来说,"闽南西片"指位于福建省地级市"龙岩市"②境内的"新罗区"(旧称龙岩县)和县级市"漳平市"的闽南话。闽南西片是闽西客语外,另一个深富研究意义的闽西汉语方言。

　　"闽西"一般指福建省西南,是福建与江西、广东二省的交界处,包括"龙岩市"全境,以及"三明市"西南角。闽西客语是闽西最大的方言区,分布在龙岩市管辖的长汀县、武平县、连城县、上杭县、永定县及三明市管辖的宁化县、清流县。学界已有许多针对闽西客语所做的研究,而位于闽西客语东侧的闽南西片方言,目前有张振兴

---

　　① 侯精一(2002)《现代汉语方言概论·闽语》由李如龙先生执笔,该书对闽南话的分片是李如龙的处理。李如龙(1997:83)《福建方言》,也依照相同的分片方式处理闽南话的内部差异。

　　② 根据清道光年间彭衍堂等所修的地方州志,清朝以前该地的地名写为"龍巖",(彭衍堂 1835)而目前龙岩市区的学校匾额指称该地时所使用的字体也为"龙岩"。

(1992)《漳平方言研究》,郭启熹(1996)《龙岩方言研究》,罗超(2007)《龙岩方言语音比较研究》,以及曾德万(2012)《龙岩闽南方言音系研究》等著作,分别对漳平永福话、龙岩城关话、龙岩雁石话、龙岩白沙话有较全面的介绍及音系分析。

图1-1　闽西汉语方言分布图

漳平及龙岩的闽南话有内部差异。漳平的闽南话,张振兴(1992)认为可细分为五个区块:漳平双洋、漳平新桥、漳平溪南、漳平菁城、漳平永福;而龙岩的闽南话,郭启熹(1996)也提出需分成三区:龙岩苏坂、龙岩城关、龙岩适中。闽西汉语方言的分布及主要乡镇的地理位置,请见图1-1,西侧为客语区,东方则是闽南语区:

经过简单的音系比较即可发现,闽西客语大异于以梅县话为代表的客家方言,闽南西片也与厦、漳、泉闽南话有诸多不同,而闽西客语与闽南西片,却形成相似的音韵特色。闽西的闽南与客家除了各自纵向的方言承继外,闽、客之间又出现"闽西的区域音韵特征",紧邻闽南西片西北部的万安话,正是闽西闽、客方言纵向承继与横向接触两种语言变化交错下的缩影。万安话是闽客混合方言,同时具有闽南及客家的特征,除了体现闽语的层次与闽南西片的语音特色外,也拥有闽西客语的音变方式,正好说明闽西地区闽南与客家的系统在此处交会。闽西地区的汉语系统如此错综,但完整比较当地汉语的专著,目前尚未见。

1.2 研究背景与相关回顾

闽南西片除了闽南话的音系架构外,系统中有许多客语特点,可说是受过客语"调整"的闽南话。闽南西片的形成与客语关系密切,这与闽西复杂的人文背景有关。

闽南西片位于现今漳平及龙岩地区,该区域从唐宋以来便是客、畲、闽三方势力的更迭处。闽西在唐宋时期主要是客家、畲族先民的居住地,宋元以后,漳州民系逐步深入内陆山区,一波波的漳州移民是使漳平、龙岩一带成为闽南语区的重要原因。

闽西一带,历史上先后出现过"客畲接触"与"畲闽接触","客畲接触"在前,"畲闽接触"在后。据蓝小玲(1999:6-10)研究,唐末黄巢之乱后,客家的北方先民大举南迁,大部分到了宁化及汀江流域。客家北方先民与畲族先民生活在同一个区域,"客家先民至闽西时,与畲族错居并通婚,形成客畲融合的局面"(游文良 2002:15)。吕嵩雁(1999:287)指出,闽西境内"畲"字地名大量分布,反映出早期曾有许多畲族聚落存在。漳平及龙岩地区,目前还有许多由"畲"字组合而成的地名,例如漳平的新桥罗畲、灵地谢畲、官田南家畲,龙岩的白沙罗畲、白沙郭畲、江山坪畲、新罗区洋畲、岩山丹畲、适中东家畲、万安下畲等等。漳平、龙岩这些由"畲"字组合而成的地名,充分说明了该地区过去曾有畲族人存在。

据谢重光(2002:187-190)对客、畲、闽的民系关系研究,两宋时期畲族与客家虽然有着近乎共生的关系,但畲族与客家的分布区域并不完全重叠。南宋客家的中心区域是汀、赣,而畲族则除了汀、赣外,漳州、潮州、循州等地也是重要的分布区。南宋时福佬人的领域大致是紧挨着闽粤沿海,而在沿海与汀、赣的中间地带,约当今天的龙岩(新罗区)、漳州、南靖、平和、云霄、诏安、饶平、揭扬、陆丰等地,那时是畲族的领域,宋元之际畲族领袖如李志甫、陈吊眼、潮州陈氏五虎等,都在此区域活动。

李如龙、姚荣松等(2008:48-49)提出,闽南漳州府的扩建从一开始就带着与畲族争夺土地的色彩,漳州内陆多山,农业不易发展,因此以农业为生的闽南人更愿意迁徙至邻近的潮汕平原,一直到明代中后期,闽南方言才真正延伸至漳州内陆山区,完全"覆盖"原来畲族居住的地方。

龙岩与漳平在唐开元年间本由汀州府管辖,但因高山阻挡,水路无法通汀州,却可走九龙江至漳州,因此唐大历年间改归漳州府,直至清雍正年间,龙岩与漳平都归漳州府管辖。行政上的力量使龙岩与漳平从唐代开始或多或少受到漳州话的影响。谢重光(2002:219-226)指出,宋代以后,畲族的分布范围日渐缩小,政经条件使畲族大量的"汉化"。元朝时期,汉畲间的通婚、融合大增,其中活动在南靖、龙溪、龙岩之间的李志甫部,正因与福佬错居杂处,最后便转化为福佬人。如前文所述,目前漳平、龙岩仍有多处地名以"畲"字构成,说明过往曾有过畲族居住,但那些地区现在一般通行的语言是闽南话,并非畲语,这些"畲"字地名及该地区当今的语言状况也说明了闽西畲族的汉化历史。[①]

根据温春香(2008)对历代史料的考察,自宋元开始,文人对闽粤赣边界的"异族"有诸多记录。南宋刘克庄《漳州谕畲》明确以"畲民"指称该族群,并把畲民分为"西畲"与"南畲"两类。刘克庄后,关于畲民的记载不绝于书,尤多见于中国东南区域的方志之中,畲民是文人笔下有别于华夏之人的"异己"。然而随着时间越往后,明清时期文人对"畲族"的记录变得越来越少,"异己"的"消失",是指曾经作为指认该人群明显异于汉人的外显标志的消融,并非指这一族群事实上的消亡,其中重要的原因就是畲汉的互动与融合。畲汉融合的途径是多样的,既有通婚、收养等血缘上的混化,也有互相隐匿的地缘上的融合,更有国家等外力作用下的推进,因此历史上畲汉融合是双向的,既存在畲融于汉的可能,也有汉融于畲的情况出现。"畲族迁徙论"并不足以解释闽粤赣边界"异族"的消失。

郭启熹(2002)认为,畲人与汉族融为一体是闽西畲族在元代以后人口大量减少的原因之一。闽西在畲汉错居千百年后,具有畲族血缘关系的族群人数众多,可以说今日闽西土生土长的汉族中,不少人有着畲族的血统。唐宋以后,闽西畲族逐渐由聚居的主要族群变成分散居住的小族。

从语言层面来说,畲族"分布范围缩小"与"汉化",指的是畲族人彻底放弃母语,只用当地的优势汉语。母语的消亡(language death)与"语言转用"(language shift)是一体两面,当畲族人"转用"当地的优势汉语时,也是身份被视为汉人的开始。

[①] 根据郭启熹(2002)的研究,今日漳平、龙岩地区,经过"身份核定"的畲族聚落主要分布在漳平的山羊隔,象湖龙门,溪南吴祠,双洋尾村,灵地乡,新桥大罗山、小罗山等地。这些畲族大多是明清以后,经过多次迁徙才定居在这些地区的。漳平、龙岩目前仍有尚未经过身份认定的畲族,散居在闽西各地。

在畲族完全不说本族语言之前，一定经历了很长的"畲汉双语"时期。现代畲语与客语"你中有我、我中有你"（游文良 2002：13）的语言现象，就是唐宋时期长久的"客畲双语"所形成。活动在龙岩、漳平一带的畲族，唐宋时先经历了客畲融合，元朝漳州民系逐步推进后，与闽南的接触大量增加，当时有客畲闽多元融合现象是可预想的。龙岩、漳平的畲族最后放弃了母语，彻底"闽南化"，因此本区域成为新兴的"闽南语"通行区。但这样的历史过程，使唐宋时早已融入畲语的客语成分，以及畲语本身的"非汉语"特征，不论是词汇或音系结构，都"系统性"地进入散播至此的"漳州话"①中，使得本区的语言与原乡漳州有许多差别。

闽南西片方言的几个词汇特点可证明畲族带来了"客语"及"非汉语"的语言成分。一般闽南话，动物性别词只用"公"与"母"，但闽南西片除"公""母"外，亦用客语常见的"牯""嫲"来构词。例如龙岩苏坂话"狗牯""狗母"，"牛公""牛嫲"，"鸭公""鸭母"，每一种动物的性别词选用"公""母"或"牯""嫲"是固定用法，不可任意互换。又如漳平永福话，"牛牯""牛母"，"鸭公""鸭母"也是固定用法，但表示公狗一词可以使用"狗公"或"狗牯"，表示母狗则只有"狗母"一种说法。（张振兴 1992：137）闽南西片各点指称动物性别的词汇选用"公""母"或"牯""嫲"稍有差异，也可见语言接触时词汇移借的痕迹。此外，闽南话把石头称"石头"，但闽南西片一般称"石牯"，这个词汇也是客语中常见的。闽南西片亲属称谓词中也有客语成分，闽南西片弟弟背称为"老弟"，妹妹背称为"老妹"，这种说法与客语相同，但少见于厦漳泉等闽南核心区。

闽南西片的词汇中亦有非闽非客的成分。闽南话口语以"戍"字表示房子，客语一般说"屋"。闽南西片多数地区房屋说"戍"，但龙岩

① "漳州话"指古漳州府闽南移民所说的闽南话。闽南人移居漳平、龙岩经历漫长时代，移民来源也有些许差异，各批移民所说的"漳腔闽南话"很可能会有细微不同，但在这里都先泛称为漳州话。

适中话说"寮"lau2[1]，这个用法与漳平山羊隔畲话相同。（林清书2008：89 - 90）事实上，福安、福鼎、罗源、三明、顺昌、华安、贵溪、苍南、景宁、丽水、龙游、潮州、丰顺等地的畲话皆以"寮"表示房子，根据游文良（2002：246、459）的研究，这个词可能源自古壮侗语。

此外，闽南西片的亲属称谓词里，以"阿父"a1 pu6 称呼伯父，"阿伯"a1 pa7[2] 称呼伯母，这种用法在闽南西片中相当一致，但未见于一般的闽南、客家与多数的畲话之中。漳平畲话的主要聚落山羊隔地区，伯父、伯母面称与闽南西片十分接近：伯父为 $[a^{212} bu^{31}]$，伯母为 $[a^{212} pa^{31}]$。[3] 闽南西片的构词应与山羊隔畲话有关。

除了词汇特点以外，闽南西片的音韵特点也具有底层色彩。陈忠敏（2007：44 - 45）指出，当语言用户放弃母语（L1）改操第二语言（L2）时，L1 的音系、句法等特性很容易"保留"到 L2 之中，这种现象称为"底层母语干扰"（shift-induced interference）。"语言底层"（language substratum）是语言用户操习得语（L2）时所带有的母语（L1）或其中的某些成分，当"语言转用"发生时，这些成分常常遗留在"上层语言"之中。习得一种语言的语音时，主要是学习这种语言的音系结构，学习者往往把较擅长的母语（L1）的特殊音色带至被习得语（L2）之上，因此"底层"语言的系统特征如发音习惯、发音特色等非音位因素，就渗透到上层语言中。故 Thomason 和 Kaufman（1988：39）认为，底层干扰的首要特征是语音或句法特征的渗透程度大于词汇的移借，词汇的移借在底层干扰作用中，反而不是接触的第一步。这种作用 Winford（2005）称为"源语主体性"（SL agentivity）：对于语言用户而言，此时他们的优势语（通常是第一语言）在语言接触中扮

---

①　这里标明的是"调类"：1 为阴平、2 为阳平、3 为阴上、4 为阳上、5 为阴去、6 为阳去、7 为阴入、8 为阳入。全书所使用的语料调类标示，皆同此规则，以下章节不再重复说明。

②　"伯"字丢失喉塞韵尾，调长同舒声调。入声字的历史音变详见第三章讨论。

③　山羊隔畲话的亲属称谓语料由林清书提供，调查时间为 2004 年。

演的是"出口语音特点"的"源语"角色；而他们不熟练的第二语言本身是"进口语音成分"的"受语"。源语的特征被迁移、"施加"（imposition）到受语之中。（Winford 2005；吴福祥 2007：19）这种接触由"源语"（使用者的优势语）主动，"受语"（用户不擅长的语言）在语言接触时是被动接受的一方。①

在闽南西片中，我们看到了许多与底层语言相关的特点。唐宋以来居住于此的畲族人是使本区遗留"底层语言"特色的重要媒介，畲客间在唐宋时即存在的密切语言关系是使闽南西片"带有客语色彩"的重要原因。陈忠敏（2007：48）指出判断语言是否有底层干扰的前提是有历史人文背景的支持，闽西地区客、畲、闽的族群互动正好佐证了本地语言接触与底层遗留的过往。

吴福祥（2007：3）认为，"语言接触"本是一种社会语言学的状况，指不同的语言个体或语言社团共同熟悉并使用一种以上的语言。语言接触的实质就是不同的语言社团因交流或群居而形成一定数量的双语人口，双语是异族共存必要的社会条件。Crowley（2010：264）："只有社会中有大量的双语或多语人口存在，我们才称之为语言接触。"

闽南西片是使用不同语言或方言的族群，长期共处于一个小区下才逐渐形成的闽南方言区。在闽南西片的语音系统中，来自非闽南的接触影响大致有"L2 对 L1 的影响""底层干扰""区域语言变体影响目标语言"三种模式：②

第一，"L2 对 L1 的影响"，这种现象主要出现在早期的闽南移民。闽南人移居漳州内陆山区花费了漫长的时间，为了沟通交际，早

---

①　Winford（2005）另外还提出"受语主体性"（RL agentivity），这种接触始于移借词汇。此时对于语言用户而言，他们的优势语在语言接触中是"受语"，而他们不熟悉的语言则是"出口"语音特征的"源语"。"受语"主动接受"源语"的语言特征，一般从词汇开始。

②　闽南西片的形成过程中，除了这三种语言接触现象外，应也存在各批"漳州移民"间的接触，甚至是漳州移民与操其他汉语方言者的接触。这种接触造成的结果就目前能掌握的史料来说较难观察与分辨，因此此处的讨论暂时省略这种接触与相关的影响。

期移民势必学习畲族语言,成为"闽畲双语者"。早期畲话较强势,闽南人以第二语言(畲话)交际的机会多,若 L2(畲话)的能力不断升高,当 L1(闽南话)与 L2(畲话)的语言能力达到平衡或 L2 能力超越 L1 时,L2 的系统(畲话)可能会对闽南移民的 L1(闽南话)施加影响,使 L1 出现语音演变。因此,来到此地的闽南移民的"闽南话",便开始出现"原乡漳州话"没有的语音特色,而这种"闽南话"也将在此地散播开来。

Flege(1987:54 - 56)曾做过英法双语者无声子音/t/时长的经典实验,证明了 L2 会对 L1 产生影响。英语与法语/t/的 VOT(voice onset time)时长不同,英语单语者的/t/是 77 ms,而法语单语者则是 33 ms,但常住巴黎的美国人 X(L1 英语、L2 法语),说英语(L1)时,/t/的 VOT 时长只有 56 ms,短于英语单语者 21 ms;而常住芝加哥的法国人 Y(L1 法语、L2 英语)说法语(L1)时,/t/的时长增加至 51 ms,比法语单语者长了 18 ms。美国人 X 与法国人 Y 的例子说明,在第二语言能力优越时,L2 的语言特征将影响早已习得的 L1 系统。

Flege(1987:56)的实验结果也指出,在 L2 影响 L1 的同时,两种语言也可能出现融合、产生平衡。英语单语者的/t/是 77 ms,法语单语者是 33 ms,两种语言/t/的 VOT 本差了 44 ms,但上述法国人 Y 说法语(L1)时,/t/的 VOT 时长为 51 ms,而说英语(L2)时,/t/的时长为 49 ms,L1 与 L2/t/的 VOT 只差了 2 ms,相当接近。双语者在双语能力都相当时,不只 L2 会影响 L1,也可能磨合两种语言本身的差异,出现跨语言的平衡。

第二,"底层干扰",这个现象以畲族人为主体。当漳州话一步步侵略畲族居住地,迫使畲族人学习闽南话成为"畲闽双语者"后,畲族在第二语言(闽南话)发展的任何阶段,母语的系统特征都可能对闽南话的学习产生干扰。学习初期,母语对第二语言(闽南话)的干扰最明显,这也就是 Winford(2005)所谓的源语主体性作用。畲族人所说的闽南话"音色"与闽南移民的漳州话不同,我们将这种漳州话称为"畲族漳州话",属于目标语言(漳州话)在闽西地带的"区域变体"。区域变体的形成来自L1(畲话)的影响,母语音系影响第二语言的学习成果,是二语习得时很常见的状况。各地汉语官方语言的学习也常见这种干扰。举例而言,台湾地区的闽南母语者所说的"国语"有许多北京没有的语音特色,常有"台湾国语"之称,最显著的是卷舌声母读如不卷舌声母,部分使用者还有鼻音n-与边音l-不分的情形。这就是一种"底层干扰"。

第三,"区域语言变体影响目标语言",若受畲话"调节"过的"畲族漳州话"随处可听见时,本区域的地方变体"畲族漳州话"会影响进入此区域的"闽南人漳州话"。当双方族群使用"漳州话"沟通时,"畲族漳州话"会干扰"闽南人漳州话",最终使"闽南人漳州话"出现结构变迁。云南德宏州的汉语和傣语分别都有这种类型的接触。

陈保亚研究云南德宏州的傣汉接触,发现德宏傣族人所说的汉语,因受到傣语系统的干扰,成为一种带有傣语特色的区域变体:"傣族汉语"。以声母的平舌、卷舌之分为例,傣语系统只有平舌声母,因此"傣族汉语"把卷舌读成平舌。早期的德宏汉语是分平卷舌的,但德宏汉人在和德宏傣族以"汉语"对话时,汉人的汉语逐渐受到了"傣族汉语"干扰,语音系统因此变得与"傣族汉语"越来越相似。德宏州瑞丽、潞西很多地方的汉语一般都不分平卷舌,这些区域傣族人口多,汉化程度低,因此当地充斥着不分平卷舌的"傣族汉语",汉族后代被"傣族汉语"环绕,失去了平卷舌对立的有效环境,因此汉族后代也不再区分平卷舌。"傣族汉语"对德宏汉语的干扰主要是营造出区域变体优势的语言环境,使不分平卷舌的读法被汉族后代大量接受,以此来干扰汉语的语音系统。(陈保亚 2005:45)

相反地,德宏梁河县曼东乡那勐村红坡寨的傣语,则是受"汉人傣语"干扰的代表性地点。本地区有3/4的汉人会说傣语,而汉人占该村总人口的2/3,汉人说的傣语受到汉语系统调节,与真正的傣语音色不同,这种"汉人傣语"使"傣族傣语"韵母系统出现大量简化,变

得与"汉人傣语"接近。(陈保亚 1996:46-47)

人口比例是控制云南德宏州汉语和傣语接触结果的核心要素，人口比例直接左右了该区域的语言势力和语言环境。Bybee(2003)指出，外界的刺激强度与频率是语言能力习得与建构时的重大变因，虽然德宏瑞丽、潞西的汉族原先是区分平舌与卷舌的，但其后代不断地接收不分平卷舌的"傣族汉语"，最终学会的是该区域语言强度较强的"傣族汉语"，而非正统的德宏汉语；而梁河县的那勐村红坡寨的傣族原先都说标准傣语，但因为该区的傣汉人口比例是 1:2，而当中有 3/4 的汉人会说傣语，因此该区域约总人口数的 1/2 说着"汉人傣语"，这使得傣族后代的傣语大受影响，故"傣族傣语"的韵母系统出现大量简化。第三种语言接触正是认知语言学强调的"外界刺激"造成的结果。

在闽南西片这个语言接触案例中，不论是上述哪一种语言接触状况，"畲族人"都是影响闽南西片形成的"底层"。语言接触是闽南西片的形成关键，语言接触又将使接触中的语言出现变化，因此探讨闽南西片大量异于原乡闽南的音韵特征与系统变迁，必然无法忽视该区域历史上出现过的接触现象。

第二语言习得的"认知研究"可帮助我们具体了解接触中的语言是如何互相影响的。双语者(bilingual)与单语者(monolingual)，对于语言体系中同一个成分的认知可能不同。根据 Cook(2002:11)对二语习得的认知研究，双语者能发展出"多重知能"(multi-competence)。以英、法语为例，英法双语者的英语(L1)与法语(L2)两体系，在脑中的关系有"完全分裂"(separation)、"互相连结、部分重叠"(interconnection)及"完全融合"(integration)三种模式。

若为"完全分裂"模式，L1 与 L2 的知识互不影响，完全区分，说 L1 时提取 L1 区块的知能，说 L2 时则提取 L2 区块的知能。但多数的双语者其 L1 与 L2 在脑中的关系是"互相连结、部分重叠"(interconnection)，当双语者的语言认知处于这种模式时，可能出现三类认知方式：分别是

"附属"(subordinate)、"相同概念重叠"(overlapping languages, same concepts)及"不同概念重叠"(overlapping languages, different concepts)。当认知属于"附属"方式时,L2总是"寄生"在L1之上,双语者所有的语言认知都是L1体系的,L2靠着"翻译"L1而来。而当认知是"相同概念重叠"时,两种语言的关系紧密,没有任一语言附属于另一语言之下,双语者能同时灵活运用两种语言相似意义的词汇,因此经常出现语码转换(code-switch)。当两种语言是"不同概念重叠"时,双语者拥有L1及L2的不同认知,这种模式保留了不同语言认知方式的差异。当认知的方式属于"相同概念重叠"或"不同概念重叠"时,L1与L2将共享语言体系中一部分的知能,而另外一部分知能则是分开的。最后一种模式是L1与L2"完全融合",发展出新的语言认知,形成一个全新且不可分割的语言体系,这个认知体系不同于L1单语者,也不同于L2单语者。(Cook 2002:13-17)

若以"飞机"一词所反映的图像为喻,英法双语者的认知形式如图1-2(Cook 2002:17):

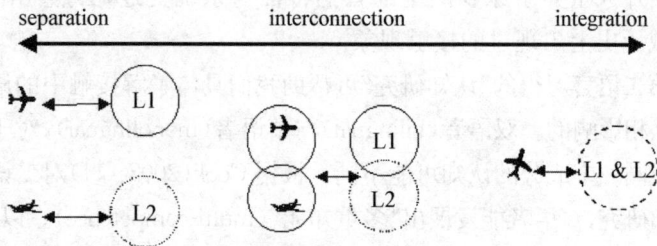

Sample points on the integration continuum of possible relationships

图 1-2 双语知能发展示意图

图1-2中,L1表示英语,L2表示法语。英语及法语表示"飞机"词汇所链接的图像不同,英语plane连结✈形象,法语avion连结🛩形象,而英(L1)法(L2)双语者随着双语知能状态的不同,表示"飞机"的词汇,连结了几种不同的图像:当双语者的语言认知属于

"L1、L2 完全分裂"模式时,英法语各自连结一种形象,因此双语者说英语时想到✈,说法语时想到✈。当语言认知属于"互相链接、部分重叠"模式时,有三种小类:(1)若为"L2 附属 L1"时,L2 的词汇 avion 需要透过 L1 词汇 plane 翻译,因此双语者链接的图像是✈;(2)若为"L1、L2 有相同概念重叠"时,L1 的 plane 及 L2 的 avion 紧密连结,彼此可互相转换,但 L1 的 plane 及 L2 的 avion 都与 L1 的图像✈对应;(3)若为"L1 与 L2 有不同概念重叠"时,L1 的 plane 及 L2 的 avion 也紧密连结,但 L1 的 plane 与 L2 的 avion 同时可连结✈与✈,plane 与 avion 皆能分别对应这两个图像,这种认知就能将 L2 的某些语言特点带进 L1 之中,反之亦然,L1 的某些特点也能进入 L2 之中。若语言认知属于"完全融合"模式时,英语的 plane 及法语的 avion 一致连结到全新的第三种图像✈,这个图像融合自✈及✈。(Cook 2002:14 - 16)

语言接触的体现是双语者,而双语者的语言认知显示了"语言接触"是如何发生,语言体系又怎么样被改变,接触的结果或许是其中一个语言特征带往另一个语言中,又或许是融合 L1 与 L2,出现了全新的语言特点。从音系演变来说,若 L1 与 L2 在声母、韵母、声调等细节上有许多语音差别时,随着双语者双语能力上升,接触中的 L1 与 L2 在各方面都会出现磨合,以至于产生新的语音变体甚至发展为稳定的语音变化。

吴福祥(2007:14 - 15)提出,"语码转换"(code-switching)和"语码交替"(code-alternation)是语言接触时,导致接触性音变的重要机制。语码转换指同样的说话者在同一段会话里使用两种或两种以上的语言成分,而语码交替则是同样的说话者针对不同的交谈对象,使用两种不同的语言。语码转换是外来借词进入一个语言的主要途径,语码交替则通常会带来语言结构的干扰。

台湾地区常见的福佬客是闽南西片方言的接触对照组,福佬客是另一种闽客接触的语言。福佬客指"福佬化"的客语,当客语处于闽语优势环境时,以客语(L1)为母语者为了生活需要,多数会学习闽语(L2),经过长久的时间后,这些地区的客语将杂染闽语色彩。福佬客是目前可以实际观察的闽客接触语言,除了引起广大注目的云林诏安客语外,苗栗通霄(城南里)的四县客语①也是一个受闽南话优势环境影响的福佬客。

根据洪惟仁(2013:344)的研究,苗栗县沿海地带泉漳错杂,白沙屯偏泉,通霄偏漳。在通霄的调查显示,②通霄的闽南方言有几个语音特点:(1)阳平变调为33;(2)阳入调为53;(3)"飞""皮""尾""被""过""岁"等字读-ue韵母;(4)"箸""矩""猪""鼠""鱼""语""虚"等字读-i韵母;(5)"生""更""病""醒""井""青""姓""星"等字白读层读-ē韵母;(6)"斤""近""银""巾""芹""根"等字读-in韵母;(7)"鸡""细""鞋""街""地""底"等字读-e韵母;(8)"日""字""二""然""热[闹热]""忍""认"等字读g-声母,"热""如""润""韧"等字读l-声母。

通霄(城南里)经常进行闽南、四县语码转换、语码交替的年长发音人T1,其客语音系(L1)与一般的四县话不同,出现了许多正在变异(variation)中的语言现象,包括:

一,"声调"(1)阴平字单字调值24>33、(2)阴平字连读变调调值11>33。

二,"声母"(1)v->b-。

三,"韵母"(1)ien>en,iet>et;③(2)部分字读鼻化韵母。

在经过整体的语言比较和分析后,可以知道发音人T1出现的语音变异与闽南话有关,因受到L2(闽南话)的影响,L1(四县客语)在原先的语言架构上增添了L2的特点,逐渐变得与L2相似。我们将在第

---

①　田调时间为2011年4月至5月,2013年4月。

②　通霄闽南话的调查地主要是"通西里",时间为2013年4月。根据当地人的观察,通霄接近白沙屯的地区,如通湾里,口音与白沙屯方言接近,与一般的通霄闽南话有明显差异。

③　客语一般有ien:en及iet:et的分别,这里的变异结果使有介音的音类归入没有介音的音类。

三章相关处,详细说明通霄四县话的语音变异与音系调整的过程。

　　20岁后长年居住在通霄以外的中年发音人T2,因为脱离闽客频繁接触的语言环境,因此发音人T2的客语并没有发音人T1出现的语音变异,反而与一般的四县话接近。通霄客语的发音人T1与T2有不同的语音现象,正是因为彼此闽、客双语能力及闽客接触程度不同所致。

　　此外,根据李存智(1994)的研究,通霄四县话里另有一个稳定的语音现象,就是一般四县话以前高元音i起首的音节,通霄带有g声母,如"影影"giaŋ3、"雨云"gi3、"油以"giu2、"儿日"gi2、"任日"gim5、"辱日"giuk8。上述例子在一般四县话中属零声母字,但音节起首处带有摩擦性质。[1] 一般四县话i元音前出现的摩擦成分ji-,起因于气流通道持续缩小使发音出现摩擦。黄雯君(2005:98)提出音变过程略如:-i>ji->(ʑi-)>ʒi-。当摩擦性质持续发展为辅音,就会在高元音前出现浊擦音,发音部位则朝前发展,台湾常见的是出现ʒ-或z-声母。通霄四县话高元音i前出现的是g声母,发音部位往后发展,与众不同。

　　通霄四县客语i前出现g声母是与闽南话接触后产生的结果,多数客语音系中没有g声母,但g声母在闽语中却很常见。客语高元音i前出现辅音成分的中间阶段ji-或zi-,音值与闽南〈人入〉[2]类的dzi-～zi-[3]接近,有些地区的闽南话,如屏东,普遍把"人入"类细音字念成g声母,例如"日"说git8,张屏生(2001)认为这个音变是dz～z>g/__i。通霄闽南话"人入"类细音字也读g声母,例如"忍日"gim3,

　　① 通霄四县客语读g声母的字,绝大多数是一般四县话以高元音i起首、带摩擦性质的零声母字,来源包括古日母、影母、云母、以母等。根据李存智(1994:30)的研究,通霄客语古疑母有一字"元"gen2读g声母,"元"字在一般四县话中读ŋien2,算是例外。不过清溪、香港、长汀、陆川等客语,"元"字读零声母,通霄客语的现象与上述四地的客语同类。
　　② 我们采用洪惟仁(2003)的办法,字类名称第一字取自泉州《汇音妙悟》,第二字取自漳州《十五音》。"人入"类如"日"字"二""然""热闽热""忍""认""热""如""润""韧"等字,主要是古日母字。
　　③ 泉腔多是塞擦音dz-,漳腔则是擦音z-。(洪惟仁2003:99)

"日日"git8,这个变化使通霄闽南话"二日""字从""义疑"三字同音,皆读gi6。通霄闽南话"入人"类 dz～z>g/＿ i,因此深受其影响的通霄四县客语,也在相似的语音条件下发展出平行音变:∅i->ji->(zi-)>gi-,因此 i 前的摩擦成分最后变成纯客区很罕见的浊塞音 g-。通霄四县话这个变化是客语的音变规律受到闽南系统牵制后,造就的语音变化。(陈筱琪 2012:756-757)

通霄四县话 g-声母已经音变(sound chang)完成,成为通霄四县话的音系特征之一。万安话有和通霄客语平行的语音演变,万安话的声母系统接近客语,但属"下万安"的涂潭话、溪口话,以 i 起首的音节都带着与闽南系统十分相似的 g-声母,音值与一般的零声元音节有明显差异。Branner(2000:185)指出,万安东北部的松洋话,-i 前带有较紧的滑音 j-,这正好反映下万安方言的前阶段。万安话的现象进一步佐证了通霄客语音变模式的推测,闽南西片高元音前也有相似的"声母增生音变",这些都说明闽客接触带来的音变具有普遍性。

弱势语言往往将优势语言的音系特征添入自身系统中,汉语与非汉语的接触也是如此,正如云南德宏州的傣语及官话方言的系统变化。陈保亚(1996:138)指出,潞西地区青年层的汉语不分平卷舌,而瑞丽地区青年层的汉语除不分平卷舌外,甚至也不分 n-/l-,这是当地汉语音系朝着傣语音系靠拢的现象;相反地,梁河、陇川、盈江、潞西部分地区的傣语,透过汉语借词,其傣语系统中出现了 k'-、ts'-、tɕ'-等原先没有的送气声母,这是当地的傣语音系朝着汉语音系靠拢的现象。

苗栗通霄与云南德宏的语言接触例子,证实强势语言的语音特征会逐步融入弱势语言之中。通霄与德宏的语言实例深化了语言接触后音系发生系统变化的立论基础,透过现行语言的接触音变,我们认为闽西历史上出现过的客畲双语或畲闽双语,也将使这些互相接触的语言或方言变得相似。早期闽西地区客、畲、闽三方发生接触时,语音系统必定也是有规律地、一步步变得与对方相似,甚至构成区域音韵特征。现实语言的接触实例使闽南西片因接触而导致音变的推论更具说服力。

综合上述,本书以"闽南西片方言"为对象,研究闽南西片方言的成形。借由观察闽南西片与典型闽南话的差异,以及闽南西片与周边方言的关联,探讨闽南西片的音韵特征及方言的形成历史,并总结出闽西的区域音韵共性。研究的主要内容如下:

1. 闽南西片方言的调查与共时音系分析
2. 闽南西片方言的历史音变分析
3. 闽西汉语方言横的比较:闽西的区域音韵特征
4. 闽南西片与闽方言的纵向联系:闽南西片反映的古闽语特点
5. 闽南西片方言的形成

1.3 研究取径与方法

闽南西片是过去研究较少涉及的闽南语区域,除了该地区语料的收集外,本研究的最终目标是通过讨论闽南西片的音韵演变,理解该方言的形成历史,借此反思汉语各大方言的形成与发展。这些目标都涉及我们对汉语诸方言的关系,以及汉语史发展观的理解,尤其是对闽语形成的观点,更是操作比较法推论闽南西片方言的历史音变时重要的判断基准。

历史语言学者提出几种重要的语言演变模式:

1. 语言的发生学以"谱系树理论"(family tree theory, tree model theory)为代表,基于他们对语言演变、分化的假设与观点,又发展出重建古语的"比较法"(comparative method),或称"历史比较法"。

2. "语言接触"则是讨论语言间的横向关系,关注语言与语言间的互动与结果,着重在讨论两种语言或方言相互影响后产生的语言变化。语言横向的讨论最早有波传学说(wave model theory),近年兴起的社会语言学也谈语言接触,在波传学说之上更注意影响语言发展的社会要素。语言的接触分别有"语言维持"(language maintenance)、"语言转用"(language shift)、"新语言形成"三个阶段,不同的接触阶段,有不同的音韵特点。

根据不同语言互相接触后出现的音系调整现象,Dixon(1997)提出了"疾变平衡模式"(punctuated equilibrium model),①认为语言的发展可分为"疾变期"(a period of punctuation)和"平衡期"(a period of equilibrium)两类。疾变期指谱系树反映出的语言发展状况,平衡期则是语言接触后音系相互适应时的现象。语言接触在汉语方言中很常见,Dixon 的"疾变平衡模式"能更贴近汉语方言"真实的"发展历程。

3. 徐通锵、王洪君(1986)与王洪君(2004)等的"迭置式音变",是在西方语言接触研究的经验下,提出一个更适合汉语世界的语言发展观。谱系树的基本假设就先排除语言接触的发生,谱系树假设语言在某一段时期会断然分化成几个子孙语言,分化后各子孙语言互不影响,但这种演变方式显然很难在汉语方言中找到。正如朱晓农(2008:194-195)所说的:"汉语方言的分化是拖泥带水,分化后彼此又纠缠不休的,历史层次的观念恰好反映汉语诸方言之间的相互影响从不间断。"

以下,将先说明我们对几种重要的语言演变模式与相关的方法论、语言关系,以及汉语方言形成史观的基本看法。

1.3.1　谱系树与比较法

谱系树理论认为语言在某一段时期会分化成几个子孙语言,分化后彼此不相影响。谱系树理论有两个重要的主张:(1)规律性假设(regularity hypothesis):语言将经过规律的、可辨认的途径来变化。(2)亲缘关系假设(relatedness hypothesis):不同语言中音韵系统的相似性起于发生学上的关系,这些语言来自同一个祖语。这个

---

① 郭必之(2005)将 Dixon(1997)提出的 punctuated equilibrium model 翻译成"疾变平衡论",朱晓农等(2010)则翻译为"裂变—聚变模式"。由于 Dixon 原文用字本身并无"变"义,而"裂""聚"语意与 Dixon 原字有点落差,因此这里选用郭必之的翻译。

理论以亲族树的图形来表现古语分化的过程,把语言的分化比拟为
大树的分枝,顶端是源头,大枝之后复有小枝。祖先语言的特点保留
在以下的子孙语言中,但子孙语言也各有特色,否则就不会分立了。
典型的亲族树可以图1-3来表示:

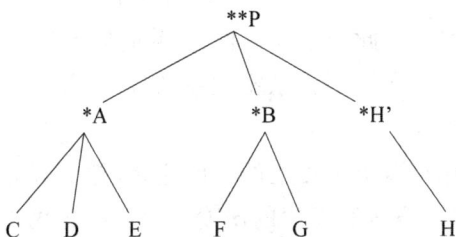

图1-3 语言亲族树示意图

Stewart、Vaillette(2001:378-379)等指出,谱系树理论提出的语言
分化架构隐含两个似是而非的认知:(1) 每一个语言只存在一个统一
的语言社群(speech community),内部完全没有任何变异,并且也不与
邻近的语言有任何接触。(2) 祖语分化出子孙语言是突然出现的,没有
任何的中间阶段,分化后子孙语言各自发展,互相没有联系与影响。这
两个观点反映的语言演变模式是:原始语内部统一,没有方言分歧;亲
属语言的形成是突然性分化的结果;分化后子孙语言互不相涉。举例
来说,当拉丁语分化成法语及西班牙语前,每一个说拉丁话的人,语言
完全一致,连细微的发音差异都没有,但在某一天,拉丁语就变成法语
及西班牙语了。事实上,语言的演变不会这么简单,没有一个语言内部
没有任何差异,也没有一个语言完全孤立不与邻近语言往来,语言的分
化也不可能是因为祖语发生了某个变化就突然由一个语言一分为二、
二分为四,且分化后各语言泾渭分明不相往来。

谱系树理论用"共同创新"(shared innovation)来解释亲属语言间非
承继自共同祖语的"后起""相似成分",并依此来"分群"(subgrouping)
亲属语言。因为子孙语言分化后就不相往来,这种后起的相似成分能

证明这些子孙语言曾经经历过一段"共同的历史时期"(a period of common descent)。相似成分与接触无关,乃来自亲属语言间不同阶段的纵向传承。以图 1-3 的语言分化图式来说,子孙语言 F 出现的变化只会出现在 F 语言中,另一个子孙语言 G 不可能会出现,若有一变化 R 同时出现在 F、G 两语言中,则说明音变 R 发生于 F、G 两语言分化前的 *B 时期,因此音变 R 被称为"共同创新"。需要特别注意的是,"共同创新仅是辨认语言亲密关系的标准,并不是语言分化的原因"(江敏华 2003:3-5)。

谱系树理论只看重历史上的纵向连接,把语言变化的过程过度简化,无法反映语言真实发生的演变。语言的分化往往与人口移动与地理形势有关,唯有形成两种不同的语言社群并经过漫长的时间,二者的差异才会逐渐扩大发展为两个语言。这种"真实"的语言分化历程,谱系树图式无法显示。

谱系树理论无法处理不同语言间的互动及可能造成的影响,这也使得依其对语言演变、分化观点建构的"比较法"面临了思路困境。比较法是从谱系树理论衍生出的语言重建(reconstruction)法则,透过比较亲属语言的形式差异来重建语言的发展过程。基本内容是比较几个方言或亲属语言同源词(cognate)的差别,找出其间的语音对应,然后拟测或重建他们的原始形式(proto-form)。但由于谱系树理论先排除了语言接触的可能,因此单纯操作比较法,并依照谱系树理论的思路,是无法完善重建出语言或方言交界地带的音变过程,因为这些区域的"原始语"与现代语言间的关系,显然不会是谱系树所描述的那样。具体来说,该区域并不存在谱系树理论中所谓的"原始语"。

陈保亚(2006:32)认为通过语言接触,语言分化后的音变、语法特征,在不同语言之间也可以互相扩散。亲属语言或方言的共同特征并不一定来自彼此分化之前,共同的音变或语法特征可能是亲属语言或方言接触后互相扩散而来,还可能是共同受到其他语言影响形成。

语言接触的现象与事实在汉语方言中比比皆是,因此依照传统

谱系树的思路建构汉语的"亲族树",都将产生思路逻辑与历史背景
矛盾的困惑。在汉语方言的形成、汉语方言的分区、汉语方言的分群
等方言关系议题中,都可看到类似的疑问。这是因为,"透过语言接
触带来的借词,其语音形式与原词遵守着对应规律,且其严格性并不
弱于同源语言之间同源词语音对应的严格性,因此我们很难判断最
早时间层面的对应是同源语言分化的结果还是异源语言接触的结
果"(陈保亚 2006:30)。

1.3.2　语言接触

(一) 波传理论

19 世纪的方言地理学派提出"波传理论"来解释语言间的横向传递
或接触,横向的传播是波传理论的讨论核心。波传理论认为语言本身
是异质的,内部有许多小的方音差异,语言特点会跨过语言或方言界线
扩散开来,犹如石头投入池塘后形成的波浪那样,使不同的语族或语支呈
现很多相互交叉的共同特点,因此语言或方言间无法找到绝对的边界。

波传理论提出的语言演变模式请见图 1-4:

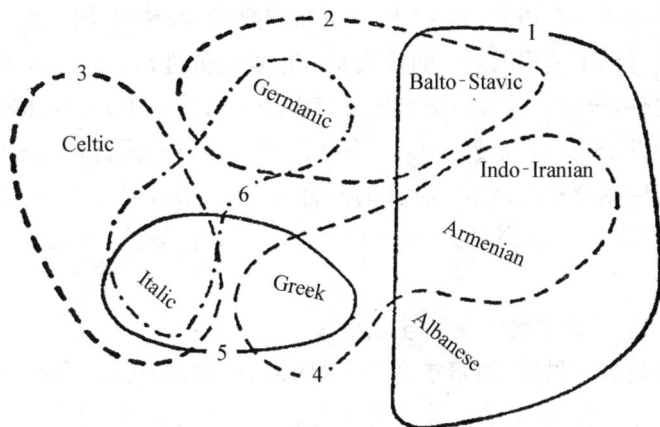

图 1-4　语言波传论示意图

图 1-4 显示印欧语系的一些语区，一面和某些邻近的语言有共同特点，一面又和另一些邻近的语言有共同特点，各种语言间仿佛形成锁炼。波传理论将语言的演变比喻为波的扩散，每一项语言变化就像投入水池中的石头，引起涟漪后四处扩散，经过一段时间与距离后才会停止。某语言或方言的音变扩散至四周使邻近的语言受到波及，因此就算是不同语族或语支的语言，都可能呈现出共同的特点，而越靠近音变中心点的语言，被影响的程度就会越深。例如原来可能有 a、b、c、d、e 五种语言，其中 c 语言由于经济、政治或文化等原因处于优势地位，其他方言区的人为了生意或文教的需要而学习了 c 语言，这样 c 语言的特点就会扩散出去。与 c 地理相邻的 b、d 语言受到的影响最强烈，距离较远的 a、e 语言影响相对较弱。c 语言的影响会扩散到与另一个优势语言散发的扩散波的交叉地带，由于两个波相互干扰，因此语言的波浪都无法再继续前进。（徐通锵 2008：243 - 245）

波传理论的扩散提到"时间"与"空间"两个向度，不同的音变在"时间"与"空间"两个控制条件下的扩散范围不尽相同，因此会形成许多平行、重叠或交错的"同言线"（isogloss），每一条同言线代表一个词的读音或一个语言特点。比起谱系树理论，波传理论的语言演变模式注意到了地理因素。同言线是波传理论处理语言或方言关系的核心要件，语言与语言的交界地带有多条同言线密集分布，称之为同言线束（bundle of isoglosses）。各语言中心区域的语言现象较统一，但边缘区则会有代表不同特征的同言线交织，形成同言线束，过了这个密集区，就会逐渐进入另一个语言的中心区域。（徐通锵 2008：254 - 255）

（二）语言接触的发生与结果

波传理论虽以"语言扩散"来说明语言特征的传播，但事实上语言本身不会扩散，造成扩散的是这些语言用户的流动，而使用者的流动一般又与社会政治经济因素相关。波传理论把语言的演变从抽象思考带到真实的历史地理环境中,这种模式在语言变化的动态处理上更符合历史事实。

近年来社会语言学的研究也把焦点放在语言的用户身上,并强调语言的内部差异与不同语言间的接触影响。徐大明(2006)指出,从社会语言学的角度观察,语言的基本特性就是"变异性",细小的变异(variation)若持续发展将可能演变为具有音位区别的变化(change)。社会语言学从各种与语言用户相关的社会因素,例如年龄、性别、社会阶层、语体、民族、家庭、社会网络、语言认同等,来探讨语言内部的言语社群,说明语言内部的社会分化,而这些社会因素与语言内部的不同社群,在此语言与其他语言接触时,也会带来不同的影响。

社会语言学强调社会因素对语言变化带来的影响,所讨论的语言接触也特别着重在实际的社会面相与真实的语言历程。具体来说,当讲不同语言的人彼此接触时,他们会分别从两种语言的构成元素中选取部分元素来进行交际,结果不仅取决于语言的内部因素,外部的社会、心理因素也常是关键条件。社会语言学的讨论使"语言接触"的研究更加贴近现实层面。

语言接触的结果跟接触的深浅程度有关。根据 Winford(2003)的研究,接触不深可能只会造成词汇借用,但深度的接触则可能会导致全新的语言形成。相异的语言接触后,一般可分为"语言维持"(language maintenance)、"语言转用"(language shift)、"新语言形成"三个阶段。

我们将讨论的焦点放在"语言维持"与"语言转用"。假如接触中的语言彼此势力相当,那接触结果就是"语言维持",这种类型依据时间长短大致可分为语言借用与语言融合两种。"语言融合是接触的语言系统互相适应的结果"(徐大明 2006:253),徐大明的见解与 Dixon(1997)提出的"平衡"(equilibrium)模式相符合:若多种语言或方言汇集在同一个地区,不同的语言特征聚合互动相互影响,经过一段很长的时期,最后将达到一种稳定平衡的状态,形成区域特征,成为后世的共同语言原形。

　　Winford(2003：154)定义"语言转用"乃指两个势力不平等的语言,长期且广泛接触,弱势的讲话群体放弃母语,转向使用优势语言的现象。依据不同的社会状况,语言转用时,当地的弱势语言可能会构成不同程度的底层干扰。据徐大明(2006：253)的研究,若语言转用时是"快速且完全的转用",那么转用的语言中很少或几乎没有任何原来语言的底层干扰,例如美国城市的移民群体转用当地通行的英语;相反地,如果是"本地小区转用外来语言",通常本地语言会在输入的外来语中保留中度到高度的底层干扰,例如爱尔兰人转用英语,但爱尔兰的英语却出现了许多爱尔兰本地语言特有的语法特点。

　　陈忠敏(2007：47)描述"底层干扰":当一个民族放弃自己的母语而改操另一种语言("战胜"的语言)的时候,这种母语("战败"的语言)并不会简单地消失,"战败"语言的一些发音习惯、特殊词语甚至某些句法特征会顽强地保留下来,在后代所操的"战胜"语言中显露出来。云南德宏好些个傣语区有底层语言干扰上层语言的现象,据陈保亚(2005：46)的研究,德宏傣族从傣汉双语过渡到汉语单语,一般大致是到第四代的傣族会完成母语转换,但他们所说的"傣族汉语"带有很多傣语特征。

　　回到闽南西片的接触案例。闽南西片是通过"本地小区转用外来语言"而形成的闽南语区域,漫长的语言接触使龙岩、漳平一带原先说他种语言的族群改说闽南话,这些族群放弃了本族母语,但原先通行于此的语言特征顽强地在进入此地的"漳州话"中留下了痕迹,因此在闽南西片中可看到许多客畲语言的音系特征。虽然此地的族群后代皆为"闽南话"单语者,但他们所说的"闽南话"早已夹带了许多已消亡的底层语言的特性。

　　语言接触的实质是双语者的形成,一个语言社会具有相当数量的双语人口才是语言接触的真正意涵。双语者的语言认知体现了"语言接触"是如何发生,语言体系又是怎么样被改变。如同 Cook(2002：11)提出的双语者认知研究,双语者会发展出"多重知能"

(multi-competence)，随着双语能力的发展，L1 与 L2 的语言架构在双语者脑中的关系可能是"完全分裂"(separation)、"互相连结、部分重叠"(interconnection)或"完全融合"(integration)三种模式。"互相连结、部分重叠"或"完全融合"说明了相异语言接触后，互相适应并调整自身系统的现象，其中"完全融合"模式更与语言接触的第三阶段"新语言形成"相互对应。

1.3.3 原始语的真实性

语言接触现象的讨论，对谱系树的理论架构造成冲击，19 世纪比较法在西欧鼎盛时，"世界上没有完全不混合的语言"的论点就被提出来，(Schuchardt 1884)随着洋泾浜(Pidgins)与克里欧(Creoles)研究的深入，因接触而产生的语言变化已成为历史语言学讨论的一部分。Fox(1995：123)认为："从许多使语言改变的证据来看，语言接触才是造成语言变化最主要的决定因素。"

接触的不是语言本身，而是说这些语言的人，大量的双语或多语者是使语言出现变化的要因，不论是波传理论或社会语言学的研究，都显示语言演变的研究逐渐从抽象的思考深化到真实的历史上。社会语言学巨细靡遗地说明语言接触发生的人文因素，更把语言演变的讨论引导到最真实的时空背景之下。演变的动态真实性是谱系树理论最大的缺陷，这个缺陷引申出对原始语的认知。根据比较法重建出来的 proto-language 并不是一个像现代子孙语言那样的真实语言，而是抽象的对应组合。对于 proto-language 是否真实存在必须先证明有一个语言社群真的经历过所谓的 proto-language 的阶段。

比较法的出发点在说明语言的历史演化，但单纯操作比较法是无法得出某个真实语言的变迁历史的。根据一些同源词的对应与比较，可以找出这个同源词的早期形式，但比较法本身无法说明这个早期形式到底是在何时何地被何人说着。

举例来说，经由比较法比较汉语几个大方言，可得出闽南语早期应有浊音声母*b-、*d-、*g-的结论。*b-、*d-、*g-与现代闽南浊音、鼻音互补分布的声母 b-、l-、g-来源不同。现今台湾地区有闽南语分布，因此若依照谱系树描述的语言发展过程，会得出台湾地区历史上有"早期闽南话"，且该语言的系统中有*b-、*d-、*g-。这个推论本身不符合历史事实，因为在还有这套浊音声母的"早期闽南话"阶段，那些讲"早期闽南话"的人可能根本还没有迁移到台湾地区，而在那个相应的历史时代，台湾岛上或许只有南岛语。此外，"早期闽南话"是否存在，而该系统中是否有*b-、*d-、*g-，又是另一个不易简单论定的事。

上述比喻说明，比较法重建出的早期形式是一个逻辑性的语音形式，是现代语音应经历过的一个阶段，但这个语音阶段到底在何时何地"真实"存在，光凭比较法本身无法得知，因为语音逻辑形式的历史绝对年代与地理讯息都被排除在比较法的讨论之外。

1.3.4　汉语方言的形成

（一）汉语方言的形成史观

语言接触的研究把语言演变的讨论带到真实历史时空背景下，若要显示某种语言形成的真实过程，语言社群的迁徙及社会环境因素是讨论时不可或缺的。汉语方言的形成最能显示人口迁徙与社会环境因素对语言形成带来了重大影响，张光宇（1996：52）及江敏华（2003：23-27）都曾指出，人口的大量迁徙与文教的推广分别是汉语方言形成的离心力与向心力。说同一方言的人民迁移到其他地方，可能因地理上的隔阂而与原居地的语言有了不同的发展，也可能使新居地的语言版图产生变化，甚至与新居地原有的语言混合，形成新的语言。移民造成方言的分歧，对汉语方言的形成产生离心作用。文教的推广与读书音的传播，使各个方言变得与优势方言相似，对汉语方言的形成施加了向心作用，这种力量也是使弱势方言迭积历史层次的主因。

另一种情况是经济要冲的大都市方言,邻近的方言区为了贸易需要,学会了都市的语言,无形中也形成双语人口,并进而受到都市语言的影响,使自己本有的方言逐步借入都市方言的特点。汉语方言出现语言层次的迭积,追根究底是不同方言相互接触与借用使然。子孙语言在特定的历史条件下相互接触,因此强势方言的特征一波波迭加至弱势方言之上,最终使得弱势方言出现来自不同时代或地域的语言层。历史层次是汉语方言的显著特色,而层次的迭加与社会因素息息相关,因此要说明汉语方言的形成,无法抛开人口迁徙与历史地理文化层面,纯做抽象的逻辑思考。

以闽语的形成为例。据张光宇(2011a:99,102)的研究,闽语的复杂起源于两种语言接触因素,其一为历史移民导致,口语中有两层语言成分起于双语人口的语言交融或干扰,从闽语的移民历史来说,这样的双语现象应发生在西晋末永嘉之乱以后的东吴地区,北方移民"南染吴越",构成"洋泾浜化"(pidgionization)。南朝梁武帝时发生侯景之乱,这批北人子孙再度南迁进入闽地之时,其语言早已"克里欧化"(creolized)。其二为地理扩散因素,闽人从核心地区蔓延至周边甚至飞地以后,语言接触引发新的质素产生。上述两种结果都不是 Thomason 和 Kaufman(1988)所谓的"正常传承"(normal transmission),如果是正常传承,一定可以透过谱系树的图形呈现其间脉络。克里欧化只是一个比喻,东方是具有同源关系的语言的交织:"同源异流最后又融汇在一起。"

谱系树确立的前提是子孙语言与母体截然划分,而分化后子孙语言互不影响,"但汉语方言的分化是拖泥带水,分化后彼此纠缠不休的",(朱晓农 2008:194-195)因此,谱系树的模式无法完整且合理的解释汉语方言的分化。谱系树理论排除地理因素,也不讨论人口的迁徙与相关问题,更不考虑语言间的接触,但亲属语言间的接触却是汉语方言中十分重要的特色。

江敏华(2003:224-225)提出,语言的来源并不等于语言的形成和演变,语言的根源可以追溯到很早以前,但语言的形成必须根据语言或社会的各种情况才能得到全貌。汉语方言中具有相同渊源的方言可能在其后基于不同的历史或地理经验,分属不同的大方言,例如山西的官话与晋语在某些特点上与客赣方言有很深的历史渊源,但不会有人将之归入客赣方言。语言的根源可以是发生学的抽象层面,但探讨方言的形成不能单单只讨论抽象面,还需要交代方言的真实历史动态,而这个历史动态的关键就是说这个方言的人的历史。汉语东南方的闽粤客赣具有接近的移民史,但这一些来源差不多的人最后所说的"语言"却形成不同的大方言,关键就在于他们从原居地出发后经历了不同的形成历史。

探讨方言的形成除了移民根源外,也应特别注意移民途径中可能受到的各种语言接触情况,这些社会动向需要考虑"语言维持""语言转移""新语言形成"等面向。不同的接触状况会有不同的结果,不论是底层干扰或方言特点的移借,举例来说,方言甲之中的一项古老的语言现象 A1,除了从发生学上考虑外,不能排除是说方言甲的人到了一个以方言乙为优势语言的区域,受到方言乙的影响,因此借入方言乙的音韵特点,而 A1 是原属于方言乙的一项特点,这样的话,对于方言甲来说,A1 这个特点是否能说是方言甲的一项古老特点?移民者从原居地迁徙到最后的新居地途中,可能不断地受到沿途重要都邑方言影响,也可能因为数量优势占据某些尚未开发的地段,或吸纳了原居于当地的人,使之改说自身的语言,这些接触都将使语言出现重大变化。汉语方言的形成过程充满了同源语言间的接触,讨论汉语方言的形成除了发生学上的考虑外,历史、社会因素也必须充分说明。

郭必之(2005:61)批评谱系树理论,认为汉语方言的相互接触非常频密,要清楚辨别什么现象是直接从祖语派衍下来、什么现象是借用于别的方言,基本上不太可能,而这也是传统谱系树理论的一个弱点。高本汉(1940)认为《切韵》是大部分汉语方言的祖先,这个学说虽然近年受到许多批评,如 Norman 和 Coblin(1995)是具有代表性的讨论,不过高本汉的看法仍有一定的影响力。高本汉提出他的见解时,欧洲正热烈地讨论印欧语言的分群问题,因此高本汉试图替汉语画"谱系树"的心态,是不难理解的。(郭必之 2005:65)但我们已知道,谱系树不能完全妥善地解决语言接触问题,而汉语方言的形成却充满了亲属语言间的密切接触。

徐通锵、王洪君(1986)及王洪君(2004)等,依据汉语方言的语言现象提出"迭置式音变"。迭置式音变延伸自汉语"文白异读"的讨论。根据杨秀芳(2005:10)的研究,"文"与"白"本是就"语用"的观点说的:一个语音通常出现在配合文字而读的场合,便叫它"文言音"或"读书音";若是经常出现在口语交谈的场合,便叫它"白话音"或"口语音"。然而使用既久,文读词汇流入日常生活中,使这类异读不再以读书、口语场合为分别的界线,异读往往是结于词汇,随词汇出现。文白混杂的结果,使来源不同的语音形式共存在一个语言系统中,看起来像是一个"同质语言",同时也使得"文白异读"一词变得与原意不符。异读不再完全因文白场合而异,异读是语词在不同时空所发展出的不同形式。(杨秀芳 2004:82)"白话音""文读音"是就语言应用的观点说的;"白话层读音""文读层读音"是就语言层次的观点说的。严格地说,我们关心的是白话层读音与文读层读音的差异,也就是早期语言层读音与晚期语言层读音的差异,而不是白话音和文读音的语用分别。(杨秀芳 2005:13)汉语"层次"的研究,讨论的是不同时代的语言层关系,而不是社会语用行为的议题。

杨秀芳(2004:83)指出,汉语方言中形成文白语言层次的原因有两者。一是起于语言内部自然的变化,即使是孤立的语言社群,也有这种自发的纵向演变,这种文白异读指的是"古今语的不同",焦点是时间的推移。另一种异读是语言或方言在空间上有所接触,通常文化势力高的语言会输出较多的影响力至弱势的语言中,使弱势语言出现"外来"的语言层,这是横向影响造成的文白异读。受到汉语研究者广为注意的"文白异读"是第二种,也就是方言横向关系造成的层次迭积。

徐通锵、王洪君(1986)等提出的"迭置式音变"主要指的也是第二种文白关系。"迭置式音变"理论的核心是:一种方言可以在同一空间借助汉字的连接,通过对应规律接受另一种方言的影响,形成音类的迭置(即历史层次、文白异读);文读和白读的竞争以社会因素为条件,迭置方式以音系结构为条件,文读和白读的共存是方言接触在同一系统中的历时体现。

迭置式音变的内容就是汉语方言历史层次的形成与汉语方言的语言接触。陈保亚(1999:432)指出汉语方言形成迭置的主因是"汉字",汉字是确定同源语素的关键,彼此读音差距甚大的方言被统一在形体一致的汉字底下,因此使弱势的方言可以通过对应规律接受优势方言的影响,形成音类层次。迭置式音变所说的接触与扩散比波传学说更符合汉语的情况。波传学说的扩散说蕴含两个结论:(1) 各方言点中心所受到的影响最小,边陲地影响最大,因此各方言相邻地带的读音最复杂。(2) 接触没有严格的规定,因此说"每个词都有自己的历史"。从地理空间来说,汉语方言的接触并不限于地理相邻的方言区,而从语音演变规律来说,迭置是通过有语音对应关系的同源词展开,因此接触具有规律性,而汉字系统正是使迭置音变出现的重要因素。

迭置式音变清楚地说明了汉语方言的接触状况,以及同源语言接触后,弱势方言形成语言层的原因。通过迭置式音变引出的重要结论是,现代各汉语方言中存在的语音形式或音变特征,可能是来自另一个汉语方言,而不是该方言自身的内部演变。同源语言间的接触与层次现象显示,比较法的差异原则:"后代有别的音类前代也将有区别"在运用到汉语世界时,须先考虑方言接触可能带来的影响,而不是机械式地操作比较法而已。

Dixon(1997)提出语言的发展可分为两种时期:"疾变期"与"平衡期",称为"疾变平衡模型"(punctuated equilibrium model)。这个理论的根据是澳洲与南美洲土著语言的发展,主要内容是认为语言的发展长期处于平衡状态,而大范围的人口迁移及其他几种相关的行为会引发"疾变",只有处于疾变期的语言才可以通过谱系树理论来理解。

人类语言大部分时间是处于稳定平衡的状态,在某个特定的地理区域,可能有多个政治群体,他们有相近的规模和组织结构,没有一个群体地位高于他者。每一个群体都讲自己的语言或方言。他们会构成语言区域,区内语言皆处于一种相对平衡的状态中。当然,语言并非永恒不变,各种变化或转换随时在发生,但是以小规模的方式进行。然后某一天,稳态平衡被打断,发生了剧烈的动荡,语言出现疾变。原因可能是自然灾害,或新工具、新武器发明,或农业、航海甚至宗教、政治等因素造成人口大量迁徙。平衡间断会触发语言内部或者语言之间的剧烈变动,引起了人类分布版图的扩张及语言的分裂。相对于长期的平衡状态,语言的疾变期是比较短暂的,疾变期也是谱系树模型所显示的语言发展模式。

在平衡期时,语言长期的接触与消磨,某种语言特征会扩散(diffusion)开来,使这些接触的语言变得越来越相似。经过很长一段时间后,这些语言的音系将达到一种稳定平衡的状态,彼此共享许多音韵特点,语言的界线逐渐模糊,形成区域特征,因此当地的语言会融合出一个共同的原始类型(common prototype)。然后,具有扩张与分裂特征的疾变期到来,这个共同原始语便会裂化为多个新的子孙语言。随后,接踵而至的又将是另一段平衡期。

汉语方言中,不乏兼具"疾变"与"平衡"两种样态的方言区,例如位于广东北部方言系属未明的"粤北土话"。郭必之(2005：65-66)研究粤北土话,认为它们本身即有不同来源,内部可再细分为几个土话小区,这些土话受到客赣方言的影响程度不一,因此粤北土话"客赣化"的深浅也有所不同。粤北土话的形成显然与语言接触有关,来源不同的土话在长期接触与互相扩散下,因而产生了合流(converge)的倾向。例如粤北土话皆有带有紧喉色彩的小称变调,这是在岭南地区少见的语言特点,可视为粤北土话的区域特征(areal feature)。这可谓体现了平衡期"语言同化"的特色,发展出"共同原始类型"。另一方面,从客赣化的角度观察,粤北土话的发展也体现了"疾变"格局,可从两方面理解:(1)客赣方言由赣南、闽西流入粤北,属于移民的语言,当那些移民离开原住地时,就是疾变期的开始;(2)粤北土话通过不同的途径向客赣方言靠拢,主要表现在古浊母字清化后读送气的特征上。然而,经过客赣化的粤北土话始终与赣南、闽西那些客赣方言有别,可说是"变种"的客赣方言,这代表了语言的分化(diverge),而分化正是疾变期最重要的标志。

粤北土话的研究是闽南西片的研究先驱,同时也为汉语方言的"形成"研究带来了启示。汉语方言具有谱系树所描述的"疾变"特点,因此高本汉对汉语方言形成的观点始终无法被完全取代,但汉语同时也充满了语言接触现象,尤其是亲属语言间的接触,长期且深度的接触使方言间的界线模糊,各大区域甚至稳定地发展出区域特征或该地的共同原型,这是典型的"平衡"特点。粤北土话的研究,也提醒吾人研究汉语方言时,当考虑该区域的历史人文背景,邻近语言的互动状态,以及该地是否有所谓的"底层"语言。"疾变平衡模式"适用于处于语言交界带的粤北土话,同样也适用于位于闽西闽客交界带的闽南西片方言。

(二)闽南西片方言的形成史观

闽南西片的形成过程与语言接触息息相关,主要表现在"底层语言残留"及"闽西区域音韵特性"两点上。

漳平及龙岩从唐至清雍正时期,皆受漳州府管辖,宋元以后,一波波的漳州移民迁居内陆山区,直至明朝时期,闽南人完全覆盖了这个地区。政治文教及移民的力量一致使漳平、龙岩大量接受"漳州闽南话",经历漫长的语言接触,终使原居该处的民族放弃本族母语,"转用"闽南话。不过原先通行的底层语言并没有全然消亡,在长久的语言接触中,部分底层成分已融入扩展至此的闽南话中。闽南西片的词汇系统有许多客畲语言的成分,例如使用"牯""嫲"构词,或以"阿父"称呼伯父、"阿伯"称呼伯母等,这些词汇都是本土闽南话未见,但广泛出现在闽南西片方言中的。"畲民迁居论"并不足以解释闽粤赣交界区少数民族的消失,族群融合才是该区域"异族"标志模糊的重要原因。

闽南西片可大分为八个方言区块,其中以漳平菁城话最像原乡漳州话,尤其是"韵母系统"与"连读变调"。漳平菁城是漳平的城关地区,旧时是接受漳州移民的关口,从移民动线与地理因素来分析,菁城闽南话也当与原乡漳州话最相近。从社会风俗来观察,菁城地区的文化也最接近本土闽南。以端午包粽过节为例,菁城风俗相当接近本土闽南,但较偏远的漳平新桥地区,虽有包粽习俗,但该地以石头为内馅"包粽",将"粽子"悬挂门前数天取下,"粽子"并不食用。此外,漳平新桥部分地区称"兔"为"石鼠",家中凡有贵客,烹"石鼠"招待。将兔子称为鼠类的说法在闽南西片他处少见,新桥的词汇来源或与闽西的食鼠文化有关。紧邻闽南西片的万安(梅村)方言,亦称兔子为"树鼠"。上述文化现象左证闽南西片形成时,夹杂了不少"非闽南"的异质成分,从词汇与文化的差异,就可明显看到底层语言的遗留。

闽西地区,闽西客语及闽南西片共同出现的"区域音韵特性"是语言接触后带来的影响。闽西客语及闽南西片皆有元音的链动,由"元音高化"及"复元音单化"组成,这个链动少见于其他的闽客方言区。这种区域特性也正是 Dixon 所谓的"平衡期"特征:长期且深度的接触会使方言间的界线模糊,使原先相异的语言共享音韵特点,成为该地的区域音韵特征。

此外,"历史层次"一直是闽语研究的重要议题。"每一个方言都有文白读音的分歧,但是没有一个方言赶得上闽南话。闽南话读书音和白话音几乎各自形成了一个语音系统。"(杨秀芳 1982:1)闽南西片属于闽南话,系统中也有层次现象,梳理闽南西片的语音系统后,虽然闽南西片是受客畲语言底层干扰后形成的闽南话,但闽南西片仍具漳州话的层次架构,只是各层次具体的音读面貌出现了音变。在闽南西片的音韵讨论中,我们也看到词汇扩散的特性,音变并非一次完成,呈现阶段性。闽南西片历史音变的详细讨论,请见第三章说明。

1.3.5　研究方法

欲研究闽南西片方言的历史音韵变迁,在研究方法的层面,简言之有两个主要的问题与思考方向:(一) 收集闽南西片及周边相关方言的语料;(二) 如何讨论经历了长期且深度语言接触的方言区的历史音变。

第一个问题是因为当地十分欠缺详细且全面的语料,在时间与经费的限制下,我们仍选择以典型的"方言田野调查法"来收集各地的语音数据:各区选择一位能流利使用家乡方言的当地居民为主要发音人,以年长者为优先考虑,并依据典型发音人的口音记录该方言。部分方言区因现实条件的限制,我们的发音人年纪较轻,但同样能流利使用母语。进行田野调查的地点有闽南西片的(1) 龙岩适中、(2) 龙岩苏坂、(3) 漳平双洋、(4) 漳平溪南、(5) 漳平新桥、(6) 漳平菁城,以及闽客混合区的(7) 万安梅村话、(8) 万安涂潭话,和作为闽客接触方言"活体对照组"的(9) 苗栗通霄四县福佬客语。

田野调查以中国社会科学院(1988)《方言调查字表》搭配中国社会科学院(2003)《汉语方言词语调查条目表》,设计闽南方言的常用词条收集语料,并依照各地发音人实际的语言状况做调整。调查结果音位化处理,以 IPA 描写。

完成语料收集后,第二个问题是,该如何探讨经过深度语言接触的方言的音韵变迁? 这个问题,涉及我们对语言发展观、汉语方言形成历史及汉语方言音变特性等议题的看法。探讨亲属语言或方言的历史音变,执行"比较法"仍然是最恰当的选择。但依据谱系树假设而建立的比较法,为何可用来重建具语言接触性质的闽南西片的历史音韵变迁?

吴福祥(2007:17)指出,语言的演变虽然分为"内部因素促动的演变"和"接触引发的演变"两类,但事实上,这两类演变在很多方面是相同的,特别是演变的过程和后果。唯一的差别是造成音变的触发因素(trigger)不同:在接触引发的演变中,触发因素是另一语言的影响;而在内部促动的演变中,触发因素是某个语言系统内部的结构压力。由于"内部因素促动的演变"和"接触引发的演变"的差异只在于刺激来自该语言自身或来自外部,但二者的音变过程与后果却是相似的,因此,起初排除语言接触现象、专为重建语言"内部音变"而设立的比较法,也能适用到接触性音变的讨论上。只是,在理解比较所得时,需要谨慎考虑该语言的地理背景与历史文化状况,超脱谱系树理论的框架限制,观察造成音变的真正因素。

张光宇(2010:324)对比较法的操作有相当精辟的见解:比较法就技术层面来说,可以简单概括为两两对比;就观念层面来说,比较方法是在语言发展不平衡的事实基础上,依规律假设,不仰赖文献材料,重视例外去执行那套逻辑运算程序的。而"比较法有双重性质,方法的运用是一回事,成果的解释是另一回事"(Fox 1995:13)。几种对应关系反映几种古音来源,这是比较法的正宗做法,至于如何解释其成果,往往得从别的(有时是超语言的)因素去考虑。经由比较法得出的只是语音形式的对应关系,这些对应关系有没有历史的效用还得从其他角度来提供解释。(张光宇 2010:327;张光宇 2011a:97)

上述观点替从谱系树理论延伸而出的比较法"脱困",透过比较后所得到的对应关系本身可能并非直接来自原始语,"解释比较的成果"才是说明语言演变的关键。因此,比较法就不再被谱系树的语言发展观限制,能施用在"接触引发的演变"之上。

陈保亚(2006:30‐31)也有相关论述,他认为语言接触的规律性正是认识历史比较法局限的关键。语言接触的结果并非杂乱无章或不成系统,接触带来借词与原词规律的对应,且对应的严格性并不弱于同源语言之间同源词的对应,故光凭对应规则本身,是无法区分最早时空层面的对应语素是分化的结果还是接触的结果的。

长久的接触使借词与原词有严格的语音对应,其与同源语言间的对应十分相似,而接触带来的音变过程和语言内部因素触发的音变没有太大差别,这些特点都说明了接触性语言的可比性与比较法的适用性。且汉语受到汉字框架的制约,互相对应的同源词或借词又比其他语族更容易被辨识出来,相对减少了比较法实际操作时的困难。

比较法的施用与语言接触现象若放到合理的时空背景下思考,两者是不冲突的,下面以 Norman(1973)的经典比较为例说明。张光宇(2010,2011a)检视 Norman 的研究,Norman(1973)用福州、厦门、潮州、建阳、建瓯、邵武等语料,严格地执行比较法后,提出古闽语应有六套声母系统。此处举唇音声母字说明 Norman 的方法,请见表 1‐1:

表 1‐1　比较法执行示意

平声	例字	福州	厦门	潮州	建阳	建瓯	邵武
*b	爬	2p	2p	2p	2p	5p	2p'
*bh	皮	2p'	2p'	2p'	2p'	5p'	7p'
*-b	瓶	2p	2p	2p	9v	3p	2p'
*p	分	1p	1p	1p	1p	1p	1p
*ph	蜂	1p'	1p'	1p'	1p'	1p'	1p'
*-p	飞	1p	1p	1p	9∅	3∅	3p'

这六套唇音声母：* b、* bh、* -b、* p、* ph、* -p,是在古闽语"同质假设"的基础上,执行比较法所得到的结果。Norman 的主要问题在于,"同质假设"于事实不符,闽语内部有"沿海"(coastal)与"内陆"(inland)的分野,即使原来同出一源,后来的发展也可能随地而异。(张光宇 2010：327)Norman 的 * -b、* -p 是所谓的软化声母(softened),拟构理由来自内陆闽语(建阳、建瓯、邵武)的特殊表现。软化声母只见于闽方言的周边过渡区,不见于核心区,绝非起于偶然。如果把内陆闽语材料移走,六分法的支柱就已崩解,沿海闽语只有 * b、* bh、* p、* ph 四类。[①] (张光宇 2010：327)

张光宇(2010：327)指出,严格操作比较法得出的 * b、* bh、* -b、* p、* ph、* -p,事实上只不过代表六种声母与声调的对应关系而已,与原始语并没有直接对等,欲解释这套对应关系,需要考虑沿海闽语与内陆闽语的异质性。闽语内部并非完全"同质",如果假设沿海闽语是古闽语正常传承下的发展,内陆闽语则同时兼有正常传承与非正常传承两种情况。

因此,解释上述对应形式,不能只从古闽语"正常"分裂来思考,有些现象可能来自语言接触。成果的解释需要符合历史人文记录,这样才能重建出较真实的语言历史。陈保亚(2006：33)认为,语言发展历史的研究需要做一个根本的改进,就是调整关于语言演化的观念,不能只从语言分化的角度看问题,应该把分化和接触看成是语言发展史的两大方面。

归纳而言,欲探讨在深度接触后形成的闽南西片方言的历史音变,仍然得执行比较法,但需依照当地的历史背景,考虑闽南西片中的"异质成分",合理地分析比较成果。比较法就技术操作面来说是"两两对比",也就是将闽南西片与典型的厦、漳、泉闽南话对比,以及将闽南西片与周边的方言对比。比较法"两两对比"的操作,是观察

---

① * b 与 * bh 的区别是另一个问题,详见张光宇(2011a)。

闽南西片与典型闽南及闽南西片与周边方言音韵互动的窗口,通过这个窗口,配合闽西过去的人文背景来思考语言现象,有望得出闽南西片翔实的历史音变,和闽南西片方言的形成细节。

比较法比较同源词的语音对应,依照合理且自然的音变方式,重建出语音形式的发展历程,推测各种语音阶段的先后逻辑次序。Stewart、Vaillette(2001:391)等指出,重建语音变化过程时,音变必须符合语言的自然变化。过去语音学与历史语言学的研究,揭示了许多语言中常见的音变类型,例如位于两个元音之间的辅音,塞音变为同部位擦音很常见,但擦音变为塞音却很罕见。闽南西片音变的重建,在符合自然音变的同时,也需要考虑外部接触引发的音变,因为闽南西片的形成过程与语言接触息息相关。

此外,和西方语言不同的是,汉语的语音重建另有《切韵》可作为"参照点",《切韵》音系是汉语历史研究最重要的文献材料。我们讨论闽南西片的历史音变时,也考虑了现代方音与《切韵》音系的关联性。

与比较法施用相关的另一个重要问题是:"词汇扩散理论"与"音变规律性"的冲突,这个问题也涉及汉语方言中层次的讨论。19世纪新语法学派提出"规则音变"(the regularity of sound change),这是比较法得以在语言历史研究中运用的理论基础。"规则音变"的主要内容是认为音变无例外,相同的语音条件必定有相同的音变,且音变在词汇中是属于"突变"的,符合演变条件的所有词汇,都将整齐划一地一同变化。王士元(1969)提出的"词汇扩散理论"(lexical diffusion)是对规则音变说最大的挑战。词汇扩散理论认为语音的演变在词汇中的表现并非一次性全部变化,不是"立即"施用到"所有"有这个音的词汇上,而是"逐渐"从一个词"扩散"到另一个词,音变整体呈现连续性发展。要使所有有这个音的词汇都完成变化,需要一段极长的时间。若音变R1在进行过程中,出现另外一个演变R2来冲击,那么R1就会终止,部分尚未演变的词汇就成为R1规律中的"残余例外"

(residue)。

汉语方言中时常见"词汇扩散"式的音变,一条音变需要漫长时间来完成,所有具演变条件的词汇,从当中的一小部分、一小部分逐步扩散。陈忠敏(2009:19-20)认为,词汇扩散理论与新语法学派提出的规则音变看似对立,其实在某种情况下它们互为补充:规则音变考虑音变的两头,未变和已变;词汇扩散理论则把焦点放在音变的中间,也就是正在进行中的音变过程。两者观察的角度不同,因此得出的结论也不一样。当只看音变"未变"和"已变"两个阶段时,我们看到的是规则音变,但若把时长拉长,就自然会注意到音变过程中的各种变异。换句话说,词汇扩散到符合某一特定语音条件的全部词项时,就是规则音变,而规则音变的变化历程蕴含了词汇扩散的现象。

词汇扩散与规则音变并不互斥,两者的差异在于对音变观察角度的差别,前者着重音变过程,后者着重音变两端,所以,词汇扩散现象本身并不影响比较法的运用与重建古汉语的效力。

但当我们注意到音变的过程并非所有词项一次性的"突变",而是采取扩散式的连续演变时,对于"相关词项有不同读音"的状况,就有了"属于相异层次"与"相同层次但不同音变阶段"两种看法。在我们观察与比较语言时,这个被比较的语言"横切面"是活语言的某一断面,因此面对相关词项有不同的读音时,语音的差异或许是音变进行中已变与未变的关系,也或许是早已停止的音变中残留的"未演变"语音。词汇扩散理论对于音变过程的观点,影响我们执行比较法时对比较结果的解读。词汇扩散理论是我们对于"语言层次"理解的一个提醒方针,对于汉语方言中相关词项有不同读音的现象,彼此是属于相同或不同的历史层次,需要相当谨慎的思考。

1.4 章 节 安 排

闽南西片方言位置特殊,尚未挖掘的语言现象也相当丰富,本书先将焦点放在闽南西片音韵层面的探讨上,并依此说明闽南西片方

言的形成过程。内容可大分为 4 个主题:

    1. 闽南西片方言语料的描写。
    2. 闽南西片方言的历史音变。
    3. 闽南西片方言所反映的古闽语特点。
    4. 闽南西片方言与周边方言的音韵互动。

第 1 个主题补足了闽南西片方言的语料缺口,令今后闽语的研究工作更加精进。第 2 个主题是本研究的核心,透过比较法则来分析闽南西片方言的历史音韵现象,探讨过往的演变过程。第 3 个主题与第 4 个主题事实上就是 Dixon(1997)提出的"疾变"与"平衡": 第 4 个主题说明了闽南西片虽然地处闽南过渡区,但抽丝剥茧后,仍然可见闽南核心区已消失的古闽语特点;第 4 个主题旨在探讨闽西地区在长期的语言交融下,形成何种区域音韵特征。这 4 个主题皆围绕在闽南西片的"音韵"问题之上。

本书章节的安排:

第一章对闽南西片所在的地域做了背景的说明、相关理论的反思及研究方法的交代。

第二章"闽南西片方言的共时音系",描写闽南西片与周边的万安方言的共时语音系统。

第三章"闽南西片方言的历史音变",透过比较法,观察闽南西片声母、韵母、声调的"后起"音韵变迁。由于闽南西片是当地原居民经过"语言转用"后才形成的闽南话区域,因此有不少底层语言的音韵特征附着于上,在有底层干扰处,我们也会详细说明。

第四章"疾变与平衡",本章主要的工作有两项: 其一是说明闽南西片所保留的古闽语讯息,闽南西片虽然深具接触性质,但不能排除闽南西片保留了核心区早已消失的古音特征的可能性。我们把这些保守特点称为"前漳州特征",这个讨论说明了语言"疾变"期的变化。第二项工作则是观察闽南西片与周边的万安话、闽西客语的音韵互动,以及分析闽西的区域特性,说明语言"平衡"期的演变。

　　第五章"结论",总结本书的研究成果,以前几章的讨论为依据,归纳闽南西片的音韵变迁,说明闽南西片的形成途径,并提出闽南西片对共同闽语构拟的价值,以及闽南西片未来可继续研究的议题和方向。借由闽南西片方言的形成与历史音变细节,"语言接触""语言转用"等观念,能替汉语方言发展史的研究提供反思。汉语东南方言的形成交织了北方南迁的汉族移民与原居于中国东南方的非汉民族之间的互动,汉语东南方言的形成与原居于当地的非汉民族放弃母语"转用"汉语密切相关,我们希望以闽南西片方言的研究为借镜,替汉语方言的发展观提供更多元的思考面向。

第二章

闽南西片方言的共时音系

根据李如龙的划分,闽南方言可分为"北片泉音""南片漳音""东片厦门""西片龙岩",广东的潮汕方言属于"南片"。(侯精一 2002:225)

"闽南西片"指漳平及龙岩的闽南话。福建省于 1997 年设立地级市"龙岩市",下辖市辖区"新罗区",县级市"漳平市"、县级县"连城县""上杭县""永定县""长汀县""武平县"。"新罗区"旧称龙岩,下文以惯用称呼指称。

据张振兴(1992)及郭启熹(1996)的分区,闽南西片内部分为八个方言区块,分别是:漳平的"双洋""新桥""溪南""菁城""永福",以及龙岩的"苏坂""城关""适中",各方言区块语音系统略有差异,但整体仍属闽南话的音韵架构。漳平及龙岩八个主要方言区块的地理位置如图 2-1 所示(1997 年后实施):

位于闽南西片东北方的大田前路话,语音表现与闽南西片一脉相承,大田前路话是闽南西片过渡到闽中方言的语言。漳平溪南方言区邻近永春县、安溪县等泉腔方言区,从共时音系特点来观察,溪南话与泉音颇有类似之处,例如系统中有-ɯ 元音,以及宕摄文读韵母为-oŋ、-ioŋ,等等。闽南西片中,宕摄读同通摄的只有溪南话。

此外,龙岩西北部另有闽客混合方言"万安话",万安话与连城东部的赖源方言接近。张振兴(1984:165)认为万安话属于客语次方言,但 Branner(2000:116)却指出万安话存在许多闽语特质。万安话叠加了不同来源的层次,也经历了许多音韵演变,因此万安方言的系

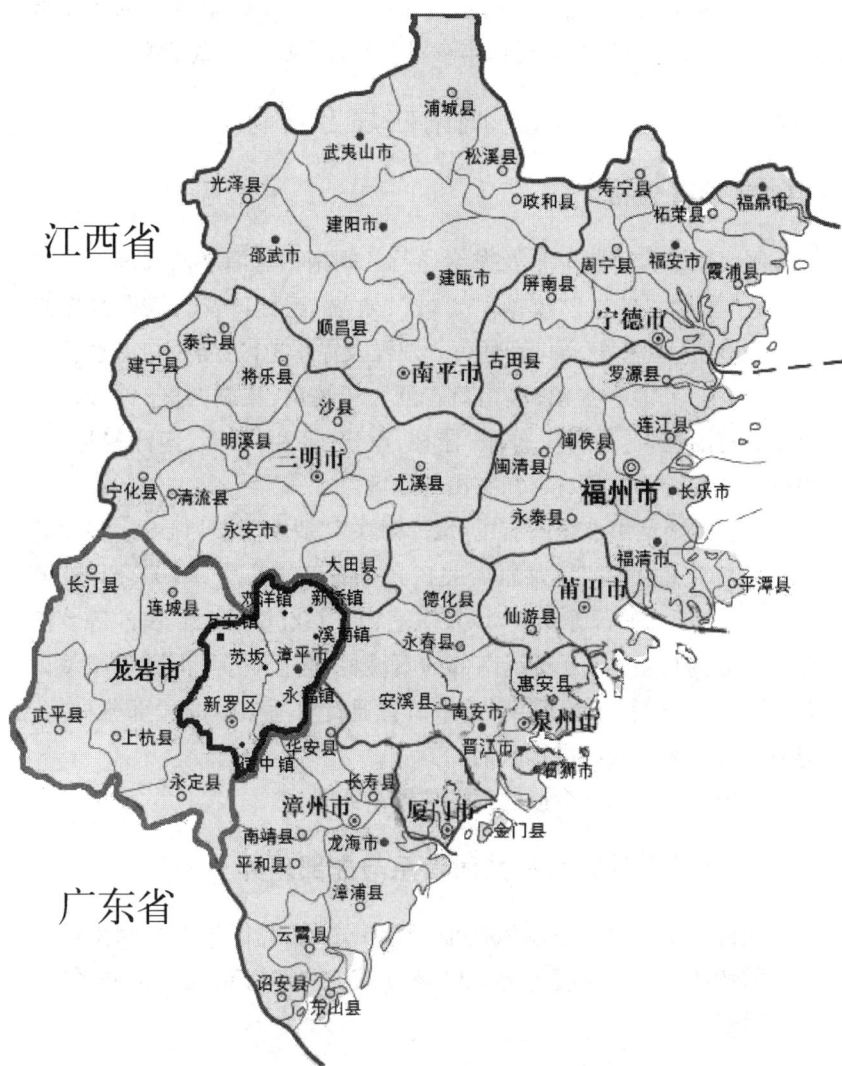

图 2-1 闽南西片八大方言点地理位置图

属难以轻易划分。但可以确定的是,万安话曾与闽南西片一同经历了部分音韵演变,因此万安的语音系统中有不少闽南西片的音变痕迹。为了后续讨论顺利进行,本章对万安音系也一并做了说明。

2.1　闽南西片方言

2.1.1　地理分布

闽南西片方言指漳平及龙岩通行的闽南话。漳平的闽南话由北至南有"双洋""新桥""溪南""菁城""永福"五种口音。依据张振兴(1992：3)的观察,双洋口音通行于双洋及赤水地区;新桥口音通行于新桥、吾祠、灵地等乡镇;溪南口音通行于溪南、象湖两区;菁城口音分布的范围较大,通行于菁城、桂林、芦芝、平和、西园、南洋等地;永福口音则通行于永福、拱桥、官田等地区。

龙岩闽南话由北至南有"苏坂""城关""适中"三种口音。根据郭启熹(1996：2)的说明,龙岩城关口音分布范围广大,城关、西陂、曹溪、小池、铁山、雁石等乡镇,以及东道、龙门、红坊、江山、白沙等乡镇绝大多数的村落,与万安镇南部的石城村、高池村等,都属于城关口音;苏坂口音通行于苏坂乡;适中口音通行于适中镇的大部分村落,但适中有少部分地区讲客家话。

漳平及龙岩内部乡镇的地理位置请见图 2－2。

2.1.2　闽南西片方言的共时音系与内部差异

在讨论闽南西片各区域的语音系统之前,我们先鸟瞰闽南西片整体的特征与内部主要差异,从"声母系统""韵母系统""声调系统"来做说明:

(一) 声母系统

闽南西片的声母系统各地一致,主要的特色是没有闽南十五音的"入字头"dz-～z-声母,这些"入字头"字在闽南西片中大多读 g-,少

图 2-2　漳平及龙岩内部乡镇位置图

数读 l-,因此闽南西片的声母只有 14 个。浊塞音 b-、l-、g-与同部位的
鼻音 m-、n-、ŋ-互补分布,遵守一般闽南话的通则。

（二）韵母系统

闽南西片的韵母系统,各地有显著差异,可从"元音系统"与"辅
音韵尾"两项特点概括。

（1）"元音系统":漳平菁城方言最像典型的闽南话,系统中有 o、
ɔ 对比,也是闽南西片中唯一有这种区别的方言区。闽南西片一个突
出的特点是,有 ɯ 元音,漳平双洋读稍低的 ɤ。就目前掌握的语料,只

有漳平菁城、漳平永福与龙岩城关话没有 ɯ 或 ɤ 元音。ɯ 元音在漳平溪南音系中,是相当"能产"的元音,可以组成-ɯ、-iɯ、-ɯi、-ɯn 等韵母。泉腔闽南话也有与此近似的韵母。漳平溪南话还有 ɨ 元音,系统中的高元音有 i、ɨ、ɯ、u 四个音位,相当特别。漳平永福方言元音个数最少,只有 i、e、a、u、o 五个元音。

(2)"辅音韵尾":闽南西片促声韵尾有弱化的演变,共时音系可分为两种类型,一类是只有喉塞韵尾-ʔ 的方言,如漳平双洋、漳平新桥与漳平溪南;另一类是有-p、-t、-k 的方言,如漳平菁城、漳平永福,以及龙岩的苏坂、城关、适中。闽南西片中,没有一个方言像厦、漳、泉闽南话一样,-ʔ 与-p、-t、-k 四者俱全。多数地区是丢失-ʔ,这些古入声字读舒声调,与系统中的古阴声韵字、古阳声韵字调长无异。鼻音韵尾各地相对完整,多数地区都有-m、-n、-ŋ 及-ṽ,鼻音韵尾弱化最剧烈的是漳平双洋话,只剩下-ŋ 及-ṽ。

(三) 声调系统

闽南西片方言的单字调以七调为主,不分阴阳上。龙岩城关话较特殊,是分阴阳上的八调方言,与潮汕系统相似。

闽南西片的连读变调规则较有特色。王洪君(2008:243-245)把连读变调分为"自身交替式"及"邻接交替式":"自身交替式",是只以自身的单字调为条件发生的连读变调;"邻接交替式"则以邻接字为条件,发生连读变调。多数闽南话的连读变调属"自身交替式",不论紧邻的后字声调为何,每一个单字调都只有一种变调读法。闽南西片除自身交替式外,另有"邻接交替式"连读变调,一个单字调,有两种变调读法,受后字的声调环境控制。陈宝贤(2010a:45)认为,前字的变调受后字声调制约,反映了前后字在语流中协调调值的需求。闽南西片内部邻接交替式变调的复杂程度不一,漳平溪南话相当复杂,每一个单字调都有两种变调,而漳平菁城话各调的变调主要都是自身交替式。

邻接交替式变调虽使闽南西片的变调系统复杂,但依据陈宝贤

(2010b：174)的研究,闽南西片亦有"变调中和"的现象,使繁杂的变调规则又有"简约"特点。"变调中和"是指不同单字调在变调后,发生调位中和,即变调后,原先相异的单字调有相同的变调调值。例如漳平新桥话,"买""卖"二字单字调不同,"买"≠"卖",但"买菜"读同"卖菜";"牛""五"单字调有异,"牛"≠"五",但"牛角"读同"五角"。

漳平永福话是"变调中和"相当剧烈的方言,系统内所有自身交替式的变调调值都是21,邻接交替式的变调则都是55与33,原先相异的单字调,共享相同的变调规则。这种"异调共享相同连读规则"的趋势,是闽南西片方言连读变调的一个特点。①

不过,闽南西片最特别的变调特点是"连读变调规则随着词组结构调整"。闽南西片连读规则随词组结构调整指的是,词汇的前字变调随着该字为两字组词组首字、三字组词组首字或四字组词组首字等而调整,就算语流中后字的声调(本调或变调后)相同,居于两字组首字、三字组首字或四字组首字时,使用不同的变调规则。大致上是,词组字数越多,变调规则越简单,词组字数越少,变调规则越繁复。这种随词组结构而调整的变调现象少见于他处闽南话。多字组的变调现象与成因,我们将在下文详细分析,本章焦点先放在两字组词汇的变调规则上,介绍闽南西片各方言点两字组词汇的首字变调。

龙岩闽南话另有前字不变调的现象。有些单字调,后接特定的声调时,前字不变调;另外还有一种情况是,当单字调后接特定调类时,有些词汇前字不变调,但有些词汇前字变调,这显示语音正在变化中。目前龙岩闽南话"变调位置不变调"的范围逐步扩大,音变显然是"词汇扩散模式",随着具体的词汇,一个接着一个改变。

---

① 台湾地区的闽南语方言也可以看到"邻接交替式变调"与"变调中和"两种特点。根据张屏生(2007：97)的研究,云林县台西乡、金门县金门镇、澎湖县马公市、澎湖县湖西乡等地的闽南话都有邻接交替式变调现象;云林县台西乡与彰化县鹿港镇的闽南话是台湾地区变调中和最明显的地方,鹿港与台西方言,阳平、阳上、阳去等单字调共同使用一种变调读法。

2.1.2.1　漳平闽南话的语音系统

漳平闽南话由北至南有双洋、新桥、溪南、菁城、永福五个方言区块,其中城关的菁城话最像漳州话。永福话、双洋话的元音系统与菁城接近,溪南话、新桥话元音系统与其他三区有较大的差异。以下依照方言元音系统与漳州话的差距排列,依次讨论菁城、永福、双洋、溪南、新桥的共时音系。

(一) 菁城

菁城是漳平市政府驻地,菁城方言一般被称为漳平话。菁城话(桂林街道)的语音数据来自 2012 年 6 月的田调,发音人 A 约 32 岁,目前是全职家庭主妇,过去从事服务业。发音人 A 长年居住在漳平城区,母语是菁城话(L1),也是现今的家庭语言,是目前最惯用的语言。近年随着普通话的教育普及,发音人 A 也能说流利的普通话(L2)。菁城话的声母、韵母、声调系统如下:

1. 声母 14 个

p 比布本白	p‘婆炮抱曝	b(m)武毛米命		
t 猪丁陈担	t‘桃头跳铁	l(n)来罗刘路		
ts 煮朱蛇食	ts‘笑车秋全		s 写寿选赛	
k 关江共狗	k‘考看康芹	g(ŋ)我业羊迎	h 虚鱼副蚁	Ø 乌印盒鞋

2. 韵母 56 个

i 米舌齿	e 茶家格	a 鸭疤早	ɔ 图粗鼓	u 富舞牛
	ie 买退八	ia 写拆寄	io 表石药	iu 酒球油
ui 肥醉水	ue 飞瓦月	ua 大纸蛇	uo 刀锣考	
ai 牌菜海				au 包楼狗
uai 乖快				iau 条臭
ĩ 边年院	ē 平星醒	ã 胆衫敢	ɔ̃ 奴	
		iã 命厅影	iõ 张姜羊	
uĩ 饭酸软	uē 关横	uã 盘山肝		

aĩ 耐碍					aũ 脑藕
					iaũ 秒妙
m̩□(不)	im 金心		am 潭南		
			iam 甜尖		
	in 兵灯印	ən 电仙权	an 前千闲		un 分孙温
			uan 专观		
ŋ̍ 糖烫床			aŋ 帮铜江	oŋ 通总风	
			iaŋ 蒋响	ioŋ 松用	
			uaŋ 状广		
	ip 入习级		ap 答杂盒		
			iap 蝶粒		
	it 笔日实	ət 灭特热	at 八力漆		ut 出骨佛
			uat 发法		
			ak 曝六沃	ok 国福族	
			iak 弱雀	iok 竹局	

张振兴(1992)的菁城记音，有-e、-ɛ 区别，例如"嫁"ke≠"格"
kɛ，但我们最近的田调数据没有发现这一区别，"嫁"="格"，元音
音值介于[e]~[ɛ]之间。-e 单发时，位置较接近[ɛ]，但出现在-i
后面时，发音位置稍高。同样地，张振兴记录的菁城音系也有
-ue、-uɛ 区别，例如"花"huɛ≠"灰"hue，但我们的田调数据"花"＝
"灰"，因此这里处理为一个音位。① 张振兴(1992)的韵母-o，桂林
话读[uo]，[o]元音破裂为[uo]是闽南西片很常见的现象，此处直
接描写为-uo。

　　菁城话只有-p、-t、-k 三个入声韵尾，没有喉塞韵尾，也没有典型
闽南区常见的-iŋ 韵母。菁城桂林话较特别之处，是有-ən、-ət 韵母，
这对韵母的属字正在扩大之中，详见第三章的讨论。

---

　　① 北京大学陈宝贤教授近年曾至菁城顶郊村调查，前中元音也只有一个音位，与
桂林话一致。

　　菁城方言区内,西园镇①的韵母系统稍有不同:一般菁城方言区读-ua、-uā韵母的字,西园大多对应为-ɔ、-ɔ̃,语音对应如表2-1所示:

表 2-1　西园、桂林街道的韵母对应(一):ɔ、ua

例　字	西　园　镇	桂 林 街 道
大	tɔ1	tua1
徙 _{搬移}	sɔ3	sua3
伞	sɔ̃5	suā5
寒	kɔ̃2	kuā2

而其他菁城方言区读-ɔ韵母的字,西园话则对应为-u,如表2-2:

表 2-2　西园、菁城的韵母对应(二):u、ɔ

例　字	西　园　镇	桂 林 街 道
肚	tu3	tɔ3
路	lu1	lɔ1
姑	ku1	kɔ1
虎	hu3	hɔ3

西园话的韵母形式与邻近的龙岩苏坂话相似,是经过一系列的历史音变造成的结果,详细的讨论请见第三章及第四章。

　　值得注意的是,西园话在经历了上述的韵母变迁后,共时层面的韵母体系仍然与其他菁城方言相同。闽南西片中,只有菁城方言区有 o:ɔ 的元音区别,虽然西园话读-ɔ韵母的字与其他菁城方言不同,但元音架构却与其他菁城方言一致,也有 o 与 ɔ 的分别。

　　3. 声调

　　(1) 单字调

　　菁城话不分阴阳上,各调类的调值分别是:阴平 24、阳平 33、上

---

　　① 西园话(可人头村)的语音数据出自 2012 年 6 月的田调观察,发音人 B 约 30 岁,西园话与普通话皆流利使用。

声 53、阴去 21、阳去 55、阴入 21、阳入 55。

（2）两字组连读变调

菁城话的两字组连读变调主要是自身交替式。以下依序说明。

① 阴平 24 调在所有调类之前，都变读 33 调，读同阳平本调。例字如下：

1+1	大厅 tua24＞33 t'iā24	三斤 sā24＞33 kin24
1+2	漳平 tsiaŋ24＞33 p'in33	家庭 ke24＞33 t'in33
1+3	伸手 ts'un24＞33 ts'iu53	天旱 t'ĩ24＞33 tsa53
1+5	天气 t'ĩ24＞33 k'i21	开店 k'ui24＞33 tiam21
1+6	姑丈 kɔ24＞33 tiō55	大雨 tua24＞33 hɔ55
1+7	方法 huaŋ24＞33 huat21	歌曲 kuo24＞33 k'iok21
1+8	生日 sē24＞33 lit55	开业 k'ui24＞33 giap55

② 阳平 33 调在所有调类之前，都读原调 33。例字如下：

2+1	棉花 mĩ33＞33 hue24	平安 p'in33＞33 an24
2+2	红鞋 aŋ33＞33 ie33	眠床 bin33＞33 ts'ŋ̍33
2+3	茶米 te33＞33 bi53	牛母 gu33＞33 buo53
2+5	长裤 tŋ̍33＞33 k'ɔ21	皮带 p'ue33＞33 tua21
2+6	姨丈 i33＞33 tiō55	棉被 mĩ33＞33 p'ue55
2+7	油漆 giu33＞33 ts'at21	牛角 gu33＞33 kak21
2+8	题目 tie33＞33 bok55	其实 k'i33＞33 sit55

③ 上声 53 调在所有调类之前，都变读 21 调，读同阴去本调。例字如下：

3+1	火车 hue53＞21 ts'ia24	讲话 kɔŋ53＞21 gue24
3+2	响雷 hiaŋ53＞21 lui33	老侬ᴧ luo53＞21 laŋ33
3+3	老鼠 luo53＞21 ts'i53	狗母 kau53＞21 buo53
3+5	蠓帐 baŋ53＞21 tiō21	解放 kai53＞21 huaŋ21
3+6	买物 bie53＞21 mĩ55	考验 k'uo53＞21 giam55
3+7	警察 kin53＞21 ts'at21	解决 kai53＞21 kuat21

3+8 　　　主席 tsu53>21 sit55 　　　　　洗浴游泳 sie53>21 giok55

④ 阴去 21 调有 53 与 55 两种变调。在多数调之前变调读 53，上声 53 调前变调读 55。例字如下：

5+1 　唱歌 tsʻiaŋ21>53 kuo24 　　　菜花花椰菜 tsʻai21>53 hue24

5+2 　菜篮 tsʻai21>53 nā33 　　　　泡茶 pʻau21>53 te33

5+3 　报纸 puo21>55 tsua53 　　　扫帚 sau21>55 tsʻiu53

5+5 　报告 puo21>53 kuo21 　　　　客气 kʻe21>53 kʻi21

5+6 　做事 tsuo21>53 su55 　　　　鸭卵 a21>53 nuĩ55

5+7 　四角 si21>53 kak21 　　　　　鸭角 a21>53 kak21

5+8 　四十 si21>53 tsap55 　　　　气力 kʻui21>53 lat55

张振兴(1992)的记录，菁城话阴去调的变调属自身交替式，在所有调类之前，变调都是 53。桂林话两字组词汇，在 53 调之前变调为 55，应是晚近形成的规律。

⑤ 阳去 55 调在所有调类之前，都变读 21 调，读同阴去本调。例字如下：

6+1 　电灯 təŋ55>21 tin24 　　　　电话 təŋ55>21 gue24

6+2 　食茶 tsia55>21 te33 　　　　学堂 uo55>21 tŋ33

6+3 　白纸 pe55>21 tsua53 　　　　食酒 tsia55>21 tsiu53

6+5 　电报 təŋ55>21 puo21 　　　　落课 luo55>21 kʻuo21

6+6 　近视 kin55>21 si55 　　　　　落雨 luo55>21 hɔ55

6+7 　电压 təŋ55>21 ap21 　　　　　动作 toŋ55>21 tsok21

6+8 　食力 tsia55>21 lat55 　　　　五粒 gɔ55>21 liap55

⑥ 阴入 21 调在所有调类之前，都变读 55 调，读同阳入本调。例字如下：

7+1 　北京 pak21>55 kiā24 　　　　国家 kok21>55 ke24

7+2 　发财 huat21>55 tsʻai33 　　　足球 tsiok21>55 kʻiu33

7+3 　沃水 ak21>55 tsui53 　　　　虱母 sat21>55 buo53

7+5 　出嫁 tsʻut21>55 ke21 　　　　福气 hok21>55 kʻi21

7+6	一月 ət21>55 gue55	沃雨 ak21>55 hɔ55
7+7	祝福 tsiok21>55 hok21	压迫 ap21>55 pit21
7+8	出力 ts'ut21>55 lat55	毕业 pit21>55 giap55

⑦ 阳入 55 调在所有调类之前，都变读 21 调，读同阴入本调。例字如下：

8+1	目珠 bak55>21 tsiu24	热天 gət55>21 t'ĩ24
8+2	鹿茸 lok55>21 gioŋ33	绿茶 liok55>21 te33
8+3	日子 lit55>21 tsi53	日本 lit55>21 pun53
8+5	目镜 bak55>21 kiã21	学费 hiak55>21 hui21
8+6	毒药 tok55>21 gio55	木屐 bak55>21 k'ia55
8+7	十帖 tsap55>21 t'iap21	目汁 bak55>21 tsiap21
8+8	十六 tsap55>21 lak55	独立 tok55>21 lip55

菁城的两字组连读变调有"异调共享相同连读规则"的"变调中和"趋势：阴平 24 调与阳平 33 调在担任词汇前字时，都变读 33 调；上声 53 调与阳去 55 调在担任词汇前字时，则都变为 21 调，若忽略调长，阳入 55 调的变调也是 21。

(二) 永福

永福话的语料出自张振兴(1992)《漳平方言研究》，我们据此分析永福话的共时音系。永福的声母、韵母、声调系统如下：

1. 声母 14 个

p 补杯本白	p' 皮破盘曝	b(m)武买门蜜		
t 猪茶大追	t' 桃体梯天	l(n)来雷老尿		
ts 珠租石食	ts' 笑蔡菜草		s 小雪洗赛	
k 歌舅甲狗	k' 考客开苦	g(ŋ)鹅牛我药	h 海孝虎欢	∅ 鞋倚学盒

张振兴(1992：19)认为永福话有 17 个声母，浊塞音声母与鼻音声母对立。就共时角度而言，永福浊塞音与鼻音声母的对立可从鼻化韵母成立与否来思考。根据张振兴(1992)的语料，永福话浊音声母与鼻

音声母的"对立"只出现在-u、-o、-au 三个韵母上,若把今读具鼻化成分的古阴声韵字描写为鼻化韵母-ũ、-õ、-aũ,则声母就不必分为浊、鼻音两套;反之,若不描写为鼻化韵母,那声母就必须分为两套以示区别。永福话鼻音与浊塞音对立的韵母出现在-u、-o、-au 三个元音韵母之前,在具有辅音韵尾的韵母前,鼻音声母与浊塞音声母仍然互补分布。

　　潮汕方言有 18 个声母,浊塞音声母与鼻音声母对立。潮汕方言除了在元音韵母之前有区别外,在有辅音韵尾的韵母前,b-、l-、g-与 m-、n-、ŋ-也保持对立,例如"木"bak8≠"目"mak8,"侬"naŋ2≠"兰"laŋ2,"狱"gek8≠"逆"ŋek8。潮汕话的声母系统不能以独立鼻化元音来操作,因此必须成立 b-、l-、g-与 m-、n-、ŋ-六个音位。(陈筱琪 2010:113)

　　2. 韵母 59 个

i 米猪四	a 食甲教	o 宝刀歌	u 富姑牛
ie 皮退月	ia 爬茶白	io 票小药	iu 酒球油
ui 肥追水	ue 火会禾	ua 大纸蛇	
ei 八买街			ou 步租苦
ai 牌菜害			au 包豆狗
uai 乖怪快			iau 条跳校
ĩ 病天院	ã 正衫篮	õ 魔努	ũ 母
	iã 命厅影		
uĩ 饭算光	uẽ 糜	uã 盘山肝	
eĩ 前千闲			
aĩ 耐			aũ 脑谋藕
uaĩ 外			iaũ 秒妙庙
ŋ 梅姆_{亲属称谓}	im 沉心金	am 贪杉感	
		iam 甜尖欠	
	in 兵灯斤	an 班丹奸	un 分孙温
		ian① 电仙权	

---

　　① 依据陈宝贤教授提供的信息,近年永福话/ian/的主要元音位置较高,音值接近[ien]。

		uan 专观款	
ŋ 糖烫床	iŋ 张墙羊	aŋ 帮铜江	oŋ 上冬卵
		iaŋ 将厂香	ioŋ 宫松雄
		uaŋ 装光黄	
	ip 入习级	ap 答杂盒	
		iap 粒汁业	
	it/(ik)笔日七	at 八力漆	ut 律骨佛
		iat 灭切血	
		uat 绝法罚	
		ak 曝六沃	ok 国福烛
		iak 学约雀	iok 竹绿局
		uak□(骹～)	

　　永福话辅音韵尾系统与菁城话很接近,但永福话的元音只有 i、e、a、o、u 五个,是闽南西片中,元音系统最简单的一种类型。

　　根据张振兴(1992:19)的分析,永福话的-ik 是“变韵韵母”,只有“赤骹”ts‘it7 k‘a1 变读为 ts‘ik7 k‘a1;“释迦佛”sit7 kia1 hut8 变读为 sik7 kia1 hut8;“吃亏”k‘it7 k‘ui1 变读为 k‘ik7 k‘ui1 等三个例子。

　　共时音系中,[ik]与[it]并没有对立,[ik]是-it 韵母的同位音,因预期后字声母为 k-、k‘-而产生“逆同化”的语流变体。“赤”与“释”是梗开三昔韵字,厦门与漳州文读为-ik,永福这两个例子读-ik,也可能是因后字读舌根声母 k-、k‘-,故早期样貌被保留下来。(陈筱琪 2010:77)

　　3. 声调

　　(1) 单字调

　　永福话不分阴阳上,各调类的调值分别是:阴平 24、阳平 11、上声 31、阴去 21、阳去 53、阴入 <u>55</u>/55、阳入 <u>53</u>。

　　闽南西片丢失喉塞韵尾的古清入字,其单字调读法以 55 短调为基础,调长延长,变成舒声的 55 调。张振兴的作法是另立为“阴入_白”55 调,但舒声的 55 调在系统中的“角色”与促声的 <u>55</u> 调相同,不论是作为词汇前字时的变调规则或担任词汇后字时对词汇前字的制约，喉塞尾的有无除了影响调长外，并没有使连读系统发生重大改变。丢失喉塞韵尾的古浊入字，调长延长后读舒声 53 调，与古浊去字合流，连读变调的行为也与古浊去字相同。喉塞尾的弱化只造成音节的调长延长，并不影响该音节的连读变调规则。

　　台湾地区多处闽南话，收-ʔ的入声字，单字调读短调，但连读时会变成舒声调，调长延长，辅音韵尾-ʔ＞∅。根据张屏生（2007）的研究，台湾地区收-ʔ的入声字有特别的变调规则。以台北市大同区的闽南话为例说明，该地闽南话收-p、-t、-k 的阴入字变调是 <u>33</u>＞55，而收-ʔ的阴入字变调是 <u>33</u>＞51；收-p、-t、-k 的阳入字变调是 <u>55</u>＞11，而收-ʔ的阳入字变调是 <u>55</u>＞11。收-p、-t、-k 的阴入字与收-ʔ的阴入字变调规则不对等，因此张屏生的作法是在阴入调与阳入调外，再独立出"喉阴入调"与"喉阳入调"。

　　闽南西片与台湾地区闽南话喉阴入字、喉阳入字对应的字群，今日已全部丢失辅音韵尾-ʔ，其单字调属舒声长调，归入系统中其他古舒声韵字的调类。以永福话来说，丢失喉塞韵尾的古浊入字，声调与古浊去字合流，变调行为与古浊去字一致；另一种情况是在原先促声短调的调值基础上延长为舒声调，如永福话丢失喉塞韵尾的古清入字，变调规则与其他收-p、-t、-k 尾的阴入字对应，但调长延长，也就是收-p、-t、-k 的阴入字，变调读法是 <u>33</u>、55 两种，而-ʔ＞∅的古阴入来源字，变调读法是 33、55 两种，二者变调规则相应，差别只是调长不同。永福话-ʔ＞∅的古阴入来源字，变调行为和台北大同区闽南话的喉阳入变调相同，台北大同闽南话喉阳入的变调规则也与阳入调相对应。

　　整体而言，闽南西片入声字的变调规则比台湾地区闽南话简单，因此我们不另外独立出"喉阴入调"与"喉阳入调"，闽南西片本收-ʔ尾的入声字的变调规则，应与相同调值的舒声调类放在一起观察。

（2）两字组连读变调①

永福话的连读变调有自身交替式与邻接交替式两类，上声 31 调、阳去 53 调、阳入 53 调属自身交替式，上述调类的变调读法是 21，促声读短调 21；而阴平 24 调、阳平 33 调、阴去 21 调、阴入 55/55 调的变调受后字控制，属邻接交替式变调，上述四调皆有高平 55 与中平 33 两种变调，且后字的控制条件，四调一致。请见以下说明。

① 阴平 24 调有 33 与 55 两种变调。在阴平 24 调、阳平 11 调、阳去 53 调、阴入 55/55 调、阳入 53 调之前改读 33 调；在上声 31 调、阴去 21 调之前改读 55 调。例字如下：

1+1	金针 kim24＞33 tsam33	青瓜 ts'i̇24＞33 kua33
1+2	樟柴 tsiŋ24＞33 ts'a11	金条 kim24＞33 tiau11
1+3	乌枣 ou24＞55 tso31	粗碗陶碗 ts'ou24＞55 ŋuã31
1+5	冬菜 taŋ24＞55 ts'ai21	当昼正午 taŋ24＞55 tau21
1+6	军笠 kun24＞33 lei53	墟市市集 hi24＞33 ts'i53
1+7	粗谷杂粮 ts'ou24＞33 kak55	猪血 ti24＞33 hui55
1+8	乌墨 ou24＞33 bak53	桑叶 suaŋ24＞33 giap53

② 阳平 11 调有 33 与 55 两种变调。在阴平 24 调、阳平 11 调、阳去 53 调、阴入 55/55 调、阳入 53 调之前改读 33 调；在上声 31 调、阴去 21 调之前改读 55 调。阳平调的连读变调规则与阴平调完全相同。例字如下：

2+1	洋装中山装 giŋ11＞33 tsuaŋ24	鞋拖拖鞋 ei11＞33 t'ia24
2+2	茶匙 tia11＞33 si11	犁头 lei11＞33 t'au11
2+3	凉冷 liaŋ11＞55 lin31	铜鼎 taŋ11＞55 tiã31
2+5	财气运气好 tsai11＞55 k'i21	眠梦 bin11＞55 baŋ21
2+6	红卵 aŋ11＞33 loŋ53	松卵松子球 sioŋ11＞33 loŋ53
2+7	排骨 pai11＞33 kut55	烊雪化雪 giŋ11＞33 sie55

---

① 永福话两字组的连读变调整理、举例自张振兴（1983，1992）。

2+8　字墨_{文化程度} tsi11>33 bak53　　银玉 gin11>33 giok53

③ 上声 31 调在所有调类之前,都变读 21 调,读同阴去本调。例字如下:

3+1　点心 tiam31>21 siam24　　　　粉边_{纸名} hun31>21 pǐ24

3+2　胆定 tam31>21 tiā11　　　　　纸头_{纸媒儿} tsua31>21 t'au11

3+3　尾团 bie31>21 kiā31　　　　　姊嫂_{妯娌} tsi31>21 so31

3+5　好势 ho31>21 si21　　　　　　使势_{耍威风} sai31>21 si21

3+6　尾项_{末项} bie31>21 haŋ53　　　野艺_{非师传的手艺} gia31>21 gei53

3+7　水鸭 tsui31>21 a55　　　　　　藕节 ŋaũ31>21 tsat55

3+8　土俗 t'ou31>21 siok53　　　　紧捷 kin31>21 tsiap53

④ 阴去 21 调有 33、55 两种变调读法。在阴平 24 调、阳平 11 调、阳去 53 调、阴入 55/55 调、阳入 53 调之前改读 33 调;在上声 31 调、阴去 21 调之前改读 55 调。阴去调的连读变调规则与阴平调、阳平调相同。例字如下:

5+1　拜厅_{拜堂} pai21>33 t'iā24　　对周_{小孩周岁} tui21>33 tsiu24

5+2　去皮 k'i21>33 p'ie11　　　　灶炉 tsau21>33 lou11

5+3　势水_{势力} si21>55 tsui31　　称梗_{秤杆} ts'in21>55 koŋ31

5+5　靠势 k'o21>55 si21　　　　　送嫁_{陪嫁} saŋ21>55 kia21

5+6　鼻后_{在人背后} p'ĩ21>33 au53　　见项_{每一项} kian21>33 haŋ53

5+7　灶腹_{炉膛} tsau21>33 pak55　　暗恶_{暗地耍诡计} am21>33 ok55

5+8　气力 k'ui21>33 lat53　　　　暗目_{有眼无珠} am21>33 bak53

⑤ 阳去 53 调在所有调类之前,都变读 21 调,读同阴去本调,变调规则与上声调相同。例字如下:

6+1　顺风 sun53>21 hoŋ24　　　　后身_{后半辈子} au53>21 sin24

6+2　市头_{市面} ts'i53>21 t'au11　　厚形_{鬼点子多} kau53>21 hin11

6+3　食酒 tsa53>21 tsiu31　　　　月饼 gie53>21 piā31

6+5　雨伞 hou53>21 suā21　　　　卵镜_{蛋饼} loŋ53>21 kiā21

6+6　近在_{附近} kin53>21 tsai53　　项重_{家私杂物} haŋ53>21 taŋ53

6＋7	后节后来 au53＞21 tsat55	定决决定 tin53＞21 kuat55	
6＋8	大学 tai53＞21 hiak53	上翼安装翅膀 tsoŋ53＞21 sit53	

⑥ 阴入 55/55 调有 55/55、33/33 两种变调。阴入 55/55 在上声 31 调、阴去 21 调之前读原调 55/55；在阴平 24 调、阳平 11 调、阳去 53 调、阴入 55/55 调、阳入 53 调之前改读 33/33。例字如下：

7＋1	沃秧 ak55＞33 ŋ̍24	铁枝 t'i55＞33 ki24	
7＋2	百上上百 pia55＞33 tsoŋ11	发财 huat55＞33 ts'ai11	
7＋3	腹肚 pat55＞55 tou31	沃水 ak55＞55 tsui31	
7＋5	法算打算 huat55＞55 suĩ21	束裤 siok55＞55 k'ou21	
7＋6	福运 hok55＞33 gun53	沃雨 ak55＞33 hou53	
7＋7	结雪积雪 kiat55＞33 sie55	角桌小四方桌 kak55＞33 to55	
7＋8	百六一百六 pia55＞33 lak53	铁盒 t'i55＞33 ap53	

若不计调长，阴入调的变调行为与阴平、阳平、阴去三调完全相同。

⑦ 阳入 53 调在所有调类之前都变读 21 调。例字如下：

8＋1	日间 lit53＞21 kan24	目珠 bak53＞21 tsiu24	
8＋2	日头 lit53＞21 t'au11	目头额头 bak53＞21 t'au11	
8＋3	目屎 bak53＞21 sai31	木耳 bok53＞21 nĩ31	
8＋5	学费 hiak53＞21 hui21	目镜 bak53＞21 kiã21	
8＋6	毒药 tok53＞21 gio53	逐项每项 tak53＞21 haŋ53	
8＋7	合格 hap53＞21 kia55	目色 bak53＞21 sit55	
8＋8	十六 tsiap53＞21 lak53	值日 tit53＞21 lit53	

若不计调长，阳入调的变调行为也与上声、阳去二调完全相同。

永福话的变调有自身交替式与邻接交替式两类，但各自呈现异调共享相同连读的"简略趋势"，每一类变调只有一种规则：属于自身交替式的单字调，变调都是 21/21；属于邻接交替式的单字调，变调都是 33 与 55，后字的控制条件，各调也皆相同。

（三）双洋

双洋话（东洋村）的语音数据来自 2011 年 11 月的田调，发音人 C

约 65 岁，从事文化工作。发音人 C 的母语是双洋话(L1)，是目前最惯用的语言，也是家庭语言。发音人 C 成年后至菁城工作，菁城话(L2)是发音人第二流利的语言。漳平城区聚集了各乡镇的人口，发音人 C 在城区与同乡者以双洋话(L1)交谈，与他乡者则使用菁城话(L2)交谈。近年普通话普及，发音人 C 也会说普通话(L3)。1996 年后，因经常往返厦门，发音人 C 也会说一点厦门话(L4)。双洋话声母、韵母、声调的共时系统如下：

　　1. 声母 14 个

p 补杯本白	p' 皮破盘曝	b(m)武买门蜜		
t 猪茶大追	t' 桃体梯天	l(n)来雷老箬		
ts 珠租石食	ts' 笑蔡菜草		s 小雪洗赛	
k 歌舅甲狗	k' 考客开苦	g(ŋ)鹅牛我药	h 海孝虎欢	Ø 鞋学鸭盒

　　2. 韵母 42 个

i 鼠椅舌	e 爬茶百	a 车食鸭	ɤ 歌好桌	u 布肚芋
	ie 街鸡鞋	ia 写谢寄	iɤ 茄腰药	iu 树珠手
ui 雷水腿　　uɯ 火杯袜	ue 瓜花话	ua 大华活		
ai 该菜戒				au 包老薅
uai 乖怪				iau 倚臭骄
ĩ 鲜天前	ē 病井醒	ã 声城正		ũ 奴
	iã 件团赢			iũ 抢姜羊
uĩ 卵酸算	uē 关横	uã 线搬官		
aĩ 碍耐				aũ 脑藕傲
				iaũ 蚁艾
ŋ 糖姆_{亲属称谓} iŋ 面根镇		aŋ 贪单葱	oŋ 中钟风	
		iaŋ 心仙健	ioŋ 松恭用	
		uaŋ 冠蒜湾		
	eʔ 笔一石	aʔ 盒角沃	oʔ 木骨博	
		iaʔ 热别结	ioʔ 律育玉	
		uaʔ 发罚法		

双洋话的韵母系统与菁城、永福多有不同,以下有几处说明:

(1) 双洋话的/ɤ/发音位置是后部的[ɤ],不是[ə],与菁城话[ne]、[ət]韵母的主要元音不同。双洋的/ɤ/有[ɤ]、[uɤ]两种变体,语流中可自由替代,没有语意区别,带有-u-介音的变体与闽南西片 o>uo 的现象有关,双洋话也有这种演变,但主要元音又展唇化,因此出现[uɤ]形式。

(2) -uɪ 韵母只出现在双洋,-uɪ 与-ui、-ue 都有区别。-uɪ 听感上似可分成[ui]+[ɪ]两个部分,中间有个过渡音,但整体的音节长度并没有比其他音节长。此韵母的-u-发音时唇形略扁,语音跟韵母-ue 或-ui 的圆唇性质有点差别。

(3) 双洋话韵母系统的显著特色是舒、促辅音韵尾大量简化,目前只剩下舌根韵尾-ŋ、喉塞尾-ʔ。

(4) -ŋ:多数双洋人的语音系统显示,双洋话中只有一个鼻音韵尾/-ŋ/。不过发音人 C 时常随着语音环境变换发音部位,例如"红"单字读 aŋ2,但"红鞋"出现过[an2 ie2]与[aŋ2 ie2]两种语音形式;韵母/-iŋ/也常出现[in]变体,例如"印"[in5]或"经"[kin1],但韵尾是[-n]形式或[-ŋ]形式都不会造成辨义困扰。有两种可能的原因造成这种现象:第一是年长的发音人呈现了双洋话鼻音韵尾合流时的变动状态,鼻音韵尾在音系中已归为一个,但语音形式却还随着语言环境变动。词组后字若以前高元音起首或为舌尖声母,词组前字的鼻音尾就可能是[-n];鼻音尾若出现在前高元音 i 之后,韵尾的语音形式也常常是[-n]。这是鼻音尾的"中和"(neutralization),系统只有一个音位,但语音形式却随着环境有不同的变体。第二种可能是 L2 的影响。双洋话因为系统内只有舌根韵尾-ŋ,多数双洋人说普通话时,会把普通话"赚钱"读成[tsuaŋ4 tsʻiaŋ2],音近"撞墙";普通话"远"读成[iaŋ3],音同"痒"。发音人 C 说普通话时没有这种误读,因为 C 能说流利的菁城话,菁城话鼻音韵尾/-m/、/-n/、/-ŋ/俱全,发音人 C 在习得舌根以外的鼻音韵尾后,自身的双洋话(L1)受到干扰,因此在特定环境时,舌根以外的鼻音形式就会出现,但发音人 C 并不自觉,因此语流中自由交替使用,这是因为双洋系统只有一个鼻音韵尾音位的规则并未被 L2 改变。随着 L2 能力的发展,L1 常会受到影响,语音形式转换或替代是很常见的,我们在溪南官坑的发音人 D 与苗栗通霄福佬客的发音人 T1 上,也可以找到相似的语言现象。若要确定造成双洋鼻音韵尾变异的原因,需要后续调查与追踪。

3. 声调

(1) 单字调

双洋话不分阴阳上,各调类的调值分别是:阴平 24、阳平 33、上声 21、阴去 31、阳去 53、阴入 55、阳入 53。

其中部分古清入字因丢失喉塞尾,在 55 短调的基础上延长调长,单字调读舒声 55 调。55 调连读时的语音规则与促声的阴入 55 调完全一致。

(2) 两字组连读变调

双洋话的连读变调有自身交替式与邻接交替式两种。阴平 24 调、阳平 33 调、阳去 53 调、阳入 53 调,属自身交替式,这些单字调的变调读法都是 33/33。上声 21 调、阴去 31 调、阴入 55/55 调,属邻接交替式变调,其中上声 21 与阴去 31,变调同为 24 与 21 调两种;阴入变调则是 33/33 与读本调 55/55 两种形式。请见以下说明:

① 阴平 24 调在所有调类之前,都变读 33 调,读同阳平本调。例字如下:

1+1	大厅 tua24>33 tʻiã24	三斤 sã24>33 kin24
1+2	双洋 suaŋ24>33 giaŋ33	家庭 ke24>33 tʻiŋ33
1+3	伸手 tsʻoŋ24>33 tsʻiu21	天早 tʻĩ24>33 tsa21
1+5	天气 tʻĩ24>33 kʻi31	开店 kʻui24>33 tiaŋ31
1+6	姑丈 ku24>33 tiũ53	大雨 tua24>33 hu53
1+7	方法 huaŋ24>33 huaʔ55	初一 tsʻui24>33 eʔ55

1+8　　　生日 sē24＞33 leʔ53　　　　　开业 kʻui24＞33 giaʔ53

② 阳平 33 调在所有调类之前,都读原调 33。变调规则与阴平调相同。例字如下:

2+1　　　棉花 mĩ33＞33 hue24　　　　平安 pʻiŋ33＞33 aŋ24

2+2　　　红鞋 aŋ33＞33 ie33　　　　　眠床 biŋ33＞33 tsʻŋ̍33

2+3　　　茶米 te33＞33 bi21　　　　　洋火（火柴）ŋiũ33＞33 huɪ21

2+5　　　长裤 tŋ̍33＞33 kʻu31　　　　皮带 pʻui33＞33 tua31

2+6　　　姨丈 i33＞33 tiũ53　　　　　棉被 mĩ33＞33 pʻuɪ53

2+7　　　油漆 giu33＞33 tsʻaʔ55　　　牛角 gu33＞33 kaʔ55

2+8　　　题目 tie33＞33 boʔ53　　　　其实 kʻi33＞33 seʔ53

③ 上声 21 调有 21、24 两种变调。在阴平 24 调、阳去 53 调、阴入 55/55 调、阳入 53 调之前,读原调 21;在阳平 33 调、上声 21 调、阴去 31 调之前,改读 24 调,读同阴平本调。例字如下:

3+1　　　火车 huɪ21＞21 tsʻa24　　　讲话 kŋ̍21＞21 gue24

3+2　　　响雷 hiaŋ21＞24 lui33　　　老侬（人）lɤ21＞24 laŋ33

3+3　　　老鼠 lɤ21＞24 tsʻi21　　　　狗母 kau21＞24 bɤ21

3+5　　　蠓帐 baŋ21＞24 tiũ31　　　解放 kai21＞24 huaŋ31

3+6　　　买物 bie21＞21 mĩ53　　　　考验 kʻɤ21＞21 giaŋ53

3+7　　　警察 kiŋ21＞21 tsʻaʔ55　　永福 giŋ21＞21 hoʔ55

3+8　　　主席 tsi21＞21 seʔ53　　　　洗浴（游泳）sie21＞21 gioʔ53

④ 阴去 31 调有 21、24 两种变调。在阴平 24 调、阳去 53 调、阴入 55/55 调、阳入 53 调之前,变读 21 调,读同上声本调;在阳平 33 调、上声 21 调、阴去 31 调之前,改读 24 调,读同阴平本调。变调规则与上声调相同,例字如下:

5+1　　　唱歌 tsʻaŋ31＞21 kɤ24　　　灶间（厨房）tsau31＞21 kĩ24

5+2　　　菜篮 tsʻai31＞24 nã33　　　　泡茶 pʻau31＞24 te33

5+3　　　报纸 pɤ31＞24 tsua21　　　　扫帚 sau31＞24 tsʻiu21

5+5　　　报告 pɤ31＞24 kɤ31　　　　臭艾（艾草）tsʻiau31＞24 hiaũ31

5+6	做事 tsɤ31＞21 su53	称重 tsʻiŋ31＞21 taŋ53
5+7	四角 si31＞21 kaʔ55	钢铁 kŋ̍31＞21 tʻi55
5+8	四十 si31＞21 tsiaʔ53	教育 kiau31＞21 gioʔ53

⑤ 阳去 53 调在所有调类之前，都变读 33 调，读同阳平调，变调规则与阴平调、阳平调相同。例字如下：

6+1	电灯 tiaŋ53＞33 tiŋ24	电话 tiaŋ53＞33 gue24
6+2	食茶 tsa53＞33 te33	学堂 ɤ53＞33 tŋ̍33
6+3	石牯石头 tsɤ53＞33 ku21	食酒 tsa53＞33 tsiu21
6+5	电报 tiaŋ53＞33 pɤ31	落课 lɤ53＞33 kʻɤ31
6+6	近视 kiŋ53＞33 si53	落雨 lɤ53＞33 hu53
6+7	电压 tiaŋ53＞33 aʔ55	动作 toŋ53＞33 tsoʔ53
6+8	食力 tsa53＞33 laʔ53	五粒 gu53＞33 liaʔ53

⑥ 阴入 <u>55</u>/55 调有 <u>33</u>/33、<u>55</u>/55 两种变调。在阴平 24 调、阳去 53 调、阴入 <u>55</u>/55 调、阳入 <u>53</u> 调之前改读 <u>33</u>/33 调；在阳平 33 调、上声 21 调、阴去 31 调之前读原调 55/55。例字如下：

7+1	北京 paʔ<u>55</u>＞<u>33</u> kiã24	国家 koʔ<u>55</u>＞<u>33</u> ke24
7+2	发财 huaʔ<u>55</u>＞<u>55</u> tsʻai33	足球 tsioʔ<u>55</u>＞<u>55</u> kʻiu33
7+3	腹肚 paʔ<u>55</u>＞<u>55</u> tu21	虱母 saʔ<u>55</u>＞<u>55</u> bɤ21
7+5	出嫁 tsʻeʔ<u>55</u>＞<u>55</u> ke31	福气 hoʔ<u>55</u>＞<u>55</u> kʻi31
7+6	一月 eʔ<u>55</u>＞<u>33</u> gui53	沃雨 aʔ<u>55</u>＞<u>33</u> hu53
7+7	结束 kiaʔ<u>55</u>＞<u>33</u> soʔ<u>55</u>	七百 tsʻeʔ<u>55</u>＞<u>33</u> pe55
7+8	出力 tsʻeʔ<u>55</u>＞<u>33</u> laʔ53	毕业 peʔ<u>55</u>＞<u>33</u> giaʔ53

⑦ 阳入 <u>53</u> 调在所有调类之前，都变读 33 调。若不论调长，阳入变调规则与阴平调、阳平调、阳去调相同。例字如下：

8+1	目珠 baʔ<u>53</u>＞<u>33</u> tsiu24	热天 giaʔ<u>53</u>＞<u>33</u> tʻĩ24
8+2	鹿茸 loʔ<u>53</u>＞<u>33</u> gioŋ33	绿茶 lioʔ<u>53</u>＞<u>33</u> te33
8+3	日子 leʔ<u>53</u>＞<u>33</u> tsi21	日本 leʔ<u>53</u>＞<u>33</u> poŋ21
8+5	目镜 baʔ<u>53</u>＞<u>33</u> kiã31	学费 hiaʔ<u>53</u>＞<u>33</u> hui31

8+6	毒药 to?53>33 giɤ53	木屐 ba?53>33 k'ia53
8+7	十七 tsia?53>33 ts'e?55	目汁 ba?53>33 tsia?55
8+8	十六 tsia?53>33 la?53	独立 to?53>33 lia?53

　　双洋话自身交替式变调的调类,变调读法都相同,与永福话"异调共享相同连读规则"的趋势相同;但双洋话邻接交替式变调较永福话复杂,各调类变调读法仍有差别,不过后字控制条件各调类都是相同的,这个特点与永福话相同。

(四) 溪南

　　溪南话(官坑村)的语音数据来自 2011 年 11 月的田调,发音人 D 约 25 岁,从事药品工作。发音人 D 的母语是溪南官坑话(L1),现今的家庭语言也是官坑方言。发音人 D 目前在菁城工作,与溪南以外的人沟通时使用普通话(L2)。溪南话声母、韵母、声调的共时系统如下:

　　1. 声母 14 个

p 补杯本白	p'皮破盘曝	b(m)武买门蜜
t 猪茶大追	t'桃体梯天	l(n)来雷老箸
ts 珠租石食	ts'笑车菜草	s 小雪洗赛
k 歌舅甲狗	k'考客开苦	g(ŋ)鹅牛我药　　h 海孝虎欢　　∅ 学鞋厦鸭

　　2. 韵母 43 个

ɨ 猪四鱼	i 鸡街坐	ɛ 界排该	a 爬马虾	ɔ 头草扫	ɯ 歌婆薄	u 步路古
			ia 茶车格	iɔ 条教臭	iɯ 茄笑药	iu 珠树球
uɨ 鬼飞文	ui 火飞白	uɛ 怪乖快	ua 大我瓜			
ɨ̃ 女		ɛ̃ 耐	ã 担三病	ɔ̃ 闹藕		ũ 努
			iã 衫困姓	iɔ̃ 秒妙庙		
			uã 肝寒关			
m̩ 梅□(不)			am 暗柑			
			iam 咸盐			

ŋ 耳钱闲	in 进阵巾		an 办单千		un 酸文船
		ien 篇煎	uan 蒜员		
ŋ̍ 毛糖讲	iŋ 张羊浆		aŋ 房项翁	oŋ 王公东	
				ioŋ 姜用	
			uaŋ 状放		
			aʔ 盒十角		
		ieʔ 汁热局	uaʔ 绝发	uoʔ 骨毒	

溪南话的韵母系统,有几处说明:

(1) 溪南话共有 ɨ、i、ɛ、a、ɔ、ɯ、u 等 7 个元音。溪南话后高元音有 ɯ、u 的对立,与泉州音系有些相似,但溪南的属字与泉州话大不相同,这是复杂的历史音变造成的结果。闽南西片目前只在溪南发现-ɨ 韵母,溪南音系高元音有/i/、/ɨ/、/ɯ/、/u/四者的对立,其他的闽南西片方言一般是/i/、/ɯ/、/u/三个。

(2) ɨ 的音值,溪南各地略有差异,一般是介于[i]~[ɨ]之间,有些地方发音位置稍低,这个音位描写为/ɨ/,是暂时的权宜之计。官坑的音值较靠近[ɨ]。① /ɨ/若出现在 ts-、ts'-、s-声母后时,元音的发音部位靠前,形成条件变体[ɿ]。这种现象与台湾地区有/ɯ/(或描写为/ɨ/)的泉腔方言一致,泉腔方言/ɯ/出现在 ts-、ts'-、s-声母后时也读条件变体[ɿ]。普通话舌尖元音的学习与发音,可以说明溪南话与台湾地区泉腔闽南话有舌尖元音变体的存在。溪南人可精准地发出普通话的舌尖元音韵母,没有形成特殊的腔调,台湾地区有/ɯ/的泉腔母语者也是如此,当泉腔母语说普通话"直"时,发音准确。反之,漳腔母语者却常把"直"读成[tsu],"是"读成[su],这是因为漳腔闽南话没有舌尖元音变体的关系。

(3) /ɨ/也可出现在 u 元音后面,构成-uɨ 韵母,但此时的/ɨ/,发音位置

---

① 位于溪南镇南部的上坂村,/ɨ/的音值很靠近[i],发音位置较[i]稍低。在自然语流中,相当难分辨是/i/还是/ɨ/,因此上坂的青年层,一般把年长者的/ɨ/归入/i/。

低于单独出现时。

(4) 溪南没有闽南话常见的-ai、-au、-uai、-iau韵母,以及相应的鼻化韵。

(5) 有成音节的舌尖鼻音韵母-n̩。溪南韵母分别有双唇、舌尖、舌根等部位的成音节鼻音,非常特别,并有最小对比词:"不"(表否定)m̩1≠"院"n̩1≠"秧"ŋ̩1。发音人D的-n̩有同位音[ən],闽南话成音节鼻音韵母的性质与鼻化韵相当,出现在浊塞音声母后时,韵母会使声母读成同部位的鼻音声母,但发音人D的韵母-n̩与浊塞音相拼时,声母却有鼻音与浊塞音两种形式,例如"物"有[mn̩6]、[bən6]两种同位变体,"棉"有[mn̩2]、[bən2]两种同位变体。当声母发为浊塞音时,说明此时韵母的音色已非成音节鼻音[n̩],而是[ən]。-n̩出现同位音[ən],很可能是来自普通话(L2)的影响,L2的语音[ən]与L1的[n̩]连结,因此使L1的韵母-n̩增加了新的分音,读同普通话系统中的-ən。

(6) 鼻化韵较少。溪南话是闽南西片中鼻化韵数量较少的类型,常以元音后加鼻音韵尾的韵母形式(nucleus+coda),对应其他方言的鼻化韵。

(7) 入声韵尾只有-ʔ,但舒声韵尾却有-m、-n、-ŋ,相当不对称。系统内总共只有四个入声韵母,是闽南西片中入声韵最少的方言。

溪南镇内的多数地区,还有-ɯn韵母,例如东湖话①、上坂话。东湖、上坂的-ɯn韵母字,不出现在唇音声母之后。其与菁城话、溪南官坑话相关字的语音对应如表2-3:

表2-3 溪南方言-ɯn韵母的出现环境与溪南内部差异比较表

例　字	菁　城	溪南官坑	溪南东湖	溪南上坂
唇音声母	un	un	un	un
其　他	un	un	ɯn	ɯn

---

① 东湖话的语音数据出自2012年6月的田调观察,发音人E约45岁,东湖话与普通话皆流利使用。

表 2-4 是菁城话分别读-un 及-uĩ的例字,溪南官坑这两类字皆读成-un。溪南东湖、溪南上坂因声母条件,有不同表现:唇音字都读为 un,其他声母字则分别读 ɯn 及 un。

表 2-4　溪南方言"分""孙""滚""饭""酸""卷"的
读音异同及其与菁城话的对比

例　字	菁　城	溪南官坑	溪南东湖	溪南上坂
分动词	pun1	pun1	pun1	pun1
孙	sun1	sun1	sɯn1	sɯn1
滚	kun3	kun3	kɯn3	kɯn3
饭	puĩ1	pun1	pun1	pun1
酸	suĩ1	sun1	sun1	sun1
卷	kuĩ3	kun3	kun3	kun3

表 2-4 显示,官坑分别有三对同音字:"分"="饭","孙"="酸","滚"="卷"。东湖、上坂方言,除了唇音字读-un 外,其他的环境是-ɯn 与-un,因此"分"="饭",但"孙"≠"酸","卷"≠"滚"。

上坂话另外还有-ɯi 韵母,分布环境与-ɯn 韵母相似,不出现在唇音声母后,与表 2-3 平行,见表 2-5 的语音对应:

表 2-5　溪南方言-ɯi 韵母的出现环境与溪南内部差异比较表

例　字	菁　城	溪南官坑	溪南东湖	溪南上坂
唇音声母	ue	ui	ui	ui
其　他	ue	ui	ui	ɯi

菁城话读-ue 韵母的字,溪南官坑、东湖读为-ui,但溪南上坂唇音声母后是-ui,其他环境则是-ɯi。例字如表 2-6 所示:

表 2-6　溪南方言"尾""辈""髓""过""火"的读音及其与菁城话的对比

例　字	菁　城	溪南官坑	溪南东湖	溪南上坂
尾	bue3	bui3	bui3	bui3
辈	pue5	pui5	pui5	pui5

例　　字	菁　　城	溪南官坑	溪南东湖	溪南上坂
髓	tsʻue3	tsʻui3	tsʻui3	tsʻɯi3
过	kue5	kui5	kui5	kɯi5
火	hue3	hui3	hui3	hɯi3

上坂话的 ɯ 元音相当"能产",可组成-ɯ、-iɯ、-ɯi、-ɯn 等韵母。闽南西片方言中,-ɯi 韵母还可在龙岩适中看见,(陈筱琪 2011b：724)但-ɯn 韵母目前只在溪南话中发现。

3. 声调

(1) 单字调

溪南话不分阴阳上,各调类的调值分别是：阴平 33、阳平 24、上声 52、阴去 21、阳去 55、阴入 21、阳入 55。

(2) 两字组连读变调

溪南话是连读规则很复杂的一种方言。根据陈宝贤(2008)的研究,溪南话每个单字调都是邻接交替式变调,由后字环境控制,每个单字调都有两种变调读法。其中阳平 24 调、阳去 55 调、阳入 55 调,随着后字环境变为 52/52 或 21/21；阴去 21 调、阴入 21 调则变为 55/55或 33/33；阴平 33 调变为 24 调或读本调 33；上声 52 调变为 24 调或 21 调。

溪南话各调之间"异调共享相同连读规则"的现象不那么明显,系统内有好几种变调模式。以下以官坑音系为例,说明溪南话的连读规则。

① 阴平 33 调有 33、24 两种变调读法。在阳平 24 调、上声 52 调、阳去 55 调、阳入 55 调前读原调33；在阴平 33 调、阴去 21 调、阴入 21 调之前改读 24 调,读同阳平本调。例字如下：

1+1	大厅 tua33＞24 tʻiã33	三斤 sã33＞24 kin33
1+2	金条 kiam33＞33 tio24	家庭 kia33＞33 tʻin24
1+3	伸手 tsʻun33＞33 tsʻiu52	天早 tʻŋ33＞33 tsa52

1+5	天气 t'ŋ33＞24 k'i21	开店 k'ui33＞24 tiam21
1+6	姑丈 ku33＞33 tiŋ55	大雨 tua33＞33 hu55
1+7	大竹毛竹 tua33＞24 tieʔ21	初一 ts'ui33＞24 ieʔ21
1+8	生日 siã33＞33 lieʔ55	开业 k'ui33＞33 gieʔ55

② 阳平 24 调有 21、52 两种变调读法。在阳平 24 调、上声 52 调、阳去 55 调、阳入 55 调之前改读 21 调,读同阴去本调;在阴平 33 调、阴去 21 调、阴入 21 调之前改读 52 调,读同上声本调。例字如下:

2+1	棉花 mŋ24＞52 hua33	行路 kiã24＞52 lu33
2+2	红鞋 aŋ24＞21 i24	眠床 bin24＞21 ts'ŋ24
2+3	茶米 tia24＞21 bi52	牛母 gu24＞21 bɯ52
2+5	长裤 tŋ24＞52 k'u21	皮带 p'ui24＞52 tua21
2+6	姨丈 i24＞21 tiŋ55	棉被 mŋ24＞21 p'ui55
2+7	油漆 giu24＞52 ts'aʔ21	牛角 gu24＞52 kaʔ21
2+8	题目 ti24＞21 buoʔ55	其实 k'i24＞21 sieʔ55

③ 上声 52 调有 21、24 两种变调读法。在阳平 24 调、上声 52 调、阳去 55 调、阳入 55 调之前读 21 调,读同阴去本调;在阴平 33 调、阴去 21 调、阴入 21 调之前改读 24 调,读同阳平本调。例字如下:

3+1	火车 hui52＞24 ts'ia33	讲话 kŋ252＞24 gua33
3+2	响雷 hioŋ52＞21 lui24	老侬人 lɯ52＞21 laŋ24
3+3	老鼠 lɯ52＞21 ts'i52	狗母 kɔ52＞21 bɯ52
3+5	蠓帐 baŋ52＞24 tiŋ21	解放 ke52＞24 huaŋ21
3+6	买物 bi52＞21 mŋ55	考验 k'ɯ52＞21 giam55
3+7	警察 kin52＞24 ts'aʔ21	藕节莲藕 ŋ52＞24 tsaʔ21
3+8	扁食 pan52＞21 sieʔ55	洗浴游泳 si52＞21 gieʔ55

④ 阴去 21 调有 55、33 两种变调读法。在阴平 33 调、阳平 24 调、上声 52 调、阴去 21 调、阴入 21 调之前改读 55 调,读同阳去本调;

在阳去 55 调、阳入 <u>55</u> 调之前改读 33,读同阴平本调。例字如下:

5+1	唱歌 ts'ioŋ21>55 kɯ33	菜花花椰菜 ts'ɛ21>55 hua33
5+2	菜篮 ts'ɛ21>55 nā24	泡茶 p'ɔ21>55 tia24
5+3	报纸 pɯ21>55 tsua52	扫帚 sɔ21>55 ts'iu52
5+5	报告 pɯ21>55 kɯ21	面布 bin21>55 pu21
5+6	做事 tsɯ21>33 su55	蒜箸 suan21>33 liɯ55
5+7	四角 si21>55 kaʔ<u>21</u>	鸭角公鸭 a21>55 kaʔ<u>21</u>
5+8	四十 si21>33 tsaʔ<u>55</u>	教育 kiɔ21>33 gieʔ<u>55</u>

⑤ 阳去 55 调有 21、52 两种变调读法。在阳平 24 调、上声 52 调、阳去 55 调、阳入 <u>55</u> 调之前改读 21 调,读同阴去本调;在阴平 33 调、阴去 21 调、阴入 <u>21</u> 调之前改读 52 调,读同上声本调。阳去调的变调规则与阳平调完全一致。例字如下:

6+1	电灯 tien55>52 tin33	电话 tien55>52 gua33
6+2	食茶 tsia55>21 tia24	卵仁 lun55>21 gin24
6+3	白酒 pa55>21 tsiu52	食酒 tsia55>21 tsiu52
6+5	电报 tien55>52 pɯ21	落课 lɯ55>52 k'ɯ21
6+6	近视 kin55>21 si55	落雨 lɯ55>21 hu55
6+7	电压 tien55>52 aʔ<u>21</u>	活结 gua55>52 kaʔ<u>21</u>
6+8	食力 tsia55>21 laʔ<u>55</u>	五粒 gu55>21 lieʔ<u>55</u>

⑥ 阴入 <u>21</u> 调有 <u>55</u>、<u>33</u> 两种变调读法。在阴平 33 调、阳平 24 调、上声 52 调、阴去 21 调、阴入 <u>21</u> 调之前改读 <u>55</u>;在阳去 55 调、阳入 <u>55</u> 调之前改读 <u>33</u>。若不计调长,阴入调的变调规则与阴去调相同。例字如下:

7+1	北京 paʔ<u>21</u>>55 kiā33	国家 kuoʔ<u>21</u>>55 kia33
7+2	发财 huaʔ<u>21</u>>55 ts'ɛ24	积肥 tsieʔ<u>21</u>>55 pui24
7+3	腹肚 paʔ<u>21</u>>55 tu52	虮母 saʔ<u>21</u>>55 bɯ52
7+5	出嫁 ts'ieʔ<u>21</u>>55 kia21	福气 huoʔ<u>21</u>>55 k'ɨ21
7+6	一月 ieʔ<u>21</u>>33 gui55	沃雨 aʔ<u>21</u>>33 hu55

7＋7	结束 kieʔ21＞<u>55</u> suoʔ21	的确 tieʔ21＞<u>55</u> kʻaʔ21
7＋8	出力 tsʻieʔ21＞<u>33</u> laʔ55	毕业 pieʔ21＞<u>33</u> gieʔ55

⑦ 阳入 <u>55</u> 调有 <u>21</u>、<u>52</u> 两种变调读法。在阳平 24 调、上声 52 调、阳去 55 调、阳入 55 调之前改读 21 调；在阴平 33 调、阴去 21 调、阴入 21 调之前改读 52 调。若不计调长，阳入调的变调规则与阳平调、阳去调相同。例字如下：

8＋1	目珠 baʔ55＞<u>52</u> tsiu33	热天 gieʔ55＞<u>52</u> tʻŋ33
8＋2	日头 lieʔ55＞<u>21</u> tʻɔ24	绿茶 lieʔ55＞<u>21</u> tia24
8＋3	日子 lieʔ55＞<u>21</u> tsi52	日本 lieʔ55＞<u>21</u> pun52
8＋5	目镜 baʔ55＞<u>52</u> kia21	学费 haʔ55＞<u>52</u> hui21
8＋6	毒药 tuoʔ55＞<u>21</u> giu55	木屐 baʔ55＞<u>21</u> kʻia55
8＋7	十七 tsaʔ55＞<u>52</u> tsʻieʔ21	目汁 baʔ55＞<u>52</u> tsieʔ21
8＋8	十六 tsaʔ55＞<u>21</u> laʔ55	独立 tuoʔ55＞<u>21</u> lieʔ55

溪南话的变调都是邻接交替式，组合模式共有四种模式：52/<u>52</u>＋21/<u>21</u>、55/<u>55</u>＋33/<u>33</u>、24＋33、24＋21。后字的控制组合也分成两类：(1) 阴平 33、阴去 21、阴入 <u>21</u>；(2) 阳去 55、阳入 55。比起永福话与双洋话的邻接交替式变调，溪南的变调规则繁复许多。

（五）新桥

新桥话（南丰村）的资料来自 2012 年 6 月的田调，发音人 F 约 23 岁，从事服务业。发音人 F 的母语是新桥话（L1），也是现今的家庭语言。发音人 F 目前在菁城工作，与其他乡镇的人沟通时使用普通话（L2），与新桥人沟通时则使用新桥话。根据发音人的描述，新桥内有口音差异，南北部不同，①不过新桥各村之人皆能将他村的方言与自己的新桥话做对应，彼此沟通无碍。新桥南丰话声母、韵母、声调的共时系统如下：

---

① 根据陈宝贤(2010b, 2012)的调查，新桥镇南区的珍坂话，韵母系统与南丰有明显差异。例如"猪"，南丰读 tiau1、珍坂读 ti1；"孙"，南丰读 soŋ1、珍坂读 sun1；"盐"，南丰读 giaŋ2、珍坂读 giam2。南丰话的韵母比较接近双洋话，珍坂话则与溪南话较相似。

1. 声母 14 个

p 补杯本白	p'皮破盘曝	b(m)武买门蜜		
t 猪茶大追	t'桃体梯天	l(n)来雷老尿		
ts 珠租石食	ts'笑车菜草		s 小雪洗赛	
k 歌舅甲狗	k'考客开苦	g(ŋ)鹅牛我药	h 海虎费欢	Ø 学鞋厦鸭

2. 韵母 47 个

i 鼠米四	e 茶家客	ɛ 下代屎	a 车骹鸭	ɔ 头草纸	ɯ 歌婆薄	u 步苦裤
		iɛ 财菜指	ia 写姐	ɔi 条臭倚	iɯ 票烧药	iu 酒
	ei 坐洗溪					
	ue 火背月	uɛ 怪花话	ua 我阔活			
ai 队水腿						au 鼠手树
uai 鬼位						iau 猪球
ĩ 院棉间	ẽ 病星更		ã 担三正	ɔ̃ 山伞肝		
			iã 京命影	iɔ̃ 秒团件		
		uɛ̃ 横关				
aĩ 饭算转						
uaĩ 卷光						
		in 进阵巾	an 办单难			
		ien 园颜	uan 观算			
ŋ̍ 姆□(不)	iŋ 张羊匠		aŋ 房暗柑	oŋ 东本婚		
			iaŋ 响盐	ioŋ 用宫		
			uaŋ 方广			
	eʔ 立笔绩		aʔ 盒八角			
			iaʔ 十接热	ioʔ 育玉		
			uaʔ 活发	oʔ 骨术毒		

新桥南丰话的韵母有几个特点：

第一,共有 i、e、ɛ、a、ɔ、ɯ、u 等七个元音,也是元音系统较复杂的方言。新桥南丰话韵母-ɛ 与-iɛ 互补分布,声母 ts- ,ts'-后只出现有

-i-介音的形式。如下所示：

iɛ/ts-，ts'-

ɛ/elsewhere

第二，新桥南丰话没有-uā韵母，但却有少数字读-ua，这种情况与龙岩的苏坂话相似。

第三，鼻音韵尾与促音韵尾不对称，促音韵尾只有喉塞尾-ʔ，鼻音韵尾却有-n、-ŋ两个。[①] 特别的是，新桥南丰话的-n韵尾，发音部位比漳平其他方言都要后面，不过仍与系统中的-ŋ韵尾有区别，这显示南丰话舌尖韵尾正朝着舌根韵尾靠拢。

第四，南丰话的-uai、-uãĩ韵母，只出现在舌根～喉部声母之后。[②]

第五，南丰话没有-ui、-uĩ韵母，-iu韵母只有"酒"一个属字。

3. 声调

（1）单字调

新桥话不分阴阳上，各调类的调值分别是：阴平33、阳平24、上声53[③]、阴去21、阳去51、阴入21、阳入55。

新桥话古清声母入声字带喉塞韵尾的读阴入调21，丢失入声韵尾的读舒声阴去调21，古浊声母入声字带喉塞韵尾的读阳入调55，但丢失入声韵尾的字并不读舒声55调，而是与阳去51调合并，例如"食"tsa51、"月"gue51、"白"pe51、"落"lɯ51、"药"giɯ51。新桥话古阳入字舒声化后的调类归并，与多数的闽南西片方言不同。

（2）两字组连读变调

陈宝贤（2010b）指出，新桥话的变调系统中，阳平调24、阳去调

---

① 珍坂话鼻音韵尾有-m、-n、-ŋ三个，但南丰话没有双唇鼻音韵尾，珍坂读-m尾的韵母，南丰话一律是-ŋ。

② 南丰话有-uai、-iau、-ai、-au等韵母，但珍坂话没有这些韵母。

③ 南丰话上声调与阳去调是很接近的高降调，陈宝贤教授告知，珍坂话与南丰话相似，上声与阳去不易分辨。上声调的降幅小于阳去调，此处把上声调描写为53，较过去的描写更能贴近实际的语音状况。

51、阳入调 55 是自身交替式连读变调,这三调的变调读法都是 53/
53;阴平调 33、上声调 53、阴去调 21、阴入调 21 是邻接交替式,阴平
调 33 有 24、33 两种变调;上声调 53 有 24、21 两种变调;阴去调 21 与
阴入调 21 有 55/55、33/33 两种变调。

　　新桥邻接交替式变调的组合模式有三种,也是规则较复杂的方
言。以下以南丰音系为例,说明新桥话的连读变调规则。

　　① 阴平 33 调有 24、33 两种变调读法。在阴平 33 调、上声 53
调、阴去 21 调、阴入 21 调之前改读 24 调,读同阳平本调;在阳平 24
调、阳去 51 调、阳入 55 调前读原调 33。例字如下:

1+1	大厅 tɔ33＞24 tʻiã33	烂烂 nɔ̃33＞24 nɔ̃33
1+2	新桥 sin33＞33 kiɯ24	家庭 ke33＞33 tʻin24
1+3	猪母 tiau33＞24 bɯ53	天旱 tʻ ĩ33＞24 tsa53
1+5	天气 tʻ ĩ33＞24 kʻi21	开店 kʻuai33＞24 tiaŋ21
1+6	姑丈 ku33＞33 tiŋ51	大雨 tɔ33＞33 hu51
1+7	大竹毛竹 tɔ33＞24 toʔ21	方法 huaŋ33＞24 huaʔ21
1+8	生日 sẽ33＞33 leʔ55	开业 kʻuai33＞33 giaʔ55

　　② 阳平 24 调,在所有调类之前,一律改读 53 调,读同上声本调。
例字如下:

2+1	棉花 mĩ24＞53 huɛ33	平安 pʻin24＞53 an33
2+2	红鞋 aŋ24＞53 ei24	眠床 bin24＞53 tsʻŋ̍24
2+3	茶米 te24＞53 bi53	牛母 gu24＞53 bɯ53
2+5	长裤 tŋ̍24＞53 kʻu21	皮带 pʻue24＞53 tɔ21
2+6	姨丈 i24＞53 tiŋ51	棉被 mĩ24＞53 pʻue51
2+7	油漆 giau24＞53 tsʻaʔ21	牛角 gu24＞53 kaʔ21
2+8	题目 tei24＞53 boʔ55	其实 kʻi24＞53 seʔ55

　　③ 上声 53 调有 24、21 两种变调读法。在阴平 33 调、上声 53
调、阴去 21 调、阴入 21 调之前改读 24 调,读同阳平本调;在阳平 24
调、阳去 51 调、阳入 55 调前读 21 调,读同阴去本调。例字如下:

3＋1	火车 hue53＞24 ts'a33	讲话 k'ŋ53＞24 guɛ33
3＋2	响雷 hiaŋ53＞21 lai24	老侬人 lɯ53＞21 laŋ24
3＋3	老鼠 lɯ53＞24 ts'au53	狗母 kɔ53＞24 bɯ53
3＋5	蟒帐 baŋ53＞24 tiŋ21	解放 kɛ53＞24 huaŋ21
3＋6	买物 bei53＞21 mĩ51	考验 k'ɯ53＞21 giaŋ51
3＋7	警察 kin53＞24 ts'aʔ21	准确 tsoŋ53＞24 k'aʔ21
3＋8	体育 t'ei53＞21 gioʔ55	手术 ts'au53＞21 soʔ55

④ 阴去 21 调有 55、33 两种变调读法。在阴平 33 调、上声 53 调、阴去 21 调、阴入 21 调之前改读 55 调;在阳平 24 调、阳去 51 调、阳入 55 调前读 33 调,读同阴平本调。例字如下:

5＋1	看轻 k'ɔ21＞55 k'in33	菜花花椰菜 ts'iɛ21＞55 huɛ33
5＋2	菜篮 ts'iɛ21＞33 nā24	泡茶 p'ɔ21＞33 te24
5＋3	报纸 pɯ21＞55 tsɔ53	扫帚 sɔ21＞55 ts'au53
5＋5	报告 pɯ21＞55 kɯ21	客气 k'e21＞55 k'i21
5＋6	鸭卵 a21＞33 naĩ51	看有看得起 k'ɔ21＞33 u51
5＋7	四角 si21＞55 kaʔ21	鸭角 a21＞55 kaʔ21
5＋8	四十 si21＞33 tsiaʔ55	技术 ki21＞33 soʔ55

⑤ 阳去 51 调,在所有调类之前,一律改读 53 调,读同上声本调。例字如下:

6＋1	电灯 tien51＞53 tin33	电话 tien51＞53 guɛ33
6＋2	食茶 tsa51＞53 te24	卵仁 naĩ51＞53 gin24
6＋3	白纸 pe51＞53 tsɔ53	后母 ɔ51＞53 bɯ53
6＋5	电报 tien51＞53 pɯ21	落课 lɯ51＞53 k'ɯ21
6＋6	近视 kin51＞53 si51	落雨 lɯ51＞53 hu51
6＋7	电压 tien51＞53 aʔ21	动作 toŋ51＞53 tsoʔ21
6＋8	食力 tsia51＞53 laʔ55	五粒 gu51＞31 liaʔ55

⑥ 阴入 21 调有 55、33 两种变调读法。在阴平 33 调、上声 53 调、阴去 21 调、阴入 21 调之前改读 55 调;在阳平 24 调、阳去 51 调、

阳入 <u>55</u> 调前读 <u>33</u> 调。若不计调长，阴入调的变调规则与阴去调相同。例字如下：

7+1	北京 paʔ<u>21</u>＞<u>55</u> kiã33	国家 koʔ<u>21</u>＞<u>55</u> ke33
7+2	发财 huaʔ<u>21</u>＞<u>33</u> tsʻiɛ24	足球 tsioʔ<u>21</u>＞<u>33</u> kʻiau24
7+3	腹肚 paʔ<u>21</u>＞<u>55</u> tu53	虱母 saʔ<u>21</u>＞<u>55</u> bɯ53
7+5	出嫁 tsʻeʔ<u>21</u>＞<u>55</u> ke21	发票 huaʔ<u>21</u>＞<u>55</u> pʻiɯ21
7+6	一月 eʔ<u>21</u>＞<u>33</u> gue51	沃雨 aʔ<u>21</u>＞<u>33</u> hu51
7+7	结束 keʔ<u>21</u>＞<u>55</u> soʔ21	压迫 aʔ<u>21</u>＞<u>55</u> peʔ21
7+8	出力 tsʻeʔ<u>21</u>＞<u>33</u> laʔ55	毕业 peʔ<u>21</u>＞<u>33</u> giaʔ55

⑦ 阳入 <u>55</u> 调，在所有调类之前，一律改读 <u>53</u> 调。例字如下：

8+1	目珠 baʔ<u>55</u>＞<u>53</u> tsau33	热天 giaʔ<u>55</u>＞<u>53</u> tʻĩ33
8+2	日头 leʔ<u>55</u>＞<u>53</u> tʻɔ24	食堂 seʔ<u>55</u>＞<u>53</u> tʻaŋ24
8+3	日子 leʔ<u>55</u>＞<u>53</u> tsi53	日本 leʔ<u>55</u>＞<u>53</u> poŋ53
8+5	目镜 baʔ<u>55</u>＞<u>53</u> kiã21	学费 hiaʔ<u>55</u>＞<u>53</u> huai21
8+6	毒药 toʔ<u>55</u>＞<u>53</u> giɯ51	罚倚 huaʔ<u>55</u>＞<u>53</u> kʻiɔ51
8+7	十七 tsiaʔ<u>55</u>＞<u>53</u> tsʻeʔ21	目汁 baʔ<u>55</u>＞<u>53</u> tsiaʔ21
8+8	十六 tsaʔ<u>55</u>＞<u>53</u> laʔ55	独立 toʔ<u>55</u>＞<u>53</u> leʔ55

　　新桥话的变调有自身交替式与邻接交替式两类。自身交替式中，每一调类的变调读法都相同，呈现"异调共享相同连读规则"的趋势；但邻接交替式中，各单字调的变调组合并不一致，不过变调的后字控制条件，所有调类都是相同的。整体而言，新桥话的连读变调模式与双洋话最接近，但规则又比双洋话稍微复杂一点。

2.1.2.2　龙岩闽南话的语音系统

　　龙岩闽南话由北至南可分为苏坂、城关、适中三个小方言区，其中城关话较接近漳州话，苏坂与适中各有特色。就当地人的语感而言，"适中话与漳平溪南话很像"，我们不止一次听到这样的评论，从共时角度来说，适中与溪南的音系确实有不少相似处。以下依次讨论城关、适中及苏坂的语音系统。

（一）城关

龙岩城关话的共时音系以郭启熹(1996)《龙岩方言研究》的语料为基础,①加上我们 2010 年 8 月至龙门街道的简单田调数据,综合分析龙岩城关话的共时音系。发音人 G 约 70 岁,是龙岩城区的退休中学教师。城关话声母、韵母、声调的共时系统如下:

1. 声母 14 个

p 补杯本白	p' 皮破盘曝	b(m)磨舞蜜墨		
t 猪茶大追	t'桃体梯天	l(n)来雷老尿		
ts 珠租石食	ts'笑蔡菜草		s 小雪洗赛	
k 歌舅甲狗	k'考客开苦	g(ŋ)鹅牛我药	h 海孝虎欢	∅ 学鞋鸭盒

2. 韵母 63 个

ɿ 资粗醋	i 猪四基	e 鞋矮	ɛ 哑下厦	a 鸭车射	ɔ 左婆薄	u 布姑乌
	ie 卖节八		iɛ 爬茶册	ia 写谢惹	io 小赵椒	iu 秋州球
	ui 队杯归	ue 飞皮火	uɛ 瓜花话	ua 大罗纸		
	ai 菜财改					
	uai 乖怪			iu 外靴倚		iau 较妖
	ĩ 转算软		ɛ̃ 楹	ã 三篮正	ɔ̃ 毛汤讲	
		iɛ̃ 病争更		iã 命厅京	iɔ̃ 张让羊	
	uĩ 饭门光	uɛ̃ 关横		uã 弹散肝		
	aĩ 碍耐艾					
				iuã 团蚁		iaũ 猫庙
ɱ 姆亲属称谓	im 心音			am 贪甘		
	ip 立集辑			ap 答杂盒		

①　龙岩城方言区范围广大,过去张振兴(1984),陈章太、李如龙(1991)也曾发表龙岩话的语音材料,但都不如郭启熹(1996)完整。近年罗超(2007)及曾德万(2012)也陆续做了龙岩城关话的音系研究,罗超的研究依据是雁石话,曾德万是白沙话和小池话,但以白沙话为主。雁石、白沙、小池在地理位置上都不是龙岩城关的中心区域,且三者音系有许多不同处,因此我们目前仍选择郭启熹(1996)的材料,分析龙岩城关话的语音系统。

	iam 盐针	
	iap 接十	
in 兵顶情	an 丹餐间	un 船分顺
it 七笔息	at 八察漆	ut 律骨佛
	ian 煎电	
	iat 热策	
	uan 管满	
	uat 法泼	
ŋ 五午	aŋ 帮康行　oŋ 公东风	
	ak 缚北角　ok 国毒福	
	iaŋ 场量　ioŋ 龙用	
	iak 雀弱　iok 陆玉	
	uaŋ 状黄	
	uak 扩	

韵母系统有几个特色:

(1) 城关话的-o 韵母有变体[uo],与漳平有-o 韵母的地区一样。鼻化韵母-õ 也有[uõ]变体,但舌根声母及零声母后,一般都是[õ]。

(2) 有几个韵母互补分布:-ɛ 与-iɛ,-e 与-ie,以及-ɛ̃ 与-iẽ。这三对互补分布的韵母,前者只出现在零声母后,后者则出现在非零声母后。共时的互补分布是历时音变造成的结果,详见第三章讨论。漳平新桥话-ɛ 与-iɛ 也互补分布,但新桥韵母的分布环境与龙岩城关不一样,新桥话(南丰)-iɛ 只出现在 ts-与 ts'-后面,-ɛ 则出现在非其他环境下。

(3) 韵母-iua、-iuā,龙门发音人 G 的语音为[ioa]、[ioã]。这对韵母的音节结构与音节长度都很特殊,听起来像双音节,由[io]后接[a]组合而成。

(4) 韵母-im、-ip 的音值为[iəm]、[iəp],中间有滑音,音值与厦漳泉方言的-im、-ip 不同。韵母-ut 的音值为[uot]。有些地区,韵母-un 读成[uon],(郭启熹 1996:6)但龙门发音人 G 没有这个现象,韵母-un 的音值是[un]。

(5) 韵母-ian 有[ian]、[ien]两种同位音,而韵母-iat 的音值一般是[iet]。韵母-it 有[it]、[iet]两种同位音,第二种变体与韵母-iat 的语音形式相同,-it 与-iat 即将出现合流。

(6) 韵母-iap 有变体[iak],显示出唇音韵尾与舌根韵尾合流的趋势。

3. 声调

(1) 单字调

龙岩城关话是分阴阳上的八调方言。调值分别是阴平 334、阳平 11、阴上 21、阳上 53、阴去 213、阳去 55、阴入 55、阳入 53。

(2) 两字组连读变调

城关话两字组的连读变调整理自郭启熹(1996:26 - 27)《龙言方言研究》"连读变调"一节与郭启熹(1996:102 - 128)《龙岩方言研究·词汇》部分。

城关话的连读变调有自身交替式与邻接交替式两类。阳上 53 调、阳入 53 调属自身交替式,阳上变调为 11 调,阳入变调为 21 调。但从《龙岩方言研究·词汇》的例子中可看出,阳入调有不少字担任词汇前字时不变调,读本调。城关话阴平 334 调、阳平 11 调在担任词汇前字时都读本调,没有连读变调行为。

阴上 21 调、阴去 213 调、阳去 55 调、阴入 55 调的变调是邻接交替式:阴上 21 调的变调与阴去 213 调的变调读法都是 21、213 两种;阳去 55 调的变调是 334、55 两种,阴入 55 调的变调是 34、55 两种,若忽略调长,阳去变调与阴入变调的规则也是一致的。城关话邻接交替式变调也显示了"异调共享相同连读规则"的趋势。

城关话的连读规则中,一个很大的特征是前字不变调,这是漳平闽南话没有的特点。各单字调的变调举例如下:

① 阴平 334 调,在所有调类字之前,都读本调 334。例字如下:

　1+1　　天星 tʻĩ334>334 siẽ334　　　路街路 lu334>11 kie334

1+2	饭匙 puĭ334＞334 si11	山皮山表 suā334＞334 p'ue11
1+3	烧水 sio334＞334 tsui21	粗纸 ts'ɿ334＞334 tsua21
1+4	冬下下半年 taŋ334＞334 ɛ53	生卵 siē334＞334 nĭ53
1+5	上昼 tsō334＞334 tau213	铰布 ka334＞334 pu213
1+6	字册 tsi334＞334 ts'iɛ55	——
1+7	方法 huaŋ334＞334 huat55	——
1+8	新历 sin334＞334 lit53	烧热 sio334＞334 giat53

"路街"一词显示,阴平后接阴平时,前字变调有读 11 调的情况。此外,根据王咏梅(2004：97)的观察,城关方言区有些地方,阴平调后接阴平、阳上、阴去、阳去、阴入、阳入时,变调会读 11 调,而后接阳平字与上声字时,则不变调,读本调 334。

② 阳平 11 调,在所有调类之前,都读本调 11 调。例字如下:

2+1	年冬 nĭ11＞11 taŋ334
2+2	油麻 giu11＞11 muā11
2+3	楼顶 lau11＞11 tin21
2+4	时雨 si11＞11 hu53
2+5	长裤 tō11＞11 k'u213
2+6	姨丈 i11＞11 tiō55
2+7	银角 in11＞11 kak55
2+8	题目 tie11＞11 bok53

③ 阴上 21 调有 21、213 两种变调读法。在阴平 334 调、阳上 53 调、阴去 213 调、阳去 55 调、阴入 55 调、阳入 53 之前读本调 21;在阳平 11、阴上 21 前读 213 调,读同阴去本调。例字如下:

3+1	好天 ho21＞21 t'ĭ334	火熏 hue21＞21 hun334
3+2	水鞋 tsui21＞213 ie11	草排草坪 ts'au21＞213 p'ai11
3+3	滚水 kun21＞213 tsui21	火管 hue21＞213 kuĭ21
3+4	老弟 lo21＞21 ti53	——
3+5	祖戍厝 tsɿ21＞21 ts'i213	老妹 lo21＞21 muĭ213

<table>
<tbody>
<tr><td>3＋6</td><td>九桌 kau21＞21 to55</td><td>——</td></tr>
<tr><td>3＋7</td><td>水窟 tsui21＞21 k'ut55</td><td>——</td></tr>
<tr><td>3＋8</td><td>老历 lo21＞21 lit53</td><td>领入<u>人赘</u> niã21＞21 liap53</td></tr>
</tbody>
</table>

④ 阳上 53 调,在所有调类之前,变调读 11 调,读同阳平本调。例字如下:

4＋1	膳厅 sian53＞11 t'iã334
4＋2	坐船 tsie53＞11 tsun11
4＋3	户口 hu53＞11 k'au21
4＋4	运动 gun53＞11 toŋ53
4＋5	下昼 ɛ53＞11 tau213
4＋6	五桌 ŋ53＞11 to55
4＋7	幸福 hin53＞11 hok55
4＋8	五粒 ŋ53＞11 liap53

阳上调有一部分来源是古浊入字,因历史上丢失了促声韵尾,因此改读舒声的阳上调。这些古浊入来源的字,变调除读 11 调外,还有 21 调的读法:

4(古浊入舒声类)＋1	石英 tso53＞11 in334	石枋 tso53＞21 paŋ334
4(古浊入舒声类)＋2	石头 tso53＞11 t'au11	食茶 tsa53＞21 tiɛ11
4(古浊入舒声类)＋3	石笋 tso53＞11 sun21	石笋 tso53＞21 sun21
4(古浊入舒声类)＋4	石柱 tso53＞11 t'iau53	石卵 tso53＞21 nĩ53
4(古浊入舒声类)＋5	食昼 tsa53＞11 tau213	食教信数 tsa53＞21 kiau213
4(古浊入舒声类)＋6	石塔 tso53＞11 ta55	——
4(古浊入舒声类)＋7	石竹 tso53＞11 tiok55	——
4(古浊入舒声类)＋8	石佛 tso53＞11 hut53	——

“石笋”一词,前字同时有 11 与 21 两种变调读法,古浊入字本读阳入调 53,阳入变调为 21,当古浊入字归入舒声的阳上调时,变调也从 21 转变为 11,在词汇中还可看见旧时变调的痕迹。

阳上调还有另一个特殊现象,有例子显示,阳上调字在前字位置时不变调,例如"籴米"读 tia53＞53 bi21。而王咏梅(2004:97)观察的龙岩城关话,阳上调后接阳平字、阴上字时,变调位置同时有读 11 调或读本调 53 调的情况。

⑤ 阴去 213 调有 21、213 两种变调读法。在阴平 334 调、阳上 53 调、阴去 213 调、阳去 55 调、阴入 55 调、阳入 53 之前读 21 调,读同阴上本调;在阳平 11、上声 21 前读本调 213 调。阴去调的变调规则与后字控制条件,与上声调完全一致。例字如下:

5+1	菜花花椰菜 tsʻai213＞21 huɛ334	起风 kʻi213＞21 hoŋ334
5+2	暗头 am213＞213 tʻau11	臭丸 tsʻiau213＞213 ian11
5+3	起火 kʻi213＞213 hue21	铳子 tsʻoŋ213＞213 tsi21
5+4	破篾 pʻua213＞21 bi53	灶下 tsau213＞21 ɛ53
5+5	起成盖房子 kʻi213＞21 tsʻi213	税成租房子 sue213＞21 tsʻi213
5+6	做客 tso213＞21 kʻiɛ55	菜鸭 tsʻai213＞21 a55
5+7	做七 tso213＞21 tsʻit55	四角 si213＞21 kak55
5+8	菜盒 tsʻai213＞21 ap53	——

⑥ 阳去 55 调有 334、55 两种变调读法。在阴平 334 调、阳上 53 调、阴去 213 调、阳去 55 调、阴入 55 调、阳入 53 之前读 334 调,读同阴平本调;在阳平 11、阴上 21 前读本调 55 调。例字如下:

6+1	铁山 tʻi55＞334 suã334
6+2	鸭虫 a55＞55 tʻaŋ11
6+3	作水 tso55＞55 tsui21
6+4	铁石 tʻi55＞334 tso53
6+5	桌帕 to55＞334 pʻie213
6+6	铁塔 tʻi55＞334 tʻa55
6+7	铁壳 tʻi55＞334 kʻak55
6+8	铁凿 tʻi55＞334 tsʻak53

⑦ 阴入 55 调有 34、55 两种变调读法。在阴平 334 调、阳上 53 调、阴去 213 调、阳去 55 调、阴入 55 调、阳入 53 之前读 34 调;在阳平

11、阴上 21 前读本调 55 调。若不计调长，阴入调的变调规则与阳去调完全一致。例字如下：

7+1	结婚 kiat<u>55</u>><u>34</u> hun334	竹批 tiok<u>55</u>><u>34</u> p'ie334
7+2	腹脐 pak<u>55</u>><u>55</u> tsai11	虱蟆 sap<u>55</u>><u>55</u> ba11
7+3	沃水 ak<u>55</u>><u>55</u> tsui21	叔牯_{叔叔} tsok<u>55</u>><u>55</u> ku21
7+4	结伴 kiat<u>55</u>><u>34</u> p'uā53	乞食 k'it<u>55</u>><u>34</u> tsa53
7+5	结算 kiat<u>55</u>><u>34</u> sĩ213	拍价 p'at<u>55</u>><u>34</u> kiɛ213
7+6	结雪 kiat<u>55</u>><u>34</u> sie55	腹渴 pak<u>55</u>><u>34</u> k'ua55
7+7	结束 kiat<u>55</u>><u>34</u> sok55	拍粟 p'at<u>55</u>><u>34</u> ts'ok55
7+8	结实 kiat<u>55</u>><u>34</u> sit53	逐日 tak<u>55</u>><u>34</u> lit53

阴入调除了在阳平 11、阴上 21 前读本调 55 调外，在阴平 334、阳上 53、阴去 213 前，也有读本调 55 调的例子，如：

7+1	角沟 kak<u>55</u>><u>55</u> kau334	出山 ts'it<u>55</u>><u>55</u> suā334
7+4	结舌 kiat<u>55</u>><u>55</u> tsi53	乞食 k'it<u>55</u>><u>55</u> tsa53
7+5	结算 kiat<u>55</u>><u>55</u> sĩ213	拍醮 p'at<u>55</u>><u>55</u> tsio213

"乞食""结算"二例，同时有变调与不变调两种情况，这些例子显示，阴入前字不变调的范围逐渐扩大，不只是后接阳平字与阴上字时而已。

⑧ 阳入 53 调，在所有调类之前，变调读 21 调。例字如下：

8+1	目珠 bak<u>53</u>><u>21</u> tsiu334	读字 t'ak<u>53</u>><u>21</u> tsi334
8+2	墨盘 bak<u>53</u>><u>21</u> puā11	日头_{太阳} lit<u>53</u>><u>21</u> t'au11
8+3	目屎 bak<u>53</u>><u>21</u> sai21	日子 lit<u>53</u>><u>21</u> tsi21
8+4	目药 bak<u>53</u>><u>21</u> gio53	实在 sit<u>53</u>><u>21</u> tsai53
8+5	目镜 bak<u>53</u>><u>21</u> kiā213	局势 kiok<u>53</u>><u>21</u> si213
8+6	目映 bak<u>53</u>><u>21</u> nĩ55	——
8+7	目汁 bak<u>53</u>><u>21</u> tsiap55	曝粟 p'ak<u>53</u>><u>21</u> ts'ok55
8+8	目实 bak<u>53</u>><u>21</u> sit53	学习 hiak<u>53</u>><u>21</u> sip53

阳入调为词汇前字时，其实也有不少情况不变调，如下所示：

8＋1　目箍 bak53＞53 k'au334　　　　　——

8＋2　活头<u>灵活圆滑</u> huat53＞53 t'au11　　日头<u>白天</u> lit53＞53 t'au11

8＋3　翼股<u>翅膀</u> sit53＞53 ku21　　　　食锦<u>春卷</u> sit53＞53 kim21

8＋4　木屐 bak53＞53 k'ia53　　　　　服侍 hok53＞53 sı53

8＋5　目镜 bak53＞53 kiã213　　　　　入世 liap53＞53 si213

8＋7　木虱 bak53＞53 sit55　　　　　　——

"目镜"一词,前字同时有读 21 与读本调 53 两种读法。"日头"一词,前字也有读 21 与读本调 53 两种,但两种读法语意不同,显示前字读本调的行为也引起词义分化。从有限的例字看,阳入字为词汇前字不变调的行为,似与后字环境无关。

归纳上述现象,龙岩城关话连读变调的总体变异情况如表 2－7 所示:

表 2－7　龙岩城关话连读变调(一)

前字＼后字	阴平 334	阳平 11	阴上 21	阳上 53	阴去 213	阳去 55	阴入 <u>55</u>	阳入 <u>53</u>
阴平 334	(1) 334 (2) 11	334	334	334	334	334	334	334
阳平 11	11	11	11	11	11	11	11	11
阴上 21	21	213	213	21	21	21	21	21
阳上 53	(1) 11 (2) 21	(1) 11 (2) 21	(1) 11 (2) 21 (3) 53	(1) 11 (2) 21	(1) 11 (2) 21	(1) 11 (2) 21	(1) 11 (2) 21	(1) 11 (2) 21
阴去 213	21	213	213	21	21	21	21	21
阳去 55	334	55	55	334	334	334	334	334
阴入 <u>55</u>	(1) <u>34</u> (2) <u>55</u>	<u>55</u>	<u>55</u>	(1) <u>34</u> (2) <u>55</u>	(1) <u>34</u> (2) <u>55</u>	<u>34</u>	<u>34</u>	<u>34</u>
阳入 <u>53</u>	(1) <u>21</u> (2) <u>53</u>	(1) <u>21</u> (2) <u>53</u>	(1) <u>21</u> (2) <u>53</u>	(1) <u>21</u> (2) <u>53</u>	(1) <u>21</u> (2) <u>53</u>	<u>21</u>	(1) <u>21</u> (2) <u>53</u>	

有几个特点:第一,阴上 21 调字与阴去 213 调字,变调规则与后字控制条件完全一致。第二,根据一般的变调法则,若不计调长,阳去调与阴入调变调行为应完全相同,但阴入调出现许多"例外"读本

调的情况,这个现象阳去调是没有的。第三,不论变调属自身交替式或邻接交替式,都有变调位置读本调的情形,且前字不变调的范围正在扩大中。此现象可与王咏梅(2004:97)的研究做比较详见表2-8:

表2-8　龙岩城关话连读变调(二)

前字 ＼ 后字	阴平 334	阳平 11	阴上 21	阳上 52	阴去 35	阳去 55	阴入 55	阳入 42
阴平 334	11	334	334	11	11	11	11	11
阳平 11	11	11	11	11	11	11	11	11
阴上 21	21	35	35	21	21	21	21	(1) 21 (2) 11
阳上 52	11	(1) 11 (2) 52	(1) 11 (2) 52	11	11	11	11	11
阴去 35	21	35	35	21	21	21	21	21
阳去 55	11	55	55	(1) 11 (2) 55	11	11	—	
阴入 55	11	55	55	11	11	11	11	11
阳入 42	(1) 11 (2) 42	11	11	11	11	—	11	11

　　表2-8的龙岩城关话,除了阴去调的单字调值与表2-7不同外,其余现象两表相近。阴上调、阴去调变调规则和后字控制条件,二者大致相同,与表2-7的情况一样,但表2-8的方言,阴上调后接阳入调时,有时读11调,这是表2-7的方言没有的。两表较大的不同是,表2-7变调位置读本调的范围较表2-8更大。两表比较之后,可发现龙岩城关话变调的几个特点:

　　一,阴平调变调位置本读11、334,但后来读本调的范围扩大,以至于整个调类前字都不变调。表2-7中,阴平调后接阴平调字时,有少数例子变调读11调,是早期变调现象的遗迹。

　　二,表2-7,阳上调主要有11与21两种变调,变调读21调的是古浊入字,阳上变调本来应为11调,与表2-8相同。表2-8中,阳上调字除了后接阴上调字外,后接阳平调字时,也有不变调的情况,表2-8比表2-7显示了更多变调位置读本调的现象。

三,阳去调与阴入调有相近的变调行为,那是因为现在读阳去调的字大部分都是古清入字,因为丢失喉塞尾改读舒声调。表2-7,阳去变调本应为334、55,阴入变调为34、55,但表2-7的阴入调在多处出现前字不变调的行为,表2-8有类似情况,但调值与表2-7不同。表2-8,阳去变调本应为11、55,阴入变调为11、55,阳去调后接阴去字时,也发展出不变调的行为。

四,阳入调的变调本为21(表2-7)或11(表2-8),但表2-7的方言出现大量前字不变调的情况,表2-8的方言显然保守许多,只有后接阴平调字时,有读本调的行为。

五,龙岩城关话有"异调共享相同连读规则"的现象,不同的单字调变调读法相同,与漳平的闽南话相似。但龙岩城关话在这个基础上,又另外发展出词汇前字读本调的现象,这是龙岩闽南话与漳平闽南话有区别的地方。龙岩的适中话与苏坂话,有些调类也出现前字不变调的现象,但不如龙岩城关话这么鲜明。

(二) 适中

适中镇(中心村)语音数据来自2010年8月及2011年7月的田调,少数地方根据第二次田调资料修正。发音人H约65岁,是适中"国民"小学的退休教师。发音人H长年居住在适中镇,母语是适中话(L1),是目前最惯用的语言及家庭语言。成年后开始学习普通话(L2),但只限于与外地人沟通时使用。适中话的声母、韵母、声调共时系统如下:

1. 声母14个

p 补杯本白	p' 皮破盘曝	b(m) 磨舞蜜墨		
t 猪茶大追	t' 桃体梯天	l(n) 来雷老尿		
ts 珠租石食	ts' 笑蔡菜草		s 小雪洗蚁	
k 歌舅甲狗	k' 考客开苦	g(ŋ) 鹅牛我药	h 海孝虎欢	∅ 学鞋厦盒

2. 韵母 55 个

i 猪四基	ɿ 坐卖节	e 哑下厦	a 鸦社车	o 左宝果	ɯ 罗婆薄	u 布租姑
		ie 爬茶买	ia 写谢惹	io 小	iɯ 茄赵椒	iu 秋州球
ui 队杯腿		ue 瓜花话	ua 大瓦艾			
uɯi 过月						
ai 菜财改						au 袍扫曹
uai 乖怪						iau 骄妖
ĩ 转算软			ã 三篮			ũ 糖讲床
		iẽ 奶	iã 团件镜			iũ 张让羊
uĩ 关横			uã 弹散肝			
aĩ 楷碍耐						aũ 藕脑傲
						iaũ 猫庙
m̩ 姆母亲			am 贪甘			
			ap 答杂盒			
			iam 盐心			
			iap 接十			
in 添闲钱			an 丹餐间			un 船远光
it 杰			at 八察漆			
			uan 范满			
		iet 热结笔	（uat 发罚）uot 法术			
ŋ̍ 五望看			aŋ 帮康行	oŋ 公东风		
			ak 缚北角	ok 国毒福		
			iaŋ 场量	ioŋ 龙用		
			iak 雀弱	iok 陆玉		
			uaŋ 状黄			

韵母系统有几个特色：

（1）适中话 i、ɿ 对立，① 例如"基"≠"鸡"，"四"≠"细"。两者的区别在

---

① 曾德万（2012：14,18）调查过适中的适中村方言，该村的韵母系统中没有-ɿ 韵母，"鸡"读 ki1,"棋"读 ki2。此外，适中村有舌尖元音-ɿ，如"刺"读 ts'ɿ5,不过我们调查的中心村没有舌尖元音。

舌根声母后最明显,其他环境的音值较接近。

(2) -e、-ie 互补分布,-e 只出现在零声母环境下。情况与龙岩城关话-ɛ、-iɛ 互补相似。适中话-ie 韵母有分音[e],如"茶"语流中有[tie]、[te]两种形式,这种分音与历史音变有关。

(3) -o 有[uo]变体,与其他闽南西片方言相同。适中较特殊的是,-o、-io 属字很少,且都是上声调字。"锁"有上声与阳去两读:上声为名词义,读 so3,阳去是动词义,读 sɯ6,调类的差异是元音分化的主因。(陈筱琪 2011b:732)

(4) 有-u、-ɯ;-iu、-iɯ;-ui、-ɯi 的对立,与漳平溪南上坂话相同。①

(5) 韵母-uat 属字零星,目前正在变动中,渐与-uot 合流。发音人 H 在 2011 年的田调时表示,"发"="活",读音是 huot7。

3. 声调

(1) 单字调

适中话不分阴阳上,调值分别是阴平 55、阳平 22、②上声 53、阴去 213、阳去 35、阴入 53、阳入 35。

阴去调值 213 在自然语流中快速出现时有分音 21,但若"准确"地发音时,是曲折调。上声调两字组的前字变调为 213 调,自然语流中,上声变调也有分音 21 的情况。

(2) 两字组连读变调

适中话的变调有自身交替式与邻接接替式。自身交替式的变调情况分别是:阴平 55 调改读 33 调、上声 53 调改读 213 调、阴去 213 调改读 35 调,三调的变调读法都不一样。适中话阳平 22 调不变调,在词汇前字时仍读本调。

---

①　根据曾德万(2012:14)的调查,适中村的音系中没有 ɯ 元音,因此也没有与 ɯ 元音搭配组成的韵母。综合观察,适中村的语音系统比我们调查的中心村方言更接近龙岩城关话。

②　阳平为低平调,过去我们把阳平调值描写为 11,(陈筱琪 2011b:725)但若跟连读变调系统中的低平调值相比,阳平单字调稍高些,因此现在把阳平调值描写为 22,连读中出现的低平调描写为 11。

阳去 35 调、阳入 35 调属邻接交替式变调,这两调的变调组合相同,是 11/11、22/22。阴入 53 调正在变异中,就目前的观察,阴入调的变调有 33、55,但说话速度刻意放慢时,会出现 35 变调的读法,且在各调字之前,都有这个现象。各单字调的变调举例如下:

① 阴平 55 调,在所有调类之前,变调读 33 调。例字如下:

1+1	大厅 tua55>33 tʻiã55	天星 tʻin55>33 sin55
1+2	漳平 tsaŋ55>33 pʻin22	家庭 kie55>33 tʻin22
1+3	鸡母 kɪ55>33 bo53	天早 tʻin55>33 tsa53
1+5	天气 tʻin55>33 kʻi213	开店 kʻui55>33 tiam213
1+6	姑丈 ku55>33 tiũ35	大雨 tua55>33 hu35
1+7	歌曲 kɯ55>33 kʻiok53	方法 huaŋ55>33 huot53
1+8	生日 sin55>33 liet35	开业 kʻui55>33 giap35

② 阳平 22 调,在所有调类之前都读本调 22。例字如下:

2+1	棉花 bin22>22 hue55	平安 pʻin22>22 an55
2+2	前头 tsin22>22 tʻau22	眠床 bin22>22 tsʻũ22
2+3	牙齿 gie22>22 kʻi53	牛母 gu22>22 bo53
2+5	长裤 tũ22>22 kʻu213	皮带 pʻui22>22 tua213
2+6	姨丈 i22>22 tiũ35	棉被 bin22>22 pʻui35
2+7	油漆 giu22>22 tsʻat53	牛角 gu22>22 kak53
2+8	题目 tɪ22>22 bok35	其实 kʻi22>22 siet35

③ 上声 53 调,在所有调类之前,变调都读 213 调,读同阴去本调。例字如下:

3+1	火车 hue53>213 tsʻa55	讲话 kũ53>213 gue55
3+2	海绵 hai53>213 bin22	老依ㅅ lo53>213 laŋ22
3+3	老鼠 lo53>213 tsʻi53	狗母 kau53>213 bo53
3+5	蠓帐 baŋ53>213 tiũ213	解放 kai53>213 huaŋ213
3+6	几户 ki53>213 hu35	考验 kʻo53>213 giam35
3+7	警察 kin53>213 tsʻat53	准确 tsun53>213 kʻak53

3＋8　　体育 t'ie53＞213 giok35　　　手术 ts'u53＞213 suot35

④ 阴去213,在所有调类之前,变调读35调,读同阳去本调。例字如下:

5＋1　唱歌 ts'aŋ213＞35 kɯ55　　　菜花花椰菜 ts'ai213＞35 hue55

5＋2　菜篮 ts'ai213＞35 nā22　　　泡茶 p'au213＞35 tie22

5＋3　报纸 pɯ213＞35 tsua53　　　扫帚 sau213＞35 ts'u53

5＋5　报告 pɯ213＞35 kɯ213　　　税成租房子 sɿ213＞35 ts'u213

5＋6　做事 tsɯ213＞35 su35　　　望有看得起 ŋ213＞35 u35

5＋7　四角 si213＞35 kak53　　　正式 tsin213＞35 siet53

5＋8　四十 si213＞35 tsiap35　　　算术 suan213＞35 suot35

⑤ 阳去35调有11、22两种变调读法。在阴平55调、上声53、阴入53调、阳去35调、阳入35调前,读11调;在阳平22调、阴去213调前读22调,读同阳平本调。例字如下:

6＋1　电灯 tin35＞11 tin55　　　电话 tin35＞11 gue55

6＋2　丈侬人 tiū35＞22 laŋ22　　　卵仁 nī35＞22 gin22

6＋3　电火 tin35＞11 hue53　　　五领 ŋ35＞11 niā53

6＋5　电报 tin35＞22 pɯ213　　　上课 tsoŋ35＞22 k'ɯ213

6＋6　近视 kin35＞11 si35　　　后代 au35＞11 tai35

6＋7　电压 tin35＞11 ap53　　　动作 toŋ35＞11 tsok53

6＋8　后日 au35＞11 liet35　　　五粒 gu35＞11 liap35

⑥ 阴入53调有33、55两种变调读法。在阳平22调、阴去213调、阳去35调、阳入35调及阴入53调前,读33调;而在阴平55调前读55调;在上声53调前,自然语流中有33及55两种读法,但以33为主。例字如下:

7＋1　北京 pak53＞55 kiā55　　　适中 siet53＞55 tioŋ55

7＋2　发财 huot53＞33 tsai22　　　作文 tsok53＞33 gun22

7＋3　虱母 sat53＞33 bo53　　　发展 huot53＞33or55 tin53

7+5	出嫁 ts'iet<u>53</u>><u>33</u> kie213	福气 hok<u>53</u>><u>33</u> k'i213
7+6	一月 iet<u>53</u>><u>33</u> gui35	沃雨淋了点雨 ak<u>53</u>><u>33</u> hu35
7+7	结束 kiet<u>53</u>><u>33</u> sok<u>53</u>	压迫 ap<u>53</u>><u>33</u> piet<u>53</u>
7+8	出力 ts'iet<u>53</u>><u>33</u> lat35	毕业 piet<u>53</u>><u>33</u> giap35

　　阴入字的变调，另有读 <u>35</u> 调的现象，发音人说话若刻意放慢语速，变调常是 35，在各调类字之前，都会出现。一般语速时，阴入变调的调型都是平调。阴入变调读 <u>35</u> 变体或遵守一般的变调规则读 <u>33</u> 或 <u>55</u> 调，二者没有语意区别。<u>35</u> 变体或许是反映了某个的历史阶段。

　　⑦ 上声调有一部分来源是古清入字，因历史上经历喉塞韵尾丢失，因此单字调归入上声调。古清入来源的上声调字，变调为 35，与阴入调前字变调的 <u>35</u> 变体现象平行。例字如下：

3(古清入舒声类)+1	鸭公 a53><u>35</u> kaŋ55
3(古清入舒声类)+2	客侬人 k'ie53><u>35</u> laŋ22
3(古清入舒声类)+3	鸭母 a53><u>35</u> bo53
3(古清入舒声类)+5	客气 k'ie53><u>35</u> k'i213
3(古清入舒声类)+6	鸭卵 a53><u>35</u> nĭ35
3(古清入舒声类)+7	桌角 tɯ53><u>35</u> kak<u>53</u>
3(古清入舒声类)+8	铁石 t'i53><u>35</u> siet<u>35</u>

　　这个现象说明虽然古清入字丢失喉塞尾后，声调与上声字合流，但变调行为还与一般的上声字有分别。龙岩城关话古浊入来源的阳上调字，同时有 21 与 11 两种变调，21 变调是古浊入字曾是阳入调的历史痕迹。适中话古入声字舒声化后的变调类化速度较城关话慢，因此适中这批字古清入来源的上声调字，变调只有 35 一种，没有一般上声字的 213 变调读法。适中话阴入 53 调本来应该是自身交替式变调，变调调值很可能是 35 调，目前只有说话刻意放慢时，才会出现这种变调。

　　根据林连通(1993：59)的观察，虽然现代泉州话古清去字与古浊去字合并为一个单字调,但古清去字的变调读法为 55,而古浊去字的变调读法是 22,例如"细风"sue41＞55 huaŋ33、"大厅"tua41＞22 t'iã33,这种现象已明确说明去声调早期分别有两种来源。上述现象显示,变调规则的类化较单字调的归并还慢,虽然调类已合流,但变调行为常常可见早期曾存在的区别。

此外,适中话古浊入舒声类与阳去调合流,但古浊入舒声类的变调规则已类化完成,因此没有像清入舒声类一样有演变的痕迹。

⑧ 阳入 <u>35</u> 调,在阴平 55 调、上声 53 调、阴入 <u>53</u> 调、阳去 35 调、阳入 <u>35</u> 调前,读 11 调;在阳平 22 调、阴去 213 调前读 <u>22</u> 调。若不计调长,阳入的变调规则与阳去调平行。例字如下:

8+1	目珠 bak<u>35</u>＞<u>11</u> tsu55	热天 giet<u>35</u>＞<u>11</u> t'in55
8+2	日头 liet<u>35</u>＞<u>22</u> t'au22	十年 tsiap<u>35</u>＞<u>22</u> lin22
8+3	六两 lak<u>35</u>＞<u>11</u> niũ53	日本 liet<u>35</u>＞<u>11</u> pun53
8+5	目镜 bak<u>35</u>＞<u>22</u> kiã213	学费 hak<u>35</u>＞<u>22</u> hui213
8+6	实在 siet<u>35</u>＞<u>11</u> tsai35	凿雨_{全身被雨淋透} ts'ak<u>35</u>＞<u>11</u> hu35
8+7	十七 tsiap<u>35</u>＞<u>11</u> ts'iet53	目汁 bak<u>35</u>＞<u>11</u> tsiap53
8+8	十六 tsiap<u>35</u>＞<u>11</u> lak35	独立 tok<u>35</u>＞<u>11</u> liap35

⑨ 丢失喉塞尾的古浊入字,单字调与阳去 35 调合流,变调行为也已完全与阳去调同化,情况与古清入舒声类不一样。例字如下:

6(古浊入舒声类)+1	薄衫 puɯ35＞11 sã55
6(古浊入舒声类)+2	食茶 tsa35＞22 tie22
6(古浊入舒声类)+3	白纸 pie35＞11 tsua53
6(古浊入舒声类)+5	落课 luɯ35＞22 k'ɯ213
6(古浊入舒声类)+6	落雨 luɯ35＞11 hu35
6(古浊入舒声类)+7	食粟 tsa35＞11 ts'ok53
6(古浊入舒声类)+8	食力 tsa35＞11 lak<u>35</u>

(三) 苏坂

苏坂(美山村)的语音数据来自 2011 年 7 月的田调。发音人 I 约

55岁,是"苏坂国民小学"的退休教师。发音人Ⅰ的母语是苏坂话(L1),是目前最惯用的语言,也是现今的家庭语言。成年后也会说普通话(L2),30多岁时曾外调至万安镇的"国民小学"服务,因此当时也学了一些万安话(L3),40岁后又回到苏坂,目前已不太能说万安话。苏坂话的声母、韵母、声调共时系统如下:

1. 声母14个

p 补杯本白	p' 皮破盘曝	b(m)磨舞蜜墨	
t 猪茶大追	t' 桃体梯天	l(n)来雷老尿	
ts 珠租石食	ts'笑蔡菜草		s 小雪洗赛
k 歌舅甲狗	k' 考客开苦	g(ŋ)鹅牛我药	h 海孝虎欢　　∅ 学鞋厦盒

2. 韵母56个①

i 鸡鞋买	e 哑下厦	a 鸦社车	o 大纸割	ɯ 婆罗歌	
	ie 爬茶客	ia 写谢惹	io 外倚寄	iɯ 茄赵椒	iou 秋州球
ui 过月队	ue 瓜花话	ua 我华活			
ei 猪四铁					ou 布租姑
ai 菜财改					au 袍扫曹
uai 乖怪怀					iau 较骄妖
ĩ 生醒病		ã 三声正	õ 伞肝山		
		iã 命镜鼎	iõ 艾蚁件		
eĩ 间钱前					
uĩ 关横	uẽ 酸远光				

---

① 曾德万(2012)也曾调查过苏坂美山村方言,但曾德万的调查结果跟我们有些差异,主要的不同处在韵母系统。举例来说,曾德万调查的美山话,"字"读tsๅ6,"山"读suā1,系统中有舌尖元音及复元音韵母-uā;而"歌"读ko1,音系中没有ɯ元音。此外,"猪"读tie1,"茶"读tie2,这两类字读相同的韵母。据我们的发音人表示,美山村是苏坂相当大的行政村,下辖许多自然村,内部有口音差异。曾德万调查的美山音系与龙岩城关话接近,可能是较靠近城关方言区的自然村口音,我们调查的美山话与漳平西园话相似,应是较东部的自然村口音。

aĩ 碍耐爱			aũ 藕脑傲
			iaũ 猫庙
m̩ 梅	am 贪惨甘		
	ap 答杂盒		
	iam 盐店心		
	iap 汁业十		
in 面近灯	an 丹餐班		un 船忍孙
	at 察漆力		
ien 颜煎烟			
iet 笔出直	iat 热结决		
	uan 范满算		
	uat 法罚	uot 滑术律	
ŋ̍ 汤糖长	aŋ 帮康行	oŋ 风动种	
	ak 缚北角	ok 国毒福	
iŋ 张让羊	iaŋ 凉厂香	ioŋ 恭龙用	
	iak 雀弱约	iok 陆菊玉	
	uaŋ 状光广		

韵母系统有几个特色：

(1) -e、-ie 互补分布，-e 只出现在零声母环境下。-ie 有[e]分音，如"茶"有[tie]、[te]两种变体，与适中话相同。

(2) u 元音不单独出现。

(3) -ue 在语音上，有时音节末端有微弱的上扬趋势，音值接近[uei]；鼻话韵母-uē 也是如此，音值接近[ueĩ]。这种语音特点是历史音变的痕迹。

(4) 系统中有-iat、-iet 的对立，闽南西片他处少见。

3. 声调

(1) 单字调

苏坂话不分阴阳上，调值分别是阴平 35、阳平 11、上声 33、阴去 13、阳去 53、阴入 55、阳入 53。

（2）两字组连读变调

苏坂话阳平 11 调、上声 33 调、阳去 53 调是自身交替式变调。这三调的变调读法分别是阳平 11 调、阳去 53 调变调读 33；上声 33 调变调读 11。不过阳平调后接阳平字、上声调后接阳平字、阳去调后接阳去字时，有些词例读另一种变调，说明这三调正朝着邻接交替式变调发展。

阴平 35 调、阴去 13 调、阴入 55 调、阳入 53 调属邻接交替式变调。阴平 35 调的变调为 33、55，阴去 13 调的变调为 11、13，阴入 55 调的变调为 33、55，阳入 53 调的变调为 33、11。各单字调的变调举例如下：

① 阴平 35 调有 33、55 两种变调读法。在上声 33 调之前改读 55 调，其余皆读 33 调。例字如下：

1+1	大厅 to35>33 t'iã35	天星 t'ei35>33 ts'ĩ35
1+2	栽塍插秧 tsai35>33 ts'an11	鸡嫲母鸡 ki35>33 ba11
1+3	工厂 koŋ35>55 ts'iaŋ33	天旱 t'ei35>55 tsa33
1+5	天气 t'ei35>33 k'ei13	开店 k'ue35>33 tiam13
1+6	姑丈 kou35>33 tiŋ53	大雨 to35>33 hou53
1+7	歌曲 kuu35>33 k'iok55	方法 huaŋ35>33 huat55
1+8	生日 sĩ35>33 liet53	开业 k'ue35>33 giap53

② 阳平 11 调，在所有调类之前，变调都读 33 调。例字如下：

2+1	棉花 mei11>33 hue35	平安 p'in11>33 an35
2+2	红鞋 aŋ11>33 i11	眠床 bin11>33 ts'ŋ̍11
2+3	牙齿 gie11>33 k'ei33	牛母 gou11>33 buu33
2+5	长裤 tŋ̍11>33 k'ou13	皮带 p'ui11>33 to13
2+6	姨丈 ei11>33 tiŋ53	棉被 mei11>33 p'ui53
2+7	油漆 giou11>33 ts'at55	牛角 gou11>33 kak55
2+8	题目 ti11>33 bak53	其实 k'ei11>33 siet53

阳平调后接阳平字时，前字有极少数的情况读本调，例如"求依人"

k'iou11＞11 laŋ11,阳平调的连读变调规则正在变化之中。

③ 上声 33 调,在所有调类之前,变调都读 11 调。例字如下:

3+1	火车 hui33＞11 ts'a35	讲话 k ŋ33＞11 gue35
3+2	海绵 hai33＞11 meĩ11	好侬△ huɯ33＞11 laŋ11
3+3	老鼠 lɯ33＞11 ts'ei33	狗母 kau33＞11 bɯ33
3+5	蠓帐 baŋ33＞11 tiŋ13	解放 kai33＞11 huaŋ13
3+6	几户 kei33＞11 hou53	考验 k'ɯ33＞11 giam53
3+7	警察 kin33＞11 ts'at55	准确 tsun33＞11 k'ak55
3+8	体育 t'i33＞11 giok53	手术 ts'iou33＞11 suot53

上声调后接阳平字时,前字也有极少数读本调的情况,例如"老侬△"
lɯ33＞33 laŋ11。

④ 阴去 13 调有 11、13 两种变调读法。在阴平 35 调、阴去 13
调、阳去 53 调、阴入 55 调之前改读 11 调;在阳平 11 调、上声 33 调前
读本调 13;在阳入 53 调前主要读 11 调,但有时读本调 13。例字
如下:

5+1	唱歌 ts'aŋ13＞11 kɯ35	菜花花椰菜 ts'ai13＞11 hue35
5+2	菜篮 ts'ai13＞13 nãll	泡茶 p'au13＞13 tie11
5+3	报纸 pɯ13＞13 tso33	扫帚 sau13＞13 ts'iou33
5+5	报告 pɯ13＞11 kɯ13	照镜 tsau13＞11 kiã13
5+6	做事 tsɯ13＞11 sou53	送物送礼 saŋ13＞11 me ĩ53
5+7	四角 sei13＞11 kak55	正式 tsin13＞11 siet55
5+8	四十 sei13＞11or13 tsiap53	算术 suan13＞11or13 suot53

阳去 53 调与阳入 53 调调型相同,阴去调后接阳去字时,目前变
调只有 11 调,符合变调规律;但阴去调后接阳入字时,变调除了 11 调
外,还有读 13 调的现象,这与适中话阳去 35 调及阳入 35 调,出现在
相同的声调环境之前时,彼此呈现不同的语音现象相似。后字的声
调环境虽相同,但调长差异也影响了连读规则变化的速度。

⑤ 阳去 53 调，在所有调类之前，变调都读 33 调。例字如下：

6+1	电灯 tien53＞33 tin35	电话 tien53＞33 gue35
6+2	丈侬△ tiŋ53＞33 laŋ11	食茶 tsa53＞33 tie11
6+3	电火 tien53＞33 hui33	后母 au53＞33 bɯ33
6+5	电报 tien53＞33 pɯ13	食醉 tsa53＞33 tsui13
6+6	近视 kin53＞33 sei53	落雨 lɯ53＞33 hou53
6+7	电压 tien53＞33 ap55	五叔 gou53＞33 tsok55
6+8	后日 au53＞33 liet53	五粒 gou53＞33 liap53

⑥ 阴入 55 调有 33、55 两种变调读法。在阴平 35 调、阴去 13 调、阳去 53 调、阴入 55 调、阳入 53 调之前改读 33 调；在阳平 11 调、上声 33 调前读本调 55。例字如下：

7+1	北京 pak55＞33 kiā35	国家 kok55＞33 kie35
7+2	发财 huat55＞55 tsai11	作文 tsok55＞55 bun11
7+3	腹肚 pat55＞55 tou33	虱母 sat55＞55 bɯ33
7+5	出嫁 ts'iet55＞33 kie13	福气 hok55＞33 k'ei13
7+6	一月 iet55＞33 gui53	沃雨 ak55＞33 hou53
7+7	结束 kiat55＞33 sok55	扑克 pok55＞33 k'iet55
7+8	出力 ts'iet55＞33 lat53	毕业 piet55＞33 giap53

⑦ 阳入 53 调有 33、11 两种变调读法。在阳平 11 调之前改读 11 调，其余皆读 33 调。例字如下：

8+1	目珠 bak53＞33 tsiou35	热天 giat53＞33 t'eĩ35
8+2	日头 liet53＞11 t'au11	十年 tsiap53＞11 neĩ11
8+3	六两 lak53＞33 liŋ33	日本 liet53＞33 pun33
8+5	目镜 bak53＞33 kiā13	学费 hak53＞33 hue13
8+6	实在 siet53＞33 tsai53	罚倚 huat53＞33 k'io53
8+7	十七 tsiap53＞33 ts'iet55	目汁 bak53＞33 tsiap55
8+8	十六 tsiap53＞33 lak53	独立 tok53＞33 liap53

阳入调的变调行为与阴平调相似，虽然阴平调与阳入调在系统中都

有两种变调读法,但其中一种变调只会出现在某个调类之前,其他后字环境都读另一个变调。

阳入 53 的调型与阳去调 53 相近,差别只在调长,但阳去调目前只有 33 一个变调读法,阳入调除了 33 外,却已稳定出现另一个变调 11。这也证明,阳入调原来的变调读法只有 33 一种。阳入调的变调规则变化比阳去调快,阳入变调 11 乃后起。

目前苏坂话有一半的调类,两字组连读变调是自身交替式,只有一种变调。而有两种变调读法的调类,除了阴去 13 调、阴入 55 调两种变调的出现频率接近外,阴平 35 调与阳入 53 调都以其中一种变调为主,第二种变调只在特定调类之前出现。阳去调 53 与阳入调 53 的变调规则平行,主要是 33/33,但短的邻接交替式变调发展稍快,这个次序与适中话相反,适中话舒声调邻接交替式的发展速度较快。

与龙岩城关话相似,苏坂话也有前字不变调的现象,阴去 13 调、阴入 55 调在后接阳平 11 调、上声 33 调时,前字读本调,不过苏坂前字不变调的范围不如城关方言大。适中话的变调与城关、苏坂有明显差异,变调行为反与漳平菁城话较接近。

2.2 闽客混合方言——万安话

万安镇位于龙岩西北部,和连城东部的方言群连成一片,语音系统与连城赖源接近,具闽客搭界性质。万安话同时拥有闽语与客家的音韵特点,方言归属无法轻易判定,共时音系也兼具闽、客色彩。以下描述万安话的语音系统,并概述万安话的内部差异。

2.2.1 万安话的语音系统

万安话可大分为下万安与上万安,内部有明显的方言差异。下万安的语音系统更接近闽南话,上万安闽语色彩较淡。以下分别描述下万安"涂潭话"与上万安"梅村话"的语音系统。

(一) 涂潭

万安涂潭话的语音数据来自 2012 年 6 月的田调,发音人 J 约 40 岁,从事万安水库的行政业务。发音人 J 的母语是万安涂潭话(L1),现今的家庭语言也是涂潭话,是目前最惯用的语言,也能流利的使用普通话(L2)。发音人目前的生活环境使用涂潭话的机会远大于普通话。万安涂潭话声母、韵母、声调的共时系统如下:

1. 声母 18 个

p 比布本腹	p' 婆炮票品	m 磨马帽梅	f 范睡血虎	v 禾黄话卫
t 戴带担多	t' 胎太甜贪	n 南蓝林烂		l 粒李礼辣
ts 煎钱尖接	ts' 餐签惨抢		s 谢赛数四	
k 猪除改支	k' 裤苦鼠句	ŋ 岩硬源人	h 海戏险红	Ø 芋鸦乌爱
		g 油盐痒育		

涂潭话的声元音位比闽南西片方言多,系统内有鼻音声母 m-、n-、ŋ-,以及唇擦音 f-、v-,具客家特点。较特别的是,涂潭话也有闽南话常见的浊塞音 g-,出现在前高元音 i 之前,涂潭话浊塞音[g-]的音值明确、稳定,与闽南西片的/g-/没有差别。涂潭的声母系统可说是"闽客混合"的特征缩影。

2. 韵母 39 个

ɿ 租四词	i 拜菜椅		a 大彩带		ɯ 歌刀烧	u 布猪书
		iɛ 飞禾火	ia 写谢	io 茄狗昼	iɯ 腰摇尿	iu 须救油
ui 规吹桂	uɛ 开出快	ua 阔乖	uo 家鸭蛇			
ai 坐一色						au 屋腹福
uai 骨怪						iau 育六
ĩ 眉每米			ã 磨麻马	ō 山肝三	w̃ 帽毛	ũ 务
	iɛ̃ 甜天闲			iō 赢井镜	iō̃ 尿	
uĩ 月	uɛ̃ 专卷传					
						aũ 傲目木

			iaũ 玉
ŋ 鱼耳宜　　in 金团钱	an 信新心		un 砖软春
	uan 卷拳		
	aŋ 牛蜂红　　oŋ 汤长黄		
	iaŋ 减龙　　ioŋ 姜痒		

韵母发音上的语音特点如下：

(1) ɛ 元音若出现在前高元音 i 之后,发音位置较高,音值接近[ie];ɛ 元音若出现在后高元音 u 之后,发音位置较低,音值介于[uɛ]～[uæ]之间。鼻化韵母-iɛ̃、-uɛ̃ 的语音现象与阴声韵母平行,-iɛ̃ 音值接近[iẽ]、-uɛ̃ 音值介于[uɛ̃]～[uæ̃]之间。

(2) -ɔ̃ 的音值介于[õ]～[ɔ̃]之间。-ɔ̃ 偶尔也有同位分音[uɔ̃],例如"烂"有 nɔ̃5、nuɔ̃5 两种变体;地名"龙岩"之"岩"有 ŋɔ̃2、ŋuɔ̃2 两种变体,但以没有-u-的形式为主。不过与-ɔ̃ 相应的非鼻化韵母-uo,音值一律是[uo],很少读[o]。

(3) 鼻音韵尾有-n、-ŋ 两者,但系统内却全无促声韵尾,因此涂潭音系只有舒声韵母。

(4) 有成音节的舌尖鼻音韵母-ŋ,但不与任何声母共同组成一个音节,只会单独出现。闽南西片方言中,漳平溪南话也有-ŋ 韵母,但溪南话的-ŋ 韵母可自由地与任何声母配对,与涂潭话的-ŋ 韵母行为不同。

(5) "殊"字有特殊的读音,语音近似[fy],但因整个韵母系统中并未发现其他读-y 韵母的字,因此此处暂时不订立/y/。万安的梅村话,"殊"字韵母也与相近音韵地位的字稍有不同,万安话"殊"字或许有特殊的历史变化。

3. 声调

涂潭话有六个单字调,各调类的调值分别是:阴平 33、阳平 22、上声 21、阴去 212、阳去 55、阳入 53。古清人字与古浊去字合流,读舒声调 55;古浊入字也读舒声调 53,但自然语流中,音节末段极少数的时候会出现喉塞尾-ʔ,显示过去曾有过的促声痕迹。

(二) 梅村

　　万安梅村话的语音数据来自 2011 年 7 月的田调,发音人 K 约 70 岁,曾任万安"国民"小学教师,近年至龙岩特殊教育学校任教。发音人 K 的母语是万安梅村话(L1),现今的家庭语言也是万安梅村话,是目前最惯用的语言。13 岁以后至龙岩雁石镇就读中学,因此当时也能说龙岩话(L2)。现在能流利使用普通话(L3)。发音人 K 目前最常使用的语言,是万安梅村话(L1)及普通话(L3)。万安梅村话的声母、韵母、声调共时系统如下:

　　1. 声母 20 个

p 比布本腹	pʻ 婆炮票品	m 母磨马雾	f 范睡血虎	v 禾黄话卫
t 戴带担多	tʻ 胎太甜贪	n 南难闹耐		l 烂林粒李
ts 煎钱尖接	tsʻ 餐签惨抢		s 谢赛数四	
tʃ 迟纸蔗折	tʃʻ 车笑臣唱		ʃ 食匙是蛇	
k 猪除改支	kʻ 裤苦鼠句	ŋ 蚁验热人	h 海戏险汗	Ø 芋鸦乌爱

　　梅村话的声母个数比涂潭话多,除了平舌的 ts-、tsʻ-、s-外,还有舌叶声母 tʃ-、tʃʻ-、ʃ-。但梅村话的舌叶音似乎已开始与 ts-、tsʻ-、s-合并,读舌叶声母的字,偶尔也有读平舌声母的变体出现。

　　梅村话以高元音 i 起首的"零声母"音节,偶有[g-]分音,不过并未稳定出现,与涂潭有明显差异,因此此处仍归入零声母,不另立/g/音位。整体而言,梅村话的声母系统比涂潭话更像客家方言。

　　2. 韵母 42 个

ɿ 租四	i 拜戒	y 猪箸	æ 生心	ɑ 大介	ɔ 屋腹	ɤ 歌刀	o 家鸭	u 布手
ɭ 世屎			iæ 顺金	iɑ 写谢	iɔ 育曲	iɤ 腰摇	io 茄狗	iu 须救
	ui 规吹		uæ 裙拳	uɑ 阔刷				

yæ 春出

ɑi 坐一

uɑi 骨开

iʔ 业热　　　　　　ɑʔ 活达　ɔʔ 熟毒　ɤʔ 学落　oʔ 盒白

　　　　　　iæʔ 灭列　　　iɔʔ 肉玉　iɤʔ 药

uiʔ 月

ɑiʔ 滑物

uɑiʔ 掘

ŋ̍ 女(你)　iŋ 盐团　　　　ɑŋ 双蜂　ɔŋ 汤黄　ɤŋ 三酸　　　　uŋ 官惯

uiŋ 软专　　　　iɑŋ 减龙　iɔŋ 姜痒

梅村话的元音系统比涂潭话复杂许多,元音如下所示:

　ŋ̍　iy　　　u

　　　(ə)　ɤ（e）

　　æ　　　　ɔ

　　　　ɑ

发音上的语音现象有:

(1) 高元音 i、u、y 的摩擦现象十分突出,其中又以-y 元音最强烈。虽然韵母音位处理后为-y,但梅村话此韵发音时,上下唇间几乎没有缝隙,气流从十分狭窄的口腔通道"挤出",以至于出现强烈的唇齿摩擦。不论是单独出现,或搭配其他声母,元音的摩擦色彩都很浓厚,形成特殊的语言风格。

(2) -æ 元音若出现在前高元音之后,发音位置较高,因此-iæ 的音值接近[iɛ]～[ie],-yæ 的音值接近[yɛ]～[ye]。

(3) -ɔ 韵母读得较慢时,音值有时听起来像复元音[ɑo]～[ɑu],促声的-ɔʔ 有平行现象,有时听起来像[ɑoʔ]～[ɑuʔ]。但与涂潭话的[au]有显著差别,涂潭话是很明确的复元音,梅村话则近于单元音。梅村话只有个别字的语音较像复元音,如"岛"读音近[tɑu]、

"教"读音近[kiɑu]。

(4) -ɑi 的音值是[ai]，因后接前高元音，使主要元音的发音部位靠前。

(5) -ɤ 有同位音[ɤɯ]，若出现在 ts-、ts'-、s-、tʃ-、tʃ'-、ʃ-后，读音以[ɤɯ]形式为主。

(6) -o 有同位音[o]、[uo]、[ou]，三者自由出现。

(7) -iŋ 的音值近[iəŋ]，辅音韵尾前有过渡音，偶尔会出现同位音[ieŋ]。

(8) -uiŋ 的音值介于[ueŋ]～[uiŋ]之间，大多数的情况，主要元音的位置较高。

(9) -i、-iæ、-iʔ、-iæʔ、-iŋ 等韵母，若出现在舌叶音后，受声母的发音性质影响，i 元音有时听起来略带圆唇性质，但与上述-y、-yæ 韵母不同，未带摩擦特性，显然是两类不同的韵母。

(10) 梅村话个别字发音时带有鼻化特性，例如"灯"[tæ̃1]、"层"[tsæ̃2]，不过这些字的鼻化成分并没有辨义作用，就发音人的感知而言，"层"[tsæ̃2]读同"情"[tsæ2]。可见，梅村音系中，鼻化与否并不是韵母系统中重要的区别特征，因此音系中不独立出鼻化韵母。

(11) 喉塞韵尾有弱化趋势，语流中喉塞尾常常丢失，调长与舒声调相近。

3. 声调

梅村话有六个单字调，各调类的调值分别是：阴平 33、阳平 22、上声 21、阴去 12、阳去 55、阳入 53。古清入字与古浊去字合流，读舒声调 55；古浊入字多数读短调 53，音节末段有喉塞尾-ʔ，但语流中也常见读舒声调 53 的现象，显示阳入调已开始舒声化。

梅村话的上声调，调长较其他舒声调还短，音节末端有时会出现喉塞尾-ʔ。根据严修鸿(1999：122 - 123)的观察，连城多处方言也都有这种现象，龙岩以北的闽北、闽西北、闽中等地区亦有相似的情况。

徐通锵(2003：228-230)认为，"舒声促化"可能是低降调造成的伴随性特征，但福建内陆多处出现上声读短调的现象，且在地理分布上连为一片，这个现象或许与早期的底层民族有关。

　　万安话没有连读变调，这是与闽南系统最大的差异。比起声母、韵母系统，万安的声调系统相对简单得多。

2.2.2　万安话的内部差异

　　目前关于万安话的语音研究，主要有：张振兴(1984)记录的溪口话，①Branner(2000)发表的万安松洋、万安梧宅、上杭步云梨岭、连城赖源下村话，这几个方言与涂潭、梅村的地理位置如图2-3：

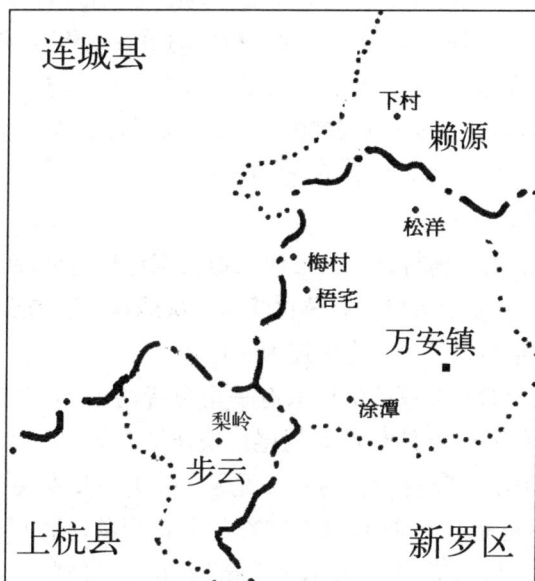

图2-3　万安方言地理位置图

---

　　① 万安镇"溪口"地区因为建立水库而迁村他处，但当地所通行的万安话仍被称为"溪口话"。

万安话虽大分为上万安与下万安，但整体来看，万安内部各村的方言差异仍然显著。以下从"声母系统""韵母系统""声调系统"，概略地说明我们前往田调的梅村、涂潭音系，与张振兴、Branner 调查的溪口、松洋、梧宅、梨岭、下村等几个万安方言点的主要音系差别：

（一）声母系统

1. 有无舌叶声母：涂潭话、溪口话与梧宅话没有舌叶声母，他处读舌叶音的字，涂潭、溪口与梧宅一律读 ts-、ts'-、s-。

2. 前高元音 i 前有无辅音特质：涂潭、溪口以 i 起首的音节常出现 g-声母，如"幼"giu5、"羊"gioŋ2、"用"giaŋ6，与闽南西片的语音现象相似。梅村话偶尔也有[g-]的语音变体，如"育"有分音[gioʔ8]、"盐"有分音[giŋ2]，不过这种读音并非稳定的语音现象，目前仍以无 g-的语音形式为主。松洋话前高元音 i 前有滑音 j，与一般的零声元音值有异，因此 Branner(2000：185)为松洋话另立一个与零声母对立的 j-声母，与"下万安"的 g-声母平行。

（二）韵母系统

1. 有无鼻化韵母：梅村、梧宅、松洋三地没有鼻化韵母，而涂潭、溪口与赖源下村、步云梨岭则有鼻化韵母。从地理位置来看，"上万安"没有鼻化韵母的三个方言区连为一片。

2. 鼻音韵尾个数：多数的地区只有一个鼻音韵尾-ŋ，但涂潭话有-n、-ŋ，松洋话有-ŋ、-ɲ 两个鼻音韵尾。松洋话有-aŋ 与-aɲ 的对立，松洋的-ɲ 韵尾语音较特别，韵尾-ɲ 是从 *-n 进一步发展出来的。梨岭-ŋ 韵尾搭配上声调时，常有特殊的语音现象，例如/aŋ/韵母，若读上声调时，音值为[əʌg]，与[aŋ]有明显差别，因此 Branner(2000：182)另外独立出只出现在上声调的-əʌg 韵母，但以共时系统的角度观察，梨岭的鼻音韵尾仍然只有一个。

3. 各地的元音系统差距很大，其中又以梨岭的韵母形态与他处差异最大。梨岭方言，不少韵母后头跟着 ə 元音，例如-iə、-uiə、-eə、

-ueə、-øə、-ɯøə 等,系统中有前圆唇元音 ø,这是万安他处很少见的。

4. 促声韵尾:万安话多数都有-ʔ 韵尾,但涂潭话促声弱化相当快速,
   共时系统内只有舒声韵母,因此声调系统也没有促声调。

(三) 声调系统

1. 是否有短促的"阴入调":多数的万安话,古清入来源的字都已经舒
   声化,与古浊去字合流为一调,因此一般称此调为"阳去调"。目前
   的资料,只有梨岭话古清入字与古浊去字的声调有区别,系统内仍
   有读短调的"阴入调"。

2. 许多万安方言,上声调读短调,例如梅村话、梧宅话、松洋话、下村
   话、梨岭话等,但涂潭话与溪口话上声调没有短促现象。上声读短
   调的方言大多是在离万安镇中心区域较远的地方。

2.2.3　万安话与闽南西片的音系相似处

万安音系有几个特点,与闽南西片音系相似:

1. 部分地区只有一套塞擦、擦音声母:ts-、ts'-、s-,与闽南西片相同。
   而离闽南西片较远的万安方言区,通常会有舌叶声母。

2. 涂潭和溪口话以高元音 i 起首的音节有 g-声母,音值与零声母差别
   明确,与闽南西片广泛分布的现象相似。

3. 涂潭和松洋话有成音节舌尖鼻音韵母-ŋ̍,例如"染"ŋ̍(ʔ)3、"宜"ŋ̍2、
   "二"ŋ̍6、"日"ŋ̍(ʔ)8,与漳平溪南的语音系统相似。溪南话的-ŋ̍ 韵
   母行为较自由,可出现在任何声母之后。

4. 不少万安方言有闽南西片常见的韵母-ɯ、-iɯ,例如"歌"kɯ1、
   "刀"tɯ1,"摇"(g)iɯ2,这对韵母的属字也与闽南西片方言很
   相似。

5. 赖源下村有 i、ɿ 对立,例如"碑"pi1≠"背"pɿ1,"机"ki1≠"鸡"kɿ1。
   i、ɿ 对立与龙岩适中音系相似。

6. 万安话有-u-介音的韵母,只出现在舌根～喉部声母及零声母之后,
   这个特点与漳平新桥南丰音系的-uai、-uaĩ 韵母只出现在舌根～喉

部声母之后非常类似。① 新桥南丰话在非舌根～喉部声母后时，读没有-u介音的-ai 与-aĩ ，例字如："肥"pai2、"贵"kuai5；"饭"paĩ1、"光"kuaĩ1。不过万安话与新桥南丰话的-u 韵母，都可以自由出现在任何声母之后。

---

① 闽南西片方言，-u 前皆有 g 声母，因此没有零声母的情况。

第三章

闽南西片方言的历史音变

比较亲属语言同源词,是研究语言历时音韵变化的重要方法。本书主要使用的语料,一部分出自前人二手数据,一部分是 2010 年至 2012 年的田野调查所得,语料来源分别如表 3-1。另有一些相关的比较数据,将在相关处注明语料来源。各方言点的地理位置,请参见第一章图 1-1 及第二章图 2-2、图 2-3。

表 3-1　方言语料来源表

	漳平菁城话	桂林街道田调资料; 西园田调资料; 张振兴(1992)。
	漳平永福话	张振兴(1992)。
	漳平双洋话	东洋村田调资料。
	漳平溪南话	官坑村田调资料; 东湖村田调资料; 上坂村语音数据①。
1. 闽南西片	漳平新桥话	南丰村田调资料; 陈宝贤(2010b)(2012)珍坂村资料。
	龙岩城关话	郭启熹(1996); 曾德万(2012)。
	龙岩适中话	中心村田调资料。
	龙岩苏坂话	美山村田调资料。

---

① 由北京大学陈宝贤教授提供,陈教授的母语是上坂话。收集时间是 2011 年至 2012 年。

2. 万安方言	万安涂潭话	涂潭村田调资料。
	万安梅村话	梅村田调资料。
3. 闽南南片	漳洲话	马重奇(1994)。
4. 闽南北片	泉州话	《泉州市志·方言卷》(2000)。
5. 闽南东片	厦门话	《厦门方言志》(1996)。
6. 大田方言	大田前路话	《大田县志·方言卷》(1996)。

　　万安方言位于闽南西片西北部,是半闽半客又非闽非客的语言。万安话迭积了不同来源的层次,也曾与闽南西片一同经历了部分音变,观察万安话的音韵特征,有助于了解闽南西片的音变历史及观察闽西汉语方言的互动模式。

　　大田县紧邻漳平东北部的新桥方言区,大田的代表方言是前路话。根据《大田县志》(1996),前路话属于闽南语系,语音系统与闽南西片一脉相承,将前路话纳入历史比较,闽南西片的音变脉络将更明朗。

3.1　闽南西片方言的性质——语言接触后的漳州话

　　在说明闽南西片的历史音变之前,需先厘清闽南西片方言的性质。闽南西片概括来说,是元明以后,以漳州话为音系基础,伴随着长年语言接触形成的一种“闽南话”。闽南西片的接触类型属于“语言转用”:随着闽南势力增强,当地原居民逐渐放弃母语,只用“进口”至此的闽南话。这种接触会使上层语言出现许多底层特点,闽南西片音系中处处可见底层的客畲语言特性附着于上。不过,整体说来,闽南西片仍属于“闽南话”,语音系统依旧可见漳州音系的影子及闽南话的历史层次架构。

3.1.1　具漳州音系格局

　　漳平、龙岩一带,除行政文教、移民来源等历史背景显示本地与

漳州有深切关连外,音系特点也说明了闽南西片与漳州话的关系密切。闽南西片具漳州话的音系特征,从两个地方可以看出:

第一,宕开一"糖"与山臻宕合口"饭""转""顿""光"等字的白读层,厦、泉方言合流为一类,读-ŋ韵母,闽南泉系韵书《汇音妙悟》通称为"毛"类字。漳州话分为两类,宕开一等字是-ŋ,漳系韵书《十五音》称为"钢"类字;山臻宕合口字读-uĩ,漳系韵书《十五音》称为"裈"类字。闽南西片属于漳州类型,各地宕开一"钢"类字与山臻宕合口的"裈"类字读不同的韵母,漳平城区的菁城闽南话与漳州话完全相同,宕开一"钢"类字读-ŋ,山臻宕合口的"裈"类字读-uĩ。

闽南西片内部有些地方,山臻宕合口"裈"类字出现音变,但各地发展速度不一,语音形式略有差别,例如漳平溪南话是-un,龙岩苏坂话是-uē。通过比较法分析后,可以确知各地演变的起点皆是菁城话所反映的韵母形式-uĩ。

第二,闽南音系中,"鸡稽"类与"科桧"类的对比,[①]是区分厦、漳、泉音系的明确指标:漳州话"鸡稽"类没有-u-介音,例如"鸡"ke1、"鞋"e2;厦、泉方言"鸡稽"类有-u-介音,因此"鸡"读 kue1、"鞋"读 ue2。漳州话"科桧"类有-u-介音,例如"过"kue5、"飞_{动词}"pue1;厦、泉方言"科桧"类没-u-介音,厦门话是"过"ke5、"飞_{动词}"pe1,泉州话是"过"kə5、"飞_{动词}"pə1。闽南西片,"鸡稽"类没有-u-,而"科桧"类有-u-,明显与漳州系统相近,而与厦、泉不同。

闽南西片属"科桧"类的字,有些地区经历开口化音变,演变的次序由声母决定,依照舌尖、唇音、舌根～喉的次序丢失-u-介音。(陈筱琪 2011a:48)闽南西片与厦、漳、泉的对应如表3-2和表3-3,表3-2的闽南西片方言没有丢失-u-介音,表3-3的方言则有不同程度的开口化演变:

---

① 字类名称采用洪惟仁(2003)的办法,第一字取自泉州《汇音妙悟》,第二字取自漳州《十五音》。

表3-2　闽南话"科桧"类的韵母对应(一)

声母	厦门	泉州	漳州	漳平菁城	漳平双洋	龙岩苏坂	漳平溪南上坂
舌尖							uui
唇音	e	ə	ue	ue	uɪ	ui	ui
舌根～喉							uui

表3-3　闽南话"科桧"类的韵母对应(二)

声母	厦门	泉州	漳州	龙岩城关	龙岩西陂①	龙岩适中	漳平永福
舌尖	e	ə	ue	ie	iɪ	ie	ie
唇音				ue	ue	uui、ui	ie、ue
舌根～喉						uui	

　　表3-2显示,漳平菁城、漳平双洋、龙岩苏坂、漳平溪南(上坂村)等方言,不论声母环境,韵母一律带有合口成分。溪南(上坂村)话的语音形式较复杂,经历了 ue＞uɪ＞ui＞uui,元音高化后,合口介音-u-又展唇化为-ɯ-。-ue 高化为-ui 之前,先出现中间阶段-uɪ,这个形式在漳平双洋方言中可发现。溪南(上坂村)唇音声母字较特殊,唇音声母不接-uui 韵母,因此唇音字仍然读-ui,例如"飞动词"pui1,"配"p'ui5。溪南(上坂村)另有 un＞ɯn 的演变规律,但唇音字也没变化,因此"本"读 pun3,"滚"却读 kɯn3。

　　唇音声母字不发生展唇音变只是溪南(上坂村)的内部规律,表3-3的龙岩适中话也有 ui＞uui 的演变,但唇音声母字一样也能展唇化,但目前变化尚未完成,因此唇音字有-ui、-uui 两种韵母形式。"科桧"类少数唇音声母字适中话仍然读-ui,例如"飞动词"读 pui1,与非"科桧"类的"悲"pui1 同音,但"配"却已展唇化读 p'ui5,韵母形式与溪南(上坂村)不同。

　　表3-3的龙岩城关、龙岩西陂、龙岩适中、漳平永福出现了开口化音变。整个过程是:ue＞e＞ie＞iɪ,舌尖声母字最早音变,舌根～喉

---

① 语料来源出自 Branner(2000)。

声母字最慢。第二阶段-e 与厦门话形式相同。(陈筱琪 2011a：48)
漳平永福是开口化演变最剧烈的方言,已经有一部分的舌根～喉声
母字没有合口成分。

从表 3-2 与表 3-3 的对应看来,虽然闽南西片各地有不同的音变
规律,但可确定的是,这批"科桧"类字,闽南西片的演变起点是 * ue,而
不是 * e 或 * ə。此外,若再从方言的地理分布观察,闽南西片偏北部的方
言,"科桧"类一般都没有开口化音变,如表 3-2 提及的漳平菁城、漳平双
洋、漳平溪南、龙岩苏坂等;而偏南部的方言,如表 3-3 提及的龙岩城关、
龙岩西陂、龙岩适中、漳平永福等,"科桧"类多数都有开口化音变。

3.1.2　承继本土闽南的层次架构

一般认为,唐宋文读层是闽南话最晚的语言层,也就是说,当唐
宋文读层进入闽南话后,闽南话已经大体定型。闽南西片形成的关
键期是元明时期,当时漳州移民带来的闽南话多已"层次定型",因此
闽南西片具有闽南话的层次特征,架构与本土闽南无太大差异,只是
语音面貌有时与本土闽南稍有不同,比较闽南西片与本土闽南的语
音系统,就可以找出彼此的对应。以下分别从"声母""韵母""声调"
系统中,各举几个闽南话著名的层次特征来说明闽南西片的层次
结构。

第一,闽南话古非系字有 p-、p'-及 h-的层次差异,闽南西片非系
字的层次表现与一般闽南话相同。例字请见表 3-4:

表 3-4　闽南方言非系字的层次音读对照表

	漳　州	漳平菁城	漳平永福	龙岩城关	龙岩适中	漳平新桥
分 非臻合三	pun1 hun1	pun1 hun1	pun1 hun1	pun1① hun1	pun1 hun1	poŋ1 hoŋ1

---

①　张屏生教授至龙岩的龙门街道调查,"分"字龙岩话另有读音 pin1,语义为"给"。
闽南西片臻摄合口三等字除了常见的-un 韵母外,另外还有读-in 韵母的现象。臻摄字的演
变将在 4.1.1.2 节详细说明。

	漳州	漳平菁城	漳平永福	龙岩城关	龙岩适中	漳平新桥
芳_{敷宕合三}	p'aŋ1 hoŋ1	p'aŋ1 huaŋ1	p'aŋ1 huaŋ1	p'aŋ1 huaŋ1	p'aŋ1 huaŋ1	p'aŋ1 huaŋ1
飞_{非止合三}	pue1 hui1	pue1 hui1	pue1 hui1	pue1 hui1	pui1 hui1	pai1 huai1

第二,闽南话古晓、匣母字有 k-、k'-、h- 及零声母四种读法,闽南西片与一般闽南话相同。例字见表 3-5:

表 3-5　闽南方言晓、匣母字的层次音读对照表

	漳州	漳平菁城	漳平永福	龙岩城关	龙岩苏坂	漳平新桥
寒_{匣山开一}	kuã2 han2	kuã2 han2	kuã2 han2	kuã2 han2	kɔ̃2 han2	kɔ̃2 han2
红_{匣通合一}	aŋ2 hoŋ2	aŋ2 hoŋ2	aŋ2 hoŋ2	aŋ2 hoŋ2	aŋ2 hoŋ2	aŋ2 hoŋ2
许_{晓遇合三}	k'ɔ3 hi3	k'ɔ3 hi3	k'ou3 hi3	k'u3 hi3	k'ou3 hei3	k'u3 hi3

第三,闽南话山摄开口三等字选积许多韵母层次,闽南西片的层次与一般闽南话的对应如表 3-6:

表 3-6　闽南方言山开三的韵母层次音读对照表

	漳州	漳平菁城	漳平永福	龙岩城关	龙岩苏坂	漳平新桥
线_{心山开三}	suã5	suã5	suã5	suã5	sɔ̃5	sɔ̃5
件_{群山开三}	kiã6	kiã6	kiã6	kiuã4	kiɔ̃6	kiɔ̃6
面_{明山开三}	bin6	bin5	bin5	bin5	bin5	bin5
剪_{精山开三}	tsĩ3 tsian3	—— tsən3	—— tsian3	tsĩ3 tsian3	tsei3 tsien3	tsĩ3 tsien3

龙岩苏坂与漳平新桥"线"字的韵母形式为单元音韵母,出现复元音单化;"件"在龙岩城关、龙岩苏坂、漳平新桥的读音较特别,反映闽方言早期有-iu-介音,这个问题在 4.1.1.3 节中会仔细说明。苏坂话"剪"

字白读为-eĩ,发生元音前显裂化音变。漳平菁城的文读层韵母形式为-ən,是变化较明显的方言区。漳州话山摄读-ĩ 韵母与-ian 韵母的两个层次,也就是上表 3-6"剪"字的两个语言层,闽南西片多数地区仍分为两层,但龙岩适中话有特殊现象,这两个语言层最后合流为一类,详细的音变过程请见 3.2.3 的讨论。

第四,闽南话宕摄开口三等字有较多的韵母形式,闽南西片与一般闽南相近,请见表 3-7 例字:

表 3-7　闽南方言宕开三的韵母层次音读对照表

	漳　州	漳平菁城	漳平永福	龙岩城关	龙岩苏坂	漳平新桥
墙从宕开三	tsʻiõ2	tsʻiõ2	tsʻiŋ2	tsʻiõ2	tsʻiŋ2	tsʻiŋ2
长澄宕开三	tŋ̍2	tŋ̍2	tŋ̍2	tŋ̍2	tŋ̍2	tŋ̍2
装庄宕开三	tsŋ̍1 tsoŋ1	tsŋ̍1 tsuaŋ1	tsŋ̍1 tsuaŋ1	tsŋ̍1 tsuaŋ1	tsŋ̍1 tsuaŋ1	tsŋ̍1 ——
乡晓宕开三	hiaŋ1	hiaŋ1	hiaŋ1	hiaŋ1	hiaŋ1	hiaŋ1

表 3-7 以"墙"字读音为代表的层次,漳平永福、龙岩苏坂、漳平新桥的韵母经历演变后,语音形式为-iŋ。"装"字文读的韵母形式,漳州与闽南西片不同,与表 3-4 字例"芳"的文读层情况类似,漳州话读-oŋ韵母,闽南西片读-uaŋ 韵母。闽南西片的韵母形式与潮汕方言相近,-uaŋ 韵母是漳州系统中宕摄文读的另一种形式。

第五,闽南话梗摄开口三等字至少有下列四个语言层。例字请见表 3-8:

表 3-8　闽南方言梗开三的韵母层次音读对照表

	漳　州	漳平菁城	漳平永福	龙岩城关	龙岩苏坂	漳平新桥
饼帮梗开三	piã3	piã3	piã3	piã3	piã3	piã3
井精梗开三	tsẽ3	tsẽ3	tsĩ3	tsiẽ3	tsĩ3	tsẽ3
轻溪梗开三	kʻin1	kʻin1	kʻin1	kʻin1	kʻin1	kʻin1
情从梗开三	tsiŋ2	tsin2	tsin2	tsin2	tsin2	tsin2

闽南西片以"井""情"等字为代表的语言层,韵母形式与漳州闽南话有较明显的差别,各自出现元音高化与韵尾前化等音变,演变步骤有迹可循。此外,漳州话"轻""情"层次不同,但闽南西片方言广泛出现iŋ>in音变,因此"轻"与"情"韵母相同,辅音韵尾的演变使梗摄原先相异的层次合流为一类。

第六,闽南话古次浊上声字有读阴上调与阳去调两个层次,闽南西片多数地区也是如此,但龙岩城关话分阴阳上,古次浊上声字分别读阴上调与阳上调,阳上调对应其他闽南话的阳去调。例字如表3-9:

表3-9　闽南方言古次浊上声字的层次音读对照表

	漳 州	漳平菁城	漳平永福	龙岩城关	龙岩苏坂	漳平新桥
雨 云遇合三	hɔ6 u3	hɔ6 u3	hou6 u3	hɔ4 u3	hou6 ou3	hu6 u3
有 云流开三	u6 iu3	u6 iu3	u6 giu3	u4 giu3	ou6 giou3	u6 giau3
远 云山合三	huĩ6 uan3	huĩ6 gən3	huĩ6 gian3	huĩ4 ian3	huē6 gien3	huaĩ6 gien3

整体来说,闽南西片的层次结构与一般闽南话大致相同,有些语音形式虽然与一般闽南话不同,但经过比较后可发现闽南西片的形式与漳州话有渊源。闽南西片有两个层次现象与潮汕方言一致,分别是:(1)"状崇宕开三""光见宕合一""方非宕合三""放非宕合三""望微宕合三"等字的文读韵母为-uaŋ,漳州话一般是-oŋ;(2)知系字另有读同照系的层次。除了t-、t'-外,知系声母还有读塞擦音、擦音的现象。杨秀芳(1982:355,370)比较厦、泉、漳、潮等闽南主要次方言层次系统的对应,上述两个特色都是出现在潮汕方言而不出现于厦门、泉州、漳州的层次特征。

此外,在后面的讨论中,我们将提到漳平永福话(1)遇摄模韵字读-ou韵母,(2)蟹山摄二四等字韵母为-ei/eĩ等两个音韵现象。永福话模韵字读-ou与潮汕方言完全同形,而蟹山摄二四等字读-ei/eĩ

也与潮汕方言中的汕尾地区十分相近。汕头区、汕尾区及漳平永福的蟹山摄字韵母比较如表3-10：(陈筱琪 2008：91,109)

表3-10　闽南西片与潮汕方言的比较

地　点	买蟹开二明	洗蟹开四心	节山开四精	间山开二见	前山开四从
陆丰～海丰	bei3	sei3	tse˜ʔ	kaĩ1	tsaĩ2
漳平永福	bei3	sei3	tsei明入白	kei1	tseĩ2
汕头～潮阳	boi3	soi3	tsoiʔ7	koĩ1	tsoĩ

潮汕方言内部分为汕头、潮州、潮阳等汕头方言区，以及陆丰、海丰等汕尾方言区。由表3-10比较可知，永福话的语音形式与海陆丰闽南话颇为相似。蟹山摄字的讨论详见3.2.3.7节。

闽南西片与潮汕方言的相近处，和闽南的移民来源有关。根据李如龙、姚荣松(2008：48-57)的研究，潮汕地区早在唐朝中期以后就已经有许多闽南移民，来源包括泉州、莆田、仙游等地，潮汕平原在地理上与漳州连为一块，因此漳州移民比起内陆山区，也更倾向于移至粤东潮汕平原。潮汕方言与闽南西片的形成，皆与漳州移民有关，因此有部分语音现象相似，并不足为奇。

闽南西片较特殊且分布广泛的层次表现有两处：(1)宕摄字另有读-oŋ韵母的语言层；(2)除龙岩城关与漳平菁城外，其他地区深摄没有im/ip的层次。这两个特点在3.2.3节有详细说明。

闽南西片另有零星字的声母或韵母选用不同于一般闽南话的语音层次，例如："仇流开三禅"各地都读塞擦音ts'-声母；"字止开三从"多数地区读塞擦音ts-声母；"书遇合三书"各地声母都读文读s-，韵母读白读-i；"臭流开三昌"各地韵母读-iau，有-i介音。这些特点的层次竞争问题应与闽南西片周边的永安、大田、三明等闽中方言及万安、连城、上杭等闽西客语或闽客混合方言一同讨论，厘清是否为闽西或福建内陆特有的语音竞争结果。

闽南话口语中有层次异读的词，闽南西片文白竞争后的结果有时与闽南核心区不同,例如"歌_{果开一见}",核心闽南话多数都有文读音 ko1 与白读音 kua1 两读,但闽南西片一般只用文读音 kuo1/ku1,白读音很少使用,该字的白读韵母已被文读音覆盖。姊妹方言中,不同区域有不同的文白竞争结果,是很常见的现象。

3.1.3　语言接触与语音演变

　　闽南西片具有漳州话的语音格局及一般闽南话的层次架构,但闽南西片形成时与语言接触——尤其是"闽客"接触——息息相关,因此我们说闽南西片的性质是"语言接触后的漳州话"。

　　闽南西片历史音变的方式和过程与福佬客、闽客混合方言相似,闽客接触后的音韵演变具有普遍性。举例来说,苗栗通霄(城南里)四县客语,在一般四县话以 i 起首的"零声母"音节前出现 g-声母,音变是:∅i->ji->(zi-)>gi-,这种演变是客语的音变规律受到闽南系统牵制后,造就的语音变化。(陈筱琪 2012:757)通霄四县话 g-声母已经音变(sound chang)完成,成为通霄四县话普遍的音系特征。万安话与通霄平行演变,万安话的声母系统虽然接近客语,但"下万安"涂潭话、溪口话以 i 起首的音节都带着与闽南系统十分相似的 g-声母,音值与一般的零声元音节有明显差异。万安东北部的松洋话,i 前带有较紧的滑音 j-,语音也与零声元音节不同。

　　通霄四县话是正在与漳腔闽南话接触中的客语,通霄语音的变异与变化可以用来参考及理解闽南西片的历史音变。在通霄地区经常进行闽南、四县语码转换、语码交替的年长发音人 T1 的客语系统中,出现了许多变异(variation),包括:

　　　　一,"声调":(1)阴平字单字调值 24>33;(2)阴平字连读变调由 11>33。

　　　　二,"声母":(1)v->b-。

　　　　三,"韵母":(1)ien>en,iet>et;(2)部分字读鼻化韵母。

下文在相关处,将仔细说明闽南西片与通霄客语的演变共通性。

不过虽然同样是闽客接触的语言,通霄客语和闽南西片的接触结果不同。通霄闽客接触的结果是"语言维持"(language maintenance),接触带来的音变是在客家音系的根基上,朝闽南话靠拢,但基本上还是属于客语。漳平、龙岩则已经彻底"闽南化",长期的接触最终带来"语言转用",因此我们在"闽南西片方言"上发现许多被"底层母语"干扰的痕迹。

3.1.4 闽南西片的音变特质与讨论起点

漳平与龙岩,从宋元明时代开始,慢慢地被闽南话覆盖,当地民族"语言转用"后形成闽南西片方言。漳州话进入漳平、龙岩时已经是"层次定形"的闽南话,闽南西片不论是早期层次或最晚的唐宋文读层,都出现了"后起"的音韵演变,且其中大部分是接触性音变。层次分析一直是闽语研究的重要议题,闽南西片虽然是受客畲语言底层干扰后形成的闽南话,但比对闽南西片与核心闽南区的音韵层次对应后,即可发现闽南西片仍具漳州音系的层次特色,只是语音形式有些变化。也就是说,闽南西片多数的历史音变是在"闽南层次"架构与基础上,因经历了闽西当地的人文经验后,才发展出来的变化。

以闽南话的立场来说,闽南西片接触音变指的是"非闽南"成分增添至漳州移民者带来的语言之中。在操作比较法分析语料时,我们将先以"闽南话"的角度与立场,观察闽南西片的历史音变,在具有底层特色处,也一并说明语言成分与底层干扰造成的语言现象。

今日的漳州音系是观察闽南西片音变的"语音参照点",闽南西片的音韵演变可能来自语言接触,也可能是不同梯次或不同来源的漳州移民群本身的音系差异导致。但不论是哪种音变触发因素,原乡漳州话都是观察闽南西片历史音变最好的"参照点"。说今日的漳州话是闽南西片的演变"参照点",并不是说漳州音系从宋元以后就没有任何变化。任何一个语言都不可能停滞不动,但基于闽南西片与漳州话的历史关系,我们以今日漳州音系为比较基础,观察闽南西片与漳州话的不同。漳州话是闽南西片的演变"参照点",也是我们讨论闽南西片音变的起点,但"讨论起点"并不直接等于"演变起点",如同《切韵》音系是现代汉语方言的讨论起点,但并不是现代汉语方言的演变起点。

　　本章讨论,将以"音变"为单位,观察闽南西片与漳州话语音形式的差异,讨论闽南西片各个历史层次发生的语音变化。章节最末,归纳各项音变可能的触发原因。讨论闽南西片历史音变的前制作业是:分析闽南西片的历史层次并了解其与漳州话的层次对应关系。经过这步工作后,我们才能知道闽南西片与漳州话的语音对应,并进而探讨闽南西片的音变过程。简单来说,本书讨论闽南西片历史音变问题的基本作法与步骤是:一,分析闽南西片的历史层次结构;二,厘清闽南西片各层次与核心闽南区的语音对应;三,解释造成这种语音对应的原因与推论音变过程。

　　举例来说,梗摄开口细音字,漳州话一般有读-iã、-ɛ̃、-in、-iŋ 等几个不同的层次,如"请梗开三清"tsʻiã3、"病梗开三并"pɛ̃6、"井梗开三精"tsɛ̃3、"轻梗开三溪"kʻin1、"政梗开三章"tsiŋ5;漳平菁城话梗摄开口细音字只有-iã、-ɛ̃、-in 三种韵母形式,如"请"tsʻiã3、"病"pɛ̃1、"井"tsɛ̃3、"轻"kʻin1、"政"tsin5。经过层次分析后,可以知道漳州话梗摄的-in 层次与-iŋ 层次,在漳平菁城话中合流为一,而语音形式是-in。漳平溪南话梗摄开口细音字有-iã、-ã̃、-in 三种韵母形式,如"请"tsʻiã3、"病"pã1、"井"tsiã3、"轻"kʻin1、"政"tsin5。经过仔细的层次比较后,可知漳州话的韵母层次在漳平溪南话中有更复杂的对应,漳州话梗摄读-ɛ̃ 的层次,溪南话唇音字读-ã̃,非唇音字读-iã,非唇音字的韵母与漳州话读-iã 韵母的层次合流在一类。只有在各层次的语音对应厘清后,才能进一步讨论闽南西片各项音变的演进过程。

　　在闽南西片的材料当中,也有几项语音特点反映出比漳州话还早的语音阶段,例如:(1) 特定浊去字,如"梦""艾""匠""树"等读阴去调;(2) 漳平永福话蟹、山摄二四等字读-ei/-eĩ 韵母;(3) 龙岩城关话的-iua/-iuã韵母。（4）漳平新桥话鱼、虞韵母字读-au或-iau，早期形式是*iu。此外，闽南西片还有一些语音现象是今日漳州话没有，但可为古闽语构拟提供新方向的。这些现象与今日的漳州音系"同系异派"，分别是：（1）漳平永福话遇摄模韵读-ou韵母；（2）不少地区臻摄合口三等字读同开口三等，如"春""分"读-in韵母，"出""律"读-it韵母。相对于闽南西片的"后起创新音变"，上述六项语音特征我们泛称为"前漳州特征"，因为这些语言特点及它们所指出的语言事实反映了漳州话没有的古代特点。

这些"前漳州特征"也说明，漳州话同样在经历音韵变迁，因此丢失了古代祖语的部分特点，但这些特点可能保存在边陲闽南语区域。核心闽南也可能在时间洪流的冲击中，最后只继承了祖语的部分特点，而边陲区继承了另一些特征，因此闽南西片出现几项与漳州话"同系异派"的语音特色，这些数据可使古闽语的拟构工作更加精确。

第三章的讨论焦点，先放在闽南西片的"创新"音变上，闽南西片的"存古"特点放至第四章讨论。"创新"的意义是从闽南话的立场来说的，凡是闽南话散播至漳平、龙岩后才出现的音韵变化，都属于创新变化。创新变化又可依触发因素分为"接触性音变"[①]与"闽南内部音系调整"两类。

3.2　创新变化的历时发展

下文讨论以音变为单位，逐条说明该项变化的演进。各项音变依据"声调""声母""韵母"的次序排列。闽南西片中属于"前漳州特征"的语音现象，除漳平永福话蟹、山摄二四等字读-ei/-eĩ韵母及遇摄模韵字读-ou韵母二者在本章相关处一并说明外，其余的"前漳州特征"将在第四章详细讨论与比较闽语次方言同源词的差异。

———————

① 闽南西片接触性音变许多是来自底层干扰。从"闽西"区域的立场来说，底层成分是早期的，"该地域存古的"，闽南话反而是该地区后至的；但就"闽南话"的立场来说，来自闽西的底层语言的成分是"后起创新"，是晚期才添入闽南话系统中的语言成分。

3.2.1　声调

3.2.1.1　连读变调系统的改变

闽南西片的连读变调有"自身交替式"及"邻接交替式"两类。"邻接交替式"指一个单字调有两种变调,后字的声调条件控制了前字的变调结果,反映了在语流中有协调前后字调值的需求。闽南西片也有"异调共享相同连读规则"的趋势,不论是变调后的调值或后字的声调控制条件,相异的单字调拥有相同或相近的变调法则。根据张屏生(2007:97)的研究,台湾地区的闽南方言也可以看到"邻接交替式变调"与"异调共享相同连读规则"两种特点。

不过,闽南西片最特别的变调特点是"连读变调规则随着词组结构调整",而龙岩闽南话还另有前字不变调的现象。闽南西片连读规则随词组结构调整指的是,词汇的前字变调随着该字为两字组词组首字、三字组词组首字或四字组词组首字等而调整,就算语流中后字的声调(本调或变调后)相同,居于两字组首字、三字组首字或四字组首字时,使用不同的变调规则。大致上是,词组字数越多,变调规则越简单,词组字数越少,变调规则越繁复。这种随词组结构而调整的变调现象少见于他处闽南话。

(一)典型闽南话的连读变调

系统性的连读变调一直是闽南话的重要特征。何大安(1994:7-9)认为汉语方言的连读变调可大分为"语法变调"(grammatical tone-sandhi)与"音韵变调"(phonological tone-sandhi):语法变调是以不同的声调形式来区别同一词的语法意义的变调,如常见的小称变调就是其中一种;音韵变调是一种单纯的音韵表现,不具有语法层面的功能。闽南话主要的连读变调是音韵变调,厦、漳泉闽南话的变调行为属"自身交替式",不论紧邻的后字声调为何,各单字调都只有一种变调读法,且不论前字位于几字组合的词汇结构中,每一个调类的变调规则都是一样的。根据马重奇(1994:14)的观察,漳州话三字组的连读规则,均依据两字组的规则类推。例如阴去 21 调两字组的变调规律是改读 53 调,如"四点"$si^{21>53}\ tiam^{53}$;在三字组字时,阴去字的变调一样也是 53,如"四点钟"$si^{21>53}\ tiam^{53>44}\ tsiŋ^{44}$。不论词组结构,同一单字调只有一种变调规律,这是厦、漳、泉等核心区闽南话的一般现象。

（二）闽南西片的连读变调

闽南西片两字组词汇的前字变调规则,与三字组、四字组的变调规则不同。为了方便描述词组内各成分的所在位置,以下采用陈宝贤、李小凡(2008)的方式,词组末字以 J(基字)表示,基字之前的成分以 q(基前字)表示,连读词组的表示公式为：$(q_n\cdots\cdots q_2 q_1)$J。举例来说,五字词组"洗四双布鞋","洗"位于 q4,"四"位于 q3,而"鞋"为基字 J。

闽南西片随词组结构调整变调规则的现象在他处闽南话中很少见,这种变调特性的形成与闽西的语言互动有关。以下将以漳平的"新桥话""溪南话""菁城话"及龙岩的"适中话""苏坂话"为材料,探讨闽南西片前字变调随词汇结构调整的原因与规律的发展过程。

（1）漳平新桥

新桥话的语料与变调规则来自陈宝贤(2010b,2012)。[①] 漳平新桥是闽南西片中,变调规则相当繁复的一个方言。新桥话有七个单字调,可大分为 A、B 两类,分类的原因是 A 组调类在 q1 位置时,有两种变调读法,B 组调类只有一种变调读法。新桥话 A 组调类变调复杂,但 B 组调类变调却十分简单,新桥话的变调对探讨闽南西片变调系统的历史演变甚有启发。

新桥话的变调,大体说来,A 组调类的变调,除了受到紧邻的后字读音影响外,也同时受到词组基字(J)调值的控制。基前字(q)位于

---

① 陈宝贤教授告知,珍坂话上声调与阳去调的调值差异实际上与我们田调的南丰话非常相似,因此此处把珍坂话的上声调值描写为 53,阳平、阳去、阳入的变调描写为 53/53。新桥话声调现象的完整说明,另见第二章。

越高位置时,也就是居于字数越多的词组前缀时,变调规则越简单;基前字(q)位于越低位置时,也就是居于字数越少的词组前缀时,变调规则越复杂。因此新桥话 A 组调类 q1 位置的变调规则最复杂,q4位置(含以上)最简单。B 组调类的变调规则与 A 组调类有明显差异,B 组调类都是自身交替式,且不论前字位于 q1、q2、q3、q4 哪个位置,变调读法都一样。

① 新桥变调五字组合

当前字位于 q4 位置时,也就是前字为"五字组合"的首字位置时,各调类都只有一种变调,属"自身交替式"变调。当前字高于 q4 以上时,也就是位于 q5、q6 等,变调规则与 q4 相同。新桥话 q4 位置变调规则如表 3-11 所示。

表 3-11 左下方表示位于 q4 位置的前字单字调类及该调的原调值;右上方表示后字的环境,也就是 q3 位置时,各单字调的变调读法,当中阴平调与上声调在 q3 时有两种变调读法,其余调类只有一种变调。以下变调规则讨论所使用的表格,皆以相同的方式表示:左下方是本调,右上方为后字条件。

表 3-11　漳平新桥话的连读变调:q4

组别	后字 q3 前字 q4	阴平 33;24	阳平 53	上声 21;24	阴去 33	阳去 53	阴入 33	阳入 53
A-1	阴平 33	33	33	33	33	33	33	33
	阴去 21	33	33	33	33	33	33	33
	阴入 21	33	33	33	33	33	33	33
A-2	上声 53	21	21	21	21	21	21	21
B	阳平 24	53	53	53	53	53	53	53
	阳去 51	53	53	53	53	53	53	53
	阳入 55	53	53	53	53	53	53	53

新桥话 A 组调类可再细分为 A-1 与 A-2 两类,这个区分是根据 q4 位置时的变调读法:阴平 33、阴去 21、阴入 21 在 q4 位置时,变

调调值同为 33/33，因此归为 A-1 类，上声 53 在 q4 位置时变调调值为 21，因此另立为 A-2 类。属于 B 组的阳平 24、阳去 51、阳入 55，在 q4 位置时，变调调值都是 53/53。

② 新桥变调四字组合

当前字位于 q3 位置时，也就是前字位于"四字组合"的首字位置时，各调类多数状况也只有一种变调，变调调值读同 q4 位置。只有阴平调、上声调，在少数情况下会读第二种变调，变调规则如下：

表 3-12　漳平新桥话的连读变调：q3

组别	后字 q2 前字 q3	阴平 33;24	阳平 53	上声 21;24	阴去 33;55	阳去 53	阴入 33;55	阳入 53
A-1	阴平 33	33	33/__其他 24/__ʃ调	33	33	33/__其他 24/__ʃ调	33	33/__其他 24/__ʃ调
	阴去 21	33	33	33	33	33	33	33
	阴入 21	33	33	33	33	33	33	33
A-2	上声 53	21	21/__其他 24/__ʃ调	21	21	21/__其他 24/__ʃ调	21	21/__其他 24/__ʃ调
B	阳平 24	53	53	53	53	53	53	53
	阳去 51	53	53	53	53	53	53	53
	阳入 55	53	53	53	53	53	53	53

当阴平调、上声调位于 q3 位置时，若其后为 53/53 调$_{q2}$+53/53 调$_{q1}$+A 组调类字（33 或 21/21 或 53）$_J$ 时，q3 位置的阴平调与上声调，变调读 24。简单比较阴平调、上声调位于 q4 位置的情况，虽然后字声调环境为 53/53 调$_{q3}$+53/53 调$_{q2}$+53/53 调$_{q1}$+A 组调类字（33 或 21/21 或 53）$_J$，但阴平调、上声调的变调分别是 33 和 21。在相似后字的声调环境下，阴平调、上声调 q3 位置的变调却是 24。变调规则受词组结构控制的特性，是闽南西片连读的最大特色。

当 B 组调类在 q3 位置时，仍一律只有 53/53 一种变调读法，与 q4 位置相同。

③ 新桥变调三字组合

当前字为 q2 位置时,也就是前字位于"三字组合"的首字位置时,A 组调类的变调多数仍读同 q4,但特定情况读第二种变调:(1)当阴平调、上声调位于 q2 位置时,若其后为 $53/\underline{53}$ 调$_{q_1}$＋A 组声调字(33 或 $21/\underline{21}$ 或 $\underline{53}$)$_J$时,变调读法为 24。(2)当阴去调、阴入调位于 q2 位置时,若其后为 $53/\underline{53}$ 调$_{q_1}$＋A 组声调字(33 或 $21/\underline{21}$ 或 $\underline{53}$)$_J$时,变调读法为 55。A 组调类,q2 位置第二种变调出现的后字控制条件,和 q3 位置完全相同。

当 B 组调类在 q2 位置时,也一律只有 $53/\underline{53}$ 一种变调读法,与 q4、q3 位置相同。整体的变调规则如表 3-13 所示:

表 3-13 漳平新桥话的连读变调:q2

组别	后字 q1 / 前字 q2	阴平 33;24	阳平 53	上声 21;24	阴去 33;55	阳去 53	阴入 33;55	阳入 53
A-1	阴平 33	33	$33/_{其他}$ $24/_{」_A调}$	33	33	$33/_{其他}$ $24/_{」_A调}$	33	$33/_{其他}$ $24/_{」_A调}$
	阴去 21	33	$33/_{其他}$ $55/_{」_A调}$	33	33	$33/_{其他}$ $55/_{」_A调}$	33	$33/_{其他}$ $55/_{」_A调}$
	阴入 $\underline{21}$	$\underline{33}$	$\underline{33}/_{其他}$ $\underline{55}/_{」_A调}$	$\underline{33}$	$\underline{33}$	$\underline{55}/_{其他}$ $\underline{55}/_{」_A调}$	$\underline{33}$	$\underline{55}/_{其他}$ $\underline{55}/_{」_A调}$
A-2	上声 53	21	$21/_{其他}$ $24/_{」_A调}$	21	21	$21/_{其他}$ $24/_{」_A调}$	21	$21/_{其他}$ $24/_{」_A调}$
B	阳平 24	53	53	53	53	53	53	53
	阳去 51	53	53	53	53	53	53	53
	阳入 55	$\underline{53}$	$\underline{53}$	$\underline{53}$	$\underline{53}$	$\underline{53}$	$\underline{53}$	$\underline{53}$

当阴平调与上声调在 q2 位置时,第二种变调读法与 q3 位置相同;当阴去调与阴入调位于 q2 位置时,才开始出现不同于 q4、q3 变调规则的另一种变调形式。随着前字(q)的位置下降,A 组调类的变调越趋复杂,但后字的控制条件依然相似。

再简单比较阴去调与阴入调位于 q4、q3 位置的变调与位于 q2 位置的变调。当阴去调、阴入调位于 q2 位置时,若其后为 $53/\underline{53}$ 调$_{q_1}$＋

A 组声调字(33 或 21/21 或 53)ⱼ时,变调读法为 55/55;但当阴去调与阴入调位于 q4、q3 位置时,虽然在相近的后字声调组合下,如后接 53/53 调q3＋53/53 调q2＋53/53 调q1＋A 组调类字ⱼ,阴去调、阴入调的变调却是 33/33。变调规则受词组结构控制的现象与阴平调、上声调相同。

　④ 新桥变调两字组合

　当前字为 q1 位置时,也就是前字位于"两字组合"的首字位置时,A 组调类都有两种变调,从两种变调的分布可看出 q2 位置第二种变调读法在 q1 时大量扩张,出现环境不再那么局限。B 组声调在 q1 位置仍一律只有 53/53 一种变调读法,与 q4、q3、q2 位置相同。各单字调 q1 位置的变调规则如表 3-14 所示:

表 3-14　漳平新桥话的连读变调：q1

组别	后字J / 前字q1	阴平 33	阳平 24	上声 53	阴去 21	阳去 51	阴入 21	阳入 55
A-1	阴平 33	24	33	24	24	33	24	33
	阴去 21	55	33	55	55	33	55	33
	阴入 21	55	33	55	55	33	55	33
A-2	上声 53	24	21	24	24	21	24	21
B	阳平 24	53	53	53	53	53	53	53
	阳去 51	53	53	53	53	53	53	53
	阳入 55	53	53	53	53	53	53	53

　A 组调类,q1 位置的变调规则与 q2、q3 位置一脉相承:当基字(J)是 A 组调类字(33 或 21/21 或 53)ⱼ时,q1 位置的阴平调与上声调变调读 24,阴去调与阴入调变调读 55/55。

　新桥话 A 组调类的变调规则,基字(J)显然是最重要的控制条件。在 q3 位置时,若其后为 53/53 调q2＋53/53 调q1＋A 组声调字(33 或 21/21 或 53)ⱼ时,阴平、上声调的变调读 24,与 q4 位置的变调不同。在 q2 位置时,若其后为 53/53 调q1＋A 组声调字(33 或 21/21

或 53)ɟ 时,阴平、上声调的变调读第二种变调 24,阴去、阴入调也读不同于 q4、q3 位置的第二种变调 55/55。在 q1 位置时,若后面为 A 组声调字(33 或 21/21 或 53)ɟ 时,阴平、上声的变调是第二种变调 24,阴去、阴入的变调也是第二种变调 55/55。基字(J)控制前字变调的规则承袭自 q3、q2,而在 q1 位置时,出现第二种变调读的环境最不受限制。连读变调受到基字(J)控制,且持续至 q3 位置,也就是四字词组,是相当特殊的现象。在四字词组、三字词组时,基字(J)与词组首字中间的 53/53 调,在变调系统中也扮演着控制条件的角色。

整体观察新桥话的变调规则,A 组调类,第二种变调调值分布环境最广的位置是 q1,第二种变调读法随着前字的位置提高为 q2、q3 渐受限制,至 q4 位置时,A 组各调只剩下一种变调读法。反观 B 组调类,不论是在 q4、q3、q2、q1 位置,变调规则都一样,不随词组位置而改变,且属自身交替式变调。新桥话 B 组调类的变调规则与典型闽南话相近,典型闽南话是自身交替式变调,且不论前字(q)提高至任何位置(qn),变调读法都读同 q1。新桥话 A 组调类只在 q4 位置时,与 B 组调类有相同的变调模式。

若从闽南话的角度出发,新桥 B 组调类的变调当是较保守的语音规则,因为 B 组调类的变调不随着词组结构调整,与闽南核心区的变调法则最相似。新桥话 B 组的变调读法反映本区闽南话较早期的语言状况,邻接交替式与随词汇结构调整的变调模式是后起的现象。

新桥话 A 组调类只在 q4 位置时,与 B 组调类有相同的变调模式,若认为 B 组的变调规则保存了早期形式,则 A 组调类的早期形式就应是 q4 位置时呈现的状态。我们推测,本区域闽南话早期的变调现象是:不论位于词组任何位置,阳平、阳去、阳入的变调是 *53/53,而阴平、阴去、阴入的变调是 *33/33,上声是 *21,各调的变调皆为自身交替式。

A 组调类 q3 位置以下出现的第二种变调是在上述的三大类变调格局下,融入"底层"的邻接交替式变调行为而形成的。对比溪南话的连读系统,这种演变脉络会更加清晰。

(2)漳平溪南

溪南语料与变调规则来自陈宝贤(2008)。"基字"(J)在溪南话的变调系统中没有控制力量,与新桥话不同。溪南与新桥一致的是,当前字处于越高位置时,变调规则就越简单,且趋向自身交替式;当前字处于越低位置时,变调规则就越繁复,且趋向邻接交替式。

溪南话七个单字调可分为Ⅰ、Ⅱ、Ⅲ、Ⅳ四类。Ⅰ、Ⅱ类的声调 q3 有共同的变调读法,但彼此 q2 的变调调值不同;Ⅲ、Ⅳ类的声调 q3 也有共同的变调读法,但 q2 的变调调值,彼此也不一样。

① 溪南变调四字组合

当前字位于 q3 位置以上时,也就是前字为"四字组合"以上的首字位置时,各调类都只有一种变调。变调规则如表 3-15 所示:

表 3-15　漳平溪南话的连读变调:q3

组别	后字 q2 前字 q3	阴平 33	阳平 21	上声 21	阴去 33;55	阳去 21	阴入 21;55	阳入 21
Ⅰ	阴平 33	33	33	33	33	33	33	33
Ⅱ	阴去 21	33	33	33	33	33	33	33
	阴入 21	33	33	33	33	33	33	33
Ⅲ	上声 52	21	21	21	21	21	21	21
Ⅳ	阳平 24	21	21	21	21	21	21	21
	阳去 55	21	21	21	21	21	21	21
	阳入 55	21	21	21	21	21	21	21

溪南各调 q3 位置的变调与新桥话 q4 位置的变调模式相似,都是"自身交替式"变调,但变调结果比新桥话更简单,溪南 q3 的变调只有 33/33、21/21 两种,比新桥话最高位置的变调读法还少。随着前字的位置下降至 q2、q1,溪南话的变调规则也趋于复杂。

② 溪南变调三字组合

当前字位于 q2 位置时,也就是前字为"三字组合"的首字位置时,多数调类只有一种变调,读法同 q3 位置,属自身交替式变调;阴去调、阴入调在后接 52/52 时,变调读法是不同于 q3 位置的第二种变调 55/55。规则如下:

表 3-16 漳平溪南话的连读变调: q2

组别	前字 q2 ＼ 后字 q1	阴平 33;24	阳平 21;52	上声 21;24	阴去 33;55	阳去 21;52	阴入 33;55	阳入 21;52
Ⅰ	阴平 33	33	33	33	33	33	33	33
Ⅱ	阴去 21	33	33/_其他 55/_52:52	33	33	33/_其他 55/_52:52	33	33/_其他 55/_52:52
Ⅱ	阴入 21	33	33/_其他 55/_52:52	33	33	33/_其他 55/_52:52	33	33/_其他 55/_52:52
Ⅲ	上声 52	21	21	21	21	21	21	21
Ⅳ	阳平 24	21	21	21	21	21	21	21
Ⅳ	阳去 55	21	21	21	21	21	21	21
Ⅳ	阳入 55	21	21	21	21	21	21	21

比较Ⅱ类声调位于 q2 与 q3 位置的变调状况。在 q3 位置时,阴去调与阴入调若后接 52/52,变调是 33/33,但如果在 q2 位置时,若后接 52/52,变调就是 55/55。虽然后接字的声调条件相同,但阴去调与阴入调在 q2 位置时遵守的变调规则与在 q3 位置时不同。

③ 溪南变调两字组合

当前字位于 q1 位置时,也就是前字为"两字组合"的首字位置时,所有的调类都有两种变调,且其中一种读法仍与 q3 位置的变调相同。规则如下:

表 3-17 漳平溪南话的连读变调: q1

组别	前字 q1 ＼ 后字 J	阴平 33	阳平 24	上声 52	阴去 21	阳去 55	阴入 21	阳入 55
Ⅰ	阴平 33	24	33	33	24	33	24	33
Ⅱ	阴去 21	55	55	55	55	33	55	33
Ⅱ	阴入 21	55	55	55	55	33	55	33

续　表

组别	后字J 前字q1	阴平 33	阳平 24	上声 52	阴去 21	阳去 55	阴入 21	阳入 55
Ⅲ	上声 52	24	21	21	24	21	24	21
Ⅳ	阳平 24	52	21	21	52	21	52	21
	阳去 55	52	21	21	52	21	52	21
	阳入 55	52	21	21	52	21	52	21

除了Ⅱ类的阴去调、阴入调在 q2 位置就可见第二种变调读法外,其余的Ⅰ、Ⅲ、Ⅳ类声调,第二种变调读法只出现在 q1 位置。

整体来看,溪南话的变调模式与新桥话很相似,溪南 q3 位置的变调行为与新桥话 q4 位置的变调行为一致,因此,溪南 q3 位置的变调形式反映的应是早期变调现象,溪南Ⅰ、Ⅱ类声调的早期变调是 $^*33/^*\underline{33}$,Ⅲ、Ⅳ类声调早期变调是 $^*21/^*\underline{21}$。邻接交替式与随词汇结构调整的变调模式是后起的声调现象。

从闽南立场来说,溪南话最早发展邻接交替式变调的单字调一定是变化最剧烈的Ⅱ类声调,因为:(1) 在 q2 位置时,只有Ⅱ类声调在后接 $52/\underline{52}_{q1}$ 时,出现第二种变调,其余的调类都只有读同 q3 位置的变调读法。(2) 在 q1 位置时,只有Ⅱ类声调的后字控制条件与其他调类不同,Ⅰ、Ⅲ、Ⅳ类的声调,在 33、21/$\underline{21}$ 前读一种变调,在 24、52、55/$\underline{55}$ 前读另一种变调,但Ⅱ类声调两种变调的分布环境并非如此。(3) Ⅱ类声调第二种变调读法分布范围远大于第一种变调读法,Ⅰ、Ⅲ、Ⅳ类的声调只在 33、21/$\underline{21}$ 前读后起变调,但Ⅱ类声调除了这些环境外,在 24、52 前也读后起变调。

从闽南话的角度,无法解释溪南话在相同的变调起点与相同的后字控制条件之下,为什么会出现不同的演变结果:Ⅰ、Ⅱ类声调早期连读是 $^*33/^*\underline{33}$,当它们在 33、21/$\underline{21}$ 之前,Ⅰ类声调出现的第二种变调是 24,而Ⅱ类声调出现的第二种变调是 55/$\underline{55}$。Ⅲ、Ⅳ类声调早期连读是 $^*21/^*\underline{21}$,当它们在 33、21/$\underline{21}$ 之前,Ⅲ类声调出现的第二种变调是 24,而 Ⅳ 类声调出现的第二种变调是 52/52。新桥的 A－1 组声调也有这种现象,新桥话 A－1 组声调的早期变调是 *33,但却在相同的后字环境前,分别出现 24 及 55/55 两种后起变调。

在相同的起点与相同的语音条件下,出现了不同的演变结果,说明这里有条件音变外的特殊情况。首先,从邻接交替式变调刚发展的漳平菁城(桂林)话来观察这之间可能的缘由与语音动机。

（3）漳平菁城(桂林街道)

桂林话七个单字调可分为 Ⅰ、Ⅱ、Ⅲ、Ⅳ 四类,分类的原因是变调后的结果,桂林话各调变调后只剩下四类。

① 桂林变调三字组合

桂林话 q2 位置绝大部分是自身交替式变调,但阴去 21 调正在发展第二种变调。阴去调的变调主要是 53,但当后接 53 调(q1)时,有时读第二种变调 55,有时仍读 53,有的词汇两种读法都有,这很明显是规律刚开始发展的痕迹。变调规则如表 3－18 所示:

表 3－18　漳平菁城(桂林)话的连读变调：q2

组别	后字 q1 / 前字 q2	阴平 33	阳平 24	上声 21	阴去 53;55	阳去 21	阴入 55	阳入 21
Ⅰ	阴平 24	33	33	33	33	33	33	33
	阳平 33	33	33	33	33	33	33	33
Ⅱ	上声 53	21	21	21	21	21	21	21
	阳去 55	21	21	21	21	21	21	21
	阳入 55	21	21	21	21	21	21	21
Ⅲ	阴去 21	53	53	53	53;55	53	53	53
Ⅳ	阴入 21	55	55	55	55	55	55	55

② 桂林变调两字组合

q1 位置的变调多数与 q2 位置一样,但阴去调若后字(J)声调为 53 调时,变调一律是 55,没有读 53 调的情况,与阴去调在 q2 位置时的变调规则不同。各调类 q1 位置的变调规则如表 3－19 所示:

表 3-19　漳平菁城(桂林)话的连读变调：q1

组别	后字J／前字q1	阴平 24	阳平 33	上声 53	阴去 21	阳去 55	阴入 <u>21</u>	阳入 <u>55</u>
I	阴平 24	33	33	33	33	33	33	33
	阳平 33	33	33	33	33	33	33	33
II	上声 53	21	21	21	21	21	21	21
	阳去 55	21	21	21	21	21	21	21
	阳入 55	<u>21</u>	<u>21</u>	<u>21</u>	<u>21</u>	<u>21</u>	<u>21</u>	<u>21</u>
III	阴去 21	53	53	55	53	53	53	53
IV	阴入 <u>21</u>	<u>55</u>	<u>55</u>	<u>55</u>	<u>55</u>	<u>55</u>	<u>55</u>	<u>55</u>

阴去调的变调原先是 53，但桂林话排斥两个高降调相连，因此 53＋53 发展为 55＋53。桂林话与新桥、溪南等方言相同的是，前字(q)位置越高，后起变调分布越窄，前字(q)位置越低，后起变调分布越广。桂林话在 q2 时，以阴去字为首的词组仍有 $53_{q2}＋53_{q1}＋J$ 的现象，但在 q1 时，以阴去字为首的词组只有 $55_{q1}＋53_{J}$。[1] 桂林的连读现象，证明我们前面的推论：高前字位置(q)的变调，保留了早期的连读现象，最高位置的自身交替式变调读法，是目前该方言中可见到的最早变调形式。桂林话邻接交替式变调的发展过程也说明，闽南西片邻接式变调出现的主要原因与协同语流中的调值有关。

溪南话与新桥话在相同的变调起点与相同的后字控制条件之下，出现不同演变结果的原因，可能是闽南变调规则与底层语言变调规则交会时出现了新融合。Sandhi 许多时候遗留了古音形式，单字音时语音形式"创新"，连读时该字"保守"，在世界上许多语言都可找到证明。现代法语连读(liaison)时的语音形式与单字音有时不同，单

---

　　① 承陈宝贤教授告知，菁城顶郊村的阴去变调与桂林话相似，两字组的词汇，当后字(J)是高降调 52 时，变调读 55，其他时候读 52。顶郊村阴去字为三字组词组的首字(q2)时，若中字(q1)读高降调 52，阴去字的变调可以是 52 或 55，有些词组 52、55 两种读法都可以。

字音的韵母形式后起,但连读时仍见古代痕迹。如 petit "small",单字音为[pəti],字尾的辅音-t 已消失,但若后接元音起首的词汇时,如 enfant[ãfã]"child",此时字尾的辅音-t 会保存下来,如 petit entant "small child"读为[pətitãfã]。相较于 12 世纪的古法语,petit 一词的字尾辅音-t,不论后字以元音或辅音起首,连读时-t 一律都会出现。汉语方言也有平行现象,福州话在连读时有复杂的变声、变韵及变调,但有些情况,连读时的松韵母反映了早期的韵母音读。例如 au-ou、ai-ei ,松韵母-au 及-ai,从历史观点来看是早期的韵母,而紧韵母-ou 及-ei 反而是后起的韵母形式。

溪南话与新桥话第二种变调读法出现在字数较少的词组首字,字数较多的词组的变调规则是闽南类型的自身交替式变调。协同语流调值是本区原先通行的客畲性质语言常见的语音行为,但邻接式变调的范围通常是两字或三字的词组,更多字数的词组通常会再次依照语法结构进行细部分割。闽南西片方言前字位于三字以上的词组时,变调多半是自身交替式,这是因为底层语言邻接式变调限于少字数词组的特点,故多字数的词组没有遗留"底层痕迹"。

溪南话与新桥话第二种变调读法只出现在低字数的词组首字时,与客畲语言的连读现象相似,这也说明今日溪南与新桥的变调融合了底层语言与上层语言的规则。变调规律受词组结构控制的现象相当特别,并不是简单的"协同语流调值"而已,闽南西片这种变调现象是闽南话与客畲语言接触时,变调规律互相冲撞后出现的创新形式。Flege(1987)关于 L1 英语、L2 法语的双语者实验结果说明,双语者在双语能力相当时,两种语言会互相磨合,出现跨语言的平衡,创造出不同于 L1 与 L2 的全新形式。

不过,并不是所有闽南话邻接交替式变调的发展成因与变化结果都与闽南西片相同。有的闽南话,邻接交替式只是变调发展中出现的短暂现象,最后仍然维持自身交替式的变调形式,也就是虽然出现了协同调值的语言现象,但最终仍受闽南规律控制,淘汰因后字调值调整变调的语音规则。根据张屏生(1996：43,57)的研究,澎湖马公闽南话阴去与喉阴入两调,老年层与中年层有 55、51 两种变调,但青年层却只有 51 一种变调;澎湖的西屿方言也是如此,阴去与喉阴入老年层的变调有 55、51 两种,但中年层只有 51 一种。马公与西屿老年层的变调系统虽然出现协同语流调值的现象,但中、青年层的语音状况显示该地最后仍然维持了自身交替式的变调规则。

闽南西片的变调发展与马公、西屿方言不同,闽南西片邻接交替式变调是很稳定的变调规律,这也说明闽南西片变调规则的发展跟闽西的客畬语言有关。

(4)龙岩适中

龙岩适中话没有前字不变调的现象,适中话的变调规则是龙岩闽南话中最接近漳平闽南话的一个方言。

适中话有七个单字调,可大分为 C、D 两类,分类的原因是 C 组声调在 q1 位置时,有两种变调读法,D 组只有一种变调读法。其中 C 组又可细分为 C-1 与 C-2 两类,是根据它们在 q1 位置时,变调的后字控制条件来区分,C-1 类的后字条件与 C-2 类不一样。

① 适中变调三字组合

当前字位于 q2 位置以上时,也就是前字为"三字组合"以上的首字位置时,各调类都只有一种变调,各调的变调都是"自身交替式"。前字位于 q2 位置以上时,七个单字调变调后还有六种变调读法,是"异调共享相同连读规则"程度很低的方言。变调规则如表 3-20 所示:

表 3-20 龙岩适中话的连读变调:q2

组别	后字 q1 前字 q2	阴平 33	阳平 22	上声 213	阴去 35	阳去 11;22	阴入 55;33	阳入 11;22
C-1	阳去 35	11	11	11	11	11	11	11
	阳入 35	11	11	11	11	11	11	11
C-2	阴入 53	55	55	55	55	55	55	55

组别	后字 q1＼前字 q2	阴平 33	阳平 22	上声 213	阴去 35	阳去 11;22	阴入 55;33	阳入 11;22
D	阴平 55	33	33	33	33	33	33	33
	阳平 22	22	22	22	22	22	22	22
	上声 53	213	213	213	213	213	213	213
	阴去 213	35	35	35	35	35	35	35

② 适中二字组合

当前字位于 q1 位置时,也就是前字为"两字组合"的首字位置时,C 组调类有两种变调,一种与 q2 位置相同,是早期的变调读法,另一种则是后起变调:C-1 类的阳去调、阳入调的后起变调是 22/22;C-2 类的后起变调是 33。D 组声调仍然是自身交替式变调,读同 q2。

表 3－21　龙岩适中话的连读变调: q1

组别	后字 J＼前字 q1	阴平 55	阳平 22	上声 53	阴去 213	阳去 35	阴入 53	阳入 35
C-1	阳去 35	11	22	11	22	11	11	11
	阳入 35	11	22	11	22	11	11	11
C-2	阴入 53	55	33	55;33①	33	33	33	33
D	阴平 55	33	33	33	33	33	33	33
	阳平 22	22	22	22	22	22	22	22
	上声 53	213	213	213	213	213	213	213
	阴去 213	35	35	35	35	35	35	35

适中话的变调规律也受到词组结构的控制。比较 C-1 与 C-2 调类,在 q2 位置时,C-1 调类在 22 调与 213 调前,变调读 11/11,而在 q1 位置时,变调却是 22/22;C-2 调类在 22、213、35/35 等调前,q2 位置变调读 55,而在 q1 位置时,变调却是 33。适中话 C-2 类字应该最早发展出邻接交替式变调,因为 C-2 类字 q1 位置的后起变调 33

① 阴入 53 调在上声 53 调前,自然语流中有 33 及 55 两种变调读法,但以 33 为主。

出现的环境比 C-1 广泛许多,情况与溪南方言的 Ⅱ 类声调相同。适中邻接交替式变调的发展动因与桂林话一样,都是为了协同语流中调值的排列。根据闽南立场的演变逻辑推测,适中 C-1 类的早期变调读音是 *11/*11,后起变调是 22/22;C-2 类的早期变调读音是 *55,后起变调是 33。

(5)龙岩苏坂

龙岩城关话及苏坂话有前字不变调的现象,第二种变调是该单字调的本调调值,但邻接交替式各调,仍有共同的后字控制条件。这里以苏坂话为代表来分析龙岩闽南话前字不变调的规律发展。

苏坂话有七个单字调,可大分为 C、D 两类,分类的原因是 C 组声调在 q1 位置时,有两种变调读法,D 组只有一种变调读法。C 组声调可细分为 C-1 与 C-2 两类,是因为 q1 位置时,C-1 类的后字条件与 C-2 类不一样。

① 苏坂变调三字组合

当前字位于 q2 位置以上时,也就是前字为"三字组合"以上的首字位置时,各调类都只有一种变调。变调规则如表 3-22 所示:

表 3-22 龙岩苏坂话的连读变调:q2

组别	后字 q1 / 前字 q2	阴平 33	阳平 33	上声 11	阴去 11;13	阳去 33	阴入 33;55	阳入 33
C-1	阴去 13	11	11	11	11	11	11	11
	阴入 55	33	33	33	33	33	33	33
C-2	阴平 35	11	11	11	11	11	11	11
	阳入 53	33	33	33	33	33	33	33
D	上声 33	11	11	11	11	11	11	11
	阳平 11	33	33	33	33	33	33	33
	阳去 53	33	33	33	33	33	33	33

苏坂话 q2 位置以上的变调结果,七个单字调变调后只剩下 11 与 33/33 两种变调读法,与漳平溪南话最高位置的变调情况相似。

② 苏坂变调两字组合

当前字位于 q1 位置时,C 组调类有两种变调,一种与 q2 位置相同,另一种是后起变调。变调规则如表 3-23 所示:

表 3-23　龙岩苏坂话的连读变调: q1

组别	后字 J 前字 q1	阴平 35	阳平 11	上声 33	阴去 13	阳去 53	阴入 <u>55</u>	阳入 <u>53</u>
C-1	阴去 13	11	13	13	11	11	11	11
	阴入 <u>55</u>	<u>33</u>	<u>55</u>	<u>55</u>	<u>33</u>	<u>33</u>	<u>33</u>	<u>33</u>
C-2	阴平 35	33	33	33	33	33	33	33
	阳入 <u>53</u>	<u>33</u>	<u>11</u>	<u>33</u>	<u>33</u>	<u>33</u>	<u>33</u>	<u>33</u>
D	上声 33	11	11	11	11	11	11	11
	阳平 11	33	33	33	33	33	33	33
	阳去 53	33	33	33	33	33	33	33

苏坂话的变调规律受到词组结构的控制。比较 C-1 与 C-2 调类,在 q2 位置时,C-1 调类在 11 调与 33 调前,阴去变调读 11,阴入变调读 <u>33</u>,而在 q1 位置时,阴去变调是 13,阴入变调是 <u>55</u>;C-2 调类,在 q2 位置时,阴平在 33 调前读 33,阳入在 11 调前读 <u>33</u>,但在 q1 位置时,阴平变调是 55,阳入变调是 <u>11</u>。

q1 位置的变调是在 q2 位置的变调基础上发展出来的,但同时受到两种演变方向影响:C-1 类的后起变调是该调的本调,遵守前字不变调的新规律;C-2 类的后起变调则是因为语流中协调调值需求而出现。前者是龙岩闽南话特有的现象,这种变化规律使龙岩闽南话变得与周边没有连读现象的万安方言相近;后者则与漳平闽南话平行,是闽南西片共通的发展倾向。

不论是 C-1 组声调还是 C-2 组声调,后起的第二种变调都倾向出现在相同的后字控制机制之前,也就是出现在阳平 11 调与上声 33 调之前。C-2 组声调演变尚未完成,不过却依然可见相似的后字控制机制。苏坂话变调的现象说明,语言是一直在变化的。正如何大安(1984：115)所言："语言一方面未尽的旧变化仍在持续进行中，另一方面，初生的新变化又不断地接踵而至，在任何的时间横断面上，都可看到新旧变化消长相续的痕迹。"

从漳平新桥、溪南、菁城，以及龙岩适中、苏坂等方言的变调发展可知，闽南西片连读变调有：(1) 自身交替式变调、(2) 邻接交替式变调、(3) 变调规则受词汇结构控制等共同特点，龙岩苏坂、城关方言另有(4) 前字不变调的特点。闽南西片的变调发展与闽西过往的语言接触有关，通霄四县客语说明了语言接触确实会调整系统内的连读变调规则。规律的发展是在原先语音系统的基础上，一步步变异。通霄四县话的变化结果是朝着接触的优势方言靠拢。

根据刘醇鑫(2005)的调查，一般台湾四县客语的声调是：阴平24、阳平11、上声31、去声55、阴入 $\underline{22}$ 、阳入 $\underline{55}$ 。阴平调有邻接交替式连读变调现象，规则是：

(A) 一般四县话的连读变调

$$\text{阴平调 } 24 \rightarrow 11 \left/ \underline{} \right. \begin{cases} \text{阴平 } 24 \\ \text{去声 } 55 \\ \text{阳入 } \underline{55} \end{cases}$$

若阴平调字后接阳平调11、上声调31、阴入调 $\underline{22}$ 时，前字不变调，仍读本调24。通霄四县客语发音人 T2 的阴平变调同上述(A)，请见下列例字：

(1) 猪心：tsu$^{24\text{-}11}$　　sim^{24}

(2) 猪肠：tsu^{24}　　ts'oŋ^{11}

(3) 猪肚：tsu^{24}　　tu^{31}

(4) 猪肺：tsu$^{24\text{-}11}$　　hi^{55}

(5) 猪脚：tsu^{24}　　kiok$^{\underline{22}}$

(6) 正月：tsiaŋ$^{24\text{-}11}$　　ȵiet$^{\underline{55}}$

但被漳腔闽南语强烈影响的通霄四县客语发音人 T1 的连读变调现

象却是：

(B) 通霄四县话的连读变调

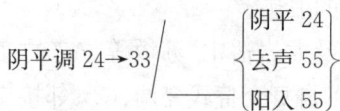

$$\text{阴平调 } 24 \rightarrow 33 \Bigg/ \underline{\quad\quad} \begin{cases} \text{阴平 } 24 \\ \text{去声 } 55 \\ \text{阳入 } \underline{55} \end{cases}$$

例字如下所示：

(1) 猪心：tsu²⁴⁻³³ sim³³

(2) 猪肠：tsu²⁴ ts'oŋ¹¹

(3) 猪肚：tsu²⁴ tu³¹

(4) 猪肺：tsu²⁴⁻³³ hi⁵⁵

(5) 猪脚：tsu²⁴ kiok²²

(6) 正月：tsiaŋ²⁴⁻³³ ɲiet⁵⁵

发音人 T1 的四县话，阴平变调与通霄闽南话的阳去本调相同，皆为 33 调。上例(1)"猪心"之末字"心"的调值为 33，是因为发音人 T1 的阴平单字调也出现变异，调值是 33，下节将详细讨论单字调的变异现象。

再以阴平＋阴平组成的词汇"关公"与阴平＋阳平组成的词汇"关门"来说明发音人 T1 的语感。发音人 T1 表示，通霄四县话"关公"的前字"关"读[kuan³³]，这个语音正好与通霄闽南话"台北县"一词之末字"县"[kuan³³]同音。发音人 T1 认为客语的阴平变调调值与闽南话的阳去本调是相同的。而通霄四县话"关门"的前字"关"读[kuan²⁴]，与通霄闽南话中的"县"[kuan³³]不同音，发音人 T 有明确的区分。

从上述 T1 的客语词汇变调现象的出现环境可看出，T1 客语的阴平变调读 33，是在一般四县话的变调规则上发展来的，因为发音人 T1 阴平变调的控制条件仍与发音人 T2 及一般四县客语相同。当阴平字后接 24、55、55 时，出现连读变调，但若后接 11、31、22，则读阴平本调,通霄发音人 T1 的四县话变调环境与通霄发音人 T2 及一般四县客语是相同的。语言接触并不是随意"借用"优势语言的语音特色,而是在自身的基础上渐渐变得与优势语言相似。

通霄四县话因社会、经济因素,深受通霄漳腔闽南话影响。发音人 T1 正是四县话与闽南话同样流利使用的"福佬客",由于这样的语言环境,通霄客语(T1)阴平变调发展为 33 的现象,很有可能是漳腔闽南话影响的结果。通霄闽南话阳平本调是 24,正好与四县话阴平本调调值相同,通霄闽南话阳平调变调规律是 24>33,通霄四县话(T1)的阴平变调规律若为 24>33,就正好与闽南话的阳平变调完全相同。二语习得的研究说明,双语者若第二语言高度发展与使用时,L2 会影响 L1,通霄四县话(T1)的阴平变调由 24>11 变成 24>33,呈现了 L1 朝 L2 靠拢的现象。①

通霄四县客语的连读变异证明,语言接触确实会使连读变调系统出现调整,以原先音系的语音基础为根基,受其他语言的特征影响,改变自身规律。在闽南西片的形成过程中,经历了长久的语言接触,最终甚至导致语言转用与母语消亡,但本区原先的底层语言特点持续地干扰、破坏闽南话的连读规则,甚至出现变调受到词组结构控制的规律。现阶段龙岩闽南话还有"前字不变调"的现象,与周边的万安话相近。闽南西片变调受到词组结构控制与前字不变调等特色少见于他处闽南话中,是闽西地区语言互动融合后产生的语言现象,触发闽南西片出现这两个变调特色的因素是语言接触。

3.2.1.2　古浊去字读平声

闽南西片古浊去字普遍有平声读法,一般是出现在较早的白读层。多数方言读阴平调,但漳平永福读阳平,只有少数字读阴平。大田闽南

---

① 通霄客语阴平变调调值由低平调 11 变为中平调 33,也有可能是语言内部自发性的变化,因为四县客语阴平变调出现在 24 调或 55、55 调前,变调调值变为中平调符合语流的协调调值作用。但多数的四县客语阴平变调调值都是 11 调,少有变异现象,通霄四县话发音人 T2 的阴平变调调值也为 11 调,目前只发现 T1 的变调调值变为 33。考虑通霄整体的语言环境与发音人的语言状况,我们倾向把 T1 的阴平变调变异视为闽客接触后的结果。

语、粤西的雷州闽语及海南岛的海南闽语也有古浊去字读阴平的特色。
这些浊去字,漳州话一律读阳去调。例字如表 3-24 所示,雷州闽语的
语料出自林伦伦(2006);海南闽语的语料出自陈鸿迈(1996)。

表 3-24　闽南话古浊去字读平声的例字(一)

例　字	闽南西片		大田闽南	雷州闽语	海南闽语	典型闽南
	龙岩城关	漳平　永福	大田前路	雷州雷城	海南海口	漳　州
病 并梗开三	piē1	pǐ2	pā1	pe1	ʔbɛ1	pē6
卖 明蟹开二	bie1	bei1	be1	boi1	vɔi1	be6
大 定果开一	tua1	tua2	tua1	tua1	ʔdua1	tua6
二 日止开三	li1	li2	li1	zi1	zi1	dzi6
换 匣山合一	ŋuā1	ŋuā2	muā1	ua1	ua1	uā6

　　有层次异读的字,一般较早的语言层读平声,较晚的语言层读阳
去调,龙岩城关话与雷州话则读阳上调。例字如表 3-25:

表 3-25　闽南话古浊去字读平声的例字(二)

例　字	闽南西片			雷州闽语	海南闽语	典型闽南
	龙岩城关	漳平永福	漳平新桥	雷州雷城	海南海口	漳　州
命 明梗开三白	miā1	miā2	miā1	mia1	mia1	miā6
命 明梗开三文	bin4	bin6	bin6	biŋ4	meŋ6	bin6
步 并遇合一白	pu1	pou2	pu1	peu1	——	pɔ6
步 并遇合一文	pu4	pou6	pu6	pu6	——	

因大田话语料不足,表 3-25 改以音系最接近大田话的漳平新桥话来
说明浊去字的层次异读。"步"在典型闽南话中没有层次异读,但在
边陲区平声与阳去(龙岩城关、雷州雷城、大田前路读阳上)的异读普
遍存在。以闽南西片的情况为例说明,词汇"一步"读平声,为白读
层;而"进步"读阳去/阳上,为文读层。雷州话甚至随词汇使用不同
的层次,连韵母都有明显的层次差别。

　　龙岩城关话、大田话及雷州闽语有阳上调,这些方言古浊上来源
的字一律读阳上调,全无读平声的现象。其他的闽南方言,浊上字与

浊去字合流,同读阳去调,但古浊上字也都读阳去调,没有读平声的
情况。例字如表 3-26:

表 3-26　闽南话古浊上字的调类归并

例　字	闽南西片		大田闽南	雷州闽语	海南闽语	典型闽南
	龙岩城关	漳平永福	大田前路	雷州雷城	海南海口	漳　　州
市禅止开三	ts'i4	ts'i6	ts'i4	ts'i4	si6	ts'i6
坐从果合一	tsie4	tsie6	tse4	tse4	tse6	tse6
件群山开三	kiuã4	kiã6	kiã4	kieŋ4	kin6	kiã6

这个现象说明,边陲闽南浊去字读平声的行为,是闽南话浊上字与浊去
字合流之前的演变,否则边陲闽南应也有浊上字读平声的现象出现。

张振兴(1992)、刘新中(2006:213)、陈筱琪(2010:95-96)等已
注意雷州闽语、海南闽语与位于福建西南部的闽南西片及大田方言
有共通声调特征。虽然闽西与雷州、海南相距遥远,两地之间还隔着
客语及粤语区,但闽西与雷州、海南的闽方言却出现一致的语音现
象,这一现象颇有兴味,值得深入探讨。

最有意思的是,紧邻闽南西片的万安方言竟然没有浊去字读平
声的情况。万安话古浊上字与古浊去字一般的情况是合流为一调,
一般称为阳去调。万安话古浊去字读阳去调,完全没有读平声的现
象,古浊去字的声调走向同典型的闽南话。请见表 3-27 的例字,海
陆客语的语料出自刘醇鑫(2005):

表 3-27　闽南、万安、客语古浊上字及古浊去字的调类归并

例　字	闽南西片		万安方言		典型闽南	客　语
	龙岩城关	漳平永福	万安涂潭	万安梅村	漳州	台湾海陆
害全浊去声	hai1	hai2	hiẽ6	hɑi6	hai6	hoi6
卖次浊去声	bie1	bei2	mĩ6	mi6	be6	mai6
父全浊上声	hu6	hu6	fu6	fu6	hu6	fu6
部全浊上声	pu6	pou6	pu6	pu6	pɔ6	p'u6

在声调的归并上,万安音系较像一般闽南话。客家话浊上字有

读阴平的现象,万安话这项特点没有客语鲜明,万安浊上字的声调归并,常常与闽南话相似,请见表3-28例字:

表 3-28 闽南、万安、客语古浊上字的声调现象

例 字	闽南西片		万安方言		典型闽南	客 语
	龙岩城关	漳平永福	万安涂潭	万安梅村	漳州	台湾海陆
坐_{全浊上声}	tsie4	tsie6	tsʻiel	tsʻail	tse6	tsʻol
市_{全浊上声}	tsʻi4	tsʻi6	sˌ6	ʃ6	tsʻi6	ʃˌl
马_{次浊上声}	biɛ3	bia3	mō3	mo3	bɛ3	ma1
买_{次浊上声}	bie3	bei3	mĭ3	mi3	bɛ3	mai1

万安话"坐"读阴平调,属客语类型;"市"读阳去调,"马""买"读上声调,属闽南类型。综合上述表3-27、表3-28两表的比较,可以发现虽然现代的万安音系杂有客语色彩,但在声调表现上,万安话没有浊去字读平声的现象,这点反而比闽南西片更像核心闽南。

在了解边陲闽南浊去字读平声的详细状况及周边的方言关系后,我们试图梳理闽南话浊去字读平声的现象是如何产生的。先从闽西地区开始观察。包围闽南西片的闽西客语,浊去字并没有大量读平声的状况,①与多数客语的调类归并走向相同。但游文良(2002:98)指出,过去曾在闽西扎根的畲话,去声字有一条鲜明的规律是:古清去字读阴平调,古全浊去声字和多数次浊去声字读阳去调,这是客语所没有的语音现象。漳平及龙岩等地过去曾是畲族的主要生活区域,今日浊去字读平声的现象或许与畲语有关。

依据游文良(2002:80)的调查,福安、福鼎、罗源、三明、顺昌、贵溪、苍南、景宁、丽水、龙游、华安、潮州、丰顺等分别位于13个小点的

---

① 根据项梦冰(2004:213)的说法,连城新泉客语"就""寺"二字有读阴平的层次,或可作为连城客语"少数古全浊去字读阴平"的"过硬例字"。连城新泉话的现象与闽南西片不大相同,新泉话只有零星两个浊去字有阴平读法,但闽南西片则是有大量的浊去字群读阴平。况且"就""寺"二字,闽南西片一般都读阳去调,龙岩城关读阳上调,不读阴平调,这也与连城新泉不同。因此,新泉话零星浊去字读阴平的现象,与闽南西片是不同类型的。

现代畲话音系,其阴平调值皆为高平调 44。可以设想原先古畲话阴去调调值为中平调*33,与阴平调调型和调值都相近,因此阴去调*33与阴平调 44 合流为一类。

马重奇(1994:13)指出,现代漳州闽南话的阳去调值为 22,阴平调值为 44。假设闽南话进入漳平、龙岩、大田时,调值与现代漳州话相近,阳去调值为*22 调,阴平调值为*44 调,这两调的调值关系就与古畲话阴去字*33 归入阴平字*44 的语音环境十分相似。第二语言习得的认知研究说明,双语者所习得的语言系统可能交互影响,受到漳平、龙岩底层畲语(L1)规律的投射,使得后来习得的闽南话(L2)也有了"中平调归入高平调"的语音法则。写成规律是:

(A) 底层语言(L1):33→44(清去字归阴平调)

(B) 上层语言(L2):22→44(浊去字归阴平调)

虽然 L1 与 L2 变化的调类不同,但语音环境是相似的。

通霄四县客语的接触变异证明双语者的语言知能互相影响,相似的"语音环境"是 L1、L2 音系规则互相影响的关键。前面我们已经说明通霄客语(T1)阴平字的连读变调调值从 11 改读 33,这个现象与通霄闽南话有关,而通霄客语(T1)阴平单字调值还有另一项变异:读 33 调。以下举几个发音人 T1 认为同音的客、闽对照例字,客语都是阴平调字,闽南则都是阳去调字:

编　号	通霄四县客语(T1)	通霄闽南话
1	搬 pan³³	范大方 pan³³
2	猜 tsʻai³³	□放置、固定不动 tsʻai³³
3	钉 taŋ³³	重 taŋ³³
4	知 ti³³	箸 ti³³
5	丢 tiu³³	釉釉子 tiu³³
6	交 kau³³	厚 kau³³
7	姑 ku³³	舅 ku³³

续　表

编　　号	通霄四县客语(T1)	通霄闽南话
8	龟 kui^{33}	脆 kui^{33}
9	谦 k'iam^{33}	俭 k'iam^{33}
10	领 liaŋ^{33}	亮 liaŋ^{33}
11	孙 sun^{33}	顺 sun^{33}
12	灾 tsai^{33}	□$_{趁}$ tsai^{33}
13	张 tsoŋ^{33}	胀 tsoŋ^{33}

发音人 T1 的阴平单字调为 33,除了与通霄闽南话阳去本调调值相同外,也与通霄闽南话阴平 55 的变调 33、阳平 24 的变调 33 同调值。通霄客语(T1)的"食亏"后字"亏"[k'ui^{33}]与通霄闽南话"开店"的前字"开"读音[k'ui$^{55>33}$]相同;通霄客语"阎"[giam^{33}]与通霄闽南话"严格"之前字"严"读音[giam$^{24>33}$]相同。这个例子也说明,通霄客语 g-声母的语音特质与通霄闽南话的 g-十分相似,发音人的语感没有差别。

另一个值得注意的地方是,通霄客语"阎"[giam^{33}]与通霄闽南话"严格"的前字"严"读音[giam$^{24>33}$]相同,但通霄闽南话"严"[giam^{24}]≠"盐"[iam^{24}],这个区别在发音人 T1 的闽南话中很清楚。前面我们已提到通霄客语前高元音 i 前有 g-声母增生,很显然这种高元音前的语音变化并没有出现在通霄闽南话中,这个音变是通霄四县话独特的音韵现象。

在特定环境中,发音人 T1 的客语阴平单字调读原调值 24,主要是:(1) 后接 11、31、22 时,也就是客语阴平调不变调的环境,T1 的阴平字调值读原调 24。如前文所举的"猪肠""猪肚""猪脚"等词汇,前字读[tsu^{24}]。(2) 后接小称词尾 e0 时,如:"猪 e0"中"猪"读[tsu^{24}];"狮 e0"中"狮"读[sɿ^{24}];"柑 e0"中"柑"读[kam^{24}];"杯 e0"中"杯"读[pi^{24}];"梳 e0"中"梳"读[sɿ^{24}]。

发音人 T1 的阴平单字调变为 33,可能是由于:(1) 闽南话阴平调型为高平55调,(2)客语阴平调的连读变调调值变异为33,两个因素交互影响,使发音人T1把客语的阴平单字调改读33调。通霄客语(T1)的接触变异实例说明双语者的二语系统若存在相似的语音条件,当中一个语言的音变规则会投射至另一个语言,彼此交互影响。通霄客语与闽南西片不同的是,通霄是闽南话对客语施加影响,也就是L2影响L1,但闽南西片是底层规律(L1)影响了上层语言(L2),二者影响的方向不同。

漳平永福话浊去字多数归入阳平,少数归阴平,这个现象更加证明古畲话清去调的调值为*33。根据游文良(2002：80)的调查,上述13个现代畲话,其阳平调值都是低平调22,若古畲话清去调的调值为*33,与阳平调也很接近,因此有些地区的畲话过去除了清去字归阴平调外,同时还有清去字归阳平调的现象。写成规律是:

(A) 底层语言(L1)：33→44(清去字归阴平)

33→22(清去字归阳平)

马重奇(1994：13)指出,现代漳州话阳平调值为12。假设过去进入漳平永福的闽南话阳平调值也近似12,则闽南话浊去调*22很可能就会出现相对应的两条音变:

(B) 上层语言(L2)：22→44(浊去字归阴平调)

22→12(浊去字归阳平调)

若古畲话清去调的调值不为*33,而是更高的平调*55,则很难解释为何永福闽南话会出现浊去字归入阳平调的现象。若古畲话清去调是最低的平调*11,就更难理解为何古畲话清去调主要归并入阴平调(44调),而非较接近的阳平调(22调)。

边陲闽南话浊去字读平声的字通常是口语常用词汇或是白读音,文读层一般依照核心闽南区的规律读阳去调,龙岩城关、雷州雷城、大田前路等方言,因阳去调归入阳上调,故文读一般读阳上调。文读音通常是文化层面的词汇,在语言接触初期,"借词"通常由文化层面的词汇开始。例如云南傣语与汉语接触,陈保亚(1996:83)指出,初期的词汇借贷仅限于文化词,因为讲两种语言的人,文化载体不同,本族语言没有足够的词汇指称对方的文化事物,这种借贷称为"互补借贷"。借词从输出的语言进入输入的语言时,音读在双语者口中有"匹配"与"回归"的过程,意指使借入本族语言的外来词汇,读音与输出语言形式更相近。(陈保亚 1996:124-133)文化词汇通常是输入语特有的,因此应比口语词汇更容易维持输入语的语言形式,故边陲闽南话在语言接触当时,浊去字文读音很容易"音类回归"为原来的阳去调,但口语常用的白读音没有发生"音类回归",反而持续受到自身(底层语言)声调系统因调值相近造成调类归并现象的干扰,使上层语言(闽南语)出现相似的变化,造成上层语言古浊去字"白读层"改读阴平调或阳平调。

接下来需要解释的是,为什么与闽西地区相隔遥远的雷州闽语与海南闽语也有浊去字读阴平调的现象? 不论是闽西,还是雷州半岛或海南岛,闽语区周边的方言或语言都没有浊去字读阴平或阳平的现象。这个状况显示,边陲闽南话浊去字读平声调是底层语言与闽南话接触时激发的语音演变,也就是该地区先民学习闽南话的过程中产生的语言现象,与闽西、雷州、海南现今闽语区外围的其他方言或语言没有直接关系。

根据刘新中(2006:35)的研究,雷州闽南话与海南闽南话的移民来源一脉相承,入琼的福建人先经过粤东潮州地区和粤西雷州半岛才到达海南岛。李如龙、姚荣松(2008:51)指出,闽南话约在宋元时期移入雷、琼。但这在之前,雷州半岛与海南岛早已有非汉族居住,且民系复杂,如清光绪年间《电白县志·方言》所言:"唐宋以前,壮瑶杂处,语多难辨。"钱奠香(2001)分析,雷州与海口有 71 条两地特有但他处闽南皆无的特征词,绝大多数都是本字未明的方言词汇,其中有些可能是原住民族留下的"底层"。依据刘岚、李雄飞(2008:144)的考察,原居于雷州半岛的非汉族,在新石器时代就有移居海南岛的记录,汉至唐宋时,从雷州迁徙至海南岛的民系,此后形成海南黎族的一支。闽南移民的来源、底层民族的迁徙及雷、琼闽方言特有的方言词,说明了雷州与海南在闽语的形成与流播上有深层的牵连。

接下来的讨论焦点,放在现今雷州、海南及闽西的闽语区的"底层民族"。张秀丽(2011:91)指出,雷州半岛以"石狗文化"闻名,至今仍遗存着数量庞大的石狗文物,并流传诸多关于"犬"的神话,"盘瓠"的故事是流传最广的传说之一,基本的内容是古时神犬与皇帝之女成婚,繁衍后代而封国。"雷州的石狗文化始于南蛮族的犬图腾崇拜。"(李日星等 2007:11)犬图腾崇拜是闽南人移入雷州前,"底层民族"的文化之一。重要的是,"瑶、畲民族也流传着情节几乎相同的盘瓠故事",(张秀丽 2011:91)"后世畲族《高皇歌》叙述的本族起源,与盘瓠故事基本相同。"(谢重光 2010:58)

根据谢重光(2010)对畲族文化的研究,畲族的基本特征是刀耕火种,信仰盘瓠,具有一系列与盘瓠崇拜或犬崇拜相关的习俗。畲族的来源至今虽未有定论,但很可能由几支不同的民系多元融合而成,而"盘瓠蛮"是畲族很重要的组成成分。汉魏六朝时期的史料中,有许多盘瓠故事及盘瓠蛮的记载,信仰盘瓠图腾的民族古称盘瓠种,或称盘瓠蛮。盘瓠蛮早期主要分布在荆湘和巴蜀地区,以秦、汉时代的武陵郡范围即所谓的五溪地区为核心,但在南朝后期,盘瓠蛮分两条路线南迁:一条溯沅水逾越城岭进入岭南,折而向东,辗转抵达粤东潮州;另一条经江西溯赣水从赣南折而向东抵达梅州等地,最终盘瓠蛮逐渐分布于江西、福建、广东、广西等江岭地区。

盘瓠蛮南迁的路线经过岭南,到达粤西雷州半岛一带,因此造就雷州的石狗文化与信仰。这说明雷州一带在闽南人迁入前的"底层民族"与闽西的畲族有同源关系,因此两地的底层语言相似,故在与闽南话的接触过程中,一致使位居上层语言的闽南话,产生了浊去字归入平声的现象。雷州闽语又与海南闽语一脉相承,有相同的移民来源以及底层民族,海南闽语与雷州闽语有共通现象是可想而知的。

3.2.1.3　龙岩城关话的调类链动

龙岩城关话是分阴阳上的八调方言,但现在古浊去字绝大多数读阳上调,该字声调若有层次之分,一般是较晚的文读层读阳上调。目前只有"迈""币"等零星浊去字仍读阳去调。类似的现象也出现在同样有八个声调的潮汕话中,见表3-29。汕头话的语料出自林伦伦(1996):

表 3-29　龙岩、汕头古浊去字读阳上调的现象

（A）	务微遇合三	闹泥效开二	亮来宕开三	状崇宕开三	顺船臻合三
龙岩城关	bu4	naũ4	liaŋ4	tsuaŋ4	sun4
汕　头	bu4	naũ4	liaŋ4	tsuaŋ4	suŋ4

（B）	树禅遇合三	地定止开三	座从果合一	阵澄臻开三	份帮臻开三
龙岩城关	ts'iu4	ti4	tso4	tin4	hun4
汕　头	ts'iu6	ti6	tso6	tiŋ6	hun6

龙岩城关话读阳上调的浊去字对应到汕头有两种情况:一为两地都读阳上调[表3-29(A)],一为龙岩读阳上调、汕头读阳去调[表3-29(B)]。根据林伦伦、林春雨(2007:383)的研究,潮汕闽南语古浊去字读阳上调的比读阳去调的还多。潮汕话的现象与龙岩如出一辙,但龙岩的情形又比潮汕更加鲜明。

一般皆把七调闽南语浊上与浊去合流之调称为"阳去调",但龙岩与汕头等八调闽南语却有大量浊去字改读阳上调,浊上字很少变动,一律读阳上调,这个结果显示浊去字的变动性较浊上字还高。

现阶段龙岩城关话读阳去调的主流字群,是古清声母入声字,因为丢失喉塞韵尾舒声化,"入侵"了阳去调这个调位。例如:"八"pie6、"铁"t'i6、"桌"to6、"客"k'iɛ6、"鸭"a6。龙岩城关话古浊去字现读阳上调,古清入字则因舒声化读阳去调,构成声调的调类链动。根据Branner(1999)的观察,紧邻龙岩城关的西陂话,入声字舒声化后因调值与阳去调不同,故西陂音系中已无阳去调。

3.2.2 声母

3.2.2.1 "入"字头—日母字的演变

闽南泉腔韵书《汇音妙悟》及漳腔的《雅俗通十五音》的声母系统区分"柳"字头 l-、"入"字头 dz-～z-、"语"字头 g-。"柳"字头主要来源是来母字,"入"字头主要是日母字,"语"字头则是疑母字。其中"入"字头声母只出现在高元音 i 及 u 前,也就是"入"字头只有齐齿及合口字。今日漳州话大多还保留传统韵书柳类、入类、语类的区别,l-、dz-～z-、g-三者对立,但泉州话"入"字头已一律与柳类合流: dz-～z->l-,如"忍日臻开三"读 lim3、"润日臻合三"读 lun6,泉州话"入""柳"二类虽合为一类,但"语"类字仍自成一格,读 g-声母。

闽南西片"入"字头的变化有两条演变规律,其一是细音字 dz～z>g/＿ i,与"语"类字相混。请见表 3-30 例字:

表 3-30 闽南话"入"字头的读音比较(一)

例 字	闽 南 西 片				大田闽南	典型闽南
	漳平永福	龙岩城关	龙岩苏坂	龙岩适中	大田前路	漳 州
仁日臻开三	gin2	gin2	gin2	gin2	zeŋ2	dzin2
忍日臻开三文	gin3	gin3	——①	giam3	zeŋ3	dzim3
闰闰月日臻合三	gin6	gin4	gin6	gin6	zeŋ5②	——③
热日山开三文	giat8	giat8	giat8	giet8	ziaʔ8	dziat8

虽然各地韵母形式略有变化,可是仍可看出"入"字头细音字声母读音的概况,大田话的 z-与漳州话的 dz-代表闽南方言"入"字头演变的起点,闽南西片齐齿字变为 g-。

闽南西片"入"字头的第二项变化是合口字 dz～z>l/＿ u,与"柳"类字相混。请见表 3-31 例字:

---

① 苏坂话只有读 lun6 的层次。
② 大田前路话不分阴阳去,因此一律标为第 5 调。
③ 漳州话只有读 lun6 的层次,同苏坂话。

表 3-31　闽南话"入"字头的读音比较(二)

例　字	闽　南　西　片				大田闽南	典型闽南
	漳平永福	龙岩城关	龙岩苏坂	龙岩适中	大田前路	漳　州
热日山开三白	lua6	lua4	——	lua6	——	dzua?8
忍日臻开三白	lun3	lun3	lun3	lun3	lueŋ3	lun3
韧日臻开三	lun1	lun1	lun1	lun1	lueŋ1	lun6

　　闽南西片与大田话"入"字头合口字皆已变为 l-,漳州话合口字也倾向
于读 l-。漳州话除上举"忍""韧"外,又如"润反潮"lun6、"闰闰月"lun6 等
也读 l 声母,只有"热白"dzua?8 目前仍读 dz 声母。大田闽南话音变
速度与漳州话接近,但合口字的演变速度稍快,已与"柳"类字合流。
闽南话"入"字头的演变,可浓缩为表 3-32:

表 3-32　闽南话"入"字头的演变

环境	典型闽南	大田闽南	闽　南　西　片			
	漳　州	大田前路	漳平永福	龙岩城关	龙岩苏坂	龙岩适中
i 前	dz-	z-	g-	g-	g-	g-
u 前	dz-/l-	l-	l-	l-	l-	l-

　　"入"字头 dz-~z- 在-i 前变为 g-,是一种普遍的现象。根据林珠
彩(1995:195)的调查,高雄小港方言"入"字头声母老年层差不多都
读[dz-],但青年层齐齿字都变成 g(i)-。张屏生(2001:220)也指出,
屏东闽南话"入"字头细音字都读 g(i)-。另外根据涂文钦 2010 年的
调查,台中山、屯区"入"字头细音字 g-变体的出现也十分广泛。[①] 平
行的现象在高雄冈山、台南佳里与苗栗通霄的闽南话区域也可发现。
　　粤西地区的雷州闽语有相反的演变。根据吴瑞文(2008:45)的
研究,古疑母细音字,雷州出现 g>z/＿i。i 元音使雷州的疑母细音
字发生颚化及擦音化,使之与日母字合流,例字如"雅疑假开二"zia3、
"玉疑通合三"ziok8。大田前路话也有这种演变,如"语疑遇合三"zi3、

――――――――――
　　① 台中县的调查结果承涂文钦先生不吝赐教告知,特别感谢。

"严_{疑咸开三}"ziaŋ2，古疑母细音字读 z-声母，与日母字合流。

合并观察闽南西片与台湾地区多处闽南话"入"字头 dz-～z-在-i 前变为 g-，以及雷州闽语、大田闽语古疑母字 g-在-i 前变成 z-两种变化，可发现前高元音 i 是舌根浊音 g-与舌尖浊音 dz-～z-的演变桥梁。

洪惟仁（2003：99）发现，"入"字头 dz-～z-在-u 前变为 l-，是不分漳泉的共同音变趋势。但泉州话 dz-～z->l-的演变因环境有快慢之别，-u 前的 dz-～z-比-i 前更快、更容易变成 l-。（洪惟仁 2003：112）类似的演变也出现在山西定襄方言。张光宇（2009：147－148）指出，山西定襄有三套滋丝音（sibilant）：一套平舌（ts），一套卷舌（tʂ），一套舌面（tɕ）。古日母字一般情况读卷舌声母 ʐ-，但在后高元音-u 前读平舌声母 z-或舌边声母 l-，例字如"儒_{日遇合三}"lu3、zu3，"让_{日宕开三}"ʐɤ5、zɚʔ7，边音与舌尖前浊擦音互为又读，说明 l-与 z-极为相似。河北的平乡、鸡泽、曲周、丘县、馆陶、邯郸，以及山东的济南、泰安、新泰、阳谷等地有一条清楚的音韵演变规律：ʐ>l/＿ u，ʐ>ʐ/其他地方，山西定襄的日母分化从属于此条规律。北方方言日母字的演变说明不论是舌尖前擦音 z-，或部位稍后的卷舌音 ʐ-，当其后为-u 时，特别容易变成 l-。

北方方言的演变与闽南平行。泉州闽南话"入"字头 dz-～z->l-的变化，合口字早于齐齿字发生，且合口字绝对不会变为 g-声母，这说明后高元音-u 是使 dz-～z-变为边音 l-的重要环境：-u 控制了声母的演变方向，使 dz-～z-无法朝舌根浊音 g-发展，只有齐齿字才可能变为 g-。

闽南话"入"字头字的声母演变，起因来自闽南内部的系统压力。dz-～z-是闽南声母中唯一的浊塞擦音～浊擦音，因此容易变入他处，让音系更加平衡与对称。i 是 dz-～z-与 g-的演变桥梁，而 u 是 dz-～z-变成 l-的重要条件，因此顺着语音的自然发展，"入"字头齐齿字容易变成 g-，合口字则倾向于变为 l-。

有少数"入"字头齐齿字，闽南西片与大田方言一般读 l-，如表 3－33 所示：

表 3－33　闽南话"入"字头的读音比较(三)

例　字	闽　南　西　片				大田闽南	典型闽南
	漳平永福	龙岩城关	龙岩苏坂	龙岩适中	大田前路	漳　州
二日止开三	li1	li1	li1	li1	li1	dzi6
入日深开三	lip8	liap8	liap8	liap8	le?8	dzip8
认日臻开三	lin2	lin1	lin1	lin1	leŋ1	dzin6
日日子日臻开三	lit8	lit8	liet8	liet8	le?8	dzit8

大田前路话"入"字头齐齿字一般读 z-,没有特别的语音变化,但上述几个字,大田话不读 z-,而是与闽南西片一样读 l-声母。这几个字很可能在闽南移民进入闽西时,移民者的语言就已经把这些字读成 l-声母了,而不是 dz-或 z-,因此闽南西片与大田方言的"二""入""认""日"等字,并没有读 g-声母。

3.2.2.2　龙岩适中话明母字的演变

多数闽南话古明、泥、疑母今日分别读浊塞音[b-]、[l-]、[g-],出现在鼻化韵母与成音节鼻音前,则改读鼻音声母[m-]、[n-]、[ŋ-]。浊塞音与鼻音声母互补分布,一般将其音位化为/b-/、/l-/、/g-/。举唇音声母为例,鼻音与浊音出现的情况为:

/b/→[m]/ ṽ

[b] / elsewhere

龙岩适中话 b-声母的主要来源是古明母字,其后若为后高元音-u,会与古疑母字合流:b>g/__ u,读鼻化韵母时则变成相应的 ŋ-。这个音变目前只在适中话中发现。例字如表 3－34:

表 3－34　龙岩适中话古明母字演变的例字

例　字	龙岩适中	龙岩城关	漳平溪南官坑	漳平菁城	漳　州
满明山合一	guan3	buan3	buan3	buan3	buan3
麻明假开二	ŋuã2	muã2	muã2	muã2	muã2

例　字	龙岩适中	龙岩城关	漳平溪南官坑	漳平菁城	漳　州
门明臻合一	gun2	muĩ2	bun2	muĩ2	muĩ2
尾明止合三	gue3	bue3	bui3	bue3	bue3
舞微遇合三	bu3	bu3	bu3	bu3	bu3
毛明效开一	mũ2	mõ2	mɯ̃2	muõ2	mõ2

条件-u后若紧接音节界线,不发生音变,也就是条件-u后需有辅音或元音存在。演变规律可写为:

$$b \to g /\_\_ u \begin{Bmatrix} C \\ V \end{Bmatrix}$$

吴瑞文(2008:43)指出,雷州话古疑母合口字出现 g>b/＿u 音变,例字如"我疑果开一"bua3、"月疑山合三"bue4。大田话也开始有类似的演变,如"瓦疑假合二"读 bua4。这种变化与适中话的音变方向正好相反,后高元音 u 是双唇浊音 b-与舌根浊音 g-互相变化的重要条件。

适中-ɯi 韵母前的 b-声母也发生音变,如"袜微山合三"读 gɯi6。共时而言,后高展唇元音 ɯ 似乎也是演变条件,但若仔细考虑适中话的历史演变,b>g 的演变条件仍然是 u,因为适中的-ɯi 是经历 ue>(uɪ)>ui>ɯi 而来,-ɯ 成分的前身是-u,-ɯ 可说是另一种形式的-u。适中韵母演变详见 3.2.3.6 的讨论。

总结闽南西片"入"字头的演变状况与龙岩适中明母字的变化方式,我们可得出三项造成声母变化的语音条件:(1)u 是 dz-~z-变成 l-的演变条件。(2)u 是 b-与 g-互相演变的桥梁。(3)i 是 dz-~z-与 g-互相演变的桥梁。这三项声母演变,第一项是辅音发音方法的转变,第二项与第三项则是辅音发音部位的移动。

"u 是 dz-~z-变成 l-的演变条件",dz-~z-与 l 都是舌尖音,这个变化主要是发音方法的转变。dzu~zu 变成 lu 是同化音变,边音 l 是响音,响音的发音方式比塞擦音、擦音更接近元音,因为响音的气流阻碍程度较低。dzu～zu 变成 lu 是种"逆同化"（regressive assimilation）。

b- 与 g- 互相演变和 dz-～z- 与 g- 互相演变，是辅音发音部位的迁移，这两种变化都与"舌根"声母有关系。根据石锋（2008：165）的研究，高元音前头辅音发音部位的移动，与辅音和高元音的协同发音（co-articulation）有关。辅音的特点常常寄存在紧邻的元音上面，元音也常常对辅音的某些特征发生影响。舌根音的协同发音程度最高，最容易受到后头的元音性征影响，其次为双唇音，协同程度最低的是舌尖音。

协同程度可以从"发音器官在时域上是否分离"来观察，这个情况指 CV 结构中，发辅音 C 的器官与发元音 V 的器官在时间顺序上是分离或重叠。如果 C 是舌尖音，那么发 C 时已经使用了舌尖，这时显然不能用舌头来发后面的元音 V，只有等 C 的发音结束后才能发 V，这种情况就是发音器官发辅音与元音时，"时域"是分离的。而若 C 是双唇音，发 C 时只需要用到双唇部位，这时舌头可以自由活动，因此可预先准备后面元音的发音姿态，这种情况发音器官发辅音与元音的时域是重叠的。若 C 是舌根音，发音情况与双唇音类似，舌根音发音时，只需用到舌根部位，舌尖位置可以自由活动，C 与 V 在发音时间上形成交叉，时域重叠。显然，语音间的互相影响和渗透作用，发音时域重叠会比时域分离更明显，发音时域重叠时，协同发音的程度更高。CV 结构发音时时域互相分离的话，辅音与元音之间的影响自然会较小，因此舌尖音的协同发音程度是最低的。（石锋 2008：165-166）

舌根音的协同发音程度最高，还可以从发音生理讨论。石锋（2008：166）的研究指出，舌根音的成阻位置没有受到严格的限制，主动发音器官与被动发音器官都不是完全固定的，舌根可以用前一点的位置，也可以用后一点的位置，接触时上颚的位置也可以在一定的范围内前后移动。后头接的元音特质将左右舌根音的发音，除了元音的圆唇、展唇特性外，元音的前、后特征对舌根辅音会造成更明显的影响。

舌根音会随着后头元音的性质，改变 F2 的起点值。舌根音 F2 起点值涵盖的范围与双唇音、舌尖音的 F2 都有重叠。普通话双唇、舌尖、舌根塞音 F2 起点值的差异分析说明，双唇音与舌尖音 F2 的分布范围有明显区分，两者基本上没有重叠的部分，但舌根音与双唇音或舌尖音都有较多的重叠，因为舌根音 F2 起点值的分布范围最分散。(石锋 2008：154)这种现象显示，随着 CV 结构中后头元音的特点不同，前头的舌根辅音会有不同的 F2 起点值，有时接近双唇音，有时接近舌尖音。

闽语"u 是 b-与 g-的演变桥梁"，舌根音 g 本身具有明显的变动特质，随后头元音征性而调整。元音 u 具备圆唇与后部发音特征，当音段 gu 受到 u 的圆唇特性牵制时，gu 就会变成 bu。而若 bu 音段受到元音 u 的后部特性制约，则 bu 就会变成 gu。双唇音协同发音程度也不小，当紧邻后高元音 u 时，也会调整发音部位，变成成阻位置偏后的辅音。

其次，"i 是 dz-～z-与 g 的演变桥梁"。元音 i 具备前部特征，当音段 gi 受到 i 元音前部特性的牵制时，辅音的发音部位会往前移，gi 就变成 di。闽南话没有舌尖塞音，因此大多变成相近的舌尖塞擦音 dz-或擦音 z-。闽南话中也常常有 dzi～zi 音段变成 gi 的状况，这是因为 dzi～zi 与 gi 有相近的 F2 表现，在听感上 dzi～zi 与 gi 易引起混淆，而 g-在闽南声母系统中比 dz-～z-更稳定，因此就出现 dzi～zi 变成 gi 的变化。

3.2.2.3　零声母字"增生"g-声母

多数闽南方言读零声母的齐齿、合口字，闽南西片方言一律有 g-声母，若为鼻化韵母则读相应的 ŋ-声母。g-声母增生的范围包括了古影、云、以，以及少数匣母字，是这些声母字在闽南话中合流读零声母后才产生的音变。闽南西片周边的大田闽南话有相关现象，例字如表 3-35：

表3-35 闽南西片与周边方言的声母增生现象

例 字	闽 南 西 片				大田闽南	典型闽南
	漳平菁城	龙岩城关	龙岩适中	漳平溪南	大田前路	漳 州
韵云臻合一	gun6	gun6	gun6	gun6①	buen5	un6
换匣山合一	ŋuã1	ŋuã1	ŋuã1	ŋuã1	muã1	uã6
王云宕合三	guaŋ2	guaŋ2	guaŋ2	guaŋ2	buaŋ2	oŋ2
羊以宕开三	ŋiõ2	ŋiõ2	ŋiũ2	giŋ2	ziŋ2	iõ2
腰影效开四	gio1	gio1	giuɯ1	giuɯ1	iɣ1	io1
育以通合三	giok8	giok8	giok8	gie?8	io?8	iok8

　　闽南西片齐齿字声母增生的过程是∅i->dzi-~zi->gi-,i元音前增生的g-声母前一阶段是dz-~z-;合口字的音变过程是∅u->bu->gu-,u元音前的g-,前一阶段是b-。理由如下:

　　一,龙岩适中话有:dz~z>g/＿i及b>g/＿u两条音变。雷州闽语及大田话有方向相反的演变:g>z/＿i,g>b/＿u。i元音是舌尖浊音dz-~z-与舌根浊音g-互相转变的桥梁;u元音则是双唇浊音b-与舌根浊音g-互相转变的桥梁。

　　二,对比"人"字头的演变,多数闽南话是dz~z>g/＿i及dz~z>l/＿u。dz-~z-后若是u元音,不会变成g-,而是变成l-。

　　三,大田话反映了闽南西片演变的前身。典型闽南话读零声母的合口字,大田话有b-声母,鼻化韵母则读相应的m-;典型闽南话读零声母的齐齿字,大田话尚处音变初阶段,已有少数例子读浊擦音z-,如"羊"ziŋ2,但多数字仍读零声母。

　　四,龙岩城关话有少数几个一般闽南话读零声母的合口字读b-声母,例如"活匣山合一"读bua4。依照闽南西片的声母增生规律,"活"应变为gua4,龙岩城关话"活"的读音正是合口字改读g-声母前的语音状态。"活"是本区域音变较慢的词汇,大田话多数合口字都已经

---

　　① 这是溪南官坑方言的语音形式,溪南上坂与东湖方言读guɯn6。

出现 b-声母,但"活"ua4 仍然读零声母,也比其他词汇慢一个演变阶段。

　　厦、漳、泉等核心闽南,以高元音 i、u 起首的音节都没有"增生新声母"的行为。闽南西片的声母增生与底层的客畲语言有关,音变的发展也与客畲语言相似,这个音变是本区域由客畲语言"转用"为闽南话时,因底层干扰形成的语音变化。下面先说明客畲语言的高元音音变规律及相关的演变细节。

　　客语高元音 i、u 起首的音节前,通常会有摩擦成分。钟荣富(1991)以衍生音韵学(generative phonology)的理论架构分析客语高元音前的语音现象与相关的音位问题,引起许多后续讨论。江敏华(2003:102)、黄雯君(2005:98)指出,客语高元音起首的零声元音节出现摩擦成分,进而"增生"出辅音性质的"新声母",是起因于增强元音前的摩擦形成的"强化"音变。汉语其他方言中也有类似变化,根据朱晓农(2006:100)的研究,当高元音的舌位继续高化,原先已经很窄的气流通道进一步变窄,此时如果气流量不相应减弱,那么层流在通过变窄的孔道时就会变成湍流,从而产生摩擦。这种高元音前的变化,就是高元音持续朝擦音演变的现象。

　　客语高元音起首的音节出现辅音声母,起源于高元音前增加摩擦的发音行为,整个音变就是音节的高元音成分朝向辅音发展的历程,音变可分为三阶段:第一阶段∅u->vu->v-及∅i->ʒi->ʒ-,摩擦成分由弱至强。第二阶段是语音的转折点,此时的高元音音值有别于第一阶段,语音上已经分化出辅音成分,但仍保有一定的元音色彩;辅音成分也与第三阶段不同,摩擦度较第三阶段弱。第三阶段时,高元音已完全转化为辅音,失去元音成分,因此演变条件消失。i与 u 的擦化音变平行发展。

　　与客语有共生关系的"畲话",高元音擦化音变的演变模式与客家完全相同。根据游文良(2002:46)对畲话的调查,闽东与浙江的畲话目前音变介于第一与第二阶段,齐齿与合口的零声元音节发音时,元音前都有摩擦成分,接近半元音 ji-、wu-,其中闽东福安畲话的摩擦最明显。畲话高元音发展出的新声母受表层语言系统的影响。表层为闽语的畲话,如(1) 潮州、华安、三明、顺昌畲话,-u 前增生[mb-]声母(游文良 2002:45);(2) 苍南畲话在-u、-i 前增生[g-]声母(游文良 2002:41)。表层为闽语的畲话,高元音前一般发展出浊塞音或是带有浊塞音色彩的辅音,因为在闽语音系中,浊塞音比浊擦音更发达。这些畲话音变的原理与通霄四县福佬客零声母齐齿字前出现 g-声母的现象是完全一致的。

　　客畲语言高元音的辅音化,合口字早于齐齿字发生。各种韵母类型的变化顺序稳定且普遍,控制客畲语言韵母音变次序的第一要素是"音节中各成分发音位置的距离",音节成分分布越离散,音变越早出现。其中"元音成分"间的距离,又比"元音与辅音"间的距离重要。音节中"元音成分"间的发音差距可以从"响度距离"(sonority distance)来观察。"响度原来是个听感语音学的概念",(朱晓农 2010:323)一般来说元音的舌位越低,响度越大,因此我们可以舌位的低、中、高来替元音标明响度分数,低元音 3 分,高元音 1 分,两元音成分的分数相减即为响度距离(不论正负)。① 例如韵母-ia,i 元音的响度分数是 1,a 元音的响度分数是 3,-ia 韵母的响度距离为 3-1=2。响度距离越大,反映两元音在口腔中的发音位置距离越远,此时音变将较早出现;反之,响度距离越小,代表两元音实际的发音位置越接近,音变就会较慢出现。音节中元音成分的响度距离若为零,也就是舌位没有高低之分的韵母,②发音位置最靠近,是最慢出现音变的韵母类型。

————————

　　① 响度分数与响度距离的概念,来自 Roca 和 Johnson(1999:253-290)。若为音节中的语音成分定立分数,可以此计算各成分的响度距离,英语音节中 onset,nucleus,coda 的成立与否皆具有响度意义,语音成分的组成与排列有一定的规则。

　　② 因为演变条件是高元音,因此响度分数为零的韵母只有-iu 与-ui 两个。根据朱晓农(2010:262)的研究,从"语音学"的角度来看,无法证明高元音-i 和-u 何者的响度较高,因此-iu 与-ui 的响度分数为 0。

　　控制客畲语言的擦化音变次序的第二要素是"演变条件是否为音节中的响度高峰"。演变条件是音节核心（syllable nucleus），为音节中唯一的元音成分时，音变也会较慢出现。

　　根据这两项要素，可把客畲语言高元音擦化的韵母分为甲、乙、丙三类：（1）甲类韵母指演变条件为音节中唯一元音成分的韵母；（2）乙类指音节中元音成分的响度距离分数大于或等于1的韵母；（3）丙类指音节中元音成分的响度距离分数为0的韵母。这边是以出现擦化音变前的韵母"原始形式"来做分类，而不是以各方言的现代读音分类。现代读音是擦化音变后的语音形式，以现代读音来做韵母分类，无法观察韵母差异对擦化音变造成的影响。以海陆客语的读音为例说明韵母的分类方式：①甲类韵母如"稳臻合—"vun3（*un）、"乌影遇合—"vu1（*u）、"印影臻合三"ʒin5（*in）、"医影止开三"ʒi1（*i）。乙类韵母如"碗影山合—"van3（*uan）、"黄匣宕合—"voŋ2（*uoŋ）、"羊以宕开三"ʒoŋ2（*ioŋ）、"影影梗开三"ʒaŋ3（*iaŋ）。丙类韵母则如"伟云止合三"vui3（*ui）、"油以流开三"ʒiu2（*iu）。下文的讨论，皆以此规则来替韵母分类。

　　经由各地客、畲语合口字与齐齿字的音变阶段比较，可知各种韵母类型之间的变化顺序为乙＞甲＞丙。客、畲语的擦化音变从以a或ɔ/o担任音节核心的韵母开始，各个音节核心的演变次序为：a、ɔ/o＞e＞i or u。造成这种次序的关键是音节中各个元音成分的距离，也就是音节核心与演变条件的响度距离。以齐齿字说明，u元音舌位最高，因此与演变条件i的响度距离最小，故最慢音变。a元音与ɔ/o元音舌位较低，与演变条件i的响度距离大，因此音变最早。这个次序说明乙类韵母最早音变，而丙类韵母最晚音变。演变条件是否为音节核心是本音变次要的控制要素，演变条件是音节核心的韵母属甲类，甲类韵母的音变晚于乙类韵母。②

---

　　①　海陆客语的语料出自刘醇鑫（2005）。
　　②　闽南西片声母增生音变与相关语言的详细比较，请见陈筱琪（2012）《客语高元音的擦化音变与闽客接触时的规律转变》。

　　在音节中元音成分都相同的情况下,乙类中 M+N 结构的演变速度与 M+N+C 结构不同。① 主要元音在不同音节结构中,发音位置与声学特征都有细微的差别。依据石锋(2008)的元音分类,M+N结构中的主要元音属二级元音,而 M+N+C 结构中的主要元音是四级元音,彼此的语音特质不同,因此当发生擦化音变时,二级元音与四级元音有快慢差异,是很自然的事。

　　音变次序也受音节核心与辅音韵尾的发音位置控制,距离大的韵母较快音变,距离小则较慢音变。花莲的玉里客语,甲类中-im 韵母先变化,但同为-m 尾的乙类韵母-iam/-iap,在乙类中是最慢变化的。闽南西片内部也有相似的现象,龙岩适中话的-iam/-iap 是乙类中最慢音变的韵母,龙岩城关话乙类则是以-ien 最慢音变。这些韵母的变化慢于同类别中的其他种韵母,共同特点是音节核心与辅音韵尾发音部位接近。

　　畲话的音变速度普遍较客语慢,因此透过畲话的表现可知,甲类韵母在音变时又细分为 N+∅(甲-1)及 N+C(甲-2)两类,N+∅结构早于 N+C 结构音变。此处音节界线的"功能"为辅音韵尾,我们可以暂时称之为零韵尾。就音节成分发音部位的距离来说,N+∅ 的距离大于 N+C,因为任何具体的辅音韵尾都需在口腔中形成成阻,但零韵尾却完全没有发音部位与成阻可言,N 与 ∅ 的差距,理论上大于 N 与 C 的距离,故 N+∅ 结构早于 N+C 结构发生音变。整体而言,客畲语言高元音擦化音变的韵母发生次序为乙>甲-1>甲-2>丙。

　　闽南西片高元音演变的性质与客畲语言的擦化音变不同。就闽南立场来说,闽南西片的音变起因是异方言成分进入后引发的,在闽南话进入漳平、龙岩后,借入客、畲的音变规律。但就本区域的语言历史来说,这是底层语言特点渗透至上层语言所引起的音变,高元音

---

　　① M 指介音(Medial);N 指音节核心(Nucleus),也就是主要元音;C 指韵尾(Coda)。

的演变是本地具有的。在闽南势力上升后,高元音音变受到闽南话结构调整,因此最后高元音前出现的辅音是闽南的浊塞音,而非闽南音系中易变的浊擦音。正如何大安(1988:121)所言,不同的方言群,在将同一规律内化的同时,会提供不同的结构诠释,从而反映出不同方言群的结构差异与调适幅度。

此外,闽南西片高元音音变与客畲语言还有一个不同处:闽南西片丙类韵母并非最慢演变者,丙类韵母已完成音变,闽南西片韵母的变化次序是乙>甲-2>丙>甲-1。光从闽南西片内部的音节结果,不能论定甲-2类韵母的音变早于丙类韵母发生,逻辑上还有乙>丙>甲-2>甲-1的可能,因为几乎所有的闽南西片方言,齐齿字的-in/-it(甲-2类)韵母都没有音变,仍读零声母,特点十分鲜明,与龙岩城关-ien及龙岩适中-iam/-iap零星的不音变状况不同。因此也有可能是丙类先变,甲-2类后变,而甲-2类中又以-in/-it最晚音变。

在参考大田有限的方言数据后,闽南西片的韵母变化次序可以确定,丙类没有早于甲-2类音变。前文已提,大田前路话与闽南西片有相同的高元音变化,但发展速度较闽南西片缓慢,目前只有合口字的音变范围较广。请见表3-36的比较:

表3-36 闽南西片与大田方言高元音变化的韵母次序

| | | 闽 南 西 片 | | | | 大 田 闽 南 | | 典 型 闽 南 | |
| | | 龙岩城关 | | 漳平永福 | | 大田前路 | | 漳州 | |
例 字	类型	阶段	读音	阶段	读音	阶段	读音	阶段	读音
王云宕合三	乙	二	guaŋ2	二	guaŋ2	二	buaŋ2	一	uaŋ2
韵云臻合三	甲-2	二	gun4	二	gun6	二	buen5		un6
围云止合三	丙	二	gui2	二	gui2	二	bui2		ui2
委影止合三	丙	二	gui3	二	gui3	一	ui3		ui3
芋云遇合三	甲-1	一	u1		u1	一	u1		ɔ6
乌影遇合一	甲-1	一	u1		u1	一	u1		ɔ1

大田话甲-2类的韵母经过 un＞ueŋ 的演变,例字又如"粉_{非臻合三}"huen3、"春_{昌臻合三}"tsʻueŋ1 等。目前无法确知大田话是高元音音变先发生,还是 un＞ueŋ 先出现,暂且把这组字如其他闽南的韵母形式,归入甲-2类。大田话丙类字分别有读 b-与零声母两种类型,除上举例字外,"位_{云止合三}"同时还有 bui1 与 ui1 二读,显示丙类字正在演变中。甲-2类字的音变已经大致完成,系统中几乎没有零声母搭配-ueŋ 韵母的音节,丙类字的变化应晚于甲-2类。① 因此与大田话高元音音变平行的闽南西片方言,韵母的演变次序应该也是甲-2类早于丙类,各类韵母音变的次序为乙＞甲-2＞丙＞甲-1。这个次序说明,闽南西片方言与客畲语言音变规律的主要不同处是:N＋∅结构(甲-1类)不参与系统内的声母演变。

　　漳平、龙岩一带的方言,N＋∅结构常常不参与系统内的声母演变。如前文所述,龙岩适中话的声母有 b＞g/＿u 音变,例如"满_{明山合一}"guan3、"文_{微臻合三}"gun2,但 N＋∅结构不发生变化,仍读 b-声母,例如"舞_{微遇合三}"bu3、"武_{微遇合三}"bu3。紧邻龙岩闽南话西北的万安方言,也有这种特色。万安涂潭话高元音音变的表现接近通霄福佬客,u 前出现 v-,但 i 前却出现 g-,不过万安涂潭话 N＋∅结构没有变化,与福佬客有明显的差异。请见表3-37合口字的比较:

表3-37　闽南西片与相关方言 N＋∅结构的音变现象(合口字)

例　字	类型	闽南西片		万安方言		福　佬　客		畲　话	
		龙岩城关		万安涂潭		通霄四县②		丰顺畲话	
		阶段	读音	阶段	读音	阶段	读音	阶段	读音
王_{云宕合三}	乙	二	guaŋ2	三	voŋ2	三	boŋ2	二	vuɐn2
位_{云止合三}	丙	二	gui1	三	vi6	三	bi5	一	ui6
污_{影遇合一}	甲-1	一	u1	一	u1	二	bu1	二	vu1

---

　　① 根据《大田县志》,大田话零声母搭配-ueŋ 韵母的音节,只有阳平调有一例字,但零声母搭配-ui 韵母的音节却有许多例字,因此丙类字的演变速度慢于甲-2类。

　　② 读 b-声母是通霄发音人 T1 的读音,发音人 T2 读 v-声母,同一般四县话。

万安话虽然韵母型态出现许多变化,但依旧能够看到甲-1类字不出现声母增生,演变与闽南西片平行;反之,福佬客与畲话的高元音演变,甲-1类字都已出现新声母,丙类字的音变比甲类字还慢,这是客畲语言的常态。齐齿字的演变与合口字相当,请见表3-38:

表 3-38　闽南西片与相关方言 N+∅ 结构的音变现象(齐齿字)

		闽南西片		万安方言		福佬客		畲　话	
		龙岩城关		万安涂潭		通霄四县		丰顺畲话	
例　字	类型	阶段	读音	阶段	读音	阶段	读音	阶段	读音
野以假开三	乙	二	gia3	二	gio3	二	gia3	三	3a3
油以流开三	丙	二	giu2	二	giu2	二	giu2	一	iu2
椅以止开三	甲-1	一	i3	一	i3	二	gi3	二	3i3

万安话甲-1类字没有增生声母,演变同合口字,也与闽南西片平行。相较下,福佬客与畲话,甲-1类字都已出现新声母,畲话更明确显示,甲-1类的演变早于丙类一个阶段。

　　万安话韵母系统经过许多剧烈的演变,目前无法确定声母增生音变发生时,哪些字群属于 N+C 结构,也就是甲-2类字。举例来说,闽南与客家方言“音以深开三”“一影臻开三”二字在声母增生音变发生时,韵母都属 N+C 结构,“音”为 *im,“一”则为 *it,但万安涂潭话“音”今读为 an1,“一”今读则是 ai6,我们尚无法确知声母增生音变进行时,万安的韵母形式为何,因此此处比较暂时省略 N+C 结构的字。

　　N+∅ 结构不参与系统内的声母演变,这是漳平、龙岩一带高元音音变的区域特点,也使得闽南西片与万安话各类韵母的音变次序与客畲语言有点不同。但大体的音变原则,闽南西片仍遵守客畲语言的一般规律,体现底层语言的音变特性。

3.2.2.4　全浊声母读送气清音

　　闽南话全浊清化后,逢塞音与塞擦音一般有读送气与不送气两种类别,送气与否闽南话内部有一致性。一部分在典型闽南话读不送气的字,闽南西片多数读送气声母,且这批读送气的同源词在闽南西片中很有规律,请见表3-39。梅县客语的读音出自《汉语方音字汇》(北京大学中文系 2003):

表3-39　闽南西片方言古全浊声母字读送气清音的例子

例　字	闽　南　西　片				典型闽南	客　语
	漳平菁城	龙岩城关	龙岩适中	漳平双洋	漳　州	梅　县
贫並臻开三	pʻin2	pʻin2	pʻin2	pʻin2	pin2	pʻin2
特定曾开一	tʻit8	tʻit8	tʻiet8	tʻoʔ8	tik8	tʻit8
球群流开三	kʻiu2	kʻiu2	kʻiu2	kʻiu2	kiu2	kʻiu2
屐群梗开三	kʻia6	kʻia4	kʻia6	kʻia6	kiaʔ8	kʻiak8

上述例子都是典型闽南话读不送气但客语读送气的字。闽南西片内部一律读送气音,虽然各地韵母形式略有差异,但声母表现相当整齐。

　　另外还有一些典型闽南读不送气的字,有些地区有送气与不送气两种读音,各自使用在不同的词汇或语境之中。但这些字有的地区只有一种读法,或为送气,接近客语类型;或为不送气,属于闽南类型。请见表3-40:

表3-40　闽南西片古全浊声母字的层次叠积

例　字	闽　南　西　片				万安方言	客　家
	漳平永福	龙岩适中	漳平双洋	龙岩苏坂	万安涂潭	梅　县
财並蟹开一	tsai2财气 tsʻai2发财	tsai2横财 tsʻai2财源	tsʻai2	tsai2	tsa2	tsʻɔi2
求群流开三	kiu2求厝 kʻiu2要求	kʻiu2	kiu2求人 kʻiu2祈求神明	kiu2	kiu2	kʻiu2
群群臻合三	kun2一群 kʻun2群众	kun2	koŋ2	kun2	kʻuan2	kʻiun2

表3-40显示，闽南西片有送气与不送气两种层次的叠积。漳平永福话层次性最鲜明；龙岩适中与漳平双洋个别例子，也分别保留了异层次叠积的特征。龙岩苏坂话最特别，上述例字都只剩下一个层次，且都是闽南类型。

万安话全浊声母的表现，比起客家话清化后一律送气的演变模式，其实更接近闽南类型，许多全浊声母字读不送气。上述三例，也只有"群"读送气声母，其他字都读不送气声母，又如"棋群止开三"ki2、"拳群山合三"kuan2、"全从山合三"tsō2、"图定遇合—"tu2 等古全浊声母字，清化后都读不送气，与闽南类型平行。

典型闽南全浊声母清化后读不送气的字，闽南西片与万安方言读送气音的情况是底层客畲语言的系统渗透。底层的系统与外来的闽南系统竞争，造成层次叠积，表3-40的例字"财""求""群"，可明显看见闽南与客家两种性质。有些地方只剩下一种读法，或送气或不送气，说明层次竞争后的结果。

表3-39的例字"贫""特""球""屐"，闽南西片一律读送气，说明了这批字，客家性质在竞争中取得胜利。根据陈淑娟（2004：98）的研究，桃园大牛椆方言有类似的层次竞争结果。大牛椆方言是闽客接触后的语言，客语对当地闽南话造成不小的影响，古全浊声母字"平并梗开三""健群山开三""球群流开三""求群流开三""朋并曾开—"，大牛椆方言都读送气声母，是客语读法胜出的反映。

3.2.3　韵母

3.2.3.1　辅音韵尾大量弱化

闽南西片方言"辅音韵尾"系统的显著特色是弱化。厦、漳、泉闽南话，入声字有-p、-t、-k、-ʔ，阳声字则有-m、-n、-ŋ及鼻化韵，舒促平行。闽南西片辅音韵尾弱化明显，且入声韵尾较阳声韵尾更剧烈。

闽南西片可依促声韵尾大分为两类：一类方言有-p、-t、-k，如漳平菁城、漳平永福，以及龙岩苏坂、龙岩城关、龙岩适中，这一类方言-ʔ＞∅，典型闽南话读喉塞尾的入声字丢失韵尾，并且舒声化，调长延长，例字如"铁_{山开四透}"tʻi、"鸭_{咸开二影}"a。另一类方言只有喉塞韵尾-ʔ，如漳平双洋、漳平新桥与漳平溪南，演变共有（1）-ʔ＞∅、（2）-p、-t、-k＞-ʔ 两条，第二条音变例字如"角_{江开二见}"kaʔ、"盒_{咸开一匣}"aʔ。不论是从闽南西片的内部方言比较或语音演变道理来分析，音变（1）都当早于音变（2）。根据罗超（2007）的调查，龙岩雁石话入声调完全消失，-p、-t、-k 韵尾弱化为-ʔ 后，又进一步丢失，是闽南西片方言中，入声字弱化最剧烈的一种类型。

此外，闽南西片促声韵尾有-p、-t、-k 的方言，唇音韵尾-p 往往已有弱化现象。如漳平菁城话少数字有-p＞-t 的变化，所以"压_{咸开二影}"读 at7、"立_{深开三来}"读 lit8，而"入_{深开三日}"有 lip8、lit8 二读。又如龙岩苏坂话的韵尾-p，有时候语音接近[-f]，发音时并没有完全紧闭。

闽南西片的鼻音韵尾相对完整，绝大多数的地区阳声韵字-m、-n、-ŋ 俱全，且有鼻化韵母-ṽ。语流中偶有松动，一样是以唇音韵尾最明显，如漳平菁城桂林话，"林"有[lim]、[lin]两种形式。漳平双洋话的韵尾弱化最剧烈，鼻音韵尾只剩下-ŋ，音变是-m、-n＞-ŋ，例字如"嫌_{咸开四匣}"hiaŋ2、"蒜_{山合一心}"suaŋ5。漳平新桥话其次，-m＞-ŋ，例字如"减_{咸开二见}"kiaŋ3、"南_{咸开一泥}"laŋ2。新桥话虽仍有-n、-ŋ 两个鼻音韵尾，但新桥话的[-n]，发音部位明显比其他方言区还要靠后，这说明新桥话的-n 正在后退，不久后很可能会与舌根韵尾合并。此外，新桥话读-an韵母的字，也已开始变为-aŋ，例如"板_{山开二帮}"paŋ3。目前新桥这个变化才刚开始，因此多数字仍然读-an 韵母。

辅音韵尾弱化，且促快于舒的趋势，在万安话中也有平行现象，万安话的弱化比闽南西片更剧烈。万安话内部可大分为上万安与下万安两类，上万安我们以梅村话为代表，下万安则以涂潭话为代表。闽南西片中，漳平双洋的辅音韵尾系统最接近梅村话，梅村的促声韵尾只有-ʔ，鼻音韵尾也只有-ŋ，但梅村没有鼻化韵母。整体而言，梅村鼻音韵尾的弱化比双洋话更快。入声韵尾也是如此,梅村方言的喉塞韵尾-ʔ只出现在阳入调上,也就是说古清入字皆已舒声化。涂潭话的系统与梅村稍有不同,涂潭话有-n、-ŋ及鼻化韵母,但却全无入声韵尾,涂潭的古浊入字也完全舒声化。

闽西客语辅音韵尾弱化快速,如长汀与连城客语,阳声韵仍有鼻音韵尾-ŋ,但入声韵尾已经完全消失。闽西客语入声变化速度快于阳声韵的情况与闽南西片、万安方言相同。辅音韵尾弱化、促快于舒是闽西汉语方言的一种区域特性。

3.2.3.2 曾梗摄韵母：iŋ/ik＞in/it

典型闽南话曾、梗摄开口韵文读为舌根韵尾-iŋ/-ik,臻摄开口字则是舌尖韵尾-in/-it。闽南西片曾梗摄的辅音韵尾普遍前移,iŋ/ik＞in/it,与臻摄字合流,韵尾前移的演变条件是前高元音 i。闽南西片曾、梗摄和臻摄合流的现象与客家话平行,是闽南西片底层的客畲语言的系统投射。例字见表 3－41：

表 3－41 闽南西片曾梗摄字韵尾的演变

例　字	龙岩城关	漳平菁城桂林	漳平永福	漳　州	梅　县
兵梗开三帮	pin1	pin1	pin1	piŋ1	pin1
灯曾开一端	tin1	tin1	tin1	tiŋ1	tin1
敬梗开三见	kin5	kin5	kin5	kiŋ5	kin5
逼曾开三帮	pit7	pit7	pit7	pik7	pit7
新臻开三心	sin1	sin1	sin1	sin1	sin1
笔臻开三帮	pit7	pit7	pit7	pit7	pit7

3.2.3.3 宕摄的演变

（一）白读

厦、漳、泉方言,宕摄开口字白读层的语音形式对应并不整齐:漳州一、三等舒促对应是-ŋ/-oʔ∶-iõ/-ioʔ,厦、泉是-ŋ/-oʔ∶-iũ/-ioʔ。但闽南西片内有不少地区,不论是舒声或促声,一三等的语音形式两两对应,彼此平行。请见表 3－42 的例字：

表 3 - 42　闽南西片宕摄字白读层的韵母形式

例　字	龙岩适中	漳平溪南	龙岩城关	漳平双洋	漳　州
糖宕开一定	t'ɯ2	t'ŋ2	t'õ2	t'ŋ2	t'ŋ2
张宕开三知	tiɯ1	tiŋ1	tio1	tiɯ1	tioŋ1
落宕开一来	lɯ6	lɯ6	lo4	lɤ6	loʔ8
药宕开三以	giɯ6	giɯ6	gio4	giɤ6	ioʔ8

表 3 - 42 中,龙岩适中、漳平溪南、龙岩城关是宕摄一三等语音形式平行对应的代表。龙岩城关话"落"的实际读音常常是[luo],①有-u-介音,是-o韵母元音破裂后的语音形式。-o元音破裂,是闽南西片常见的音变。漳平双洋话"落"的读音亦有[luɤ]形式,韵母-o先元音破裂变成-uo后,又展唇化为-uɤ。

漳平溪南话宕摄白读所体现的语音样貌,是闽南西片八个方言小点中,很常见的类型,这种格局的方言还有漳平新桥、龙岩苏坂。漳平永福话宕摄一三等阳声字的读音也为-ŋ：-iŋ,但古入声字变化较慢,为-o：-io,与上述的方言点有点不同。

典型闽南话宕摄字的变化是舒快于促,阳声韵字演变较多,入声韵字较能反映早期样貌。张琨(1984：446)指出,宕摄开口早期读*oŋ：*ioŋ是南方方言的普遍现象。若暂时撇开入声字辅音韵尾弱化及元音破裂 o>uo,漳平菁城的韵母形式-ō/-uo：-iō/-io 在元音的保存上是相当保守的。漳州话-ŋ/-oʔ：-iō/-ioʔ,除一等阳声韵母演变较快外,其他部分与漳平菁城相当,反映较早的语音样貌。龙岩适中、漳平溪南等地,一三等入声韵是-ɯ：-iɯ,这是因为闽南西片内另有 o>ɯ 的变化。

阳声韵的演变各地不同,但理路一致,龙岩适中话一三等-ɯ：-iɯ,是漳平菁城-ō：-iō 的下一阶段,元音高化。漳平溪南话的-ŋ：-iŋ是另一种形式的-ū：-iū。根据张光宇(2009b：190)的研究,舌根鼻音的音韵行为与鼻化元音无异,如果一个声母同时有口、鼻两种同

_____

①　我们曾简单调查龙岩城关话(龙门街道),这个字一般读-uo,有-u-介音。

位音,其中只有鼻音声母能在舌根鼻音前出现,这种现象与鼻化韵母前只能出现鼻音声母相同。据此可以知道舌根鼻音相当于鼻化元音,更明确一点是-ũ。漳平双洋话与厦、泉方言一样,阳声韵一三等是-ŋ:-iũ,正好分别融合溪南与适中的变化方式,双洋话一等使用溪南模式,三等使用适中模式。归纳来说,以舒声字为例,闽南西片宕摄白读的音变是:一等 ɔ̃>ũ>ŋ,三等 iɔ̃>iũ>iŋ。

（二）文读

宕摄开口字的文读层,闽南西片绝大多数地区读-aŋ:-iaŋ,但是漳平溪南话宕摄文读只有一部分字读-aŋ:-iaŋ,例如"榜_{宕开一帮}"paŋ3、"忙_{宕开一明}"baŋ2、"堂_{食堂宕开一定}"t'aŋ2、"行_{银行宕开一匣}"haŋ2、"强_{宕开三群}"k'iaŋ2、"香_{香港宕开三晓}"hiaŋ1。溪南话宕摄开口字多数读-ɔŋ:-iɔŋ,例如"康_{宕开一溪}"k'ɔŋ1、"凉_{宕开三来}"liɔŋ2、"漳_{宕开三章}"tsiɔŋ1、"唱_{宕开三昌}"ts'iɔŋ5、"姜_{宕开三见}"kiɔŋ1、"响_{宕开三晓}"hiɔŋ3。

溪南方言区位于闽南西片东部,紧邻泉系的永春方言,溪南话宕摄文读形式与泉系方言相似,或许与邻近泉系方言有关。位于闽南西片西北的万安方言,宕摄一三等阳声字一般读-ɔŋ:-iɔŋ,而不是-aŋ:-iaŋ,情况与溪南话有点相近。宕摄韵母读-ɔŋ:-iɔŋ,是客家话的特点之一。万安话宕摄零星字有-aŋ韵母读法,如万安梅村话"房_{宕合三奉}"有 fɔŋ2、paŋ2 二读,前者是客家读音,后者则是闽南类型。万安话宕摄入声字也可见闽南特性,万安涂潭话宕摄入声白读音为-w:-iw,万安梅村话则是-ɤ:-iɤ,显然与闽南西片宕摄白读有关连。万安话宕摄字是客家与闽南音韵特点的汇集,若万安话宕摄阳声字读-ɔŋ:-iɔŋ的层次来自闽西客畬语言,如此漳平溪南话宕摄字读-ɔŋ:-iɔŋ,或许也与底层语言有关。

不过,溪南话宕摄字也不全然是客语类型。客语宕摄合口字多数读-ɔŋ,部分字读-iɔŋ:如"方_{宕合三非}"fɔŋ1,"网_{宕合三微}"miɔŋ3,"房_{宕合三奉}"则有 fɔŋ2、piɔŋ2 两读。溪南话宕摄合口字的表现与一般的闽南话无异,读-aŋ 或-uaŋ,不见客语特征。以上述三字为例说明,溪南话的读音是："方_{宕合三非}"huaŋ1，"网_{宕合三微}"baŋ6，"房_{宕合三奉}"paŋ2。溪南话宕摄合口字的表现也是所有闽南西片方言的共同特点。

在其他的闽南西片方言中，宕摄开口文读层虽然主要是-aŋ：-iaŋ，但亦可发现零星的例字读-oŋ或-ioŋ韵母。如漳平菁城话，"上_{上车 宕开三禅}"读 tsioŋ6，龙岩适中、龙岩苏坂"上_{上车}"读 soŋ6。漳平双洋"菖_{菖蒲 宕开三昌}"读 ts'ioŋ1，龙岩苏坂"菖_{菖蒲}"读 ts'oŋ1。相关的现象还有漳平新桥，"姜_{宕开三见}"读 kioŋ1。龙岩苏坂还有"掌_{宕开三章}"tsoŋ3、"尚_{和尚 宕开三禅}"soŋ1 等两个例子。有的地区三等字另有-i-介音丢失音变，详细讨论另见 3.2.3.14 节。

几乎在所有的闽南西片方言中，"扬_{尘土飞扬的样子 宕开三以}"①读 gioŋ1，而不是读 giaŋ1。上述这些现象都显示，漳平溪南话宕摄字的-oŋ：-ioŋ读法，很可能是保留底层语言宕摄字的特征，而不是受到泉系方言的影响，否则闽南西片内部其他各点不应该有零星的例子"不成系统地"读-oŋ或-ioŋ，且这些方言点离泉系方言都有不小的距离。如此说来，溪南话宕摄字读-oŋ：-ioŋ 的层次，并不能简单称为"文读层"，只能说是与-ŋ：iŋ 层有别的另一个语言层。

系统中残留了底层语言的韵母特征，在闽南西片中并不罕见。漳平永福话山摄字亦可发现底层残留的现象。永福话"卵_{山合一来}"loŋ6、"转_{山合三知}"tioŋ3 等字读音特殊，这种读音与闽南本有的韵母形式-uĩ 差异颇大，是另外的语言层次。永福话"软_{山合三日}"同时有 nuĩ3、lioŋ3 两种读音，明显地指出二者为层次异读。永福话山摄字读-oŋ或-ioŋ，应是转化自底层客畲语言的 *on 与 *ion。

3.2.3.4　鼻化韵辅音化

鼻化韵辅音化的音变，主要出现在三个地方：（1）漳州闽南话咸摄、山摄开口三四等读-ĩ 的层次，（2）漳州闽南话山臻宕合口阳声字读-uĩ 的层次，以及（3）山摄开口二四等漳州话读-iŋ 的层次。

---

① 《广韵》"扬"字有两个反切：一为平声"与章切"，阳韵以母字，语义为"风所飞扬"；一为去声"余亮切"，漾韵以母字，语义为"风飞"。二个反切语义相似，皆为尘土飞扬，闽南西片古浊去字有读阴平的规律，因此我们认为 gioŋ1 的本字为"扬"，"余亮切"，是宕摄浊去字。

漳州闽南话咸摄、山摄开口三四等读-ĩ 的层次,龙岩适中及漳平新桥(南丰)发生ĩ＞in,把鼻化韵母-ĩ"拆解"成-in。漳平溪南话则是ĩ＞ṇ,鼻化的前高元音变成成音节舌尖鼻音。例字如表 3－43:

表 3－43　龙岩适中、漳平新桥、漳平溪南的鼻化韵辅音化现象(一)

例　字	龙岩适中	漳平新桥	漳平溪南	龙岩城关	漳平双洋	漳　州
钱 山开三从	tsin2	tsin2	tsṇ2	tsĩ2	tsĩ2	tsĩ2
天 山开四透	tʻin1	tʻin1	tʻṇ1	tʻĩ1	tʻĩ1	tʻĩ1
燕 山开四影	in5	ĩ5	ṇ5	ĩ5	ĩ5	ĩ5

ĩ＞in 的演变,漳平新桥(南丰)正在进行中,有一小部分字目前还读鼻化韵母。除上举例字"燕"外,又如"年山开四泥"nĩ2、"面山开四明"mĩ1、"剪山开三精"tsĩ3,新桥也读鼻化韵母。

ĩ＞ṇ 的现象除漳平溪南外,根据张屏生最近的调查,广东汕尾地区的陆河县新田镇寮前村也有这种变化,寮前村"天山开四透"读 tʻṇ1、"边山开四帮"读 pṇ1。此外,张光宇(2011a: 101)也指出,汕尾的海丰闽南话有:ĩ＞ṇ,例字如"钱山开三从"tsṇ2、"见山开四见"kṇ5,海丰话的音变与溪南、寮前很类似。

闽南西片周边的万安涂潭话也有-ṇ 韵母,如"宜止开三疑"ṇ2、"二止开三日"ṇ6、"鱼遇合三疑"ṇ2、"女遇合三来"ṇ3,涂潭话-ṇ 韵母的形成与鼻音声母有关,这些字万安梅村话分别读 ṇi 或 ṇy,鼻音声母搭配前元音,最后变为成音节舌尖鼻音。

鼻化韵辅音化音变也出现在漳州闽南话山臻宕合口阳声字读-uĩ 的层次,这个层次厦泉方言读-ṇ,一般称为"毛裤白"类。闽南西片"毛裤白"类的语音源头是漳州形式,但龙岩适中与漳平溪南另有uĩ＞un 的演变。漳平新桥话"毛裤白"类没有辅音化的现象,不过发生元音低化音变,参见 3.2.3.10 讨论。

较特殊的地方是,"毛裤白"类字,龙岩的闽南话有两种韵母形式,由声母条件决定,一般是舌尖声母字读-ĩ(A 组),其他声母字读

-uĩ（B组）。漳平的闽南话没有此种分别。请见表3-44例字：

表3-44　龙岩闽南话鼻化韵辅音化的特殊之处

例　字		龙岩适中	龙岩城关	漳平溪南	漳平双洋	漳　州
A组	卵_{山合一来} 卵<small>山合一来</small>	nĩ6	nĩ4	lun6	nuĩ6	nuĩ6
	酸<small>山合一心</small>	sĩ1	sĩ1	sun1	suĩ1	suĩ1
	顿<small>臻合一端</small>	tĩ5	tĩ5	tun5	tuĩ5	tuĩ5
B组	光<small>宕合一见</small>	kun1	kuĩ1	kun1	kuĩ1	kuĩ1
	园<small>山合三以</small>	hun2	huĩ2	hun2	huĩ2	huĩ2
	饭<small>山合三奉</small>	——①	puĩ1	pun1	puĩ1	puĩ6

适中话非舌尖声母字（B组）发生 uĩ＞un 音变，但舌尖声母字（A组）却没有平行的ĩ＞in，与前文讨论的咸摄、山摄开口三四等字的变化不同。龙岩的闽南话舌尖声母字（A组）读-ĩ 的时代，一定至少在龙岩适中话咸摄、山摄三四等ĩ＞in 之后才出现，否则适中A组字应当也变成-in。龙岩的闽南话，舌尖声母字（A组）读-ĩ 的现象，是龙岩地区很晚才出现的后起音变，另见 3.2.3.13 的讨论。

　　山摄开口二四等阳声字白读，也就是漳州话读-iŋ 的层次，适中话、新桥（南丰）读-in，溪南话读-ŋ。例字如表3-45：

表3-45　龙岩适中、漳平新桥、漳平溪南的鼻化韵辅音化现象（二）

例　字	龙岩适中	漳平新桥	漳平溪南	龙岩城关	漳平双洋	漳　州
前<small>山开四从</small>	tsin2	tsin2	tsŋ2	tsĩ2	tsĩ2	tsiŋ2
间<small>山开二见</small>	kin1	kin1	kŋ1	kĩ1	kĩ1	kiŋ1
闲<small>山开二匣</small>	in2	ĩ2	ŋ2	ĩ2	ĩ2	iŋ2

新桥话ĩ＞in 的演变尚未完成，目前还有少数字读鼻化韵母-ĩ，这个形式正是龙岩适中、漳平新桥与漳平溪南韵母形式的前阶段。

　　龙岩适中与漳平新桥"前""间""闲"等山摄二四等字读-in 韵母，

---

① 适中话用"糜"maĩ1 泛称"米饭"，不使用"饭"字。

不会是 iŋ>in，如果是这种变化，便很难解释新桥话"闲"为何读ĩ2，而且其他闽南西片方言也不见任何读-iŋ韵母的痕迹。山摄二四等字ĩ >in 的变化与第一项的咸摄、山摄三四等字，如表 3 - 43 所示的"钱""天""燕"变化相同。演变的结果，使适中话、新桥话与溪南话，山摄三四等白读与本层次合流，韵母同形。①

　　鼻化韵母是闽南方言的音系特征之一，但闽南西片却出现去鼻化韵母的现象，这是一种受制于底层的音韵演变，因为客畲语言一般没有鼻化韵母。福佬客有与此相反的接触性演变。客语一般没有鼻化韵，但处于闽语优势区域的福佬客常常会发展出鼻化韵母。通霄四县客语就有少数字读鼻化韵母，例如"鼻_{止开三并}"读 p'ĩ5。又如广东的南塘福佬客，根据潘家懿(1999：200 - 201)的调查，南塘福佬客被汕尾海丰闽南话包围，其"鼻"字也读鼻化韵母。南塘福佬客甚至还形成一整套鼻化韵母：ã、ĩ 、aĩ、uĩ 。

3.2.3.5　"科桧"类丢失合口介音：ue>e>ie>iɪ

　　闽南话"科桧"类字，例如"飞_{白止合三非}""皮_{止开三并}""髓_{止合三心}""税_{蟹合三书}""过_{果合一见}""岁_{蟹合三心}"等，漳州话读-ue，厦门读-e，泉州读-ə。不论声母条件，一般闽南话"科桧"类字的韵母形式都相同。

　　闽南西片"科桧"类有复杂的演变，韵母形式与声母条件有关，如表 3 - 46 所示：

表 3 - 46　闽南西片"科桧"类的韵母形式

声　母	漳　州	龙岩城关	龙岩西陂	龙岩适中	漳平永福
舌尖	ue	ie	iɪ	ie	ie
唇音		ue	ue	ɯi、ui	
舌根~喉					ie、ue

----

① 表 3 - 45 中，漳州话读-iŋ韵母的山摄二四等字，在漳平永福中读-eĩ 韵母，永福话的韵母形式比漳州话还保守，是"前漳州特征"。我们在 3.2.3.7 节会讨论到闽南西片山摄二四等字的变化，可为漳州话山摄的历史演变提供讨论的参考。

闽南西片的音变起点是 * ue，合口成分依据舌尖音，唇音，最后是舌根～喉的声母次序消失，过程是 ue＞e＞ie＞iɯ。(陈筱琪 2011a：48)"汉语方言韵母的开口化运动往往不包括舌根音声母字，舌根音声母是合口呼的最后堡垒。"(张光宇 2006：349)漳平永福话是闽南西片中，"科桧"类字合口成分丢失最剧烈的方言，已有一部分的舌根～喉声母字丢失-u-。此外，龙岩适中话因为还有 ue＞(uɯ)＞ui＞uui 的演变，因此合口成分的语音形式与他处方言不同。适中这项变化见下节 3.2.3.6 讨论。

闽南西片内，有的地区"科桧"类字没有-u-介音消失的变化，这些地区与韵母形式分别是：漳平菁城-ue、漳平溪南(官坑)-ui、漳平新桥-ue、漳平双洋-uɯ、龙岩苏坂-ui。虽然各地的语音形式有差异，但上述的方言，不论声母环境，韵母一律有合口成分。从地理位置观察，可发现闽南西片北区的方言，"科桧"类字都有合口成分，在漳平永福、龙岩城关、龙岩适中等南部区块，才有介音丢失音变。

3.2.3.6 后元音的系统变迁

后元音系统的演变有(1) ou＞u、(2) o＞ɤ＞ɯ、(3) u＞ʅ、(4) ue＞uɯ＞ui＞uui、(5) un＞uun 等五项音变。概括来说，后元音变化的总体趋势是高化，有些地方也出现展唇化演变。

(1) ou＞u

典型闽南话有ɔ：o 区别，-ɔ 韵母的主要来源是遇摄的模韵及少数的鱼、虞韵字，-o 韵母则是果摄与效摄字。闽南西片中，只有漳平菁城(桂林)话有类似典型闽南话的语音形式与区别，以-ɔ：-uo 来对应典型闽南的ɔ：o。菁城(桂林)话-o 韵母发生元音破裂，因此现代读音有-u-介音。

典型闽南话及漳平菁城(桂林)话读-ɔ 韵母的遇摄字，其他地区多读-u 韵母。ou＞u 是闽南西片遇摄字的大宗变化，-ou 阶段保留在漳平永福话之中。这个音变使遇摄模韵字与鱼、虞韵读-u 的层次相混，两层次混合是闽南西片的主要特征。万安话遇摄字与闽南西片的演变平行，一同比较。请见表 3 - 47 例字：

表 3 - 47　　闽南西片与万安方言遇摄一、三等的读音

例　字	漳平永福	龙岩适中	漳平双洋	万安涂潭	漳平菁城桂林
布遇合一帮	pou5	pu5	pu5	pu5	pɔ5
姑遇合一见	kou1	ku1	ku1	ku1	kɔ1
雨遇合三云	hou6	hu6	hu6	u3	hɔ6
句遇合三见	ku5	ku5	ku5	ku5	ku5

万安话的表现几乎与龙岩适中、漳平双洋等地区完全相同，但"雨"字万安读零声母，且声调为上声，说明万安夹杂了闽南以外的语言现象。

　　至于漳平永福的-ou 形式和漳平菁城方言、典型闽南话的-ɔ 形式何者较早，是另一个层面的问题。潮汕方言遇摄一等字也读-ou，但潮汕话另有读-u 的文读层，如"图"有 tou2、t'u2 二读，漳平永福没有读-u 的层次，潮汕遇摄一等读-u 是晚近才叠加进去的语言层，与闽南西片遇摄一等读-u 韵母的现象，属不同层次，成因有别。

　　根据吴瑞文（2009：221）的研究，闽南话遇摄一等读-ou 与读-ɔ 的共同源头是＊-ɔw，后代演变分两派进行：

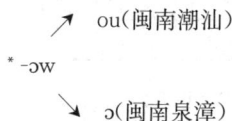

有两个理由：（1）遇摄一等字多属上古鱼部字，上古汉语一般认为鱼部字有＊-g 韵尾，这批字在共同闽语可能就是＊-ɔw，这个韵尾＊-w 是古代汉语＊-g 的痕迹。（吴瑞文 2009：220）（2）单元音-ɔ 与复元音-ou 并不容易互相转换。从闽南西片与万安话的其他音变模式来看，-ɔ 若要复化，较可能的是变成-au，从口腔舌体滑动的位置即可知晓，-ɔ 是-au 的中继站；而-ou 若要单化，变成-u 是常见的方式。

　　另外一个问题是，为何闽南西片中，只有漳平菁城话遇摄一等字读-ɔ，其他地区遇摄一等字都没有读-ɔ 的现象？菁城话是闽南西

片八个小方言区中,最接近本土漳州话的一种方言。从地理位置来看,菁城是漳平的城关地带,在闽南人移入本区时,菁城当是闽南移民的隘口,闽南移民移入时必先聚集于漳平菁城区,此后才逐渐散布至其他乡镇或偏远的山区。由于菁城历代持续地受到本土漳州话强烈影响,因此漳州的韵母形式-ɔ与菁城原先的读法互相竞争,最终读-ɔ的模式成为优势语音。菁城原先的读法应是*ou,与永福话相同。

（2）o>ɤ>ɯ

典型闽南话果、效摄及宕摄入声字读-o、-io韵母的字,闽南西片发生 o>ɤ>ɯ,元音展唇化之后再高化。此音变在闽南西片中的分布范围相当广泛。见表3-48例字:

表3-48　闽南西片 o>ɤ>ɯ 的演变现象

例　字	龙岩适中	龙岩苏坂	万安涂潭	漳平双洋	漳平菁城
歌 果开一见	kɯ1	kɯ1	kɯ1	kɤ1	kuo1
刀 效开一端	tɯ1	tɯ1	tɯ1	tɤ1	tuo1
桥 效开三群	kiɯ2	kiɯ2	kiɯ2	kiɤ2	kio2
薄 宕开一并	pɯ6	pɯ6	pɯ8	pɤ6	puo6
药 宕开三以	giɯ6	giɯ6	giɯ6	giɤ6	gio6

漳平双洋话的元音位置较低,是音变的中间阶段。双洋的韵母形式与上万安的梅村话相同,下万安涂潭话的元音位置较高。

这些果、效摄及宕摄入声字,漳平菁城、漳平永福、龙岩城关没有展唇音变,但却出现元音破裂:o>uo。[①] 就元音的性质与音色而言,o与ɔ的区别并不是很明显,以 uo:ɔ 来区别典型闽南的 o:ɔ,对比将扩大,两组音听感上的首要分别从舌位高低改为介音的有无。台南闽南话也有类似的现象,根据陈淑娟(2010:441-444)的研究,台

————————

[①]　我们曾简单调查漳平永福话(拱桥镇)与龙岩城关话(龙门街道),这些字一般读-uo。

南闽南话有 o>ə 音变,原来的 o、ɔ 之别改为 ə、ɔ 之别,区别由舌位高低转移至唇形圆展。台南的展唇音在老中青三代都非常稳定,这种元音系统是台湾闽南话中相当具有竞争力的系统。

漳平双洋话/ɤ/有读[uɤ]的形式,是/ɤ/的同位分音,例字如"索宕开一心"[suɤ阴入白]、"考效合一溪"[k'uɤ3]、"婆果合一并"[puɤ2]。双洋话的语音现象说明双洋展唇音变较慢发生,是在元音破裂 o>uo 之后才出现,因此/ɤ/在语流中遗留了-u介音。

这个演变,适中话有特殊的现象,适中读上声调的字几乎都不变化,读-o 或-uo 韵母。如"枣效开一精"tso3、"宝效开一帮"po3、"果果合一见"ko3等等。适中话"琐果合一心"有动词义与名词义,动词义读阳去调,故读音为 suɯ6;名词义读上声调,所以读音为 so3。(陈筱琪 2011b:732)上声调字往往是适中话韵母音变中"残留"早期形式的区域,适中话的演变充分展现了音变时"词汇扩散"的特征。

(3) u>ɿ

这种变化出现在龙岩城关话中,主要是止摄字及遇摄字。万安话也有平行现象。首先看止摄字的例字,见表 3-49:

表 3-49　龙岩城关、万安方言止摄字舌尖化的例字

例　字	龙岩城关	万安涂潭	漳平永福	漳　州	梅　县
子止开三精	tsɿ3	tsi3	tsi3/tsu3	tsi3/tsu3	tsɿ3
史止开三生	sɿ3	sɿ3	su3	su3	sɿ3
脂止开三章	tsɿ1/tsi1	tsɿ1	tsi1	tsi1	tsɿ1
池止开三澄	ts'ɿ2/ti2	ts'ɿ2	ti2	ti2	ts'ɿ2

例字"脂""池"龙岩有二读,读-ɿ 与客家平行,读-i 则同一般闽南。万安话以客家类型为主,但"子"读-i 韵母,也见闽南特征。

张光宇(2008)认为闽南话过去曾引进过卷舌声母,从止摄字的韵母表现就可以观察到。闽南话止摄开口字多数读-i,但精庄系字还另有-u 读法,以厦门方言为代表说明:

声　　母	精	庄	章	知
甲　类	i	——	i	i
乙　类	u	u	——	

　　甲类反映止摄支脂之三韵合流为一;乙类则是文读读舌尖元音之后才传进闽地的层次(ɿ,ʅ＞u)。庄系字没有甲类读法,原因可能有二:第一,ɿ元音读法被乙类读法取代。第二,庄系率先变为卷舌音,在卷舌化过程中,原有的元音i也随着变为舌尖元音。章知系字没有乙类读法那是起于层次重叠,也就是甲类和乙类在这个范围内元音一样。一般都说闽南方言缺乏舌尖元音,那只是表象观察,深入一层分析,精庄止摄字偏后的元音就是舌尖元音的变体,厦门、漳州读-u,泉州、永春读-ɯ。

　　龙岩话的止摄韵母与厦门不同,除闽南本有的甲类-i韵母外,精庄知章另有读舌尖元音ɿ、与客语平行的丙类,但却没有一般闽南精庄与章知有分的乙类层次。几个方言止摄字舌尖元音的分布如下:

止　　摄		精	庄	章	知	其他
龙岩城关	甲	i	——	i	i	i
	丙	ɿ	ɿ	ɿ	ɿ	
永福、漳州	甲	i	——	i	i	i
	乙	u	u	——		
万安涂潭	甲	i	——	i	i	i
	丙	ɿ	ɿ	ɿ	ɿ	
梅　　县	甲					i
	丙					

　　龙岩城关话的舌尖元音出现在丙层之中,应是闽南话乙层音读的后续发展,精庄系字u＞ɿ。林焘、王理嘉(1992:39－43)指出,舌尖元音发音时舌头成马鞍形,分别有“舌尖”与“舌体后部”两个舌位高点。舌体后部隆起与发u元音相似,舌尖元音与后高元音只有一线之隔。永福有乙层读法,但未出现舌尖元音,是龙岩的前阶段。闽南话章知系字不读-u韵母,但龙岩城关话章知系字也有舌尖元音读法,很可能

是受到周边方言或官话知、照合流的影响而产生。原先精庄系字已经先出现 u>ı,又因为知、庄、章三类字合流的汉语趋势,因此龙岩城关话知章系字也出现ı,这是自身系统音变与外围方言的层次特征二者融合后,出现的语音特点。平行的现象在万安,万安的层次表现与龙岩城关如出一辙,不过万安话章知系字读舌尖元音的范围比龙岩城关更普遍,显然闽南特质较龙岩更淡。

　　龙岩城关话遇摄字也有舌尖元音读法。龙岩话遇摄模韵及部分鱼、虞韵字有 ou>u 的演变,这些已变为-u 的遇摄字,若属 ts-、ts'-、s-声母,会再进一步变成舌尖元音。遇摄整个音变为:ou>u>ı。因此,最终龙岩城关话遇摄字的韵母形式与万安话及客家话平行。遇摄的例字如表3-50:

表3-50　龙岩城关、万安方言遇摄一等字舌尖化的例字

例　字	龙岩城关	万安涂潭	龙岩适中	漳平永福	梅　县
租_{遇合一精}	tsı1	tsı1	tsu1	tsou1	tsı1
苏_{遇合一心}	sı1	sı1	su1	sou1	sı1
阻_{遇合三庄}	tsı3	tsı3	tsu3	tsou3	tsı3
布_{遇合一帮}	pu5	pu5	pu5	pou5	pu5

　　遇摄还有一种情况是,一般闽南即读-u 韵母的字,龙岩的音变是 u>ı,起点与表3-50 的字不同。例字见表3-51:

表3-51　龙岩城关遇摄三等字舌尖化的例字

例　字	龙岩城关	龙岩适中	漳平永福	万安涂潭	梅　县
舒_{遇合三书}	sı1	su1	——	fu1	su1
珠_{遇合三章}	tsı1	tsu1	tsu1	ku1	tsu1
输_{输赢遇合三书}	sı1	su1	su1	fu1	su1
输_{运输遇合三书}	si1	si1	si1		

龙岩"输"字有二读,一般闽南读-i 的层次龙岩不发生音变,读-u 的层次龙岩则变为舌尖元音。从止摄与遇摄的演变可知,龙岩话舌尖元

音的前身是后高元音 u。这几个例字万安话与梅县客语不读舌尖元音，但根据吕嵩雁的研究，闽西客语中，连城、永定、武平遇摄合口一三等也有不少字读舌尖元音，例如"初_{遇合三初}"ts'ɿ1、"租_{遇合一精}"tsɿ1、"梳_{遇合三生}"sɿ1。这些字在另一些闽西客语里读-u 韵母。（吕嵩雁1999：280）可见连城、永定、武平遇摄的舌尖元音也来自 u＞ɿ，后高元音 u 与舌尖元音在闽西客语中也有音变关系。

漳平新桥（南丰）方言，有个与龙岩城关 u＞ɿ 音变很相似的演变：u＞ɯ，出现的语音环境及古音条件也一致。首先，一般闽南话止摄精庄系字读-u 的层次，新桥话读-ɯ，音变是 u＞ɯ。例字如"资_{止开三精}"tsɯ1、"私_{止开三心}"sɯ1、"自_{止开三从}"tsɯ5、"师_{老师 止开三生}"sɯ1。第二，遇摄一等字，新桥话部分例子读-ɯ，音变是 ou＞u＞ɯ。如"租_{遇合一精}"tsɯ1、"祖_{遇合一精}"tsɯ3、"苏_{遇合一心}"sɯ1。第三，遇摄三等字，新桥话有少数字读-ɯ，如"殊_{遇合三禅}"sɯ2。这个音变使"资"读同"租"tsɯ1、"自"读同"做"tsɯ1、"祖"读同"枣"tsɯ3。

根据吕嵩雁（1999）及林清书（2004）的调查与分析，闽西客语中，武平城关话也有 u＞ɯ 的变化，如"布_{遇合一帮}"pɯ5、"猪_{遇合三知}"tɯ1、"姑_{遇合一见}"kɯ1。武东话则有 u＞ʉ 的演变，如"布_{遇合一帮}"pʉ5、"猪_{遇合三知}"tʉ1、"姑_{遇合一见}"kʉ1。（林清书 2004）武平的变化与新桥话很相似。

（4）"科桧"类高化：ue＞uɪ＞ui＞ɯi

前面我们讨论了漳平永福、龙岩城关、龙岩适中"科桧"类字有丢失合口成分的音变，这组字除了丢失合口成分外，也出现高化。

音变的起点是-ue，此阶段出现在漳平菁城、漳平新桥、龙岩城关、漳平永福。城关及永福因另有丢失合口成分音变，所以只能在部分环境中看到-ue 的语音形式，另一半读-ie。高化的第二阶段是-uɪ，以双洋话为代表，双洋话有 uɪ：ue 的区别，前者有明显的过渡音-i-在音节中的 u 与 ɪ 成分之间，是韵尾提高的开端。第三阶段是-ui，出现在龙岩苏坂、漳平溪南（官坑、东湖）等方言中。第四阶段是-ɯi，-u-成分展唇化，出现在龙岩适中及漳平溪南（上坂）等地区。适中另有合口

成分丢失的变化,所以舌尖声母字读-ie。闽南西片"科桧"类的变化,
请见表 3 - 52 的例字:

表 3 - 52　闽南西片"科桧"类韵母形式高化的比较

例　字	漳平菁城	漳平双洋	龙岩苏坂	漳平溪南_{上坂}	龙岩适中
过_{果合一见}	kue5	kuɪ5	kui5	kɯi5	kɯi5
髓_{止合三心}	tsʻue3	tsʻɯɪ3	tsʻui3	tsʻɯi3	tsʻie3
配_{蟹合一滂}	pʻue5	pʻɯɪ5	pʻui5	pʻui5	pʻɯi5

当-ui 要发展为-ɯi 时,唇音声母字应当是最慢变化的。漳平溪南(上
坂)唇音字没有展唇化,一律读-ui。适中话唇音字虽已开始展唇化,
除上举例字"配"外,又如"辈_{蟹合一帮}"pɯi5,但目前仍有不少字读-ui,如
"皮_{止开三并}"pʻui2、"杯_{蟹合一帮}"pui1、"飞_{止合三非}"pui1。

　　(5) un>ɯn

　　与 ui>ɯi 音变相关的是 un>ɯn,主要是臻摄合口字。这个音变
目前只在溪南(上坂、东湖)话中发现。唇音字一样不出现变化,与
ui>ɯi 平行。

　　溪南北区的官坑方言,并没有这个变化,臻摄合口字一样读-un,
但多数的溪南话都有鼻化韵辅音化的音变: uĩ>un,因此官坑方言
形成有趣的合流,请见表 3 - 53 的比较:

表 3 - 53　漳平溪南(官坑)与龙岩适中的音类合流

例　字	漳平溪南_{东湖}	漳平溪南_{官坑}	龙岩适中	龙岩城关	漳平菁城
闻_{臻合三微}	bun2	bun2	gun2	bun2	bun2
门_{臻合一明}	bun2	bun2	gun2	muĩ2	muĩ2
云_{臻合三云}	hun2	hun2	hun2	hun2	hun2
园_{山合三云}	hun2	hun2	hun2	huĩ2	huĩ2
孙_{臻合一心}	sun1	sun1	sun1	sun1	sun1
酸_{山合一心}	sun1	sun1	sĩ1	sĩ1	suĩ1

龙岩适中话也有 uĩ>un 的变化,且臻摄合口字没有展唇音变,仍读

-un韵母,因此多数情况下适中与溪南官坑方言有相同的合流,但龙岩的闽南话舌尖声母字读-ĩ,因此适中话"孙"≠"酸"。

3.2.3.7　前元音的系统变迁

前元音系统的演变有(1)i>ɨ、ui>ɨi,(2)蟹山摄二四等:*ai>ei>e>ie>ii or ɪ>i,(3)假梗摄字的演变,或低化或高化。漳州话前元音有-i、-e、-ɛ 三项区别,闽南西片方言保留了这种音系结构,但各地的语音形式多有改变。

(1) i>ɨ、ui>uɨ

漳平溪南有:i>ɨ、ui>uɨ 的变化,这种演变称为"央化"。根据朱晓农(2006:109-110)的研究,央化也是元音高化的一种,当高元音发音位置继续提高导致"高顶出位"后,发音时舌面中间也被顶上去,此时前高元音会变成央高元音:i>ɨ。发 i 元音时,是前舌面/舌叶处贴近齿/龈处,而发 ɨ 元音时,则要把中舌面也贴上去,靠近硬腭。从口腔的构造来看,ɨ 的发音部位比 i 更高,因此 i>ɨ 是一种高化。北爱尔兰和新西兰的英语,都有这种演变。

溪南话发生央化音变的例字如表 3-54:

表 3-54　漳平溪南 i>ɨ 演变的例字

例　字	漳平溪南_{东鹏}	漳平溪南_{官坑}	龙岩适中	漳平菁城	漳　州
比_{止开三帮}	pi3	pi3	pi3	pi3	pi3
四_{止开三心}	sɨ5	sɨ5	sɨ5	sɨ5	sɨ5
基_{止开三见}	kɨ1	kɨ1	kɨ1	kɨ1	kɨ1
肥_{止合三奉}	puɨ2	puɨ2	puɨ2	puɨ2	puɨ2
腿_{蟹合一透}	t'uɨ3	t'uɨ3	t'uɨ3	t'uɨ3	t'uɨ3
鬼_{止合三见}	kuɨ3	kuɨ3	kuɨ3	kuɨ3	kuɨ3

央化演变是漳平溪南方言的特殊现象,溪南音系有 i∶ɨ,以及 ui∶uɨ 的对比,例如"细_{蟹开四心}"si5 ≠ "四_{止开三心}"sɨ5;"赔_{蟹合一并}"puɨ2 ≠ "肥_{止合三奉}"puɨ2。但/ɨ/的发音位置与实际音值,溪南内部略有差异,我们暂时先描写为/ɨ/及相应的/uɨ/。

（2）蟹山摄二四等：$*ai>ei>e>ie>ıı$ or $ı>i$

张光宇（1986：121，177）指出，闽南方言蟹摄二四等与山摄二四等平行演变，以蟹摄字为例，演变的源头是$*ai$。同样以阴声韵为例，闽南西片蟹山摄二四等的语音发展是：$*ai>ei>e>ie>ıı$ or $ı>i$，韵母持续高化。闽南西片因为丢失喉塞尾，故阴、入合流，一般古入声字的韵母形式都与古阴声字相同。请见表3-55例字：

表3-55　闽南西片蟹山摄二四等字的读音

例　字	漳平永福	漳平新桥南丰	龙岩城关	漳平双洋	龙岩适中	漳平溪南	漳州
洗蟹开四心	sei3	sei3	sie3	sie3	sı3	si3	se3
节山开四精	tsei5阴入白	tsei5	tsie6	tsie6阴入白	tsı3	tsi5	tse27
卖蟹开二明	bei1	bei1	bie1	bie1	bı1	bi1	be6
鞋蟹开二匣	ei2	ei2	e2	ie2	ı2	i2	e2
前山开二从	tseĭ2	tsin2	tsı̆2	tsı̆2	tsin2	tsņ2	tsin2
间山开二见	keĭ1	kin1	kı̆1	kı̆1	kin1	kņ1	kin1

漳平永福话与新桥话的-ei，是闽南西片中可见的最早阶段，这个语音形式比今日的漳州话还要早，属于"前漳州特征"。-ei还可以在汕尾的海陆丰闽南话中看见。（陈筱琪 2008）龙岩城关话零声母字读-e，与今日漳州音同形，保留第二阶段的痕迹，其他声母字则进入第三阶段读-ie，增生-i-介音。漳平双洋话连零声母字也增生-i-，不分环境，一律进入第三阶段。龙岩适中话是第四阶段，读-ı韵母。适中话上声调字演变较慢，仍读前阶段的-ie，如"买蟹开二明"bie3、"矮蟹开二影"ie3，语音形式与龙岩城关同形。ı元音在闽南话中很少见，根据 Branner（1999）的调查，龙岩西陂话也有这个元音，但西陂话韵母为-ıı，是复元音形式。漳平溪南演变最剧烈，进入第五阶段，读-i韵母，已变成高元音。

闽南音系中可以容纳ı元音又不造成语音混淆，是因为前高元音/i/的实际发音部位提高，因此在/i/与/e/之间，又多出了/ı/的空间。但即便如此,i、ɿ仍十分接近,合流是演变趋势,郭启熹(1996)与曾德万(2012)记录的适中话就没有-i、-ɿ区别。溪南话虽然蟹山摄二四等字高化为-i,但止摄字央化为-ɨ,因此两类字仍有区别。

山摄二四等阳声字的演变通常较山摄入声字及蟹摄字还快。除了永福话阴、阳、入-ei/-eĩ /-ei同步调外,其他闽南话阳声字的演变,都比阴声字、入声字快。例字如表3-56:

表3-56　闽南西片山摄二四等阳声韵字的读音

例　字	漳平永福	漳平新桥南丰	龙岩城关	漳平双洋	龙岩适中	漳平溪南	漳州
前 山开四从	tseĩ2	tsin2	tsĩ2	tsĩ2	tsin2	tsŋ2	tsiŋ2
间 山开二见	keĩ1	kin1	kĩ1	kĩ1	kin1	kŋ1	kiŋ1
节 山开四精	tsei 阴入白	tsei5	tsie6	tsie 阴入白	tsɿ3	tsi5	tseʔ7

闽南西片山摄二四等阳声字读法与漳州话形式有很大差异。闽南西片阳声字的演变过程与阴、入字完全平行:*aĩ >eĩ >ē>iē>ĩ >in or ŋ。汕尾的海陆丰闽南话"前""间"读-aĩ ,是比漳平永福还早一阶段的形式。(陈筱琪2008)

表3-56中,新桥、适中的-in与溪南的-ŋ,是遵守系统内-ĩ 韵母去鼻化音变而来的。新桥、适中与溪南,山摄二四等阳声字高化发展快速,在鼻化韵辅音化前,这些山摄二四等阳声字就已经变为-ĩ ,与闽南话山摄三四等读-ĩ 的层次合流,因此一同音变。

较引人注意的是新桥话。新桥话蟹摄与山摄入声字的语音形式反映很早的语音阶段,但新桥山摄二四等阳声韵字变化却相当剧烈。新桥话阴声韵、入声韵的演变阶段与阳声韵差距甚远,不像适中话与溪南话,只差一个语音阶段而已。

漳州话阳声韵字也经过剧烈发展,语音形式与蟹摄及山摄入声字差异很大。可以肯定的是,漳州的-iŋ一定经过-ē阶段,因为今日漳州话蟹摄及山摄入声字相应层次的韵母形式是e/eʔ,闽南西片的发展方式可替漳州话的研究提供借镜。漳州话山摄二四等阳声韵字的演变可能是：*aĩ＞eĩ＞ē＞ĩ＞iŋ。

（3）假梗摄字的演变：

闽南西片方言假梗摄字平行演变。梗摄阳声字的变化较梗摄入声字及假摄字剧烈，与蟹山摄的演变情况相同。假梗摄字的演变起点是漳州形式-ɛ/-ɛʔ，闽南西片因为丢失喉塞尾，阴声韵母与入声韵母合流。闽南西片主要的演变脉络有(A) ɛ＞iɛ＞ie，(B) ɛ＞e，(C) ɛ＞a，(D)ɛ＞iɛ＞ia 四种，请见表 3－57 例字：

表 3－57　闽南西片与周边方言假梗摄字的读音

例　字	A			B	C		D
	龙岩城关	龙岩适中	龙岩苏坂	漳平新桥南丰	大田前路	漳平溪南	漳平永福
茶假开二澄	tiɛ2	tie2	tie2	te2	ta2	tia2	tia2
客梗开二溪	k'iɛ6	k'ie3	k'ie阴入白	k'e5	k'a5	k'ia5	k'ia阴入白
爬梗开二并	piɛ2	pie2	pie2	pe2	pa2	pa2	pia2
虾假开二匣	hiɛ2	hie2	hie2	hɛ2	ha2	ha2	hia2
下假开二匣	ɛ4	e6	e6	ɛ6	a4	a6	ia6
姓梗开三心	siɛ5	sĩ5	sĩ5	sẽ5	sã5	siã5	sĩ5
病梗开三并	piẽ1	pĩ1	pĩ1	pẽ1	pã1	pã1	pĩ1

第一条音变(A) ɛ＞iɛ＞ie，主要出现在龙岩闽南话中，属元音高化的演变。龙岩城关-ɛ 韵母与-iɛ 韵母互补分布，零声母环境时保留了前阶段无介音时的样貌，其他环境都已增生了-i-介音。（陈筱琪 2011a：46)适中与苏坂零声母字也未增生-i-介音，形成-e/-ie 互补的局面。适中话与苏坂话的非零声母字，有时也有无介音的同位变体，说明假梗摄字的音变尚在进行中。

第二条音变(B) ɛ＞e，出现在漳平新桥，不经过增生-i-的过程。h-声母与零声母字不变，仍读-ɛ 韵母。新桥话假梗摄/ɛ/韵母的位置比标准的[ɛ]更低，是经过自身音系调整的结果。新桥话另有 ai＞ɛ 音变，①

———————

① 见 3.2.3.8 节的讨论。

假梗摄的元音偏低是与原先读*ai的字"妥协"后的结果,假梗摄 h-声母、零声母字的韵母与从*ai变来的字没有差别,系统并不区别这两类字群。平行的现象还有合口的"花_{假合二晓}"huɛ1、"话_{蟹合二匣}"guɛ1、"关_{山合二见}"kuɛ̃1、"横_{梗合二匣}"huɛ̃2 等字,其主要元音位置也比标准的[ɛ]更低。新桥话还有 uai>uɛ,从*uai变来的字,韵母与假、蟹合口字没有区别,因此新桥话"瓜_{假合二见}"="乖_{蟹合二见}",同读 kuɛ1。

第三条音变(C) ɛ>a,出现在漳平溪南话,但溪南现代形式又另外增生-i-介音,变化是 ɛ>a>ia。溪南话唇音、h-声母与零声母字仍读-a 韵母,尚未出现-i-介音。增生介音前的阶段也可在漳平北部的大田前路话中看见,前路话不论前面为何种声母,韵母一律无-i-介音。合口韵母平行变化,例字如"花_{假合二晓}"hua1、"话_{蟹合二匣}"gua1。

漳平永福话的演变结果与漳平溪南有点相似,也是元音低化,但不论声母为何,一律有-i-介音。永福话的变化过程有两种可能,其一是与大田前路、漳平溪南相同,元音低化后再增生介音:ɛ>a>ia。其二是走第四种音变:(D) ɛ>iɛ>ia,先增生介音,后来元音才低化。永福曾经历*e>ie音变,较低的-ɛ韵母很可能平行变为-iɛ,后来元音低化变为-ia,以扩大-ie、-iɛ两类字的语音区别。这种变化方式与龙岩闽南话平行(陈筱琪 2010:90)。

阳声字变化较阴声字、入声字更剧烈。梗摄阳声字的变化一般与阴声字、入声字的方向相同,多数地区朝高化演变,大田话与溪南话走低化方向。例字如表 3-58:

表 3-58　闽南西片与周边方言梗摄阳声韵字的读音

例　字	A			B	C		D
	龙岩城关	龙岩适中	龙岩苏坂	漳平新桥_{南丰}	大田前路	漳平溪南	漳平永福
病_{梗开三并}	piẽ1	pĩ1	pĩ1	pẽ1	pã1	pã1	pĩ2
青_{梗开四清}	tsʻiẽ1	tsʻĩ1	tsʻĩ1	tsʻẽ1	tsʻã1	tsʻĩa1	tsʻĩ1
姓_{梗开三心}	siẽ5	sĩ5	sĩ5	sẽ5	sã5	sĩa5	sĩ5

例　字	A			B	C		D
	龙岩 城关	龙岩 适中	龙岩 苏坂	漳平 新桥南丰	大田 前路	漳平 溪南	漳平 永福
爬假开二并	piε2	pie2	pie2	pe2	pa2	pa2	pia2
客梗开二溪	kʻiε6	kʻie3	kʻie阴入白	kʻe5	kʻa5	kʻia5	kʻia阴入白

闽南西片梗摄阳声字高化类型的演变大约是：ε＞iε＞iē＞ĩ 。龙岩城关话零声母字读-ε韵母，没有-i-介音，例如"楹梗开三以"ε2，韵母-ε、-iε互补分布，与假摄字-ε、-iε韵母的分布相同。阳声字因鼻化影响，故元音位置较高。表3-58明显可见，龙岩适中与龙岩苏坂阳声韵的高化，较阴声字、入声字快速许多。新桥话没有经过-i-介音增生的过程，直接高化为-ē。

大田话、溪南话阳声字与阴、入声字完全平行变化：ε＞ā，溪南话唇音及零声母以外的字，又增生-i-：ε＞ā＞iā。溪南音变的结果使其与闽南话梗摄读-iā 的层次如"鼎梗开四端"tiā3、"请梗开三清"tsʻiā3 合流。唇音及零声母字因为没有-i-，因此溪南话梗摄仍然有"暝梗开四明"mā2≠"名梗开三明"miā2 的区别。此外，大田、溪南的合口字也平行演变：uε̃＞uā，如"关山合二见"kuā1、"横梗合二匣"huā2，主要元音变为-a。

较特别的是永福话，永福阴声字、入声字符音低化变为-ia，但阳声字却走高化路线，变为-ĩ 韵母。永福合口字的变化也是高化：uε̃＞uē＞uĩ ，如"关"kuĩ1、"横"huĩ2，与大田话、溪南话有明显差异。这个特点说明永福话的变化与大田、溪南很可能是不同的类型，永福阴声字、入声字的音变应该是 ε＞iε＞ia，-i-介音先增生，之后元音才变低。阳声字因为鼻化的发音方式，因此元音提高，与龙岩闽南话的变化相同。

3.2.3.8　复元音单化

闽南西片的龙岩苏坂、漳平西园、漳平溪南、漳平新桥，以及大田前路话，复元音-au、-ua、-ai出现单化。理论上-au、-ua的演变早于-ai，因为龙岩苏坂及漳平西园只有-ua 韵母发生元音单化,-ai 韵母没有变化。

(1) ua>o/ɔ、au>ɔ

龙岩苏坂的变化是 ua>o、uā>ō。紧邻苏坂的漳平西园,虽然属于菁城方言区,但也有这个演变。西园话的演变是 ua>ɔ、uā>ɔ̃,元音位置较苏坂话低。比起苏坂话,西园话的演变较不完整,系统中仍有几个字读-ua、-uā 韵母,如"单_{被单 山开一端}"tuā1、"炭_{山开一透}"t'uā5、"满_{山合一明}"muā3。

漳平溪南与大田前路的变化是 au>ɔ、iau>iɔ。变化结果虽然与西园话一样出现-ɔ 韵母,但是来源与西园不同。

演变最剧烈的是漳平新桥话,同时融合西园与溪南的演变,变化是:ua>ɔ、uā>ɔ̃、au>ɔ、iau>iɔ。苏坂话单化的韵母是上升复元音(rising diphthong)-ua,溪南是下降复元音(falling diphthong)-au,-ua 与-au 的组成成分相同,因此都可单化为后中元音。新桥这样的变化结果,使漳州话读-ua 与-au 的韵母合流为一。例字如表 3-59:

表 3-59　闽南西片与周边方言的元音单化(一)

	例　字	龙岩苏坂	漳平西园	漳平溪南	大田前路	漳平新桥	龙岩城关
A	大_{果开一定}	to1	tɔ1	tua1	tua1	tɔ1	tua1
	纸_{止开三章}	tso3	tsɔ3	tsua3	tsua3	tsɔ3	tsua3
	肝_{山开一见}	kō1	kɔ̃1	kuā1	kuā1	kɔ̃1	kuā1
B	扫_{效开一心}	sau5	sau5	sɔ5	sɔ5	sɔ5	sau5
	九_{流开三见}	kau3	kau3	kɔ3	kɔ3	kɔ3	kau3
	标_{效开三帮}	piau1	piau1	piɔ1	piɔ1	piɔ2	piau1
C	徛_{止开三群}	k'io6	k'ia6	k'ia6	k'ia4	k'iɔ6	k'iua5
	件_{山开三群}	kiō6	kiɔ̃6	kiā6	kiā4	kiɔ̃6	kiuā4

C组的"徛""件",各地读音对应较特别。二字在闽南西片有两派读法:一派是-ia,与漳州相同,例如漳平菁城(桂林街道)、漳平溪南话,

大田前路话也是这种类型；另一派是-iua，为三合韵母（triphthong），以龙岩城关为代表。苏坂与新桥是龙岩城关一派，读音的演变是 iua＞io/iɔ，情况类似新桥话的 iau＞iɔ，介音不变，但韵母的第二与第三成分融合为一个元音。漳平西园话较特别，"倚"读-ia 韵母，属于一般菁城话的类型，但"件"读-iɔ 韵母，音变与苏坂、新桥一致。表 3 - 59 的几个方言点，只有漳平西园话"倚""件"读不同的韵母，这与 C 组字群的早期来源有关，详见 4.1.1.3 的讨论。

"我_{果开一疑}""活_{山合一匣}"二字则相当特殊，龙岩苏坂、漳平西园及漳平新桥等出现-ua 元音单化的地区，这些字一律读-ua。二字例外不音变，是这些区域共通的音变残存。此外，漳平西园话似乎已经开始au＞ɔ的演变。根据我们的田调资料，西园话"沟_{流开一见}"读 kɔ1、"豆_{流开一定}"读 tɔ1，但目前多数字仍然读复元音-au。闽南西片复元音韵母单化的过程，也明确显示了音变"词汇扩散"的特性，语音的演变显然不是所有具演变条件的字群"一步到位""突变性"完成的。

（2）ai＞ɛ

漳平溪南、大田前路与漳平新桥话另有 ai＞ɛ、uai＞uɛ 的演变。新桥话稍微复杂些，南丰村的音变是：ai＞iɛ/ts，tsʻ＿，ai＞ɛ/elsewhere。舌尖声母字有-i 介音，是元音单化后才增生的。例字如表 3 - 60：

表 3 - 60　闽南西片与周边方言的元音单化（二）

例　字	漳平溪南	大田前路	漳平新桥_{南丰}	龙岩苏坂	漳平西园	龙岩城关
菜_{蟹开一清}	tsʻɛ5	tsʻɛ5	tsʻiɛ5	tsʻai5	tsʻai5	tsʻai5
屎_{止开三心}	sɛ3	sɛ3	sɛ3	sai3	sai3	sai3
改_{蟹开一见}	kɛ3	kɛ3	kɛ3	kai3	kai3	kai3
海_{蟹开一晓}	hɛ3	hɛ3	hɛ3	hai3	hai3	hai3
怪_{蟹合二见}	kuɛ5	kuɛ5	kuɛ5	kuai5	kuai5	kuai5

新桥话-ua 与-ai 都出现元音单化，但"怪"由 kuai＞kuɛ，而不是

kuai＞kɔi,可见-uai韵母的音节结构是 u＋ai,不是 ua＋i。何大安指出,"三合元音"是指在一个单元音的时间长度内,舌头迅速移动了三个位置。汉语中的"三合元音"一般认为是介音加上一个下降复元音,而不是上升复元音加上一个韵尾。(何大安 2004:34)介音在汉语音节结构的身份虽然有些模糊,但语音上,介音的语音强度必定弱于主要元音及韵尾,否则 uai 切成 ua＋i 或 u＋ai,应该是任意的。

3.2.3.9 前显裂化

高元音的分裂称为"裂化",是单元音变为复元音的过程。根据朱晓农(2006:110)的研究,高元音的裂化有"前显裂化"以及"后显裂化"两种方式。① 其中前显裂化是高元音继续高化、出位的结果,一般又称为"前裂化"。

朱晓农(2006:110-112)指出,汉语中前显裂化很常见,高元音持续高化时,在元音后增生一个更高更紧的滑音,例如 i＞ij,这个过程称为"初裂",而后 ij 再"显化"为 ei。音变并不是高元音 i 前直接增生一个中元音 e,而是 i 元音进一步高化时,不明显地初裂为 ij 后,又进一步"显化"为 ei。"显化"是从最大区别角度来说的,目的是扩大舌体的滑动距离,使听话者易感知,这种裂化使单元音变成"下降复元音"。汉语各方言中都有相似的演变,粤语同时可见到 i、y、u 的前显裂化:

		广州郊区黄村		广州市区
		Ⅰ初裂		Ⅱ显化
i	＞	ij	＞	ei
y	＞	yɥ	＞	øy
u	＞	(uw)②	＞	ou

---

① "前显裂化"与"后显裂化"是单元音分化为复元音的两种语音进程,这两个术语由朱晓农先生率先提出,依据元音复化时发生的细微语音改变,为其命名。

② 朱晓农(2006)并没有列出广州粤语-u 元音的初裂形式,uw 是我们依据广州话-i、-y韵母初裂模式做的补充。-uw 应是目前广州市区读音的前一阶段。

i、y、u 在广州话中都已裂化，i、y 在郊区的黄村话里仍处于初裂状态，代表着比市区更早的演化阶段。市区已进入第二阶段，潜在且不明显的初裂复元音"显化"为音值稳定的 ei、øy、ou。吴语中也有 i、y、u 元音的前裂化，有的地区 i 元音裂化为 ei 后，又变成更低的 ai。

闽南西片的前显裂化有（1）u＞ou、（2）i＞ei 两种，出现在龙岩苏坂地区。① 这两条变化目前只在苏坂地区发现，苏坂的变化涉及"回头演变"，比粤语、吴语更复杂，请见以下讨论：

（1）u＞ou

龙岩苏坂话因为元音 u 持续提高，使 u 后出现更高更紧的滑音，变成 uw，之后显化了第一个成分，变为 ou 韵母。例字如表 3-61。

表 3-61　龙岩苏坂的前显裂化（一）

例　字	龙岩苏坂	漳平永福	漳平西园	漳平溪南	龙岩城关	漳　州
租遇合一精	tsou1	tsou1	tsu1	tsu1	tsʅ1	tsɔ1
乌遇合一影	ou1	ou1	u1	u1	u1	ɔ1
舞遇合三微	bou3	bu3	bu3	bu3	bu3	bu3
私止开三心	sou1	su1	su1	su1	sʅ1	su1

苏坂话遇摄一等字读音与永福话一样，但永福话遇摄三等读-u 韵母，一等字读-ou 韵母，苏坂一三等都同读-ou 韵母，显然两地的语音架构不同。苏坂话遇摄字的演变是 ou＞u＞uw＞ou，在-ou 韵母高化为-u 后，又因为元音-u 持续提高，出现"前显裂化"，变回-ou 韵母。

苏坂话 ou＞u＞ou 的变化是"部分回头演变"的例子。何大安（1988：35）指出，语言在历史发展中的某个阶段有过的音 X，可能在下一个阶段消失：X＞Y。在这之后，若有另一类音变成 X，这样曾经消失了的音 X 又再重现，这种状况称为"语音重现"。若语音重现发

---

① 曾德万（2012）记录的苏坂话没有这个变化。

生在同一个音类的话，演变就是 X1＞Y＞X2，而 X1＝X2，这个变化是"回头演变"。回头演变理论上可分为"完全回头演变"及"部分回头演变"，如果 X1＞Y＞X2，X1 完全等于 X2，就是完全回头演变；如果 X2 只是 X1 的一部分，或 X1 只是 X2 的一部分，便是部分回头演变。何大安（1988：36－37）也指出，部分回头演变在汉语方言中并非罕见，云南墨江方言的精系字与见晓系字先颚化，然后在-i、-iŋ 韵母前又舌尖化，因此墨江就有 ts＞tɕ＞ts 的变化，但早期读 ts-类声母的字与晚期读 ts-类声母的字并不完全相同，因此是部分回头演变。又如中古影母（*ʔ-）、疑母（*ŋ-）开口一二等字，在官话方言的发展过程中，二者曾经丢失了声母而合并，复在某些方言的洪音韵母前产生鼻音声母 n-或 ŋ-，如济南方言，音变是：ʔ-、ŋ-＞∅＞ŋ-，这也是部分回头演变的例子之一。

苏坂话的演变与济南的声元音变平行，属于 X1＞Y＞X2，而 X1 只是 X2 的一部分。苏坂话把早期分别读-ou、-u 韵母的字，合并为-u，之后出现前显裂化，因此系统中又再次出现-ou 韵母。将苏坂与漳平永福对照即可发现，永福有 ou：u 对比，反映了早期的语音架构，苏坂却一律是-ou，系统中没有-u 韵母。苏坂话读-ou 韵母的范围比永福话更广，这是语音剧烈演变后的结果。

苏坂遇摄一等字和少数的鱼、虞韵字，与闽南话本读-u 韵母的字一同前显裂化，这说明苏坂遇摄字高化的时间早于 u＞ou。龙岩城关也有相似的现象，闽南话本读-u 韵母的止摄字，龙岩城关变为舌尖元音，遇摄字也同止摄字一起变为舌尖元音。这些现象都显示闽南西片遇摄一等字高化为-u 的时代非常早。

（2）i＞ei

龙岩苏坂话前高元音也有前显裂化：i＞ei，相应的鼻化韵母也平行演变：ĩ＞ẽĩ。因为元音 i 持续提高，使 i 后出现更高更紧的滑音，变成 ij，原来的单元音发展成下降复元音，之后显化了第一个成分，变为 ei，演变与 u＞uw＞ou 平行。例字如表 3－62：

表 3 - 62　龙岩苏坂的前显裂化(二)

例　字	龙岩苏坂	漳平西园	漳平溪南	漳平永福	龙岩城关	漳　州
猪 遇合三知	tei1	ti1	tɿ1	ti1	ti1	ti1
丝 止开三心	sei1	si1	sɿ1	si1	si1	si1
米 蟹开四明	bei3	bi3	bɿ3	bi3	bi3	bi3
天 山开四端	t'ei1	t'ĩ1	t'n̩1	t'ĩ1	t'ĩ1	t'ĩ1
棉 山开三明	meĩ2	mĩ2	mn̩2	mĩ2	mĩ2	mĩ2

漳平溪南话前高元音也有高化音变,但采取的方式与龙岩苏坂不同:溪南话是"央化",苏坂话是前显裂化。

苏坂话-u 前显裂化为-ou 后,系统中已全无-u 韵母,但-i、-ĩ 前显裂化为-ei、-eĩ 后,苏坂系统中仍然有-i、-ĩ 韵母。如蟹摄二四等字"鞋 蟹开二匣"i2、"鸡 蟹开四见"ki1、"细 蟹开四心"si5,山摄二四等入声字"节 山开四精"tsi阴入白,以及梗摄字"病 梗开三并"pĩ1、"姓 梗开三心"sĩ5、"更 梗开二见"kĩ1。这是因为在前高元音的前显裂化发生时,蟹摄二四等字和山摄二四等入声字,以及梗摄字尚未变为-i、-ĩ 韵母,因此没有和遇、止摄字一起发生前显裂化。

3.2.3.10　元音低化

(1) ui>uei>ue、ui>uei>uai>ai

典型闽南话读-ui 韵母的字,龙岩苏坂与邻近的漳平西园地区出现元音低化:ui>uei>ue。音节中 u 成分与 i 成分间,先多出滑音性质的过渡音 e,形成[uei]形式,但最后与系统中"瓜 假合二见"kue1、"花 假合二晓"hue1 等读-ue 韵母的字合流,[uei]与[ue]没有辨异作用。苏坂话在语音上,/ue/的音节末端仍有微弱的上扬趋势,显示过去韵尾-i 的痕迹,与其相应的鼻化韵母/uẽ/也是如此;相对地,西园话的/ue/音节末端没有上扬趋势,变化更彻底。苏坂地区,鼻化韵母-uĩ 有平行变化:uĩ >ueĩ >uẽ,但西园话鼻化韵的音变还没开始,仍然读-uĩ 。请见表 3 - 63 例字:

表 3-63　龙岩苏坂、漳平西园、漳平新桥的元音低化现象(一)

例　字	龙岩苏坂	漳平西园	漳平新桥	漳平溪南	龙岩适中	漳州
痱止合三非	pue5	pue5	pai5	puɨ5	puɨi5①	pui5
水止合三精	tsui3	tsue3	tsai3	tsui3	tsui3	tsui3
贵止合三见	kue5	kue5	kuai5	kui5	kui5	kui5
饭山合三奉	puẽ1	puĩ1	paĩ1	pun1	——	puĩ6
光宕合一见	kuẽ1	kuĩ1	kuaĩ1	kun1	kun1	kuĩ1
关山合二见	kuĩ1	kuẽ1	kuẽ1	kuã1	kuĩ1	kuẽ1
横梗合二匣	huĩ2	huẽ2	huẽ2	huã2	huĩ2	huẽ2

苏坂话 ui>uei>ue 的变化比鼻化韵母慢,除了表 3-63"水"外,
"亏止合三溪"kʻuɨi1、"腿蟹合一透"tʻui3、"肥止合三并"pui2 等字,苏坂也读
-ui 韵母,但鼻化韵 uĩ>ueĩ>uẽ 的变化几乎已经完成。阴声韵
母-ui 与阳声韵母-uĩ 的演变快慢,苏坂与西园呈现相反的步调,苏
坂阳声字快,西园阴声字快。相同的音变,在不同的地区,彼此也
有差异。

典型闽南话"光宕合一见"≠"关山合二见",苏坂"光"的韵母主要元音降
低,读 kuẽ1,但仍然与"关"kuĩ1 不同音。闽南西片多数地区也是如
此,虽然各地音变不同,但演变结果仍保持了两类字的语音区别。

最引人注目的是漳平新桥话(南丰村)的韵母形式。新桥南丰话
的音变是 ui>uei>uai>ai,鼻化韵母是 uĩ>ueĩ>uaĩ>aĩ,目前只
有舌根声母字仍有-u 介音,因为"舌根音往往是合口成分的最后堡
垒"。(张光宇 2006:349)新桥南丰话的变化与苏坂、西园不同,并不
是弱化元音韵尾-i,而是更加显化主要元音。

(2) iu>iou、iu>iou>iau>au

典型闽南话读-iu 韵母的字,龙岩苏坂在音节-i 与-u 之间出现过
渡音-o,形成[iou]形式,这个变化与上述 ui>uei 平行。漳平西园地

---

①　适中话"科桧"类有 ue>ɯ>ui>uɨi 的演变,ui>uɨi 的变化也出现在漳州话读-ui
韵母的字上。

区有少数字如"友""幼"读-iou,这个音变应当已经开始。请见表 3-64例字:

表 3-64 龙岩苏坂、漳平西园、漳平新桥的元音低化现象(二)

例 字	龙岩苏坂	漳平西园	漳平新桥	漳平溪南	龙岩适中	漳 州
须遇合三心	ts'iou1	ts'iu1	ts'iau1	ts'iu1	ts'iu1	ts'iu1
球流开三群	k'iou2	k'iu2	k'iau2	k'iu2	k'iu2	kiu2
手流开三书	ts'iou3	ts'iu3	ts'au3	ts'iu3	ts'u3	ts'iu3
友流开三云	giou3	giou3	giau3	giu3	giu3	giu3
幼流开三影	giou5	giou5	giau5	giu5	giu5	giu5

漳平新桥(南丰村)的语音仍然与众不同。新桥南丰话的音变是 iu>iou>iau>au,与 *ui、*uĩ 韵母的变化类似,显化主要元音,变为 -a。丢失-i-介音的是古知、章系字,因为声母条件造成的后续变化。龙岩适中"手"读-u 韵母也是相同缘由,出现 iu>u 的变化。

新桥南丰话遇摄一等的舌尖声母字,也就是 t-、t'-、l-、ts-、ts'-、s-声母字,其韵母多数读-au,这说明了南丰话流摄字读-iau 韵母之前,必定是读-iou。闽南西片遇摄一等一般的演变是 ou>u,新桥南丰的唇音及舌根声母字也读-u,如"布遇合一帮"pu5、"姑遇合一见"ku1;舌尖声母字却读-au 韵母,例如"图遇合一定"tau2、"肚遇合一端"tau3、"吐遇合一透"t'au5、"路遇合一来"lau1、"粗遇合一清"ts'au1、"醋遇合一清"ts'au5、"素味素遇合一心"sau5。南丰话模韵字的韵母分布与闽南西片的内部比较如表 3-65 所示:

表 3-65 漳平新桥(南丰)模韵字的韵母形式

模韵字	漳平新桥南丰	龙岩适中	漳平溪南	漳平永福	漳平菁城
舌尖声母	au	u	u	ou	ɔ
其 他	u	u	u	ou	ɔ

南丰遇摄一等会出现-au 形式,显然是因为在遇摄一等字 ou>u 音变发生时,舌尖声母字受到元音低化 iu>iou>iau 的干扰,因此使得遇

摄一等尚读-ou 的字没有变成-u,而是出现元音低化 ou＞au。

这种干扰说明新桥南丰遇摄一等字 ou＞u 也是"词汇扩散式"音变,不是所有字同时变化。同样读-ou 韵母的字群,高化为-u 的速度有快有慢。新桥南丰话舌尖声母字高化最慢,在还读-ou 韵母时,元音低化 iu＞iou＞iau 已出现,因此干扰了遇摄尚在进行中的音变,使遇摄一等字改读-au。南丰遇摄一等舌尖声母字有零星例字读-u 韵母:"赌遇合一端"tu3、"兔遇合一透"tʻu5,这两个字应是舌尖声母字中变化较快的,在元音低化出现前,就已经先变成-u 韵母,因此没有变成-au。

新桥南丰话更特殊的是,遇摄三等鱼、虞韵也有读-au、-iau 的现象,例如"鱼遇合三鱼疑"hiau2、"鼠遇合三鱼书"tsʻau3、"猪遇合三鱼知"tiau1、"主遇合三虞章"tsau3、"厨遇合三虞知"tiau2、"戍房子遇合三虞书"tsʻau5。南丰话鱼、虞韵的读音起点是*iu,演变是 iu＞iou＞iau,详细讨论请见4.1.1.4节的分析。

3.2.3.11　韵摄的合流

（1）山、臻摄合流

闽南话山摄开口三四等文读本为-ian/-iat,但因为介音与韵尾的发音部位高,主要元音在许多地区都提高为 e 或 ɛ,这是闽南话中很常见的语音现象。漳平双洋话山摄字文读为-iaŋ/-iaʔ,这个韵母形式说明两件事:首先,双洋话山摄阳声韵辅音韵尾变为舌根鼻音及入声韵尾变为喉塞尾的时代很早,在主要元音提高为 e 或 ɛ 前就已经发生;其次,因为韵尾不再是-n/-t,因此主要元音 a 没有提高,间接证明了闽南西片山摄文读的起点确实是*ian/*iat,与典型闽南话相同。

漳平新桥（南丰）话山摄开口三四等文读的韵母形式展现了音变时促快于舒的特点。新桥话山摄三四等一般是-ien/-iaʔ,入声字与双洋同形,说明其塞音韵尾的弱化早于主要元音的变化;但阳声韵读-ien,则显示鼻音韵尾的变化慢于入声字,因此主要元音提高为 e。不过新桥话山摄三四等阳声字有少数读-iaŋ 韵母,如"典山开四端"tiaŋ3、"显山开四晓"hiaŋ3,这是阳声韵字韵尾率先变为舌根鼻音的例子,所以这些字的主要元音没有变为 e。

龙岩的适中话与漳平溪南话、菁城话山摄字在 *ian/*iat 基础上，出现了后续变化，这些变化使得山摄字与臻摄字合流。此外，闽南西片曾、梗摄字因为 iŋ>in、ik>it 的演变，早已与臻摄字合流，因此曾、梗摄字也与臻摄字一同出现元音的变化，进而与山摄字合流。以下依序讨论适中、溪南、菁城等方言区的音韵现象。

（a）龙岩适中话

闽南话山摄开口三四等文读，适中话经历了 ian>ien>in 的高化音变。例如"骗山开三滂"p'in5、"电山开三定"tin6、"显山开四晓"hin3，与臻摄的-in 韵母合流。

入声韵的演变与阳声韵平行，但慢于阳声韵一个阶段：iat>iet，例如"热山开三日"giet8、"结山开三见"kiet7。适中话臻摄字另有 it>iet 的演变，例如"一臻开三影"iet7、"七臻开三清"ts'iet7、"笔臻开三帮"piet7，元音低化，因此山摄入声文读字也与臻摄字合流。

与山摄开口文读的演变相关的是合口文读层-uan/-uat 的变化。这个层次主要元音较稳固，适中目前只有入声韵发生 uat>uot，例字如"活山合一匣"huot8、"劣山合三来"luot7，阳声字仍然读-uan 韵母。适中话臻摄合口入声字也有元音低化的演变：ut>uot，例如"骨臻合一见"kuot7、"佛臻合三奉"huot8，因此山摄合口入声文读层也与臻摄字合流。

厦漳泉闽南话山摄开口三四等文读为-ian/-iat，臻摄开口文读是-in/-it；山摄合口文读为-uan/-uat，臻摄合口文读是-un/-ut，两摄界线分明。适中话两摄却趋近完全合流，山摄开口三四等文读为-in/-iet，臻摄开口文读也是-in/-iet；而山摄合口文读为-uan/-uot，臻摄合口文读则是-un/-uot。

（b）漳平溪南话

溪南话的韵摄合流在于入声字。溪南话山、臻摄开口入声字的演变与适中平行，山摄字符音高化 iat>iet>ieʔ，臻摄字符音低化 it>

iet＞ie?，因此两摄的入声字已合流。但溪南话系统中的入声韵字大量合流，来自古咸摄、深摄及通摄的字，也与山、臻摄入声字合流，造成诸多韵摄入声字读-ie?的局面。

咸摄、深摄字的演变是 iap＞iep＞ie?，主要元音高化，例如"接_{咸开三精}"tsie?7、"入_{深开三日}"lie?8。通摄三等入声字的变化最复杂，演变为iok＞iek＞ie?，这种变化是因受到介音-i-的牵引，主要元音前化变为 e，例如"竹_{通合三知}"tie?7、"局_{通合三群}"kie?8。

漳平溪南话山、臻摄合口入声字的演变与适中话相似，两摄的入声字已合流，但入声韵尾又进一步弱化，音变是 uat＞uot＞uo?。通摄一等入声字有 ok＞o?＞uo? 的变化，因此也与山、臻摄合口字合流，例字如"鹿_{通合一来}"luo?8、"毒_{通合一定}"tuo?8。

（c）漳平菁城话

菁城话山摄字的演变与适中、溪南方向不同，音变为：ian＞ien＞en＞ən，iat＞iet＞et＞ət。元音提高为 e 后，-i-介音消失。张振兴（1992）记录的菁城话，山摄开口文读为-en/-et，正显示了这个阶段。目前的菁城话，元音又变为央元音 ə，例字如"骗_{山开三滂}"p'ən5、"电_{山开三定}"tən6、"热_{山开三日}"gət8、"结_{山开三见}"kət7。主要元音 e＞ə，是汉语方言中常见的变化。

菁城话臻摄开口入声字也有元音低化音变：it＞（iet）＞et＞ət，例字如"一_{臻开三影}"ət7、"七_{臻开三清}"ts'ət7、"笔_{臻开三帮}"pət7，因此与山摄开口入声字合流。菁城区的西园话，变化速度较菁城桂林话更快，桂林话目前多数臻摄开口入声字仍读-it 韵母，只有少数字如"一_{臻开三影}"ət7、"乞_{臻开三溪}"k'ət7 读-ət 韵母，但西园话臻摄字多数已读-ət 韵母。桂林话还有零星字读-iet，例如"七"ts'iet7。

闽南西片中，臻摄合口的"出_{臻合三昌}""律_{臻合三来}"等字，另有-it 韵母读法，读如开口韵摄。龙岩城关话，"出"有二读，"出山_{出殡}"一词中"出"读 ts'it7，"出题"一词中"出"读 ts'ut7。菁城的西园话，"出"一般读 ts'ət7，说明其前身是 *it，同开口三等。

（2）臻、通摄合流

闽南西片中，臻摄合口入声字-ut 常变为-uot，主要元音低化。漳平双洋与漳平新桥（南丰）也有类似的变化：ut＞(uot)＞ot＞oʔ，例字如"骨臻合一见"koʔ7、"佛臻合三奉"hoʔ8。双洋、新桥（南丰）臻摄合口入声字变化后，与通摄入声字合流为一类，通摄的例字如"福通合三非"hoʔ8、"毒通合一定"toʔ8。

此外，一般闽南话臻摄合口阳声字读-un，通摄一等字读-oŋ，但双洋话与新桥（南丰）话臻摄阳声字也出现元音低化，使得臻摄合口字与通摄字合流为一类，读-oŋ韵母，例字如"孙臻合一心"soŋ1、"婚臻合一晓"hoŋ1、"春臻合三昌"tsʻoŋ1、"分臻合三非"poŋ1。

双洋与新桥（南丰）臻摄合口阳声字的音变可能是 un＞uoŋ＞oŋ。新桥音系辅音韵尾正在合流变化中，虽然目前仍有舌根韵尾及舌尖韵尾，但舌尖韵尾/-n/的发音部位较他处方言更后面，未来极有可能与舌根韵尾合并。目前新桥话-n 只出现在前高元音 i 之后，后高元音 u 不利保留舌尖鼻音尾，因此率先变成舌根鼻音是合理的。臻摄合口入声字的音变是 ut＞(uot)＞ot＞oʔ，阳声字的变化也应当与此相去不远，-u 与辅音韵尾-n 之间先出现过渡音-o，韵尾并变为舌根鼻音-ŋ，因此产生[uoŋ]这样的语音形式，但这种语音与闽南音系的-oŋ韵母很相近，因此二而为一。新桥（南丰）话臻摄合口字"群"读-un 韵母，是臻摄字中，未音变的语音残留。

闽西客语通摄字的演变与 un＞uoŋ＞oŋ 的过程颇为相似。一般客语通摄字读-uŋ，但根据吕嵩雁（1999）的观察，闽西客语中，只有永定话通摄读-uŋ，其他地区出现元音低化，清流与长汀读-oŋ，连城、武平、宁化主要元音低化后又展唇化，读-əŋ/-ɤŋ，上杭更弱化为鼻化韵-ɔ̃。各地语音形式一脉相承，这个趋势说明-uŋ 韵母在闽西地区是很容易变动的，客语如此，闽南西片更不可能维持[uŋ]或[uoŋ]的语音形式。

3.2.3.12　部分地区没有 im/ip 韵母

典型闽南话深摄字有文读-im/-ip 及两个白读层次-am/-ap、-iam/-iap,闽南西片可分为 A、B 两类,A 类方言不见-im/-ip 韵母或其痕迹,B 类方言则有。A 类方言有龙岩适中①、龙岩苏坂、漳平溪南,B 类方言较多,有龙岩城关、漳平菁城、漳平永福、漳平新桥、漳平双洋。A 类方言把一般读-im/-ip 的层次读为-iam/-iap。请见表 3 - 66 例字:

表 3 - 66　闽南西片深摄字的音读

例　字	闽南西片 A		闽南西片 B			核心闽南
	龙岩适中	漳平溪南	龙岩城关	漳平菁城	漳平新桥	漳　州
心 深开三心	siam1	siam1	sim1	sim1	siaŋ1	sim1
金 深开三见	kiam1	kiam1	kim1	kim1	kiaŋ1	kim1
入 深开三日	liap8	lieʔ8	lip8	lip8	leʔ8	dzip8
粒 深开三来	liap8	lieʔ8	liap8	liap8	liaʔ8	liap8

需要先说明的是 B 类漳平新桥话的语音层次。新桥话深摄阳声字只有-iaŋ 韵母一种,其前身是*iam,因为韵尾弱化所以改读舌根韵尾。但新桥话入声字可明显看见两个层次,今读分别是-iaʔ、-eʔ,对照新桥话臻摄字有 it>et>eʔ 的演变,例如“日臻开三日”leʔ8、“七臻开三清” tsʻeʔ7,新桥深摄的-iaʔ 前身应是*iap,-eʔ 则是*ip,音变是 ip>ep>eʔ。新桥话虽然目前看不到-im/-ip 韵母,但仍可发现-im/-ip 存在过的遗迹。

A 类方言深摄字读-iam/-iap,有可能是-im/-ip 元音低化后的结果,类似臻摄字的音变。依据我们的田调资料,龙岩城关话的/im/、/ip/,音值接近[iəm]～[iom]、[iəp]～[iop],这种形式的下一步就是-iam/-iap。深摄字韵尾辅音为-m/-p,是发音位置最低的辅音韵尾,因

---

① 我们比较的材料是适中心村的语音。曾德万(2012)记录的适中村音系似有-im 韵母,但例字只举了咸摄的“添”一字,深摄阳声韵字主要还是读-iam 或-am 韵母,此处对适中村的“-im 韵母”暂时存疑。

此元音降低为 a 与韵尾协同，是合理的逆同化。以阳声字为例，整个演变是 im＞iəm～iom＞iam。

3.2.3.13　龙岩闽南话"毛裤白"的变化

闽南方言山臻宕合口字有一层次合流，漳州读-uĩ、厦门、泉州是-ŋ̍，称为"毛裤白"类。这类字龙岩闽南话依据声母条件分成两类韵母，舌尖声母字读-ĩ 韵，其他声母字读-uĩ 。几个次方言的比较如表3-67：

表3-67　龙岩闽南话"毛裤白"类的音读

例　　字	龙岩城关	龙岩适中	龙岩苏坂	漳平溪南	漳平菁城	泉　　州
卵 山合一来	nĩ4	nĩ6	neĩ6	lun6	nuĩ6	nŋ̍6
砖 山合三章	tsĩ1	tsĩ1	tseĩ1	tsun1	tsuĩ1	tsŋ̍1
顿 臻合一端	tĩ5	tĩ5	teĩ5	tun5	tuĩ5	tŋ̍5
酸 山合一心	sĩ1	sĩ1	suēl	sun1	suĩ1	sŋ̍1
光 宕合一见	kuĩ1	kun1	kuē1	kun1	kuĩ1	kŋ̍1
园 山合三以	huĩ2	hun2	huē2	hun2	huĩ2	hŋ̍2
门 臻合一明	muĩ2	gun2	muē2	bun2	muĩ2	mŋ̍2

由于宕摄没有舌尖声母字，因此龙岩闽南话"毛裤白"类读-ĩ 韵的，只有山摄与臻摄字。苏坂话"酸"字"例外"仍有合口成分，韵母形式同唇音与舌根声母字。

适中音系中有ĩ＞in 的演变，但"毛裤白"类舌尖声母字仍读-ĩ，可见适中去鼻化音变发生的时代较"毛裤白"类舌尖声母字丢失-u 成分还早，否则适中这些"毛裤白"舌尖声母字就会读成-in。苏坂话"毛裤白"舌尖声母字在变成-ĩ 韵母后，又跟着系统中的前高元音一同前显裂化：ĩ＞eĩ。由此可见，苏坂的前显裂化音变时代相当晚，至少是"毛裤白"类舌尖声母字变为-ĩ 韵母以后。

龙岩闽南话"毛裤白"类舌尖声母字丢失-u 成分的音变，与"科桧"类字(* ue)丢失合口介音的模式有些相似。"科桧"类字依照舌尖声母、唇音、舌根～喉的次序,丢失-u-介音,"毛裤白"类也从舌尖音开始丢失-u-介音。龙岩地区很可能有排斥-u-介音的语音特质,而这种变化通常从舌尖声母字开始。

"毛裤白"类的变化只出现在龙岩地区,漳平的方言一般没有。漳平的菁城、溪南、新桥、双洋等方言区,"科桧"类字都保有合口成分。只有南部的永福话,"科桧"类字剧烈变化,舌尖、唇音声母字都已无-u-,且部分的舌根～喉部声母字,也已经没有合口成分。永福话有少数的"毛裤白"类舌尖声母字没有-u-成分,例如"砖"读 tsĩ1,很可能是率先音变的例子。

我们过去以龙岩城关话为主要材料,比较其与漳州、潮州、莆仙、厦门、泉州等闽方言的韵母差异,对于龙岩闽南话"毛裤白"舌尖声母字读-i 的缘由,有较复杂的讨论。当时主要的依据是:(1)漳、潮等闽南话,与"毛裤白"相同韵摄的入声韵字"雪山合三心",其韵母与"袜山合三奉""月山合三疑"不同,且龙岩城关话也有这个现象。(2)莆仙话除了入声字与漳、潮等闽南方言有类似的区别外,"毛裤白"的"断山合一定""酸山合一心""顿臻合一端"等字的韵母与另一类字"转山合三知""砖山合三章""饭山合三奉""光宕合一见"明显不同。基于这两个理由,过去推测龙岩城关话"毛裤白"舌尖声母字没有-u-介音,是起因于古闽语系统中的韵母差异。(陈筱琪 2011a:54-57)

但随着近年田调工作的进展,发现闽南西片的漳平新桥、漳平溪南、漳平双洋等地,"雪"与"袜""月"读相同的韵母,这使我们疑心莆仙话的现象是否可以与闽南话联系起来。现今在收集了更丰富的材料后,我们提出另一种看法。新的看法认为龙岩的闽南话"毛裤白"舌尖声母字没有-u-介音,是受到闽西地区韵母往往排斥-u-介音的特性使然,永福话的情况也显示了这种解释的合理性。

3.2.3.14　章知系字丢失-i-介音

闽南西片方言可分成(Ⅰ)与(Ⅱ)两类,(Ⅰ)类是古章知系字出现-i-介音丢失的方言,(Ⅱ)类没有这项变化。多数的闽南西片方言属于（Ⅰ）类，古章系字及知系读塞擦音、擦音的文读层丢失-i-介音，与厦、漳、泉闽南话的韵母形式明显不同。这些方言分别是漳平永福、漳平新桥、漳平双洋、龙岩苏坂、龙岩城关及龙岩适中等。大田闽南话与万安话中也有相似现象，演变规律与闽南西片（Ⅰ）类平行。闽南西片方言介音丢失现象的例字如表 3-68：

表 3-68　闽南西片与周边方言的 i 介音丢失现象

例　字	类型	闽南西片（Ⅰ）		闽南西片（Ⅱ）	大田闽南	万安方言	典型闽南
		A类	B类	漳平菁城	大田前路	万安涂潭	漳州
		适中	永福				
车 昌假开三	乙	tsʼa1	tsʼa1	tsʼia1	tsʼa1	tsʼuo1	tsʼia1
石 禅梗开三	乙	tsɯ6	tso6	tsio6	tsɤ4	suo8	tsioʔ8
张 知宕开三	乙	tsaŋ1	(tiŋ1)	(tiŋ1)	——	tsoŋ1	(tiõ1)
收 书流开三	丙	su1	siu1	siu1	su1	su1	siu1
手 书流开三	丙	tsʼu3	tsʼiu3	tsʼiu3	tsʼu3	tsʼu3	tsʼiu3
请 清梗开三	乙	tsʼiã3	tsʼiã3	tsʼiã3	tsʼiã3	tsʼiõ3	tsʼiã3

闽南西片知系字主要读塞音声母，读塞擦音层次的字较少，因此-i-介音丢失的变化主要发生在章系字上。闽南西片方言（Ⅱ），如漳平菁城话与溪南话，介音的表现与其他地区的闽南话相同，这个区块反映的是本区域介音丢失音变的起点。

表 3-68 例字"石"的韵母形式需要做些说明，虽然各地语音形式有些差异，但主要元音的变化皆是同一条音变：o＞ɤ＞ɯ，万安涂潭"石"的韵母形式-uo，是 o 元音破裂后的结果。此外，万安话假摄字有 a＞o 的演变，"车"丢失-i-后，再元音破裂读-uo。

闽南西片（Ⅰ）可再细分为 A、B 两类：A 类方言中，出现-i-介音丢失的韵母，主要元音分别有 a、o、u① 三种，包括龙岩适中、漳平新

---

① -iu、-iũ 韵母属于上升或下降复元音仍有争议，这里暂时抛开韵母结构的问题，把音节中的-i-成分与其他韵母一同称为介音。

桥;B 类的方言,则只有以 a、o 为主要元音的韵母丢失-i-介音,B 类方言数量较多,有漳平永福、漳平双洋、龙岩苏坂、龙岩城关等。

以-u 为主要元音的韵母,闽南话只有-iu 与-iũ,经过闽南西片的内部比较可知,这类韵母是最慢丢失-i-介音的一种。闽南西片中,-i-介音丢失音变发展最快的是漳平新桥话,大田话与万安话的音变速度与漳平新桥话一致,所有的 *iu、*iũ 韵母都已丢失-i-介音。龙岩适中话音变稍慢,适中话"州_{章流开三}"tsiu1、"兽_{书流开三}"siu5、"仇_{禅流开三}"ts'iu2等字,目前仍有-i-介音,演变尚在进行中。(陈筱琪 2011b:743)这里也显示了音变"词汇扩散性"的变化特质,具有相同演变条件的词汇,一部分已经音变,一部分尚未音变。

漳平新桥,以及大田方言,是-i-介音丢失最快的方言,不论音节中主要元音是 a、o 或 u,其-i-介音都已完全丢失,这项变化使新桥与大田话宕开三出现有趣的现象。本区域的闽南话,宕开三白读有一条韵母演变是 iõ>iũ>iŋ,(陈筱琪 2010:101)以介音丢失较慢的永福方言读音为例,永福话宕开三章系字都读-iŋ 韵母,例如"厂_{昌宕开三}"ts'iŋ3、"上_{禅宕开三}"tsiŋ6、"尚_{禅宕开三}"siŋ1,但这些字新桥与大田读成音节鼻音韵母,如"厂_{昌宕开三}"ts'ŋ̍3、"上_{禅宕开三}"tsŋ̍6、"尚_{禅宕开三}"sŋ̍1。

新桥与大田话因介音丢失音变发展较快,因此宕开三韵母不论是处在-iõ 或-iũ 阶段,都会丢失-i-介音。"厂""上""尚"等章系字丢失-i-后,韵母变为成音节舌根鼻音,故今日看到的韵母形式是-ŋ̍。这个现象使得新桥与大田话,宕开三章系字的白读韵母与知、庄系字读-ŋ̍韵母的层次,如"长_{澄宕开三}"tŋ̍2、"霜_{生宕开三}"sŋ̍1、"床_{崇宕开三}"ts'ŋ̍2合流。

使闽南西片出现章、知系字丢失-i-介音的原因有闽方言的内部因素或是本区底层语言干扰两种可能。第一种是闽语的内部因素触发。根据张光宇(2011a:100)的研究,闽语表面上虽没有卷舌声母,深入透视之后不难看到庄系字留下曾卷舌的迹象,以厦门话的语音说明:(1)宕开三"庄_庄"tsŋ̍1:"章_章"tsiũ1:"张_知"tiũ1,同为宕开三一类,为何"庄"字没有介音?(2)止摄字"思_心"su1、"师_生"su1:"诗_书"
si1、"智_知"ti1,为什么同为止摄字,知章系字没有类似后元音的读法?
原因是闽语早期庄系字读卷舌声母。今日闽南话止摄"师"读-u 韵
母,变化过程是:ʂ>su。闽南话宕摄"庄"字介音的丢失起于声母卷
舌化的过程,而不是单纯丢失。一般汉语方言滋丝音的音韵行为可
以概括为:ts 组洪细皆宜,tʂ 组宜洪不宜细,tɕ 组宜细不宜洪。厦门
方言庄系字读洪音,因此可以断其卷舌来源。(张光宇 2008:359)

　　闽南西片与他处方言章知系字韵母形式不同,一般闽南话有-i-介
音的字,闽南西片(Ⅰ)类的方言没有-i-介音。有可能是闽南移民迁徙
至漳州内陆时,这些移民者的"闽南话"仍有卷舌声母,闽西的客畲语
言一般都有舌叶音等带卷舌性质的声母,当闽南移民者到闽西落地
生根时,因为闽西的语言或方言多半有舌叶音,因此闽南的卷舌声母
就比闽南核心区域保留了更长的时间,使章知系字接着庄系字后丢
失了-i-介音。张光宇(2008:356)指出,汉语方言庄系字早于章系、知
系卷舌,先卷舌的音类先丢失-i-,依照这个次序,庄系字改读洪音的时
间也应早于章知系字。闽南西片章知系字紧接着庄系字之后读洪
音,符合汉语多数方言的演变过程。

　　漳平菁城与溪南方言章知系字没有介音丢失现象,菁城与溪南
是闽南西片中,地理位置最靠近永春、安溪等闽南语区域的方言,比
起闽南西片其他地区,菁城与溪南受到客畲语言干扰的程度当最低,
因此菁城与溪南的卷舌声母可能很早就消失了,就没有再引起章知
系字丢失-i-介音。

　　使闽南西片章知系字丢失-i-介音的另一种可能是底层干扰,底层
语言的 tʃ-、tʃ'-、ʃ-声母进入了散播至此的闽南话中。过去发生语言
转用时,底层的声母特点"附着"到新进的闽南音系上,因此使本区域
的闽南话出现一系列的-i-介音丢失音变。

　　有-i-介音丢失的闽南西片方言(Ⅰ类),精系的"笑_{心效开三白}"
"席_{邪梗开三}"二字,例外也出现-i-介音丢失的现象。除闽南西片Ⅰ类方

言外,周边的大田话及万安话也都有这个特征,其中万安梅村话"笑"读 tʃʻɤ5,声母是舌叶音,与其他的精系字不同。① 位于闽西北的将乐闽语"笑"读 tʃʻau,"席"读 ʃo,二字也没有-i-介音,亦读舌叶声母。"笑""席"二字是闽南话很常用的口语字,其他的闽南区域几乎都读细音韵母,但二字在闽西、闽西北一带"例外"读洪音,这个现象指出内陆闽语-i-介音丢失的原因可能是闽西的底层民族引起,否则精系字的"例外"不会普遍出现在内陆闽语,却未见于厦漳泉地区。"笑""席"二字很可能在底层语言中就是读舌叶声母,而不是平舌声母,因此一开始就跟着章知系字丢失了-i-介音。

若使闽南西片章知系字丢失-i-介音的触发因素来自外部接触,那么这套卷舌声母就是在漳州移民进入漳平、龙岩后,因与闽西的客畲语言接触,卷舌声母才又在音系中"语音重现"。这么说来,使闽南西片章知系字读洪音的卷舌声母与使庄系字读洪音的声母来源是不同的,前者来自闽西地区的底层干扰,后者是共同闽语系统中自有的。现阶段,紧邻闽南西片的万安涂潭话与大田前路话都只有平舌声母,不过周边闽语性质较淡的大田桃源话、万安松洋话及万安梅村话有 tʃ-、tʃʻ-、ʃ-声母,与 ts-、tsʻ-、s-对立。Branner(2000)指出,连城赖源下村、上杭步云梨岭等方言,也分别都有卷舌与平舌两套声母。闽西汉语方言卷舌声母的地理分布,可能是反映闽南话移入本地时是没有卷舌声母的,使闽南西片章知系字丢失-i-介音的卷舌声母,来自底层的客畲语言。

根据吴福祥(2007:9)的研究,梵语及后来的印度语(Indic),具有达罗毗荼语(Dravidian)的卷舌音(retroflex)及其他音系成分。Emeneau(1956)推测,印度语中的卷舌音来自底层语言达罗毗荼语的音系干扰。古代达罗毗荼语使用者有相当数量转用印度—雅利安(Indo-Aryan)入侵者的语言,当他们学习印度语时把他们自己的卷舌

---

① 万安话"席"字有-i-介音。

音施加在印度语变体上(目标语变体)。鉴于印度语中,古代达罗毗荼语的借词相当少见,印度语这种来自达罗毗荼语的音系成分很明显是导源于转用引发的干扰(shift induced interference)。

目标语学习者可能意识到母语(L1)的某些特征实际并不存在于目标语之中,但他们仍然将这些特征带进他们所说的"目标语",形成目标语变体。当转用社团在目标语中添加的"错误成分"被目标语原来的用户模仿时,那么这类"错误"就被扩散到作为一个整体的目标语中。(吴福祥 2007:9)

闽南西片的情况显示,上层语言在和底层语言接触后,上层语言"借入"*tʃ-、*tʃ'-、*ʃ-声母,并使出现在这套声母后的韵母,依据固定的顺序丢失-i-介音。一段时间后,*tʃ-、*tʃ'-、*ʃ-平舌,归入 ts-、ts'-、s-,声母系统又变得和多数闽南话一样,因此-i-介音丢失的音变不再继续"执行",因为推动音变的语音环境已经消失。

就体现语言接触的双语者来说,学习母语声母系统中没有的新发音部位声母是非常困难的。根据陈保亚(1996:53)研究云南德宏的傣汉接触,傣语的声母系统比汉语系统简单,在傣族人学习汉语时,傣语中没有的"新声母",按照"送气""鼻音""卷舌"的次序进行"回归"。傣语系统中有 k-、ts-、ɕ-、l-等声母,因此学习送气音 k'-、ts'-、tɕ'-与鼻音声母 n-、ȵ-,是在系统中已有的基础上,学习新的发音方法,学习送气又比学习鼻音还容易。卷舌声母需要学会在全新的发音部位上发音,陈保亚(1996)观察德宏各地傣族学习汉语的状况,尽管傣语音系中有 ts-、s-或 tɕ-、ɕ-等,但卷舌的 tʂ-、ʂ-却总是最慢学会的。

傣族学习汉语的例子说明全新的发音部位是语言接触时,双语者最难掌握也是最慢学会的,但为何闽南西片这么容易就出现闽南话没有的一套新发音部位声母*tʃ-、*tʃ'-、*ʃ-? 这套*tʃ-、*tʃ'-、*ʃ-若是当地语言即有的,也就是底层民族本身具备的语音,就很容易理解。

　　闽南系统移入本地时，只有平舌的 ts-、ts‘-、s-，来自底层语言的
*tʃ-、*tʃ‘-、*ʃ-，在闽南话持续优势的环境下，最终又消失了，因为就
闽南移民而言，要学会新的发音部位"舌叶声母"是困难的。闽南西
片各点，闽南移民分布不均，通常城镇地区闽南移民集中，山区闽南
移民较少，因此有些地方底层的舌叶声母存在于当地闽南话系统中
的时间很长，影响也较广泛，例如漳平新桥与龙岩适中。反之，有些
地区闽南移民密集，底层的舌叶声母存在时间很短，因此影响小，这
些地区的-i-介音丢失范围就比较局限，如漳平菁城。不过，当闽南西
片整体的闽南移民大增，闽南势力增强时，这套来自底层音系的舌叶
音就在上层语言中消逝了。

　　再比较闽南西片-i-介音丢失与高元音前增生新声母的韵母音变
次序，两项演变的韵母发生顺序十分类似。高元音音变从以 a 或 ɔ/o
担任音节核心的韵母开始，以齐齿字来说，各种音节核心的演变次序
为：a、ɔ/o＞e＞u。-i-介音丢失音变的次序与此完全平行，古章、知系
字-i-介音丢失的次序是以 a、o 为主要元音的韵母先出现，闽南西片 B
类方言目前只发展至此阶段；而以 u 主要元音的韵母最慢音变，发展
至此阶段的方言有闽南西片 A 类及大田、万安方言。总结来看，若以
高元音音变的韵母分类方式，-i-介音丢失音变也是乙类韵母早于丙类
韵母。

　　高元音音变中，乙类韵母内 M＋N＋C 结构与 M＋N 结构的音变
速度不同，这种现象也体现在-i-介音丢失音变之中。漳平永福只有韵
母 *ia、*io 丢失-i-(陈筱琪 2010：83‐84)，而龙岩城关话除了 M＋N
结构外，韵母-iaŋ/-iak、-ioŋ/-iok 等 M＋N＋C 结构也丢失-i-介音。
(陈筱琪 2011：743)若永福话反映的是-i-介音丢失的开端，则说明乙
类韵母内，M＋N 结构的介音丢失速度快于 M＋N＋C 结构。这种模
式与原乡诏安客语的高元音擦化音变相同，大平白叶与霞葛客语，
M＋N 结构的音变也早于 M＋N＋C 结构发生。(陈筱琪 2012：764)

　　较特别的是甲‐2类(N＋C)韵母，闽南西片方言高元音音变的韵

母演变次序是乙＞甲-2(N＋C)＞丙＞甲-1(N＋∅)，但-i介音丢失音变中，甲-2类并没有音变。原因可能是：

一，闽南西片中，-in/-it韵母也没有增生新声母，原因是-i与-n/-t位置接近，元音不易变化。同理，当舌叶声母后接-in/-it时，元音可能也无法轻易改变。"汉语方言里，决定元音变化的最重要因素是韵尾。"(张光宇2009b：186)声母对主要元音的影响小于韵尾。

二，根据钟荣富(2010：239)对客语舌叶声母的声学研究，"舌叶音后接-i时，其摩擦相对减弱，辅音性也降低"，有-i介音存在时，前头的舌叶声元音质不明显，丢掉-i介音使声母特性鲜明是客语的一种演变方向。但在漳平与龙岩一带，舌叶声母随着闽南移民数量大增，平舌化是不可抵挡的趋势，当舌叶音在声母系统中变得不那么重要时，音节中的-i成分便更倾向于保留。舌叶声母与-i成分往往可以共存，且多数有舌叶声母的客语方言，甲-2类韵母也都有-i成分。如新竹芎林海陆客语，例字如"针_{章深开三}"tʃim1、"真_{章臻开三}"tʃin1、"十_{禅深开三}"ʃip8。(黄雯君2005)

三，闽西的连城客语把-i成分改为-e或-ɿ，例字如"针_{章深开三}"tʃeŋ1、"真_{章臻开三}"tʃeŋ1、"十_{禅深开三}"ʃ15。[tʃeŋ]、[tʃɿk]这种音节结构在闽南话中很少见，因此甲-2类韵母的元音能够调整的方向很受限制。何大安(1988：67)指出，在方言接触的例子里，当一个语言受到外来的影响时，语言自身会做出结构调整，创造出原来结构内没有的新成分及新关系，来应付外来的影响，不过这些新成分多半是从原有的某些成分当中转化出来的，世界上也许没有真正的"无中生有"，都是既有事物的重新组合。

3.3　小结：各项音变的触发因素

本章讨论的历史音变可大分为"接触性音变"与"闽语内部音变"两类："接触性音变"是以闽南话的立场来说的，事实上多为本区域语言转用时，来自本地语言的底层干扰。Winford(2003：154)指出，语言接触时,若本地语言转用进口语言,通常会留下中度到高度的底层语音现象于进口语言之内。"闽语内部音变"则是闽语系统的自身调整。

3.3.1　接触性音变

明显属于底层干扰的接触性音变是:

一、声调

(1)连读变调的演变,变调规则受词组结构控制,前字为两字组或三字组或四字组或五字组首字时,彼此的变调规则不同。龙岩闽南话另有前字不变调的特点,变得与周边的万安话相似。闽南西片这两个变调特点罕见于其他闽南话中。(2)古浊去字读平声,多数地区读阴平调,漳平永福主要读阳平,部分字读阴平。大田、雷州、海南闽语也有这种现象。

二、声母

(1)以 u、i 起首的零声母字"增生"g-声母,音变过程为∅u->bu->gu-、∅i->dzi-~zi->gi-。这个变化与客家高元音擦化的规律平行。(2)特定全浊声母字清化后,有送气读法,这些字在典型闽南中并无送气读音,送气读法来自底层的客畲语言。

三、韵母

(1)辅音韵尾大量弱化,且促快于舒,这是闽西地区异于他处闽南、客家的区域特点。(2)曾梗摄韵母 iŋ/ik>in/it,辅音韵尾前移。(3)漳平溪南话宕摄开口字另有读-oŋː-ioŋ 的语言层。(4)龙岩适中、漳平新桥、漳平溪南有去鼻化演变,适中话与新桥话是ĩ>in,溪南话则是ĩ>ŋ̩。去鼻化音变与福佬客出现鼻化韵母的演变方向相反,但都是受到外部语音系统影响的接触性音变。(5)元音高化,音变内容有:(a) ou>u;(b) o>ɤ>ɯ;(c) u>ʅ;(d) i>ɿ,ui>ɿ;(e) 前显裂化 i>ei、u>ou;(f) 蟹、山摄二四等* ai>ei>e>iɿ or ɿ>i。(6)假摄字符音音变,闽南西片主要的演变脉络有:(a) ɛ>iɛ>ie;(b) ɛ>e;

(c) ε>a;(d) ε>iε>ia。(7) 复元音单化,由音变(5)与(6)所牵动,内容有:(a) ua>o/ɔ;(b) au>ɔ;(c) ai>ε。音变(5)、(6)、(7)使得闽南西片的韵母系统有诸多调整,并形成"链动",闽西客语也有相关的链动变化,见 4.2 节的讨论。

除上述演变外,另有几条音变的成因暂时无法确定是否与语言接触有关,这些演变是:(1) ue>uɪ>ui>ɯi;un>ɯn,ɯ 元音在闽南西片与闽西客语中很常见。(2) "科桧"类字丢失合口介音:ue>e>ie>iɪ,龙岩闽南话"毛裈白"类舌尖声母字丢失合口介音:uĩ>ĩ。(3) 主要元音低化,内容有:(a) ui>uei>ue、ui>uei>uai>ai;(b) iu>iou、iu>iou>iau>au。(4) 韵摄的合流,内容是:(a) 山、臻摄合流;(b) 臻、通摄合流。(5) 有些地区没有 im/ip 韵母,可能是主要元音低化造成 im>iəm~iom>iam、ip>iəp~iop>iap,这种演变与臻摄字主要元音变低相似。闽西客语阳声韵摄也有类似的元音低化情况。(6) 章知系字丢失-i-介音,大田、万安、将乐等方言都有相关现象,其中精系的"笑"字,各地也一致例外音变。

杨秀芳(2004:84)指出,在历史音韵的研究中,我们看到的是音韵演变的结果,往往难以判断哪一个变化是语言内部自发的纵向演变,哪一个是受横向接触影响而发生的变化。因为语言很少是孤立的,今天的音韵系统可以说是从前纵横两股势力翻翻滚滚往下演变的结果。上述几项音变多半具有闽西的区域音韵特性,因此我们推测可能与接触性演变有关。或为漳州移民与闽西底层民族的接触,或为不同来源的漳州移民互相接触,甚至是不同汉语方言在闽西地区的接触,最后共同形成的闽西音韵特征。

3.3.2　闽语内部的音系调整

演变动力来自闽南内部系统调整的变化是:(1) 龙岩城关话浊去字读阳上调,相似的现象在潮汕闽南话中也有。(2) "人"字头字,也就是古日母字有 dz~z>g/__ i,dz~z>l/__ u 的变化,根据洪惟仁

(2003)的调查,这种演变在台湾各地的闽南话中都不难看见。雷州闽南话有相反方向的演变：g＞z/＿ i,演变条件完全相同,说明 i 是 dz-～z-与 g-的演变桥梁。(3)龙岩适中话古明母字有 b＞g/＿ u 的变化,雷州闽南话有相反方向的演变：g＞b/＿ u,演变条件也完全相同,说明 u 是 b-与 g-的演变桥梁。(4)宕开一白读 ō＞ū＞ŋ、宕开三白读 iō＞iū＞iŋ,一、三等两两平行演变。

第四章

疾变与平衡

　　本章分为两大部分：第一部分说明闽南西片音系中保留的古闽语讯息。在闽南西片的材料中，有几项音韵特征的语音阶段比今日的漳州话还要"存古"，也有几个音韵特点呈现和漳州话"同系异派"的现象，这些语音特质我们泛称为"前漳州特征"，因为它们所显示的语言事实反映了核心闽南区没有的古语特点。

　　子孙语言承继祖语是谱系树理论的重要特点，强调同源语言间纵向的联系关系，这种特征 Dixon（1997）称为"疾变"（punctuation）。闽南西片虽然深具接触性质，但在理论上，不能排除闽南西片保留了核心区已消失的古音可能。在经过几个闽语次方言的比较后，我们发现闽南西片有多处早于漳州或独具特色的音韵形式。

　　本章节的第二部分是观察闽南西片与周边的万安话、闽西客语的音韵互动。Dixon 提出，当语言长期接触与消磨时，某种语言特性会扩散开来，使这些接触的语言变得越来越相似，这种过程称为"平衡"（equilibrium）。平衡期中，原先不同的语言逐渐共享某些音韵特点，因此彼此的界线模糊，最后形成区域音韵特征。这一部分，我们将分析闽西汉语方言聚合演变后，形成的元音链动变化。

4.1 疾变——闽语的纵向联系

4.1.1 前漳州特征：闽南西片反映的早期现象

相对于闽南西片的"后起创新音变"，我们将下列六项语音特征泛称为"前漳州特征"，因为这些语言特点及它们所指出的语言事实反映了今日核心闽南区没有的古代特点。分别是：(1)特定浊去字，如"梦""艾""匠""树"等读阴去调；(2)漳平永福话蟹、山摄二四等字读-ei/-eĩ 韵母；(3)龙岩城关话的-iua/-iuã 韵母；(4)漳平新桥话鱼、虞韵母字读-au 或-iau 韵母，其早期形式是 *iu；(5)漳平永福话遇摄模韵读-ou 韵母；(6)不少地区臻摄合口三等字读同开口三等，如"闰""春""分"读-in 韵母，"出""律"读-it 韵母。

其中(2)与(5)两项音变已于第三章相关处做了说明，本节的讨论主题是另外四项音韵特征。以下以音变为单位，依照"声调""韵母"的次序排列，逐条说明该音变的历史变化及在闽语比较时反映出的语言现象。

4.1.1.1 古浊去字读阴去调

闽南西片方言少数的全浊与次浊去声字有阴去调读法，且同源词具内部一致性，此种现象在闽东方言区也可看见，但以漳州为代表的核心闽南区无此现象。这些读阴去调的全浊与次浊去声字，反映了比漳州闽南话还早的语音阶段。表 4-1 比较各地闽南话及相关方言的读法。福清话语料出自冯爱珍(1993)。

表 4-1 闽南话与相关方言古浊去字读阴去调的现象

例 字	闽南西片		闽东方言	万安方言	雷州闽语	典型闽南
	龙岩城关	漳平永福	福 清	万安涂潭	雷州雷城	漳 州
匠从宕开三白	tsʻiõ5	tsʻiŋ5	——	——	tsʻio1	tsʻiõ6
匠从宕开三文	tsʻiaŋ5	——	tsʻyoŋ5	tsʻioŋ6	tsʻiaŋ4	tsʻiaŋ5
树禅遇合三白	tsʻiu4	tsʻiu5	tsʻiu5	fu6	tsʻiu1	tsʻiu6

| 例　字 | 闽南西片 | | 闽东方言 | 万安方言 | 雷州闽语 | 典型闽南 |
	龙岩城关	漳平永福	福　清	万安涂潭	雷州雷城	漳　州
树禅通合三文	——	su5	sø6		si6	su6
梦明通合三白	baŋ5	baŋ5	møŋ5	maŋ5	maŋ1	baŋ6
梦明通合三文	boŋ5	——	moŋ6		moŋ4	boŋ6
艾疑蟹开一白	hiuã5	ŋiã6	ŋiã5	gie5		hiã6
艾疑蟹开一文	ŋaĩ5	gai5	ŋaĩ5		ŋaĩ6	gai6

表 4 - 1 显示：

一，龙岩城关的"匠""梦""艾"，永福的"树"，以及福清话的"艾"，不论层次，皆读阴去调。这是"混血音读"——早期的声调结合了晚期的声母、韵母形式，虽然声母、韵母接受晚近的语音形式形成新的文读层，但声调仍然沿袭原先惯用的阴去调念法。

二，万安话具有闽语特点，"梦""艾"等次浊去声字也读阴去调。相反地，雷州闽南话这批全浊与次浊去声字却没有读阴去调的现象，相邻的海南岛也大致如此。刘新中(2006：212 - 213)指出，海南闽语各点"树"字一般都读阴平调，与雷州话相同，但海南陵水闽语，"树"却读阴去调。海南陵水"树"的声调表现与漳平永福话的读音相应。不过海南海口话"树"字有有趣的层次异读，依据杜依倩(2007：16)的研究，"树"做单音词时读阴平调，但文言词汇如"树立"读阴去调，与陵水话读阴去调的现象不完全相同。

"树"字声调的特别现象在闽南西片方言中也可以看到。闽南西片各地，"树"字的声调读法略有参差：表 4 - 1 显示，漳平永福话"树"字读阴去调，龙岩城关话读阳上调。闽南西片内部，"树"有读阴去调与不读阴去调两派。读阴去调的除了永福外，根据张屏生近年的调查，龙岩龙门街道"树"字口语中读 ts'iu5，为阴去读法，龙岩城关方言区内平行的现象还有雁石话，根据罗超(2007)的研究，雁石话"树"字的声调与古清去字同类。① 而曾德万（2012）的调查显示，龙岩城关方言区内的白沙、小池方言，"树"读阳去调，白沙、小池的现象属不读阴去调的一类。

Branner（1999：51－52）认为，闽方言浊去字读阴去调的现象可能是保留了中古汉语去声分阴阳前的格局。"浊去字读阴去调"是不是就能等于"中古汉语不分阴阳去"的现象，需要继续讨论。一般认为，浊音声母会使声调的调值稍降，因此中古汉语的浊音声母使"平""上""去""入"四声分成阴、阳两调，古清音声母字读阴调，而古浊音声母字另立一调，泛称为阳调。闽方言中这批浊音声母字始终与清音声母字读同一调类，有可能是反映中古汉语声调另立阳调之前的格局。

闽方言中，读阴调的去声字包含全浊去与次浊去声字。一般而言，汉语方言中鼻音声母字没有清化问题，为什么这些次浊去声字和全浊去声字一样，始终与清声母字走在一起？或许是这些浊音声母字在特定的方言区内，声调调值与清音声母字接近，与一般的浊音声母字差距较大，因此当"声调分为阴阳两调"，多数的浊母字声调另立为阳调时，这批字反而与阴调字走在一起。

同一方言区往往存在内部口音差异。这些浊去字在漳州闽南话都读阳去调，说明在声调分为阴阳两调前，这批字的声调现象在漳州核心区与边陲区有细微差异，因此声调分化后，漳州读阳去调，边陲区读阴去调。闽南西片各地，相关同源词读阴去调的现象也略有参差，以"树"字的声调表现最鲜明。边陲区往往汇聚了不同梯次与不同来源的闽南移民，各方言点的语言竞争结果不完全相同，因此造就了这样的语言状态。

---

① 雁石话因为辅音韵尾弱化快速，系统中没有促音韵尾，因此声调归并较其他方言复杂。罗超（2007）的处理办法是，古清去来源字立为"去声调"，调值是 24；古浊上、浊去来源字与古浊入字声调接近，因此立为"阳入调"，调值为 51。雁石话辅音韵尾大量弱化及因韵尾弱化引起的声调归并现象，与相邻的万安话很相似。

4.1.1.2 臻摄合口三等读同开口三等

闽南西片中,臻摄合口三等字除一般闽南常见的韵母形式-un/-ut外,部分字另有读同开口三等一派,以下先看古谆韵入声字。请见表4-2例字:

表4-2 闽南西片谆韵入声字读同开口韵的现象

例 字	漳平溪南	漳平菁城_{桂林}	漳平永福	龙岩城关	龙岩苏坂	漳州
出_{臻合三谆昌}	tsʻieʔ7	tsʻut7	tsʻit7	tsʻut7_{出题} tsʻit7_{出去}	tsʻiet7	tsʻut7
律_{臻合三谆来}	lieʔ8	lit8	lut8	lut8	luot8	lut8
实_{臻开三真船}	sieʔ8	sit8	sit8	sit8	siet8	sit8
日_{臻开三真日}	gieʔ8	git8	git8	git8	giet8	dzit8

闽南西片中,漳平溪南话"出""律"等字皆读同开口三等,而其他地区各有读开口或合口的现象。菁城话中,西园话"出"读tsʻət7,属开口一派,其韵母形式变化较大,演变是it>(iet)>et>ət,韵母演变与臻开三入声字"实""日"等相同,西园话都读-ət韵母。龙岩苏坂"出"读tsʻiet7,正是第二个语音演变阶段。

闽南西片各地,"出"字以开口三等读法为主,龙岩城关同时有-it与-ut二读,但口语中常用的仍是-it韵母一派。这样的现象说明,闽南西片谆韵入声字早期是*iut,如此才会分别有-it与-ut等现代形式并存。

将比较范围扩大至阳声韵字,闽南西片谆韵阳声字也有读同开口三等的形式,谆韵阳声字的古代形式是*iun,与入声韵的现象平行。请看表4-3的语音对应:

表4-3 闽南西片谆韵阳声字读同开口韵的现象

例 字	漳平菁城_{桂林}	漳平永福	龙岩城关	龙岩苏坂	漳州	泉州
闰_{臻合三谆日}	lun6	gin6	gin4	gin6	lun6	lun6
春_{臻合三谆昌}	tsʻun1	tsʻun1	tsʻun1	tsʻun1	tsʻun1	tsʻun1

例　字	漳平 菁城_{桂林}	漳平 永福	龙岩 城关	龙岩 苏坂	漳州	泉州
神_{臻开三真船}	sin2	sin2	sin2	sin2	sin2	sin2
银_{臻开三真疑}	gin2	gin2	gin2	gin2	gin2	gin2

闽南西片内部,"闰_{闰月}"亦有-un、-in 两派读法,而典型闽南却一律读-un。根据曾德万(2012:23)的研究,龙岩白沙话"春_{臻合三谆昌}"有 ts'in1、ts'un1 二读,而龙岩苏坂话有的地区"春"读 ts'in1,我们调查的苏坂话,"春"读 ts'un1。若非闽南西片谆韵阳声字的起点是* iun,"闰""春"二字不会在闽南西片内部出现这样的对应关系。

闽南西片谆韵阳声字的变化起点是* iun,而共同闽南话谆韵阳声字的起点也应是* iun,比较漳州、泉州的语音数据会得到这个结果。请见表 4-4 的比较:

表 4-4　闽南话谆韵字的比较

例　字	漳平 菁城_{桂林}	漳平 永福	龙岩 城关	龙岩 苏坂	漳州	泉州
笋_{臻合三谆心}	sun3	sun3	sun3	sun3	sun3	sun3
春_{臻合三谆昌}	ts'un1	ts'un1	ts'un1	ts'un1	ts'un1	ts'un1
均_{臻合三谆见}	kin1	kin1	kin1	kin1	kin1	kun1

漳州话谆韵字的读音一般是,舌根声母字读-in,如"均",其他读-un,[①]如"笋""春"。但泉州话不论任何声母,一律读-un,因此泉州话"均""笋""春"同韵母。漳、泉方言在舌根声母字上出现了 in:un 的对应,将漳泉方言谆韵阳声字的演变来源定为* iun,是简洁解释漳泉对应的办法。闽南西片与本土漳州话的差异只在于,闽南西片在谆韵上出现了更多读-in/-it 的现象,例如"春""闰""出""律",因此才凸显出漳、泉"均"字韵母对应的意义。

---

① 漳州话"匀_{臻合三谆以}"除 un2 读法外,另外还有 in2 的读法,见《漳州市志·方言志》(1999)。

再者,继续比较臻摄合口三等文韵字。闽南话文韵字多数读
-un/-ut,闽南西片也大致如此,但在内部少数地方,可发现文韵字读
-in韵母的痕迹。请见表4-5比较:

表4-5 闽南话文韵字的比较

例 字	漳平 菁城桂林	漳平 永福	龙岩 城关	龙岩 苏坂	漳州	泉州
君臻合三文见	kun1	kin1	kin1①	kin1	kun1	kun1
军臻合三文见	kun1	kun1	kin1②	kin1	kun1	kun1
运臻合三文云	gun6	gun6	gun6 gin6	gin6	un6	un6
分臻合三文非	pun1	pun1	pun1	pun1	pun1	pun1

根据闽南西片内部的语音对应,闽南西片文韵字的韵母前身显然也
是*iun,因为闽南西片-in与-un两种读法并行。龙岩城关话"运"-in
与-un两种读法同时存在。此外,张屏生调查龙岩城关方言,发现城
关话口语中"给"说pin1,本字为"分"。③ "给你"说"分你"的用法在客
语中很常见,李如龙、张双庆(1992:451)的调查指出,客语中"分"有
读合口韵母与齐齿韵母两种类型,如梅县话读pun1,清溪话读pin1。
闽西的武平和宁化客语,"分"也读齐齿韵母。综合上述现象,闽南西
片文韵的韵母前身是*iun。

再比较闽南西片与漳州话,漳州话文韵字的变化起点也应是
*iun。因为闽南西片谆韵与文韵皆是*iun,而表4-4"笋""春""均"等
字的比较,也证明漳州话谆韵阳声字来源是*iun。根据闽南西片与
漳州话的语言关联,漳州话谆文二韵的语音架构应与闽南西片平行,
因此漳州话文韵字的来源很可能也是*iun。其次,若假设早期闽南
话谆文两韵是合流的,漳州话谆韵舌根声母字"均"读-in,但文韵舌根

声母字"君""军"却读-un,这个对应关系也说明谆文二韵的共同来源是 *iun。泉州话谆韵与文韵不论声母,一律读-un/-ut,若视为 *iun 后的演变,也是合理的。

如此,闽南话臻摄谆韵与文韵的早期来源是 *iun/*iut,谆韵与文韵属合口三等,闽南话早期是-iu-,也属常态。况且闽南臻摄合口一等读-un/-ut,如"村臻合一清"ts'un1、"滚臻合一见"kun3、"骨臻合一见"kut7,合口三等若是 *iun/*iut,正好与合口一等平行。

万安话的语音现象可辅助证明闽南臻摄合口字共同起点的推论。万安话古知、章系字有读舌根声母 k-、k'-的现象,且其后通常接 y 元音,例如万安梅村话"猪遇合三知"ky1、"箸遇合三澄"ky6、"鼠遇合三书"k'y3。万安话臻合三的知、章系字也读舌根声母,且不少地区有-y-介音,请见表4-6例字。万安松洋与上杭步云梨岭的语料出自 Branner(2000):

表4-6 万安方言臻合三的读音

例 字	万安梅村	万安松洋	步云梨岭	万安涂潭	龙岩城关
春臻合三谆昌	k'yæ1	k'yeɲ1	k'uɛ̄1	k'un1	ts'un1
准臻合三谆章	kyæ3	kyeɲʔ3	——	kun3	tsun3
椿臻合三谆彻	k'yæ1	k'yeɲ1	k'uɛ̄1	k'un1	ts'un1
出臻合三谆昌	k'yæ6	k'ye6	k'uɛəʔ7	k'uɛ6	ts'ut7 ts'it7

Branne(2000:91)认为,上杭步云梨岭方言也属于一种万安话。据 Branner 的研究,万安话古知、章系字读舌根音应是由 y 引发出声母"强烈颚化"导致。王弘治(2012:122)指出,卷舌音在"听感"上具有"降音性"(flat),"降音性"是一种音色特征,在声学上大致可以定义为"较高部分频率分量的下降或减弱"或"在语图频谱上表现在一组或全部共振峰的下降"。在发音生理上,口共鸣腔前部或后部口径会缩小,从而伴有咽颚或唇部的代偿性变化以延长口共鸣腔。Ohala(1985)即已提出这个看法,认为"唇"、"颚中区域"(labialization)和

"咽部区域"恰好都会对声道第三共振峰固定频率的节点和波腹产生影响,在这三个区域分别收紧声道,都会使第三共振峰的频率降低,形成相近的音色感知。王弘治(2012：128－129)在 Ohala 的研究基础上,继续探讨卷舌音的特质与汉语方言中的相关现象。王弘治指出汉语方言中卷舌音变为舌根音可能是卷舌音降音性特征造成的感知变异,也就是因语音特质造成听者混淆,从而引发语音变化。它的限制条件是高元音,高元音使口共鸣腔的收窄,口共鸣腔软腭部分收窄在音色听觉上接近于前部收窄,因此导致软腭化的产生,使得卷舌声母变为舌根声母。

　　万安话卷舌音变成舌根音的条件是 y,而万安话的 y 发音时相当紧,唇齿间几乎没有缝细,气流似乎是以"挤"的方式发出。卷舌音本身具有"降音性",发音时口共鸣腔口径会缩小,其后再搭配发音时唇齿间几乎没有缝细的 y 元音,整个发音动作都使口共鸣腔前部十分紧缩,而前部收窄与软腭部位收窄的音色相当接近,如此一来,卷舌音就变为舌根音。

　　表 4－6 中,上杭步云梨岭舌根声母后头接的是-u-,Branner (2000：92)认为这个介音-u 是*-y 的后续变化。在声母演变为舌根音后,演变条件-y 才变成-u-。万安涂潭话的现象与梨岭话相似,知章系字读舌根声母,但其后却接-u 元音。涂潭的变化与梨岭平行,在声母软腭化后,演变条件-y 才变为-u。涂潭的韵母形式非常接近闽南话,其臻合三早期当为*yn/*yt,这与我们对共同闽南臻摄字的推测互相呼应。

　　y 具备"前高"与"圆唇"两个特点,所以在汉语方言中常可看到-y 与-iu、-ui 互相演变。董同龢(2003：222)认为,官话中撮口呼-y 的来源就是*iu。张光宇(2006：356)也指出,吴地旧县志常有"支微入鱼"的记录,但是其他方言常有"鱼入支微"的变化,支微入鱼的演变过程是 uei＞ui＞y,鱼入支微正好相反：y＞ui＞uei。吴语双向音变的过程,说明了-y 与-ui 的变化关系。

闽南话中,舌根声母字似乎特别容易使*iun/*iut变成in/it。例如漳州话谆韵的"均",以及闽南西片文韵的"君""军"等,都是舌根声母字。"运"字一般闽南话属零声母字,但闽南西片读g-声母。韵母的变化与声母g-的增生谁先谁后不易论定,暂且把这个例子也当为舌根声母字一类。

4.1.1.3 龙岩城关话的 iua/iuā 韵母

闽南西片"徛""蚁""艾""团""件""外""倚"等字,各地有特殊读音。龙岩城关的形式:-iua 与-iuā,是闽南西片中最早的语音阶段。龙岩的语音形式与其他闽语比较后,可向上推论这批字,闽语早期至少曾经历*-iu-介音的阶段。以下讨论分两部分,第一部分先说明闽南西片内部的语音演变,讨论的地区分别是:(1) 龙岩适中,(2) 龙岩苏坂、漳平新桥、漳平西园,(3) 漳平双洋。第二部分比较闽语次方言的同源词,说明古闽语可能的语言演变。

(一) 闽南西片内部的语音变化

龙岩城关的-iua/-iuā 韵母很特殊,龙岩龙门街道发音人这组韵母的语音是[ioa]、[ioā],很像是[io]后接[a]组合而成的双音节韵母。根据曾德万(2012)的调查,龙岩城关区的白沙及小池方言,这组韵母对应读-ya/-yā,Branner(2000)调查的龙岩西陂方言,该韵母的读音也是-ya/-yā,郭启熹记录的韵母-iua/-iuā 是相对较早的语音形式。以阴声韵母为例,龙岩城关方言区内的变化过程是:

$$iua \rightarrow ioa\,(龙门街道)$$
$$\searrow ya\,(白沙、小池)$$

龙岩的苏坂话把这组音读-io,漳平新桥话读-ic̠,苏坂与新桥话有 ua＞o 音变,这批同源词平行演变:iua＞io,音节中的后两个成分出现元音单化,可见该韵母最早时是 i＋ua 的三合韵母,如此苏坂与新桥才会变为-io 或-ic̠。龙岩城关方言区内,以-iua 的形式最早,音节结构与-iau 一致。龙门街道现在的读音[ioa],是三合韵母中的第二成分元音位置降低后的结果,受到音节末端-a元音的影响,属于逆同化现象。以下仍以较早的韵母形式-iua/-iuā来描述龙岩话的语音,并依此比较次方言间的同源词同应。

城关话-iua、-iuā韵母目前只有舌根声母字,请见表4-7闽南西片同源词的对应:

表 4-7　龙岩城关 iua/iuā 韵母字及与
其他闽南西片方言的对应

例　字	龙岩城关	龙岩适中	龙岩苏坂	漳平新桥	漳平西园	漳平双洋	漳平永福
倚 止开三群	kʻiua4	kʻia6	kʻio6	kʻiɔ6	kʻia6	kʻiau6	kʻia6
蚁 止开三疑	ŋiuā4	sua6	ŋiō6	hiɔ6	hiā6	hiaū6	hia6
艾 蟹开三疑	ŋiuā5	sua5	ŋiō5	——①	——	hiaū5	hiā5
囝 山开三见	kiuā3	kiā3	——	kiɔ3	kiɔ3	——	kiā3
件 山开三群	kiuā4	kiā6	kiō6	kiɔ6	kiɔ6	kiā6	kiā6
外 蟹合一疑	giua1	gia1	gio1	guɛ1	giɔ1	gua1	gia2外面 gua2出外
倚 止开三影	giua5	ua3	——②	ua3	——③	ua3	ua3

龙岩城关的-iua/-iuā韵母能对应典型闽南话的-ia/-iā或-ua/-uā。漳平永福话"外"字有齐齿-ia与合口-ua二种读法,相当特别。城关"倚"读阴去调,与其他闽语不太一样,"倚"字在其他闽方言中都读 ua3。闽南西片高元音前有增生 g-声母的规律,但许多地区"倚"字仍读零声母,未发生声母增生,显示此字过去或许另有特殊现象。

这批同源词在闽南西片内部几个地区另有后续音变,是龙岩城关-iua/-iuā韵母的下一阶段,请见下列讨论。

(1)龙岩适中

首先看适中话的情况,适中特殊的是"蚁""艾"与"外"三字的读

---

① 新桥(南丰)话"艾草"用别的词汇,一般称为 tai6。
② 说"靠"kʻɯ5。
③ 说"靠"kʻuo5。

法。"蚁""艾"在闽南各地多读-ia,但适中却读-ua 韵母。适中镇内部的谢姓氏族高户一脉,这两个字的韵母是读-ia 的,与漳平菁城、漳平溪南及典型闽南话相同。适中有谢、陈、林、赖四大氏族,其中谢姓氏族又分"高户"及"明户",谢姓高户"蚁""艾"二字读法分别是"蚁"hia6、"艾"hia5,二字的读音是区别谢氏高户或明户的重要指标。高户的读法说明了明户"蚁""艾"读-ua 韵母与厦漳泉方言实属同源,只是另有语音变化使韵母形式不同。

适中话"蚁""艾"读 sua,s-声母是 h-阶段后经过"颚化"的演变而来,此种变化在广东翁源客家话可大量发现。翁源客语只有一套舌尖塞擦音 ts-、ts'-、s-,其晓匣母细音字皆读 s-,显然是经过 hi->si-,因翁源没有与 ts-、ts'-、s-有区别的颚化声母,因此 h-直接变成 s-。闽西武平客语除 ts-、ts'-、s-外,另有舌面音 tɕ-、tɕ'-、ɕ-,因此翁源读 s-声母的晓匣母细音字,武平都读舌面音 ɕ-,武平话的演变是 hi->ɕi-。梅县话没有颚化,这些字都读 h-声母,如表 4-8 例字所示。表 4-8 客语语料出自李如龙、张双庆(1992)。

表 4-8　客家话古晓匣声母字的颚化现象

例　　字	翁　　源	武　　平	梅　　县
休流开三晓	siu1	ɕiu1	hiu1
嫌咸开四匣	siaŋ2	ɕiaŋ2	hiam2
兴曾开三晓	sin5	ɕin5	hin5

适中闽南话的演变与翁源客语相同,早期形式是 h-声母,因后接细音故颚化为 s-。声母 h>s 的演变说明适中"蚁""艾"二字韵母应具有使声母颚化的细音性质,-ua 韵母是后来才出现的形式,若一直都是-ua,声母就不可能由 h-变成 s-。龙岩城关话"蚁""艾"二字的 ŋiuā 形式,是适中话的前身,也是厦漳泉闽南话演变的源头,适中话的演变为:ŋiuā>hiuā>hiua>siua>sua。厦漳泉闽南话"艾"是 ŋiuā>hiuā>hiā、"蚁"为 ŋiuā>hiuā>hiā>hia,两字的差别只在于鼻化是否

丢失。龙岩城关话的-iua韵母是现代齐齿-ia与合口-ua的重要分水岭,若没有经过这个阶段,现代闽南话"蚁""艾"二字介音就不会有-i、-u对立,而适中话的sua也不可能由具有颚化性质的声母及洪音性质的韵母相拼而成。

舌根系列的声母k-、k'-、h-三者,擦音似乎较塞音更容易颚化。根据蓝小玲(1999:16)的研究,闽西连城客语晓匣母及部分溪母读擦音的细音字都颚化为舌叶音,演变是hi->ɕi>ʃi-,清流客语也有一部分的擦音字已经颚化。但不论是连城或清流,读塞音的见、溪、群母字都没有颚化,仍读舌根声母k-、k'-。因此,闽西客语见系的颚化发展显然是擦音早于塞音的,这也可说明为何适中话只有声母已变入擦音h-的"蚁""艾"二字颚化,其他读塞音k-、k'-的字都没有颚化。

张光宇(2011a:100)指出,古次浊声母明、泥、疑、日母白读为喉擦音h-是闽南话的标志之一,演变起因是气流从鼻腔泄出转移到口腔泄出,全程大约是N+V>N+ṽ>H+ṽ>H+V四阶段,闽南西片及厦漳泉"蚁""艾"二字的读音正好体现次浊声母鼻音转移为口音的四个阶段。

适中话另外一个特殊读音是"外",韵母为齐齿的-ia,这种形式厦漳泉闽南话中很少见。漳平永福话"外"字有齐齿-ia与合口-ua两种读法,-ia与适中话相同,-ua则与一般闽南相同。这种异读也说明"外"早期是-iua韵母,与"蚁""艾"相同。

(2)龙岩苏坂、漳平新桥、漳平西园

龙岩苏坂与漳平新桥的情况较单纯,龙岩城关话读-iua/-iuā韵母的字,苏坂与新桥一律发生元音单化,变为-io/-iō或-iɔ/-iɔ̄,音节中的末两个成分融合为o或ɔ,同源词与城关方言整齐对应。虽然汉语中常见a>o、ia>io的音变,闽西客语就有这种变化,但苏坂与新桥系统中没有a>o的演变,假梗摄字读-ia,如"写假开三心"sia3、"谢假开三邪"sia6、"壁梗开四帮"pia6,这些字除入声字弱化读舒声韵外,韵母形式与典型闽南话并没有不同。所以龙岩城关话读-iua/-iuā韵母的这批字,苏坂与新桥的变化是 iua＞io/iɔ,其前身不会是* ia。

漳平西园话这批同源词的韵母形式介于典型闽南话与苏坂、新桥之间,西园"倚""蚁"读-ia/-iā韵母,而"囝_{囝婿}""件""外"读-iɔ韵母。这种参差正好说明这批同源词的前身是* iua,西园有典型闽南话的音变:iua＞ia,也有苏坂、新桥的音变:iua＞io/iɔ。如果同源词的前阶段是* ia,则无法合理解释为何这批字西园话既有-ia也有-iɔ。

(3) 漳平双洋

漳平双洋的语音形式最特殊,龙岩城关的-iua/-iuā韵母,双洋读-iau/-iaũ,除表4-7的例字外,还有"靴_{果合三晓}"hiau1、"橇_{杓子 止开三晓}"hiau1 等,也与城关话的-iua韵母对应。龙岩白沙话"倚"读 k'iau4,韵母形式与双洋话相同。①

城关话的三合韵母-iua/-iuā不是今日闽南系统中常见的语音,闽南西片内或变为-io/-iɔ或变为-ia、-ua。比起-iua,-io/-iɔ或-ia、-ua 更适合现代闽南话的韵母系统。漳平双洋的语音形式是经过:iua＞iɔ＞iau 的演变,-iau 韵母中,音节后部的-ua 先单化为-ɔ,其后-ɔ又复化为-au。

第一阶段的变化与相邻的新桥话相同,第二阶段的变化在万安话中有平行演变。万安梅村话通摄入声字读-ɔ 或-ɔʔ 韵母,如"屋_{通合一影}"ɔ6、"福_{通合三非}"fɔʔ8、"六_{通合三来}"liɔʔ8、"玉_{通合三疑}"ŋiɔʔ8;这些字万安涂潭话对应为-au 韵母,如"屋"au6、"福"fau8、"六"liau8、"玉"ŋiau8。万安的元音演变应当是 ɔ＞au,属元音复化。万安通摄入声字的辅音韵尾大量弱化,梅村古浊入字仍有喉塞尾,清入字全变为舒声韵母。这样看来,涂潭韵母-au 中的第二个成分-u,不会是古代入声韵

① 白沙还有一个特殊现象是"寄"读 kiau5,"寄"与"倚"同为止摄支韵开口字。我们调查的苏坂话,"寄"读 kiɔ5,但多数的闽南西片方言"寄"读 kia5,与典型闽南话一样。

尾＊-k 的遗留，否则梅村不会有 Ɂc-、-iɔɁ 的韵母形式存在。

依据项梦冰（1997：9）的研究，连城新泉话果摄字也有类似的元音复化音变：o＞au，如"婆_{果合一并}"pʻau2、"多_{果开一端}"tau1、"歌_{果开一见}"kau1。连城赖源下村话山摄字亦有相关变化。赖源下村话与万安话系统接近，一般认为属于同类方言区。（严修鸿 2002；Branner 2000）赖源下村山摄一、二等读-au 韵母，如"盘_{山合一并}"pau2、"酸_{山合一心}"sau1、"山_{山开二生}"sau1、"寒_{山开一匣}"hau2，①这些字万安涂潭话一律读-ō，如"盘"pō2、"酸"sō1、"山"sō1、"寒"hō2，下村话的韵母形式是元音复化的结果：ō＞o＞au，演变与通摄字平行。相关的比较另见下文 4.2 章节的讨论。

虽然双洋系统内并没有 ua＞ɔc 与 ɔ＞au 的变化，但"猗""蚁""艾""件""外""倚"等同源词在闽南西片中往往率先音变，因此它们出现其他字群没有的音变，是有可能的。

（二）共同闽语的推论

我们认为，龙岩城关的-iua/-iuā 韵母说明这批同源词，闽语早期当经历＊-iu 介音阶段。龙岩城关的-iua/-iuā 韵母能对应典型闽南话的-ia/-iā 或-ua/-uā。多数闽南音系没有-iu 或-y 结构，y 元音多出现在闽东、莆仙、闽中、闽北等地区。龙岩城关的-iua、-iuā 韵母与莆田的-yɒ 或仙游的-ya/-yā 对应整齐，但龙岩城关话-iua、-iuā 韵母只出现在舌根声母后，例字请看表 4 - 9。莆田与仙游的语料出自县志：

表 4 - 9　龙岩城关 iua/iuā 韵母与其他闽方言的对应

例字（A组）	龙岩城关	漳平永福	莆　田	仙　游	漳　州
猗_{止开三群}	kʻiua4	kʻia6	kʻyɒ6	kʻya6	kʻia6
靴_{果合三晓}	hiua1	hia1	hyɒ1	hya1	hia1
蚁_{止开三疑}	ŋiuā4	hia6	hyɒ6	hya6	hia6
艾_{蟹开三疑}	ŋiuā5	hiā5	hyɒ5	hya5	hiā6

---

① 赖源下村话语料出自江敏华、何纯慧（2012）。

续　表

例字(A组)	龙岩城关	漳平永福	莆田	仙游	漳州
囝 山开三见	kiuã3	kiã3	kyɒ3	kyã3	kiã3
件 山开三群	kiuã4	kiã6	kyɒ6	kyã6	kiã6
外 蟹合一疑	giua1	gia2 外面 gua2 出外	kua6	kua6	gua6
倚 止开三影	giua5	ua3	ua3	ua3	ua3
寄 止开三见	kia5	kia5	kyɒ5	kya5	kia5

表4-9中,"外""倚"二字最特殊,除了说明龙岩城关的-iua、-iuã韵母也对应莆仙方言的-ua韵母外,漳平永福"外"分别有-ia与-ua二种韵母形式,且"倚"字不增生g-声母,也与闽南西片的声母增生音变不吻合,很可能永福话在发生声母增生音变时,"倚"字的读音并非以-u元音起首。"寄"字龙岩城关话读-ia韵母,与多数的闽南话一致,但龙岩白沙话"寄"读kiau5,苏坂话有的地区读kio5,有的地区读kiau5。白沙与苏坂的韵母形式反映"寄"早期的韵母是*iua,与龙岩城关话今读iua、-iuã韵母的字同类。白沙与苏坂"寄"的韵母演变是*iua＞io＞iau,变化同漳平双洋。白沙话"徛"读k'iau4,也读-iau韵母,正好左证了"寄"本与龙岩城关话iua、-iuã韵母字同类。

莆田的-yɒ或仙游的-ya/-yã除了舌根声母字外,也能出现在其他环境,但这一些字龙岩城关却不读-iua、-iuã韵母,读音与一般闽南没有差别。比较如表4-10:

表4-10　闽南话与莆仙话同源词的比较(一)

例字(B组)	龙岩城关	漳平永福	莆田	仙游	漳州
骑 止开三群	k'ia2	k'ia2	k'yɒ2	k'ya2	k'ia2
营 梗合三以	ŋiã2	ŋiã2	yɒ2	yã2	iã2
纸 止开三章	tsua3	tsua3	tsyɒ3	tsya3	tsua3
蛇 果开一透	tsua2	tsua2	ɬyɒ2	ɬya2	tsua2

例字（B组）	龙岩城关	漳平永福	莆 田	仙 游	漳 州
煎_{山开三精}	tsuā1	tsuā1	tsyɒ1	tsyā1	tsuā1
岸_{山开一疑}	huā1	huā2	ŋyɒ6	huā6	huā6
换_{山合一匣}	ŋuā1	ŋuā2	yɒ6	yā6	uā6

A、B两组字常常被拿来讨论共同闽语的介音拟构。这两组字闽南方言同时拥有-ia/iā与-ua/uā两种读法，舌根声母以-ia/iā读法为主，其他声母以-ua/uā读法为多，但有例外，如"外"为古疑母字，但韵母与非舌根声母字同类，声母条件似乎不是韵母分类的绝对准则。莆仙话A组除了"外""倚"读-ua外，其他字都读-yɒ或-ya/-yā。零声母读法也值得多加思考，莆仙A组"倚"与非舌根声母同韵母，B组"换"却与舌根声母字同类。李如龙（1997：64-65）指出，莆仙话在宋代以前是与泉州话相似的，后来才逐步受到福州方言的影响成了一种闽南与闽东的过渡方言。根据戴黎刚（2007：37）的研究，莆仙话-y-介音的来历可从1912年传教士记录的莆田话讨论起。现代莆田方言的-yɒ韵母在1912年时被记录为-iɔ韵母，吴瑞文（2007：279）认为莆田的-y-介音是受到圆唇性质元音的影响产生：*i＞y/_ɔ，这是逆同化，1912年的莆田音系还有鼻化韵，其-iɔ̃韵母也平行演变：iɔ̃＞yɔ̃＞yɒ̃＞yɒ。

值得注意的是，莆田1912音系有由前圆唇元音组成的韵母，如-y（书、去）、-yŋ（近、荣）、-yʔ（疫）及-ø（所、助）、-øŋ（用、中）、-ø̃（全）、-øʔ（缺）等。早期莆田音系有i、y、u三个高元音，其中i、u可做主要元音与介音，y却只能当作主要元音，y介音的位置成为音系中的空缺。这样的音系特点保留在闽东北片福鼎县内的澳腰莆田方言岛，根据陈章太、李如龙（1991：459-471）的研究，澳腰方言大约只有一百多年的历史，是被福鼎桐山话及闽南话包围的小方言岛。其音系有由前圆唇元音y、ø为主要元音组成的韵母，但却没有y介音。

　　归纳上述讨论,我们比较闽南西片、典型闽南、现代莆仙话及早期莆仙话A、B两组字的韵母形式,请见表4－11的韵母架构:

表4－11　闽南话与莆仙话同源词的比较(二)

组别	例字	闽南西片		闽南	现代莆仙		早期莆仙	
		龙岩城关	漳平永福	漳州	莆田	仙游	莆田1912	澳腰
A－1	倚	k'iua4	k'ia6	k'ia6	k'yɒ6	k'ya6	k'iɔ6	k'ia6
	靴	hiua1	hia1	hia1	hyɒ1	hya1	hiɔ1	hia1
	艾	ŋiua5	ŋiā6	hiā6	hyɒ5	hya5	hiɔ5	hiā6
	园	kiuā3	kiā3	kiā3	kyɒ3	kyā3	kiɔ3	kiā3
A－2	外	giua1	gia2外面 gua2出外	gua6	kua6	kua6	kua6	gua6
	倚	giua5	ua3	ua3	ua3	ua3	——	ua3
B	纸	tsua3	tsua3	tsua3	tsyɒ3	tsya3	tsiɔ3	tsia3
	线	suā5	suā5	suā5	ɬyɒ5	ɬyā5	ɬiɔ5	siā5
	煎	tsuā1	tsuā1	tsuā1	tsyɒ1	tsyā1	tsiɔ1	tsiaŋ1
	换	ŋuā1	ŋuā2	uā6	yɒ6	yā6	iɔ6	——

龙岩城关话读-iua/-iuā韵母的A组字,可再分成两类:A－1类闽南话读-ia/-iā韵母,A－2类闽南为-ua韵母。B组字则是闽南读-ua/-uā韵母的类别。现代莆仙话除A－2类读-ua韵母外,其余两类都读-yɒ或ya/yā。莆田1912音系与澳腰方言则是A－2类读-ua,其于为-iɔ/-iɔ̄或-ia/-iā。

　　首先,把焦点放在莆仙方言。早期莆仙与现代莆仙方言A－2类字皆非常一致,都读-ua;A－1与B类字不分,现代莆仙话的-y介音读法原为-i介音,是因圆唇元音影响而出现。莆田方言的变化如下:

　　　　A－1、B类字：iɔ/iɔ̄　(莆田1912)　→　yɒ/yɒ̄　→　yɒ/yɒ̄　→　yɒ(莆田)
　　　　　　　　　　　　　　　　　　　　　　　　　　　　　　　　↘ia/iā(澳腰)

　　　　A－2类字：　　ua　　(莆田1912)　→　ua　(莆田、澳腰)

若撇开晚近的音变,我们可以把莆仙方言A－1与B类字的介音"还

原为"-i介音。如此,闽南方言与莆仙话的介音比较见表 4 - 12:

表 4 - 12　闽南话与莆仙话同源词的介音比较

组别	声　母	闽 南 西 片		典型闽南	莆 仙 方 言	
		龙岩城关	漳平永福	漳州	莆仙1912	莆田
A - 1	舌根	iu	i	i	i	i>y
A - 2	舌根及零声母	iu	u/i	u	u	u
B	非舌根及零声母	u	u	u	i	i>y

三类字中,A-2类字的介音对应最突出。虽然一般闽南与莆仙都是-u介音,但在闽南西片方言却有特殊现象,龙岩城关读-iu介音,永福话"外"字同时有-u与-i两种介音。由此也可发现,现代莆仙话的-y-介音与闽南西片的-iu-介音属不同层面,成因也不同。

A-1与A-2的区别也很有意思,龙岩城关话两类不分,但在典型闽南话与早期莆仙方言,A-1为-i介音,A-2却是-u介音,这显示龙岩城关的-iu-是更早期的语音现象。永福话 A-2的"外"有-i-、-u两种介音的读法,也说明两种韵母形式分别保留了-iu-介音当中的一个成分。而最重要的是,闽南西片 A 类字反映的-iu-,并不等于现代莆仙方言的-y-。

最后,我们再加入闽东方言一起比较,请见表 4 - 13。福鼎话的语料出自县志;福清话的语料出自冯爱珍(1993):

表 4 - 13　闽方言"徛""团""外""倚""纸""线"的韵母比较

组别	例字	闽 南 西 片		典型闽南	早期莆仙	闽 东	
		龙岩城关	漳平永福	漳州	莆田1912	福鼎	福清
A - 1	徛	kʻiua4	kʻia6	kʻia6	kʻiɤ6	kʻia6	kʻia6
	团	kiuã3	kiã3	kiã3	kiɔ̃3	kiaŋ3	kiaŋ3

续　表

组别	例字	闽 南 西 片		典型闽南	早期莆仙	闽 东	
		龙岩城关	漳平永福	漳州	莆田1912	福鼎	福清
A-2 A-2	外	giua1	gia2外面 gua2出外	gua6	kua6	ŋia6	ŋia6
	倚	giua5	ua3	ua3	——	——①	ai3
B	纸	tsua3	tsua3	tsua3	tsiɔ3	tsia3	tsia3纸人 tsai3粗纸
	线	suā5	suā5	suā5	ɬi35	siaŋ5	siaŋ5

介音比较如表 4-14：

表 4-14　闽方言同源词的介音比较

组 别	声 母	闽 南 西 片		闽 南	莆 仙	闽 东	
		龙岩城关	漳平永福	漳州	莆田1912	福鼎	福清
A-1	舌根	iu	i	i	i	i	i
A-2	舌根及零声母	iu	u/i	u	u	i	i/∅
B	非舌根及零声母	i	u	u	u	i	i/∅

A-1 类字，闽东、闽南、早期莆田皆读-i 介音，而闽东话 A-2 类"外"字读-i 介音，与闽南、早期莆田读-u 介音不同，永福读法同时表现闽东与闽南两种类型。从 A-1 与 A-2 上推，-iu-为共同源头最容易解释，龙岩城关话 A 类字保留了早期的语音特点与音韵间架。闽南话 B 类字读-u 介音，早期莆田与闽东方言皆为-i 介音，这样的对应也能说明早期是-iu-。此外，A-2 组的"倚"与 B 组的"纸"，闽东方言一般读无介音的-ai 韵母，则是另一种表现。

龙岩城关的-iua 与-iuā 韵母无法用外部方言的影响来解释，因为

————————

① 福鼎话说"靠"kʻoˀ。（陈章太、李如龙 1991：57）

这对韵母只出现在舌根～喉部声母后,以"接触后产生的韵母"来理解很难令人信服,况且,y元音在闽西客语中并不是很常见。闽南西片方言舌根～喉部声母易保留-u-介音,因此在舌根～喉部声母后才完整保留了-iua、-iuā韵母的早期形式。

介音-iu-是根据现有的方言材料,操作比较法推论的最早阶段。或认为共同起点是古老层次,就时间来看应与上古音相映,龙岩城关读-iua与-iuā的字多为上古歌、祭、元部字,但要认定歌、祭、元部为-iua与-iuā,只就方言材料显然不足。事实上我们的讨论并未涉及上古的《诗经》及谐声材料所代表的意义。闽语的形成过程复杂,须考虑历代移民与地理扩散所带来的影响,闽语各层次与文献的链接不应似是而非,历史文献的本质尚待说明,共同起点的重建仍应以现实方言为优先考虑。因此我们保守地采取以真实闽方言为基础的比较工作,推测材料可及的共同起点,在文献背后的语音性质弄清之前,暂时不把起点与历史断代连结。

上古歌、祭、元部字一般认为是-i-介音,Norman(1981)替"蛇_假开三船_""纸_止开三章_""徛_止开三群_""寄_止开三见_"等同源词拟构原始形式为 *iɑi,圆唇性质的元音使介音出现合口成分-u或发展为-y-是常见的语音演变,如张光宇(2011a:103)指出,闽东福清话"燃_山开三日_"yoŋ2、"件_山开三群_"kyoŋ6,韵母的变化是ion>yon>yoŋ。此外,古代文献记录了这批同源词在上古属于读-i-介音的类型,但在某些汉语方言中表现了别的介音模式,也是可能的状况。

4.1.1.4　漳平新桥遇摄鱼虞韵字读 *iu

(一)"鱼虞有别"和"鱼虞混合"

闽语遇摄鱼、虞韵的层次与演变,是共同闽语重建时,很有争议的议题。一般认为,闽语遇摄三等可分为"鱼虞有别"及"鱼虞混合"两层。江敏华(2003:129-130)指出,汉语方言"鱼虞有别"的现象往往表现为鱼韵字除了读和虞韵相同的韵母外,还另外具有虞韵没有的韵母读音;通常前者为文读,后者为白读。鱼韵特有的韵母,与虞韵有所区别,学者认为是古代汉语鱼虞有别的痕迹,称为"鱼虞有别层";鱼虞两韵皆有的韵母形式,也就是鱼虞相混后的读音,称为"鱼虞相混层"。理论上,古代汉语鱼虞两韵既有分别,"鱼虞有别层"应当也存在虞韵特有的读音,但是在现代汉语方言鱼虞两韵的语音形式中,只能找到鱼韵字特有的韵母,而没有发现虞韵字特有的韵母。因此,今日所谓的"鱼虞有别层"的读音,通常指的是鱼韵字特有的韵母。

根据陈忠敏(2012)的研究,闽南话"鱼虞相混层"鱼与虞二韵都读-u 韵母,而"鱼虞有别层"中,漳州音鱼韵读-i 韵母,泉州音读-ɯ 韵母。但严格来说,漳州话鱼韵字读-i 的类型不可称为"鱼虞有别层",因为漳州话虞韵本来就有读-i 韵母的层次,见表 4-15 的泉漳韵母比较:

表 4-15　闽南话鱼、虞韵字的韵母比较

	鱼　韵		虞　韵	
	鱼	煮	主 神主	主 主席
泉　州	ɯ	ɯ	u	u
漳　州	i	i	i	u

一般都把漳州话鱼韵读-i 韵母的现象称为"鱼虞有别层",或泛称为白读层;把鱼虞韵同读-u 韵母的现象称为"鱼虞混合层",或泛称为文读层。"鱼虞有别层"的称呼并不精确,由表 4-15 可见,漳州话鱼、虞韵都有读-i 的现象。泉州话也有类似的情况,泉州话"鱼虞有别层"读-ɯ 韵母,但虞韵的"矩遇合三虞见"读 kɯ3,读同鱼韵字。漳州话"矩"读 ki3,也读同鱼韵字。漳州与泉州虞韵字韵母读同鱼韵的例字虽然不多,但这些"特殊"的虞韵字应与鱼韵同层次。

漳州话鱼韵与虞韵都有读-i 韵母的现象,闽南西片虞韵读-i 的状况更丰富。以虞韵章系字来说,闽南西片广泛存在-i 韵母的读法。漳平溪南与龙岩苏坂另外根据自身系统出现语音调整,漳平溪南是 i>

ɨ,龙岩苏坂则是 i>ei。请见表 4-16 例字:

表 4-16 闽南话虞韵章系字的语音对应

例　字	漳州双洋	漳平永福	龙岩城关	漳平溪南	龙岩苏坂	漳　州
成_{遇合三虞书}	tsʻi5	tsʻi5	tsʻi5	tsʻi5	tsʻei5	— tsʻu5
珠_{遇合三虞章}	— tsu1珍珠	tsi1阿珠 tsu1珍珠	tsi1珍珠 tsu1珍珠	— tsu1珍珠	tsei1珍珠	— tsu1珍珠
主_{遇合三虞章}	tsi3	tsi3	tsi3 tsu3	— tsu3	tsei3	tsi3神主 tsu3主席
注_{遇合三虞章}	tsi5	tsi5	tsi5	tsɨ5	tsei5	— tsu5注解
输_{遇合三虞书}	si1	si1运输 su1输赢	si1	sɨ1运输 su1输赢	sou1	si1运输 su1输入

表 4-16 说明两件事情:(1)闽南西片虞韵字读-i 韵母的现象广泛出现,"成_{房子}"的读音最显著,核心闽南话都读-u 韵母,但闽南西片绝大多数读-i 韵母,溪南与苏坂的形式是-ɨ 韵母的后续演变。"成"是闽南口语词,闽南西片中,只有漳平菁城方言区"成"读-u 韵母,与漳州话相同,这个现象间接说明菁城方言区与本土漳州的紧密联系。(2)闽南西片虞韵也存在一般读-u 韵母的文读层,各地皆可看到字例。苏坂话因系统中另有 u>ou 的变化,所以文读层读-ou。

（二）漳平新桥(南丰)话以 iau/ au 对应他处的 i 韵母

漳州话与闽南西片虞韵读-i 韵母的层次,漳平新桥(南丰话)以特殊的 iau/ au 韵母对应。根据新桥南丰话的音变规则,鱼虞韵读-iau 或-au 的形式是由 *iu 变来的。南丰话有 iu>iou>iau 的演变,而古知章系字又另外丢失了-i-介音,新桥南丰话现今表现为-au 及-iau 的虞韵字,本应为 *iu。

一般闽南话虞韵本有读-iu 韵母的语言层（A 组字）,例如"须_{胡须遇合三心}"tsʻiu1、"珠_{目珠遇合三章}"tsiu1、"蛀_{遇合三章}"tsiu5、"树_{遇合三禅}"tsʻiu6等字,这些字漳平新桥话也读 *iu。见表 4-17 比较:

表 4‑17　漳平新桥(南丰)话虞韵字的读音(一)

例字(A)	漳平新桥南丰	龙岩适中	漳平双洋	漳平永福	龙岩城关
须 胡须 遇合三虞心	ts'iau1	ts'iu1	ts'iu1	ts'iu1	ts'iu1
珠 遇合三虞章	tsau1目珠	tsu1目珠	tsiu1目珠	tsiu1目珠	tsiu1目珠
蛀 遇合三虞章	tsau5	tsu5	tsiu5	tsiu5	tsiu5
树 遇合三虞禅	ts'au5	ts'u5	ts'iu5	ts'iu5	ts'iu4

其他的虞韵字(B 组字),一般闽南话与多数闽南西片方言都读-i 韵母,但新桥南丰话仍然读*iu,现今形式为-iau/-au。见表 4‑18:

表 4‑18　漳平新桥(南丰)话虞韵字的读音(二)

例字(B)	漳平新桥南丰	龙岩适中	漳平双洋	龙岩城关	漳 州
厨 遇合三澄	tiau2	—— tu2	ti2	ti2	—— tu2
珠 遇合三章	tsau1珍珠	tsi1珍珠	tsu1珍珠	tsi1珍珠	tsu1珍珠
主 遇合三章	tsau3作主 tsu3主席	tsi3	tsi3	tsi3 tsu3	tsi3神主 tsu3主席
输 遇合三书	sau	si1	si1	si1	si1运输 su1输入
戍 遇合三书	ts'au5		ts'i5	ts'i5	ts'u5

古章系字如上所述,闽南西片与漳州话相同,有-i、-u 两个韵母层次,但新桥南丰话读-au 与-u。南丰话 B 组字的-iau/-au 对应闽南西片其他方言区的-i 层次,南丰话"主"字有-au、-u 二读,是鲜明的证据。

我们认为新桥南丰虞韵(B 组)的韵母与上述"须""珠目珠""蛀""树"等虞韵(A 组)是不同的层次,但新桥话二者恰好"异层同读"。否则,难以解释为何各地的闽语,虞韵(B 组)的韵母都没有读同虞韵(A 组)的现象。况且,漳州话本有虞韵(B 组)韵母读同鱼韵的情况,闽南西片他处也很一致,新桥南丰话虞韵(B 组)读同鱼韵,并不是特殊状况,只不过其他地方的韵母是-i,新桥是*iu,新桥经过元音低化与介音丢失音变后,今日的韵母形式为-iau/-au。

厦漳泉闽南话虞韵有读-iau韵母的层次,以漳州的读音说明,如"柱_{遇合三澄}"t'iau6、"数_{算账 遇合三生}"siau5。这个层次,新桥南丰话依照系统中复元音单化的音变规律,读-iɔ韵母,如"柱_{遇合三澄}"t'iɔ6,其韵母形式与表4-18的虞韵(B组)字不同,这显示了南丰话虞韵读-iau/-au的现象,与典型闽南话读-iau的字来源不同,也并非同一层次。

多数闽南西片方言鱼韵白读层读-i,属漳州类型。这些鱼韵字,新桥南丰话也读-iau/-au,请见表4-19:

表4-19 漳平新桥(南丰)话鱼韵字的读音

例　字	漳平新桥_{南丰}	龙岩适中	漳平双洋	漳平永福	漳　州
猪_{遇合三知}	tiau1	ti1	ti1	ti1	ti1
除_{遇合三澄}	tiau2	ti2	ti2	ti2	ti2
箸_{遇合三澄}	tiau1	ti1	ti1	ti1	ti1
薯_{遇合三禅}	tsau2	tsi2	tsi2	tsi2	tsi2
鼠_{遇合三书}	ts'au3	ts'i3	ts'i3	ts'i3	ts'i3
鱼_{遇合三疑}	hiau2	hi2	hi2	hi2	hi2
去_{遇合三溪}	k'iau5	k'i5	k'i5	k'i5	k'i5

表4-18虞韵(B组)字的比较显示,南丰话的-iau/-au韵母对应其他地区的-i韵母,而表4-19鱼韵字的比较也说明,南丰以-iau/-au对应其他地区的-i韵母。新桥南丰话的读音在闽南西片中属于罕见形式,新桥话内部亦有明显的差异,南部的珍坂话与其他闽南西片方言无异,鱼韵白读读-i韵母,虞韵B组字读-i或-u韵母。

新桥南丰系统中,遇摄三等有四个字读-i韵母,分别是鱼韵的口语词"女_你"li3、"旅"li3,以及虞韵的"矩"ki3、"区"k'i1,这个现象看起来是我们无法解释的"例外"。根据Branner(2000)的研究,万安话遇摄的-y韵母,反映了古闽语的语音形式,万安话的读音可以帮助我们厘清南丰话的音韵现象。万安梅村话"矩""区"读-y韵母,与万安一般的鱼、虞韵字韵母相同,这显示南丰话"矩""区"读-i韵母可能是后来的变化,其早期应该也是读＊y 或＊iu 韵母。

较难解释的是"女㑋""旅"二字。万安梅村话第二人称读ŋ1,万安涂潭则是ŋ 1,目前无法确定万安话第二人称的说法是否与闽南的"女㑋"同源。而"旅"字,万安也读 li3,并不依照该韵摄的一般现象读ly3,与南丰话一样属"例外字"。南丰话"女㑋""旅"二字有一共同特点:声母为边音,根据张光宇(2009a)的研究,汉语方言中,边音声母有排斥-y 介音或元音的音韵行为,边音常使其后的-y 消失,转变为-i 或-u。南丰话"女㑋""旅"二字的例外现象,可能与边音声母有关,因边音与-y 互斥,因此二字的韵母先变成与边音较相容的-i。

(三) 早期形式的推测

漳平新桥南丰话对应漳州或闽南西片他处方言-i 韵母的＊iu,应是比今日漳州或泉州更早的鱼虞韵形式,因为依照一般语音变化的原理,在没有特殊的演变条件时,iu＞i 比 i＞iu 更自然合理。

Norman(1981)曾以鱼韵的"书""鼠""锯""箸"等字,提出共同闽语有＊y 韵母。这批鱼韵字,闽南漳州话读-i 韵母,泉州话读-ɯ 韵母,有的泉腔方言例如澎湖马公读-u 韵母。(张屏生 1996)根据张光宇(2011a:103)的研究,鱼韵同源词在闽南内部的对应是 i∶ɯ∶u,从比较法的执行结果看来,鱼韵的共同起点是＊y,Branner(2000:34)也认为,虽然目前厦漳泉等核心闽南区域,音系中都没有-y 韵母,但-i 或-ɯ 或-u 等鱼韵的现代形式,都应发展自早已丢失的＊-y。

Branner(2000:34)亦指出连城东部的姑田中堡方言与万安话性质相似,深具闽南特质。姑田中堡鱼韵读-y 韵母,例如"书"fy1、"鼠"k'y3、"箸"ky6、"鱼"ŋy2 等。姑田中堡的语音形式是古闽语重建时显著的"提醒物"。

不止连城的姑田方言,万安梅村鱼韵字的语音形式也是 y,万安涂潭话读 u 韵母,因另有 y＞u 的变化。请见表 4－20 例字与比较:

表 4 - 20 闽南西片、万安方言鱼韵字的比较

例 字	漳平菁城	龙岩适中	漳州溪南	龙岩苏坂	万安梅村	万安涂潭
猪遇合三知	ti1	ti1	tɨ1	tei1	ky1	ku1
除遇合三澄	ti2	ti2	tɨ2	tei2	ky2	ku2
箸遇合三澄	ti1	ti1	tɨ1	tei1	ky6	ku6
书遇合三书	si1	si1	sɨ1	sei1	fy1	fu1
鼠遇合三书	tsʻi3	tsʻi3	tsʻɨ3	tsʻei3	kʻy3	kʻu3
鱼遇合三疑	hi2	hi2	hi2	hei2	ŋy2	ŋ̩2

万安梅村话与连城的姑田方言相当接近。前面已讨论过,万安话古知、章系字读舌根声母 k-、kʻ-的现象,是由其后所接的 y 引起"强烈颚化"使然。(Branner 2000:91)万安涂潭话鱼韵字读-u 韵母,涂潭音系中没有 y 元音,古知、章系字涂潭仍读舌根声母,证明了早期有使声母颚化的条件存在,涂潭鱼韵现代形式的演变起点是*y,与其他万安话一致。这个现象与万安方言臻摄合口字的变化相关,涂潭与步云梨岭臻摄合口三等的知、章系字,韵母皆无-y-介音,但声母却读舌根音,舌根声母后紧接的-u-前身是*-y-,(Branner 2000:92)若非如此,知、章系字无法变成舌根声母。鱼韵读-y 韵母的现象并不存在于闽南话中,"万安话鱼韵读-y 韵母的语音形式,如同硕果仅存的古代圣物一般,弥足珍贵"(Branner 2000:92)。

比较法操作的结果显示,古闽语鱼韵字可能是*y,漳平新桥的*iu 韵母与构拟出的*y 有关连。漳平新桥的*iu 韵母与万安话鱼虞韵的今读形式-y 相当接近,-iu 与-y 在闽西客语中也有演变关系,根据江敏华(2004:266)的研究,闽西清流方言通摄入声字韵尾弱化后和阴声韵合并,演变是*-iuk>*-iuʔ>*-iu>-y。新桥的材料能替古闽语鱼韵字的构拟提供新的左证。

闽南话鱼韵字的共同起点若为*y,与各次方言现代形式的演变关系是:

　　(1) 漳州：*y>i

　　(2) 澎湖：*y>u

　　(3) 泉州：*y>u>ɯ

上述演变途径中，泉州话的变化最需要解释。虽然-ɯ 属有标（mark）元音，但在汉语方言中并不乏 u>ɯ 的例字，漳平新桥与武平城关话就有这种变化。连城城关话流摄字亦有 əu>əɯ。漳平溪南话与龙岩适中话也有 ui>ɯi，溪南还有 un>ɯn 的现象。我们无法证实，语音的演变全是从"有标"变成"无标"，若语言总是从"有标"变成"无标"，世界上不应存在着为数众多的"有标"语音，况且"有标"与"无标"的区分标准尚可持续讨论，甚至该"因地制宜"。

　　有的学者认为，闽南话鱼韵的共同起点应为*ɯ，如此的话，漳州音的演变则是 ɯ>i。（吴瑞文 2009：211；陈忠敏 2012：27）从闽西汉语方言演变的情况来说，u>ɯ 比 ɯ>i 更容易发生。若闽南鱼韵的共同起点是*ɯ，万安话鱼韵字的演变就该理解为*ɯ>y，在没有演变条件制约下，ɯ>y 是不自然的，不仅发音部位由后往前，唇型也由展变圆。

　　但另外需要注意的是，漳州话、漳平新桥、万安话的韵母对比 i：iu：y 不只出现在鱼韵字上，虞韵字的对应也是如此。本土漳州就可以发现虞韵字读-i 韵母的现象，泉州话也有相对应的情况，因此这个层次不应简单称为"鱼虞有别层"。

4.1.2　小结：闽南西片对古闽语拟构的贡献

　　闽南西片虽然是经历长久语言接触后形成的闽南小片，是变种的漳州话。但经过仔细的分析，音系中仍然可找到"前漳州特征"，显示出早于漳州或与漳州同系异派的闽语特点。借由闽南西片的这些"存古"材料，古闽语拟构的工作可以更加精进。

　　闽南西片的例子说明，边陲闽语经过分析后，仍然可用来讨论古闽语的特点，因为接触性的语言并不是只有后起的接触性特质。但同时,闽南西片的例子也指出,用来构拟祖语的子孙语言必须先经过比较与分析,不然可能将后起的接触性演变"植入"祖语之中。

4.2 平衡——闽西汉语方言的 元音变迁与区域特征

闽西的闽南话与客家话,分别由"元音高化"及"复元音单化"两条音变组成韵母链动,闽南与客家出现相近的韵母变化,但闽南话是拉链,客家则可能是推链。

张光宇(2011b:20)指出,链动(chain shifts)是单音节语言语音变化的常态,不论最终合流或始终保持分立。"链动"又称"链移",根据 Trask(1996:86-87)的研究,链动是由音系结构压力引起的变化。链动一般有"拉链"(drag chains)与"推链"(push chains)两种:拉链起因于某项音变引起音系位置的空缺(hole),而这个空缺牵引其他音段(segment)来填补,接着又使第三种音段音变来填补第二种音段变化后造成的缺口。推链则始于某项音段演变后,由于读音太过接近另一组音段,因此推动了下一组音段变为别种语音,以避免两类字合流为一(merger)。侍建国(2011:86-87)也指出,拉链和推链的变化反映了语音系统试图维持两种语音间的最大区别,使语音系统能充分利用发音部位所提供的空间。

闽西地区韵母的链动模式少见于他处的闽南话与客家话,是闽西汉语方言特有的区域特性。以下,我们将依闽南西片、闽西客语、闽客过渡区的次序,来讨论闽西地区汉语方言的元音链动及所构成的区域特点。

4.2.1 闽南西片的链动

闽南西片在闽南话的音系基础上,韵母系统出现了链动,"元音高化"后,再"复元音单化",以此平衡音系内的元音分布,整体来说是"拉链"。演变从后元音开始,前元音系统随后平行音变。

　　闽南西片的历史音韵演变,在第三章中我们已经详细讨论过,本节在第三章的基础上,着重分析各项链动相关音变发生的次序早晚。为了本章行文的需要,简要地再次描述闽南西片内与韵母链动相关的语音演变。

　　(一) 后元音系统的变迁

　　闽南西片链动的第一步是高元音/u/的高化。根据朱晓农(2006:99)的研究,汉语各方言中,若舌面高元音 i、y、u 持续提高发音位置,将产生特殊音变,称为“元音高顶出位”。高顶出位一般有六种不同的情况:“擦化”“舌尖化”“边擦化”“鼻音化”“央化”“裂化”。

　　闽南西片高元音/u/的发音位置持续提高后,出现了“擦化”“舌尖化”与“前显裂化”等高顶出位现象,其中擦化应最早发生。朱晓农(2006:99)指出,汉语方言高元音高顶出位时,擦化通常都最早出现,舌尖化往往先经过高元音擦化阶段后,才形成舌尖元音,变化过程是:i>i$_z$①>ɿ。此外,闽南西片因高元音高化带出的变化内,擦化音变分布范围最广,所有的闽南西片方言都有这个演变,而其他各种高化音变,只在部分地区发生,这也使我们推测擦化出现的时代是所有高化音变中最早的。我们这里隐含了一个假设,假定相关的几个次方言,进行某项音变时的演变速度是一致的,那么地理范围分布广泛,或尚未音变的词项较少的变化,应是较早出现的音韵变迁。

　　1. 高元音/u/的高化:擦化

　　朱晓农(2006:100)指出,“擦化”指舌面高元音继续高化,使原先已经很窄的高元音气流通道进一步变窄,但气流量仍不减弱,因此层流在通过变窄的孔道时就会变成湍流,从而产生摩擦。

　　闽南西片方言因高元音发音位置提高而出现擦化,并引起了一个分布广泛的音变:∅→g/ ♯ __ i, u。典型闽南话读零声母的字,在闽南西片中“增生”g-声母,若为鼻化韵母,则读相应的鼻音 ŋ-声母。

---

① 朱晓农(2006:99)以 i$_z$ 符号,代表具有摩擦性质的前高元音。

以漳平菁城的语音为例,例字如:"韵_{臻合一云}"gun6、"换_{山合一匣}"ŋuā1、"王_{宕开三云}"guaŋ2、"腰_{效开四影}"gio1、"育_{通合三以}"giok8。

合口字的音变较齐齿字早发生,因为闽南西片中,有些具演变条件的韵母一律不增生 g-声母,这些韵母是:-i、-ĩ、-in/-it、-u。未发生音变者多为齐齿韵母,合口韵母的变化相对完整,若假设方言中每项音变进行的速度差不多,齐齿韵母尚未音变者多,则合口韵母的变化应早于齐齿韵母。

厦、漳、泉等核心闽南,以高元音 i、u 起首的音节都没有"增生新声母"的行为。闽南西片的声母增生与底层的客畲语言有关,音变的发展也与客畲语言相似,是本区域由客畲语言"转用"为闽南话时,因底层现象干扰而形成的语音变化。

江敏华(2003:102)及黄雯君(2005:98)都曾说明,客语高元音 u及 i 起首的零声元音节,普遍在音节起首处出现摩擦成分,进而"增生"出辅音性质的"新声母",这是起因于增强元音前的摩擦而形成的"强化"音变。闽南西片方言高元音 u、i 前增生 g-声母的变化与客语平行,多数客家话因增加 u 元音前的摩擦行为,最后摩擦成分辅音化为 v-"声母"。(江敏华 2003:102 - 103)音变过程是∅u>vu>v-三阶段,第一阶段 u 前无声母,第二阶段 u 前增生 v-,第三阶段演变条件 u 消失。有一部分客家话零声母齐齿字也因为形成摩擦,最后辅音化为 ʒ-"声母"(黄雯君 2005:98)。演变过程为∅i->ʒi->ʒ-三阶段,与 u 前出现 v-声母的音变完全平行。客语 i 前出现 ʒ-声母的演变应较 u 前出现 v-声母更晚发生,因为各地客语 u 前都出现了 v-声母,且依韵母结构的类型,分别处于第二或第三阶段,变化速度一致;但 i 前出现 ʒ-声母的客语较少,还有不少客语只在高元音前出现较紧的摩擦性质,尚未形成辅音声母,例如梅县话。

闽南西片 u 前较 i 前更早出现声母增生的情况与客语一致。也就是说,/u/比/i/还要早提高发音位置并产生擦化,以至于音节起首处的摩擦性质最终辅音化为声母。闽南西片详细的音变过程为:

$\varnothing u->bu->gu-$，$\varnothing i->dzi-\sim zi->gi-$。

客语高元音前的摩擦成分辅音化为浊擦音，但闽南西片却变成浊塞音，这是因为闽南西片高元音的擦化仍受到闽南音系内在特性调节。浊擦音并不是闽南话发达的语音，因此高元音前的辅音成分被调整为闽语系统中常见的浊塞音。浊塞音与浊擦音是闽客接触时常被互换的发音方法，根据陈秀琪（2006）对云林诏安话的研究，处于闽南话优势地带的福佬客，往往把系统中的 v-变为 b-。不过在语流中常常可发现 v-～b-自由变体，仍见客语系统的牵制。潘家懿（1999）调查广东海丰的南塘汤湖与沙溪福佬客，其音系中也有 b-声母，但 b-发音时双唇的接触没有南塘闽南话紧密，与闽南话的 b-有音色差别。福佬客与闽南西片正好相反，福佬客虽受到闽语影响，但仍受客语音系调整，因此出现 v-～b-自由变体或双唇接触较不紧密的浊塞声母 b-；而闽南西片虽受底层的客畲语言高元音提高发音位置的规律影响，但仍被闽语系统牵制，最后在高元音前形成浊塞音，而非浊擦音。

2. 高元音/u/的高化：舌尖化

龙岩城关出现 u＞ı 的舌尖化音变。根据朱晓农（2006：102）的研究，"舌尖化"指高元音发展为舌尖元音，舌面高元音如果继续高化而不堵塞声道，就会变成舌尖元音。但高元音舌尖化之前，更可能先经过擦化阶段。闽南西片高元音擦化现象普遍，因此在 ts-、ts'-、s-声母后的高元音是很容易发展成舌尖元音的。

u＞ı 的舌尖化音变出现在龙岩城关止摄与遇摄字中。城关话止摄开口三等的 ts-、ts'-、s-声母字有读-i 的层次，也有读舌尖元音-ı 的类型，但却没有一般闽南话读-u 的现象。城关话止摄的舌尖元音首先来自闽南话精、庄系字读-u 的层次，例字如"子_{止开三精}"tsı3、"次_{止开三清}"ts'ı5、"史_{止开三生}"sı3，这批字现已读舌尖元音。

遇摄字也有舌尖化音变。遇摄字舌尖化的演变步骤较多：ou＞u＞ı，闽南西片遇摄一等字普遍有 ou＞u 变化，因此遇摄一等的 ts-、ts'-、s-声母字也具备舌尖化的演变条件与环境，最后造成"租_{遇合一精}"=

"资_{止开三精}",同读 tsʅ1。遇摄三等一般闽南读-u 韵母的层次,音变就是 u>ʅ,例如"舒_{遇合三书}"sʅ1、"珠_{遇合三章}"tsʅ1。演变起点与本读-ou 韵母的一等字不同,遇摄三等的变化与止摄字一样。

吕嵩雁(1999:280)指出,闽西客语中,连城、永定、武平遇摄一三等也有不少字读舌尖元音,例如"初_{遇合三初}"tsʻʅ1、"租_{遇合一精}"tsʅ1、"梳_{遇合三生}"sʅ1。这些字在梅县客语与其他的闽西客语读-u 韵母。可见连城、永定、武平遇摄的舌尖元音也来自 u>ʅ,后高元音与舌尖元音在闽西地区似乎有密切的关连性。

3. 高元音/u/的前显裂化

高元音 u 的前显裂化是:u>uw>ou,这个变化出现在龙岩苏坂话中。据朱晓农(2006:110)的研究,前显裂化在汉语方言中很常见。高元音持续高化时,在元音后增生一个更高更紧的滑音,例如 i>ij,这个过程称为"初裂",而后-ij 再"显化"为-ei。"显化"是从最大区别角度来说的,目的是扩大舌体的滑动距离,使听话者易感知。这种音变虽使单元音变成"下降复元音",但却是因为高元音继续高化、出位后造成的结果。例字如"雨_{遇合三云}"hou6、"布_{遇合一帮}"pou5、"舞_{遇合三微}"bou3、"私_{止开三心}"sou1。

闽南西片广泛出现遇摄一等字 ou>u 的变化,闽南西片中只有漳平永福话遇摄一等字没有变成-u。苏坂 u 的前显裂化一定发生在这条音变后,因为不论是永福话读-ou 韵母的字如"雨""布",或永福话读-u 韵母的字如"舞""私",苏坂一律都读成-ou 韵母。永福音系有-u 韵母也有-ou 韵母,但苏坂音系只有-ou 韵母,这些现象说明苏坂与永福的演变不同,苏坂遇摄"雨""布"等字虽然与永福的韵母相同,读-ou,但两地却是不同的历史阶段。苏坂遇摄字的演变是"部分回头演变":ou>u>uw>ou,遇摄字先变化为-u 后,又与鱼虞韵、止摄精庄系等闽南一般读-u 韵母的字,一同前显裂化。"部分回头演变虽然特殊,但在汉语方言中并不罕见,云南墨江以及山东济南都可看见这种类型的回头演变。"(何大安 1988:37)

4. 果效摄 o>ɤ>ɯ

高元音 u 以不同方式高顶出位后,中元音 o 受到牵引,出现高化:o>ɤ>ɯ。音变是先展唇,后提高发音位置,发展成高元音。多数的闽南西片方言,如龙岩苏坂、龙岩适中、漳平溪南、漳平新桥等,都有这个变化,把典型闽南话读-o 韵母的果效摄字,如"婆果开一滂""刀效开一端""歌果开一见"等,高化成-ɯ 韵母。相应的细音韵母-io 也平行变化:io>iɤ>iɯ。漳平双洋话变化较慢,读展唇的后中元音-ɤ∶-iɤ,但语流中偶有[ɯ]、[iɯ]形式出现,不久后就会发展为高元音。

果效摄字高化的范围广泛,目前闽南西片中只有漳平菁城、漳平永福、龙岩城关等地区,没有这个变化。

5. 复元音单化:ua>o/ɔ、au>ɔ

龙岩苏坂、龙岩适中、漳平溪南、漳平新桥等地,在果效摄字也高化后,后高元音的位置就有 u、ɯ 两个元音,但后中元音却出现了空缺。在语音系统平衡的需求下,龙岩苏坂、漳平溪南、漳平新桥出现了"复元音单化",以填补音系空位。

龙岩苏坂的变化是 ua>o、uā>ō,例如"大果开一定"to1、"纸止开三章"tso3、"阔山合一溪"k'o阴入白、"肝山开一见"kō1、"盘山合一并"pō2。漳平溪南的变化是 au>ɔ、iau>iɔ,例如"扫效开一心"sɔ5、"九流开三见"kɔ3、"包效开二帮"pɔ1、"条效开四定"tiɔ2、"臭流开三昌"ts'ɔ5。漳平新桥最剧烈,有 ua>ɔ、uā>ɔ̄、au>ɔ、iau>iɔ,例如"大果开一定"tɔ1、"肝山开一见"kɔ̄1、"九流开三见"kɔ3、"条效开四定"tiɔ2、"臭流开三昌"ts'ɔ5。新桥话演变后,把漳州话分别读-ua 与-au 的韵母,合为一类。苏坂话单化的韵母是-ua,溪南是-au,-ua 与-au 的组成成分相同,因此都可能单化为后中元音,新桥话就把-ua、-au 都单化为-ɔ。

比较特别的是漳平菁城方言区的西园话。西园镇紧邻龙岩的苏坂地区,虽然张振兴(1992∶3)把西园话归为菁城方言区,但西园话与苏坂有相似的元音单化现象。西园话的演变是 ua>ɔ、uā>ɔ̄,单化后的元音位置较苏坂话低。西园话没有经历中元音 o 的高化,其果效摄字的变化是一般菁城话的模式：o＞uo。

西园话的演变，显示西园是苏坂与菁城两地音变扩散波的交会处，西园话与其东部的龙岩苏坂一样，出现-ua、-uā 复元音单化，虽然理论上-au 韵母也可以单化，但西园却没有走地理位置距离较远的溪南话模式；而西园在链动后，系统中出现了 uo：ɔ 对比，这种韵母对比是菁城方言区特有的音韵架构，因此西园话共时系统又与其他的菁城话间架一致。虽然西园的 ɔ 韵母来自 * ua，而一般菁城话的 ɔ 韵母是西园早已 ou＞u 的遇摄一等字。

（二）前元音系统的变迁

前元音系统跟着后元音系统平行音变。前高元音/i/提高发音位置后，各地相继出现"擦化""前显裂化""央化"等高化音变。擦化最早出现，因为擦化音变的地理分布范围比前显裂化、央化还广泛许多。

1. 高元音/i/的高化：擦化

前面已经提到，闽南西片方言因高元音发音位置提高而出现摩擦，并引起音变：∅→g/♯ __ i, u。齐齿字的音变比合口字还要晚出现，在/u/擦化后，/i/才跟着平行音变，因为系统中尚未演变的韵母大多是齐齿韵母，合口韵母几乎都已完成音变。

龙岩适中话因为/i/持续提高发音位置，发展出其他地区的闽南话很少见的/ɿ/元音。适中话的音系中有 i：ɿ 对立，例如"姨_{止开三以}"i2≠"鞋_{蟹开二匣}"ɿ2。适中话的/i/音色带有明显的摩擦感，发音位置又高又前，几乎是到了用"舌尖"发声，这使得前高元音/i/与前中元音/e/之间的空间增大，因此发展出介于 i、e 之间的 ɪ。i：ɿ：e 三者的对立，在语音分辨上并不造成混淆与困难。根据 Branner（1999：66 - 69）的调查，龙岩西陂话也有 ɪ 元音，但以复元音韵母-iɪ 的形式出现。

2. 高元音/i/的高化：前显裂化

苏坂话前高元音也有前显裂化：i＞ei、ĩ＞eĩ，例如"猪_{遇合三知}"tei1、"基_{止开三见}"kei1、"米_{蟹开四明}"bei3、"天_{山开四透}"t'eĩ1、"燕_{山开四影}"eĩ5。

高元音/i/的前显裂化与后高元音 u＞uw＞ou 平行,因为元音 i 持续提高,使 i 后出现更高更紧的滑音,变成 ij。原来的单元音初裂成复元音,之后显化了音节中的第一个成分,变为-ei 韵母,整个变化是 i＞ij＞ei。朱晓农(2006：111 - 112)指出,粤语及吴语中也都有前高元音 i 的前显裂化。

3. 高元音/i/的高化：央化

根据朱晓农(2006：109 - 110)的研究,"央化"是高元音高顶出位时,把舌面中间也顶上去,这种演变与舌尖化一样,发音时有一种提高感,结果前高元音变成央高元音：i＞ɨ。北爱尔兰和新西兰的英语有这种演变。汉语方言中,山东寿光北部方言和枣庄方言,也有类似现象。从口腔的构造来看,ɨ 的发音部位比 i 更高,因此 i＞ɨ 是一种高化。

漳平溪南方言的变化是：i＞ɨ、ui＞uɨ,例如"比_{止开三帮}"piɨ3、"四_{止开三心}"siɨ5、"基_{止开三见}"kiɨ1、"猪_{遇合三知}"tiɨ1,"肥_{止合三奉}"puiɨ2、"腿_{蟹合一透}"t'uiɨ3、"水_{止合三书}"tsuiɨ3。

4. 蟹山摄二四等字的高化

闽南西片方言保留漳州话 e：ɛ 有别的音系架构,但语音形式有诸多变化。闽南西片蟹摄与山摄二四等字朝高化发展,推动蟹山摄二四等字韵母持续高化的动力就是前高元音 i 的高化。当 i 不断地提高发音位置时,当时以 e 为主要元音的蟹山摄二四等字也因此受到牵引,跟着高化。

以阴声韵字为例,闽南西片蟹山摄二四等字演变经过是：ei(永福、新桥)＞e(漳州、龙岩零声母字)＞ie(龙岩非零声母字)＞iɨ(西陂)or ɿ(适中)＞i(溪南、苏坂)。

除了永福话阴声韵字、阳声韵字、入声韵字同读-ei/-eĩ /-ei 外,其他地区阳声韵字的演变都比阴声韵字、入声韵字剧烈,而多数的闽南西片方言,阴声韵字与入声韵字演变阶段相同。各地蟹山摄二四等阴声韵字、入声韵字、阳声韵字的比较如表 4 - 21 所示：

表 4‑21　闽南西片蟹山摄二四等的高化演变

例　字	漳平永福	漳平新桥_{南丰}	漳州	龙岩城关	龙岩适中	漳平溪南	龙岩苏坂
洗_{蟹开四心}	sei3	sei3	se3	sie3	sɿ3	si3	si3
节_{山开四精}	tsei5_{阴入白}	tsei5	tseʔ7	tsie6	tsɿ3	tsi5	tsi5_{阴入白}
前_{山开四从}	tseĩ2	tsin2	tsiŋ2	tsĩ2	tsin2	tsŋ̩2	tseĩ2

闽南西片山摄二四等阳声韵字读法是在阴声韵字、入声韵字基础上，继续发展的。阳声韵字的演变过程是：eĩ（永福）＞ē＞iē＞ĩ（龙岩）＞in（新桥、适中）or ŋ̩（溪南）or eĩ（苏坂）。简单比较即可知晓，多数闽南西片方言阳声韵字的高化都比阴声韵字、入声韵字还要快速，逻辑上阳声字的音变顺序当早于阴声字与入声字。

　　溪南与苏坂，蟹摄与山摄二四入声字的变化，一定是在前高元音 i 央化或前显裂化后才出现，因为这些字并没有跟着系统中本读-i 韵母的字一起央化或前显裂化，所以溪南与苏坂，"洗""节"仍读-i 韵母，没有改读-ɿ 韵母或是-ei 韵母。反之，山摄二四等阳声韵字的高化很早开始，在系统中-ĩ 韵母高顶出位前，就已经与-ĩ 合流，因此溪南、苏坂"前"与闽南话山摄三四等本读-ĩ 韵母的层次一起演变。闽南西片整体的比较请见表 4‑22：

表 4‑22　闽南西片"前""间"与"天""箭"的韵母合流现象

例　字	漳平永福	漳平新桥_{南丰}	龙岩城关	龙岩适中	漳平溪南	龙岩苏坂	漳州
前_{山开四从}	tseĩ2	tsin2	tsĩ2	tsin2	tsŋ̩2	tseĩ2	tsiŋ2
间_{山开二见}	kei1	kin1	kĩ1	kin1	kŋ̩1	kei1	kiŋ1
天_{山开四透}	tʻĩ1	tʻin1	tʻĩ1	tʻin1	tʻŋ̩1	tʻei1	tʻĩ1
箭_{山开三精}	tsĩ5	tsin5	tsĩ5	tsin5	tsŋ̩5	tsei5	tsĩ5

除了永福话与漳州架构相同外，多数闽南西片方言"前""间"与"天""箭"两类字合流，韵母没有分别。溪南与苏坂虽然"洗""节"等蟹摄与山摄二四入声字没有跟着系统中的-i 韵母一起央化或前显裂化，但

山摄二四等阳声韵字"前""间"却跟着-ĩ 一起变化。

苏坂"前""间"的语音阶段与永福话不同,永福反映的是最保守的阶段,苏坂则是前显裂化后的结果,情况与遇摄字相似。一般闽南话读-ĩ 的层次,如"天""箭"等山摄三四等字,永福话读-ĩ 韵母,但苏坂话读-eĩ ,两地显然是不同的语音阶段。

5. 假梗摄字的演变

闽南西片假梗摄字的变化有高化与低化两种方向,变化的结果都是使 ε 的位置成为空缺。以阴声韵字为例,闽南西片主要的演变脉络有:

一、高化

(a) ε>iε>ie,龙岩的城关、苏坂、适中方言都属于这种变化,与蟹山摄二四等字的变化模式相似。零声母字还保无-i-介音的形式,以城关音为例,如"下假开二匣"ε4、"厦假开二匣"ε4。(b) ε>e,这种变化出现在漳平新桥话中。新桥 h-声母与零声母字仍读-ε 韵母,没有变成-e。新桥话 e、ε 元音的差异非常明显,/ε/元音的发音部位比龙岩话更低,有些接近[æ],这是经过自身音系调整的结果。新桥话后来又有 ai>ε 音变,但假梗摄 h-声母与零声母字仍未变为-e,这两类字"妥协"后,元音的音值变得相同。新桥假梗摄的/ε/音值本来应该读标准的[ε],与龙岩城关等地相当,但在﹡ai 发生元音单化后,尚未音变的假梗摄 h-声母与零声母字,元音发音位置稍降,与﹡ai 单化后的/ε/合流。两类字由于元音发音位置接近,系统协调后不予区别,这是很合理的音系现象。合口的"花假合二晓"huε1、"话蟹合二匣"guε1、"横梗合二匣"huε̃2 等字,其主要元音位置也比标准的[ε]更低。

二、低化

(a) ε>a,这个变化出现在漳平溪南话,但唇音及零声母以外的字,增生了-i-介音,变化是 ε>a>ia,例字如"下假开二匣"a6、"爬假开二并"pa2、"茶假开二知"tia2、"客梗开二溪"k'ia5。增生-i-介音前的阶段可在漳平北部的大田前路话中看见,前路话不论声母为何,一律读-a 韵母。

(b) ɛ>iɛ>ia，漳平永福话的变化可能与上述的(a)模式相同，也可能是先增生-i-介音后，元音才低化，因为永福曾经历 *e>ie 音变，较低的-ɛ韵母很可能平行变化为-iɛ，之后元音才低化变为-ia，以扩大-ie、-iɛ两类字的语音区别。(陈筱琪 2010：90)现阶段永福话不论声母环境为何，一律读有介音的-ia 形式，这也是与溪南的不同之处。

　　梗摄阳声韵字的变化一般与阴声韵字、入声韵字的方向相同。高化方向的演变过程是：ɛ>iɛ>iẽ>ĩ，龙岩适中、龙岩苏坂都已经高化为-ĩ韵母。溪南话与大田话梗摄阳声韵字朝低化演变，也与阴声韵字、入声韵字完全平行：ɛ>ã。溪南话唇音与零声母以外的字，又增生-i-：ɛ>ã>iã。唇音及零声母字因为没有-i-，因此溪南话梗摄仍然有"暝_{梗开四明}"mã2≠"名_{梗开三明}"miã2 的区别。

　　较特别的是永福话，永福话阴声韵字、入声韵字符音低化变为-ia，但阳声韵字却走高化路线，变为-ĩ韵母，永福话的变化与大田话、溪南话阴、阳、入平行变化的模式有明显差异。这个特点说明永福话阴声韵字、入声韵字的变化可能也与溪南、大田不同，其走向是 ɛ>iɛ>ia，-i-介音先增生，之后元音才变低。阳声字因为鼻化的发音方式，因此元音提高：ɛ>iɛ>iẽ>ĩ，与龙岩闽南话的变化相同。

　　苏坂话梗摄阳声韵字的读音需要另外注意，梗摄阳声韵字读-ĩ韵母，没有出现前显裂化。这说明苏坂前显裂化发生时，梗摄阳声韵字尚未变为-ĩ，因此没有一同音变。这也间接说明，梗摄阳声韵字的高化晚于山摄二四等字，否则苏坂不会山摄字发生前显裂化，梗摄字没有。

6. 元音变化的次序

　　前元音系统的韵母种类多，变化次序也较复杂，我们以下列表格归纳闽南西片前元音系统的音变次序。漳州话读前高元音的韵字最早变化，而阴阳入平行变化的韵摄中，阳声韵字的演变比阴声韵字、入声韵字还早。表 4-23 以几个例字说明各项音变的发生次序：

表 4 - 23 闽南西片前元音的音变次序

例 字	漳平永福	漳平新桥南丰	龙岩城关	龙岩适中	漳平溪南	龙岩苏坂	漳州
阳宕开三以	giaŋ2	giaŋ2	giaŋ2	giaŋ2	gioŋ2	giaŋ2	iaŋ2
前山开三从	tsei2	tsin2	tsĩ2	tsin2	tsŋ2	tsei2	tsiŋ2
箭山开三精	tsĩ5	tsin5	tsĩ5	tsin5	tsŋ5	tsei5	tsĩ5
死止开三心	si3	si3	si3	si3	si3	sei3	si3
洗蟹开四心	sei3	sei3	sie3	sɿ3	si3	si3	se3
茶假开二知	tia2	te2	tiɛ2	tie2	tia2	tie2	tɛ2

一，"阳"。高元音 i 的擦化音变最早出现，因提高发音位置而在音节起首处出现辅音性质，最后形成 g-声母。所有的闽南西片方言都有这个变化。

二，"前"。山摄二四等阳声韵字高化为-ĩ 韵母，与闽南话山摄三四等读-ĩ 的层次如"箭"合流。除漳平永福没有这个变化外，漳平新桥、龙岩城关、龙岩适中、漳平溪南、龙岩苏坂都是如此音变。新桥、适中、溪南、苏坂因-ĩ 韵母另有演变，分别是 ĩ ＞in、ĩ ＞ŋ、ĩ ＞ei，因此在漳州话、永福话有区别的两类字，一同辅音化或成音节化或前显裂化。

三，"死"。溪南、苏坂前高元音-i 韵母分别出现央化为-ɿ 或前显裂化为-ei 的高化音变。

四，"洗"。蟹摄二四等字与山摄二四等入声韵高化，溪南与苏坂因为前高元音-i 已明显发展为别种元音，因此蟹摄与山摄二四等入声字有空间变入前高元音的位置。其他地区因为原来的高元音尚未变走，因此"洗"都不读高元音-i。

五，"茶"。假梗摄的变化有高化与低化两种方式。假梗摄的元音一定不会高于蟹山摄二四等字，即便是走高化演变的地区，假梗摄的主要元音至少与蟹山摄字相同。如蟹山摄字高化较慢的新桥话，"茶"读-e 韵母，而"洗"读-ei 韵母。

7. 复元音单化

漳平溪南话与漳平新桥话前元音系统也有复元音-ai 的单化音变。溪南是：ai＞ɛ、uai＞uɛ，例字如"海_{蟹开一晓}"hɛ3、"拜_{蟹开二帮}"pɛ5、"怪_{蟹合二见}"kuɛ5。新桥（南丰）稍微复杂：ai＞iɛ/ts, ts'，__，ai＞ɛ/elsewhere，以及 uai＞uɛ，例字如："菜_{蟹开一清}"ts'iɛ5、"灾_{蟹开一精}"tsiɛ1、"赛_{蟹开一心}"sɛ5、"界_{蟹开二见}"kɛ5。龙岩苏坂话、漳平西园话后元音系统虽有 ua＞o/ɔ，但前元音系统没有平行的音变，因此整体说来，-ua、-au 的单化早于-ai。

溪南话与新桥话 ai＞ɛ 的复元音单化出现在假梗摄字音变后，溪南假梗摄字主要元音低化变为 a，新桥则高化变为 e，都空出了 ɛ 的位置，使得*ai 韵母有单化的填补空间。

（三）闽南西片的链动——拉链

闽南西片链动的起因是高元音/u/、/i/提高发音部位，紧接着带出许多后续音变，最终使得复元音-au、-ua 单化为-o（龙岩苏坂）或-ɔ（漳平西园、漳平溪南、漳平新桥），漳平溪南与新桥复元音-ai 也平行音变单化为-ɛ。

归纳而言，闽南西片出现链动，以此平衡音系空间。这个链动是"拉链"，"元音高化"后，"复元音单化"。以下依序讨论龙岩苏坂、漳平西园、漳平溪南与漳平新桥等有完整链动的四个方言。

1. 龙岩苏坂的链动

龙岩苏坂的链动较单纯，其元音系统如下：

$$i \qquad\qquad\qquad ɯ \quad u$$
$$e \qquad\qquad\qquad\qquad o$$
$$a$$

高元音/u/提高发音位置后，出现前显裂化：u＞uɯ＞ou。吸引果效摄字提高位置变为高元音：o＞ɤ＞ɯ，后中元音的位置成为系统空缺。为了有效利用发音位置，ua 单化为 o、uā 单化为 ō。

　　前元音系统的演变阶段较多,当/i/提高发音位置并出现前显裂化 i>ij>ei 后,蟹山摄二四等字随后高化至 i,而假梗摄字也跟着高化,主要元音变成 e。苏坂话前元音系统目前没有出现复元音 ai 的单化,但可能随即发生。

　　2. 漳平西园的链动

漳平西园的元音系统如下:

```
    i                    u
         e     ə     o
                      ɔ
               a
```

　　西园的链动较特别。高元音/u/提高发音位置后,果效摄字采取多数菁城方言出现的元音破裂演变:o>uo。最后,ua>ɔ,uã>ɔ̃,韵母单化。西园经过链动后,元音系统又变得与没有 ua>ɔ 演变的其他菁城方言一致。

　　3. 漳平溪南的链动

漳平溪南的元音系统如下,音系中没有中元音是主要特点:

```
    i     ɨ          ɯ  u
               ɛ        ɔ
               a
```

　　后元音的链动,溪南和苏坂一样。高元音/u/提高发音位置后,吸引了果效摄字提高:o>ɤ>ɯ,后中元音成为系统空缺,为了有效利用口腔的发音位置与平均分布元音系统,因此-au 韵母单化为-ɔ 韵母,以此平衡语音系统。

　　前元音系统的演变较复杂,溪南前高元音 i>ɨ 后,蟹山摄二四等字随后高化至 i,而假梗摄字低化演变 ɛ>a,因此空出了 ɛ 的位置。前元音只剩下 i 与 a,在元音分布不平衡与受到 au>ɔ 演变的双重刺激下,出现 ai＞ɛ。

4. 漳平新桥的链动

漳平新桥(南丰)的元音系统:

<pre>
 i   ɯ   u
       e
       ɜ   ɔ
           a
</pre>

后元音的链动,新桥与苏坂、溪南相同。高元音/u/提高发音位置,果效摄字也提高:o＞ɤ＞ɯ,后中元音成为系统空缺,吸引复元音单化来填补。但新桥话 au、ua、uā 都单化为 ɔ、ɔ̃,结合了苏坂与溪南的演变模式。

前元音系统的演变,新桥话的变化较苏坂、溪南等地区慢,前高元音除了擦化外,没有其他明显的演变,因此蟹山摄二四等字的高化也相对保守,目前主要元音仍是 e。只有山摄阳声韵字发展较快,已高化为-ĩ,有些字又变成-in。蟹摄字与山摄入声韵字目前读-ei 韵母。新桥话假梗摄字走高化演变:ɛ＞e,假梗摄字高化后空出了 ɛ 的位置,在系统空缺与复元音 au＞ɔ、ua＞ɔ 大量出现的刺激下,新桥也有 ai＞ɛ 的变化。

新桥话在链动后,前、后元音系统并没有十分对称,前元音 e 没有相对应的后元音。虽然西园话链动后,前、后元音系统也没完全对称,但却与周边的菁城方言区元音系统一致,因此重新调整的概率较低。相反的,新桥周边的方言并没有这种元音间架,因此 e 元音很可能会继续变动,使元音系统更匀称。

此外,新桥另有 ui＞uei＞uai＞ai,iu＞iou＞iau＞au 的变化,如"痹_{止合三非}"pai5、"水_{止合三精}"tsai3、"贵_{止合三见}"kuai5;"须_{遇合三心}"tsʻiau1、"球_{流开三群}"kʻiau2、"手_{流开三书}"tsʻau3。*ui 韵母演变到最后,只有舌根声母字保有-u-,而*iu 韵母丢失-i-则是因为系统中曾有卷舌声母使然。这两项演变使新桥话又重新出现复元音-ai 与-au,这是"语音的重现"。(何大安 1988:35)或许是因为新桥原先的复元音-ua、-au、-ai 都已单化,演变比其他的闽南西片方言都要剧烈,所以当 ui＞uei、iu＞iou 时,主要元音才会持续发展为 a,因为当时音系中并没有任何以 a 为主要元音的复元音韵母。新桥 *ui、*iu 韵母主要元音低化为 a,是元音高化、复元音单化造成的后续演变。

4.2.2 闽西客语的链动

闽西客语也有"元音高化"与"复元音单化"两项演变,但客语区这两条音变可以各自独立,有些地区只有其中一项,没有形成链动关系。构成链动的客语中,音变方式也与闽南西片不同。闽西客语的变化应该是"推链","复元音单化"后,"低元音高化"。清流方言的变化结果,是我们认为闽西客语的链动属于推链的根据。

(一) 推链

推链的动因是 ai＞a,蟹摄字侵入假摄字的领域,因此使假摄字 a＞o 或 a＞ɔ,推动果摄字变化。有的地区果摄字也出现高化,有的地区则假果两摄合流。有这个链动的闽西客语是:清流、宁化与上杭,请看表 4-24 例字:[1]

表 4-24 闽西客语的链动

例　字	清流城关	宁化城关	上杭城关	梅　县
卖蟹开二明	ma6	ma6	ma3文读	mai3
孩蟹开一匣	ha2	ha2	ha2	hai2
家假开二见	ko1	kɔ1	kɔ1	ka1
花假合二晓	fo1	fɔ1	fɔ1	fa1
写假开三心	sia3	sia3	siɔ3	sia3
歌果开一见	ko1	ko1	kɔu1	ko1
茄果开三群	k'io2	k'io2	ts'iou2	k'io2

---

① 闽西客语的语料主要出自吕嵩雁(1999),辅以《清流县志》《宁化县志》《上杭县志》。

关于表 4‑24 比较,有几点说明:

一,清流方言的演变是:ai＞a,a＞ɔ,变化结果使假摄字与果摄字合流,"家"＝"歌"。这个现象很明显地说明其演变属于推链。此外,清流话假摄细音-ia 韵母字没有变化,这也说明清流假摄二等本来读-a,与多数客语一样。a＞ɔ 的音变早于 ia＞iɔ 出现,也佐证这个变化是推链,蟹摄字 ai＞a 使得本读-a 韵母的假摄二等字高化为-ɔ,但系统中并没有 iai＞ia 的变化,因此没有字群入侵假摄细音字的领域,所以假摄细音字仍然读-ia。有些地区如上杭,假摄细音字读-iɔ,这是因为上杭系统中已先出现 a＞ɔ,因此 * ia 平行变化,变为-iɔ。

二,宁化与上杭的演变结果并没有造成音类合流,皆保有假、果之别,宁化以 ɔ∶o 区别假、果两摄,上杭则以 ɔ∶uɔ 区别。上杭音系中只有一个后中元音 ɔ,其果摄字读复元音-uɔ,相应的细音韵母读-iuɔ,如"茄"读 tsʻiuɔ2。

单纯从宁化与上杭的音系变迁来观察的话,是无法确定链动是推链还是拉链。但基于同一区域内的方言小点应有大致相同的演变模式,因此我们目前仍以清流的材料为主,认为宁化与上杭的演变也是推链。宁化的链动过程是:ai＞a,a＞ɔ,上杭则是 ai＞a,a＞ɔ,ia＞iuɔ,ɔ＞uɔ,iɔ＞iuɔ。

（二）au＞ɔ

闽西客语中也有 au＞ɔ 的演变。闽南西片-au 韵母的单化早于-ai,但闽西客语-au、-ai 的单化没有绝对次序,有的地区只有 au＞ɔ,例如长汀、武平,有的地区只有 ai＞a,例如宁化。见表 4‑25 例字:[①]

---

① 长汀、武平的语料主要出自吕嵩雁(1999),辅以《长汀县志》《武平县志》。武平城关区为平川镇,因此城关话现今一般称为平川话,(林清书 2004)但此处仍以引用语料的称呼为主,称作武平城关话。

表 4-25　闽西客语的元音单化

例　字	A	B	C	D	E	
	清流城关	长汀城关	武平城关	宁化城关	上杭城关	梅　县
包效开二帮	pɔ1	pɔ1	pɔ1	pau1	pɔu1	pau1
高效开一见	kɔ1	kɔ1	kɔ1	kau1	kɔu1	kau1
表效开二帮	piɔ3	piɔ3	piɔ3	piau3	piəu3	piau3
桥效开三群	kʻiɔ2	tʃiɔ2	tsʻiɔ2	kʻiau2	tsʻiəu2	kʻiau2
孩蟹开一匣	ha2	hai2	hai2	ha2	ha2	hai2
家假开二见	kɔ1	ka1	ka1	kɔ1	kɔ1	ka1
歌果开一见	kɔ1	kɔ1	kɔ1	kɔ1	kɔu1	kɔ1
茄果开三群	kʻio2	tʃio2	tsʻio2	kʻio2	tsʻiəu2	kʻio2

上述几个客语方言,(A) 清流,(B) 长汀、武平,(D) 上杭有 au>ɔ 的单化音变,当中(A)、(B)两类还是 iau>iɔ;(A) 清流,(C) 宁化,(D) 上杭有 ai>a 的单化。这几个方言只有(A)清流与(D)上杭同时有-au、与-ai 的单化音变。

au>ɔ 的演变在闽西客语的链动中不是决定要素,闽西客语中,au>ɔ 的变化很少推动其他韵类发生音变。上杭音系后中元音只有-ɔ,效摄的"包"与果摄的"歌"都读-uɔ 韵母,这说明上杭话效摄 au>ɔ 的单化先出现,并与果摄的-ɔ 韵母字合流唯一。而在因蟹摄字 ai>a 引起的推链发生后,当假摄字也受到影响,a>ɔ 之后,效、果摄字才一起受到假摄字的推挤,出现 ɔ>uɔ。上杭果摄细音字与效摄细音字没有合流,可以证明上述的推论,上杭话果摄细音字读-uɔi,效摄细音字读-iəu,说明上杭效摄细音字在洪音字 au>ɔ 前,细音字的主要元音就已提高: iau>iəu,因此才没与洪音字一起出现元音单化。永定话效摄字洪细的间架是 au∶iəu,例如"包"pau1,"标"piəu1,[1]正反映了上杭的前一阶段。透过上杭的语音现象可知,效摄字 au>ɔ 后,虽然与果摄字合流,但并没有影响果摄字的音读。上杭果、效摄字 ɔ>uɔ 的

---

① 　永定方言的语料主要出自吕嵩雁(1999),辅以《永定县志》。

变化是在假摄字变为-ɔ 后,才受到影响进而出现元音复化。在闽西客语元音的链动中,ai>a 的影响显然远大于 au>ɔ。

　　不少闽西客语的元音系统有客语中少见 o：ɔ 之别,较低的 ɔ 多数来自效摄字 au>ɔ,例如清流、长汀与武平话。也有些地区来自假摄字 a>ɔ,例如宁化方言。若系统中另有元音 o,音变后就会形成 o：ɔ 对比,不过这种对比大多不会推动读 o 韵母的字音变。以相反的例子说明,永定话果摄字有：ɔ>uɔ、ɔ>iɔu 的变化,如"歌"kɔu1、"茄"kʰˈiɔu2,但永定的系统中并没有 o：ɔ 对比,只有一个 ɔ 元音,永定效摄读-au、假摄读-a,都没有出现链动。可见造成永定话果摄字韵母变动的,并不是系统中是否有 o：ɔ 对比。

　　在韵母系统的变迁中,并不是所有的变化项目都会构成链动。Trask(1996：88‐89)指出,古希腊语是有七个长元音、五个短元音、四个复元音的复杂韵母体系,但经过 2 800 年,大约 11 个演变步骤后,现代希腊语的韵母系统只有-i、-ε、-a、-ɔ、-u 等五个韵母。在这漫长的变化之中,只有 u：>y：、u>y 引起了 o：>u: 和 e：>i:,以及因为 ε：>e: 引起了 ai>ε: 算是链动,其他韵母系统的变化都不是链动的一环。闽西客语经历的韵母变迁,有的部分是链动环节,有的部分独立于外,并非特例之事。

4.2.3　闽客交界区的链动

　　位于闽客交界地区的连城与龙岩万安,音变与闽西客语由 ai>a,a>o/ɔ 构成的"推链"稍微不同。连城话除了客语区以复元音-ai 单化及低元音-a 高化形成的推链外,-u 韵母的"后显裂化"也使系统变迁更具地域特殊性。万安话则同时拥有闽语与客语的层次,元音的变迁模式也融合了闽、客特性,推链与拉链俱存,这使万安的层次分析更显繁复。

　　(一) 连城

　　连城话的演变在闽西客语中显得特殊,这与连城的地理环境息息相关。江敏华(2003：40)指出,连城位于汀江、闽江、九龙江的交界带,连城以西为闽西客语区,以东则是闽中永安方言与闽南的龙岩、漳平方言,境内方言复杂程度为闽西客语之最。罗滔(1994:60)认为,造成连城县内方言复杂的原因与历史移民路线及对外联络的交通网络有关。严修鸿(2002)则指出,连城境内的方言有明显的过渡性,靠近客语的地区具有较多客语成分,而连城东部的方言则有许多闽语特性。

若从整体的音变脉络来观察,连城城关话的链动仍属闽西客语的推链模式。链动起始于蟹摄字复元音-ai 单化为-a,之后推动假摄字 a>o,进而使果摄字 o>ɯ。o>ɯ 少见于其他闽西客语区,但却是闽南西片常见的演变,请见表4-26例字:①

表4-26　连城客语的链动

	孩蟹开一匣	家假开二见	花假合二晓	写假开三心	多果开一端	歌果开一见
连城城关	ha2	ko1	fo1	sio3	tɯ1	kɯ1
梅　县	hai2	ka1	fa1	sia3	to1	ko1

连城城关整个链动是:ai>a,a>o,ia>io,o>ɯ。连城城关话果摄字改读-ɯ 韵母的过程,有两种可能:一种是和闽南西片平行:o>ɤ>ɯ,先展唇后高化;另一种是:o>u>ɯ,先高化后展唇。第二种变化似乎更加可能,原因有二:

一,u>ɯ 的演变在武平客语中可见到。武平城关与武东话遇摄字分别有 u>ɯ、u>ʉ 的变化,见表4-27例字:

表4-27　武平客语＊u 的变化

	布遇合一帮	书遇合三书	猪遇合三知	柱遇合三澄	姑遇合一见
武平城关	pu5	sɯ1	tɯ1	tsʻɯ1	kɯ1
武平武东	pu5	fʉ1	tʉ1	tʻʉ1	kʉ1
梅　县	pu5	su1	tsu1	tsʻu1	ku1

----

① 连城城关方言的语料主要出自吕嵩雁(1999),辅以《连城县志》。

武平城关区内稍有内部差异,部分地区遇摄字读后高展唇韵母-ɯ,如表4-27所示。根据林清书(2004:22)的调查,武平城区另一部分地区,遇摄字读音近似[ʉ],唇型不圆且松。武平话遇摄字的前一阶段为*u,与一般的客语相同。特别的是,武平城关话与武东话遇摄字变走后,-u韵母形成的空缺并没有吸引其他字填入,其果摄字仍然读-o,暂无高化迹象。武平话u>ɯ或u>ʉ的变化,目前看起来比较类似语音形式的替换,还不是某种链动的开端。

二,连城城关话遇摄原读后高元音-u韵母的字出现"后显裂化",语音形式比其他的闽西客语都特殊。刺激音变出现的原因可能是果摄字高化:o>u,使得遇摄字必须变成其他种语音。朱晓农(2006:117)指出,后显裂化指ɿ>ɿə、i>ie、y>yə、u>uɣ、ɯ>ɯə等单元音复化的情况。音变最初是在高元音后增生一个舌位较低的后滑音,后来第二个成分被显化,因此韵母看起来是低化。前显裂化最初增生一个舌位较高的后滑音,是由高化驱动,而后显裂化增生舌位较低的后滑音则是与回归发音初始状态有关。在果摄字高化o>u后,遇摄字后显裂化为复元音因应之,以保持两类字的区别,但之后读-u韵母的果摄字又展唇化变为-ɯ。

三,连城城关话流摄字也可看到u>ɯ的演变。连城话流摄字一、三等韵母读əuːiɯ,如"狗流开一见"kəɯ3、"球流开三群"kʰiɯ2,流摄的-ɯ成分前身是-u,宁化客语流摄əuːiəu呈现连城前阶段的语音样貌。

因此,综观连城遇摄、流摄的音变状况,以及闽西客语的韵母演变概况,连城果摄字的演变应该是走o>u>ɯ,先高化、后展唇。而遇摄字本读*u,在受到果摄字入侵的压力后,出现后显裂化u>uɣ,其后又随声母环境引出一系列的音变,现代连城话遇摄字,逢舌根声母k-、kʰ-、ŋ-读-uɛ,其他则读-iɛ,如下所示:①

① 《连城县志》页856另载,零声母字读-yɛ韵母,例如"如遇合三日"yɛ2、"雨遇合三云"yɛ3、"路遇合一来"yɛ6、"芋遇合三云"yɣ6。

　　　　舌根声母读-uɛ：如"鼓_{遇合一见}"kuɛ3、"苦_{遇合一溪}"kʻuɛ3、"裤_{遇合一溪}"kʻuɛ5

　　　　其他声母读-iɛ：如"补_{遇合一帮}"piɛ3、"虎_{遇合一晓}"fiɛ3、"图_{遇合一定}"tʻiɛ2、
　　　　　　"芦_{遇合三来}"liɛ2、"煮_{遇合三章}"tʃiɛ3、"路_{遇合一来}"iɛ6

整个音变为：u＞uɤ＞uɛ＞(ɛ)＞iɛ：后显裂化为复元音后，主要元音 ɤ
前化为 ɛ，随后并丢失合口成分与增生-i-介音。连城的文亨、四堡、罗
坊、姑田、赖源语音阶段最保守，仍读-u 韵母，宣和、新泉读-uɤ，是第
二阶段。① 城关话舌根声母的韵读形式-uɛ 是第三阶段。而 uɛ＞
(ɛ)＞iɛ 的音变模式是闽南西片很常见的语音演变，闽南西片方言有
一条合口成分消失的规律：ue＞e＞ie，变化次序由声母决定，舌尖声
母最早，其次为唇音声母，最后是舌根～喉部声母。连城话的演变结
果正好与漳平永福相当，只剩舌根音还有合口成分，舌尖音、唇音皆
未见-u 成分。

　　连城话遇摄字后显裂化前，ts-、tsʻ-、s-声母字先舌尖化 u＞ʅ，如
"租_{遇合一精}"tsʅ1、"粗_{遇合一清}"tsʻʅ1，因此-iɛ 韵母不出现在 ts-、tsʻ-、s-声
母后。

　　归纳说来，连城城关的链动是闽西客语的模式。由蟹摄字单化
ai＞a 开始，推动假摄字高化 a＞o，使果摄字也高化 o＞u＞ɯ，而当果
摄字侵入遇摄字的领域时，遇摄字出现后显裂化变为复元音 u＞uɤ，
随后又依据声母条件音变 uɤ＞uɛ＞(ɛ)＞iɛ。江敏华（2003：84）曾推
测，连城高元音的裂化音变很可能是由于元音一路高化，终使原来的
高元音往前演变。

　　连城除了遇摄字有特殊情况外，果摄字音变后读-ɯ 韵母，演变结
果恰好与闽南西片果摄字的读音相同，颇具闽客过渡意味。

（二）万安

　　龙岩西北部的万安话，语音系统与连城东部的赖源话接近，是闽
客混合方言。万安话内部大致可分为上万安与下万安，彼此音系对

---

　　① 连城文亨、四堡、罗坊、姑田、赖源、宣和以及新泉等第语料来自《连城县志》。

应严密,我们分别以北部的梅村话与南部的涂潭话为语料基础,探讨万安话的元音变迁。

万安话叠积许多不同来源的层次,又身具闽语与客家特色,因此在元音的链动变迁中,万安同时可见客语的推链与闽南的拉链两种模式。

1. 客语模式：推链

万安话有由复元音-ai 单化引起的推链,其演变是：ai＞a,a＞o,o＞ɤ＞ɯ。请见表 4 - 28 例字：

表 4 - 28　万安方言的链动——客语模式

例　字	万安梅村	万安涂潭	连城城关	梅　县
蔡蟹开一清	ts'ɑ5	ts'a5	ts'a5	ts'ai5
带蟹开一端	tɑ5	ta5	ta5	tai5
家见假开二	ko1	kuo1	ko1	ka1
花假合二晓	fo1	fuo1	fo1	fa1
歌果开一见	kɤ1	kɯ1	kɯ1	ko1
糕效开一见	kɤ1	kɯ1	kɔ1	kau1
写假开三心	sia3	sia3	sio3	sia3
茄果开三群	kio2	kio2	k'ɯ2①	k'io2
桥效开三群	kio2	kio2	k'ɔ2	k'iau2

万安梅村话的/a/部位偏后,音值是[ɑ],说明复元音单化后,往口腔后部发展的倾向。万安话假摄字 a＞o,但相应的细音字-ia 大多尚未音变,发展比连城话慢。万安涂潭话另有 o＞uo 的元音破裂音变,与邻近的龙岩城关话相似。连城效摄字有 au＞ɔ、iau＞iɔ 的演变,与清流、长汀、武平、上杭等地区一致,连城效摄字的元音单化使音系中形成o：ɔ之别。万安话果、效摄同韵母,因此“茄”读同“桥”,这是闽南的系统特色。万安因为假摄细音字-ia 大多未变为-io,因此果、效摄细音字

---

① “茄”实际音值的元音位置较低,约为[k'iə2],语料承蒙台湾师范大学博士候选人何纯慧女士告知,田调时间为 2011 年 8 月。

仍读-io,也还没有出现变化。

万安话假开三零声母字音变较快,部分字已经出现 ia>io,因此也推动了效摄零声母字 io>iɤ>iɯ,例字如表 4-29:①

表 4-29　万安方言假效摄零声母字的链动

例　　字	万安梅村	万安涂潭	连城城关	梅　　县
野假开三以	io3	gio3	iɔ1	ia1
腰效开三影	iɤ1	giɯ1	iɔ1	iau1
写假开三心	siɑ3	sia3	siɔ3	sia3
桥效开三群	kio2	kio2	k'iɔ2	k'iau2

万安话假摄字 ia>io 及效摄字 io>iɤ>iɯ 的变化目前只局限在零声母细音字中,例如"野""腰"。这个现象明确地显示了王士元(1969)提出的"词汇扩散"音变模式(lexical diffusion theory):语音的变化是突变的,但有相同读音的字群却是渐变的、连续的。万安 ia>io 的演变从零声母字开始,因此也只推动原读-io 的效摄零声母字 io>iɤ>iɯ。假摄非零声母细音字尚未变化,故效摄非零声母细音字也尚未音变,因此"写"仍读-ia 韵母、"桥"仍读-io 韵母。

万安的推链形式与连城城关有些接近,不过万安话果摄字的变化与连城不同,万安是先展唇为-ɤ,再高化为-ɯ,与闽南西片一致。原因除了梅村话已显示出果摄字读-ɤ 的语音阶段外,万安话遇摄字读-u,并没有类似连城话的后显裂化,万安话的系统中也没有 u>ɯ 的相关变化,因此万安与连城的演变当有差别。万安话的演变比连城城关更像闽南,闽客过渡性质浓烈。

触发万安果摄字 o>ɤ>ɯ 的原因,也呈现闽客交界的性质,这条音变实际上应同时受到拉力与推力的影响。Trask(1996:87)指出,链动的研究显示,纯拉链与混合推链与拉链组成的链动(push-drag chains),都相当常见。万安果摄字 o>ɤ>ɯ 的变迁动力,除了假摄字

---

①　果摄细音字没有常用字,这里以效摄细音字的现象为主。

a＞o 的推挤外,高元音的高化是另一个牵引因素。万安话高元音 i、y、u 有明显的"擦化"和"舌尖化",说明了高元音提高了发音位置,高元音的高化也当连带吸引了中元音,使中元音提高发音位置。

2. 闽语模式:拉链

高元音升高后,进一步吸引了中元音提高,并伴随着复元音的单化。这种变化是拉链,也是闽南西片方言主要的演变模式。

(1) 高元音的高化

万安话高元音的高顶出位相当明显,高元音的高化主要有"擦化"与"舌尖化"两种方式。高元音强烈的摩擦性质是万安话显著的特征,而舌尖化则与龙岩闽南话平行。

(a) 擦化

万安话高元音 i、u、y 的擦化十分突出,其中又以 y 元音的摩擦最强烈。例如梅村话"水_{止合三书}"fy3、"猪_{遇合三知}"ky1、"女_{遇合三泥}"ŋy3、"如_{遇合三日}"y2,虽然韵母音位处理后为/y/,但万安梅村话发此音时,上下唇间几乎没有缝隙,气流从十分狭窄的口腔通道"挤出",以至于音色出现强烈的唇齿摩擦,不论是单独出现,或在任何声母后,元音的摩擦色彩都很浓厚。根据 Branner(2000:91)的调查,万安梧宅以及松洋也有相同现象,其/y/发音时,舌体位置升得很高,并伴随着相当剧烈的唇齿摩擦,梧宅"水"的语音为[f v̠y̠ʔ3],说话者并没有移动舌头或嘴唇,音节的"元音"成分落在带有[y]色彩的成音节辅音[ʋ]之上,因此形成特殊的语言风格。万安许多 20 岁左右的年轻人发/y/韵母时,倾向于发成[ʉ],(Branner 2000:91,394)这个现象说明万安话的/y/在摩擦高化后,也逐渐"央化"。

涂潭话位于"下万安",最靠近龙岩的闽南话区域,高元音的强烈摩擦,使涂潭方言除在后高元音 u 前增生 v-声母外,在前高元音 i 前也增生出 g-声母。涂潭齐齿字的声母增生演变与闽南西片一致,音变符合闽南西片的规律,例如"野_{假开三以}"gia3、"忧_{流开三影}"giu1、"羊_{宕开三以}"gioŋ2,闽南西片一律不增生 g 声母的韵母类型,涂潭话也不增生 g-声母，例如"衣_{止开三影}"i1、"鞋_{蟹开二匣}"i2。

（b）舌尖化

梅村话有 ɿ、ʅ 之分，涂潭话则只有 ɿ。万安止摄字与蟹摄字的舌尖元音来自前高元音 i，遇摄字则来自后高元音 u。前高元音 i 变成舌尖元音的模式与连城客语平行，后高元音 u 发展为舌尖元音则与龙岩闽南话相似。请见表 4 - 30 例字：

表 4 - 30　万安方言 i 及 u 的舌尖化

地　　点	死_{止开三心}	志_{止开三章}	誓_{蟹开三禅}	租_{遇合一精}	醋_{遇合一清}	苏_{遇合一心}
万安梅村	sɿ3	tʃʅ5	ʃʅ6	tsɿ1	tsʻɿ5	sɿ1
万安涂潭	sɿ3	tsɿ5	sɿ6	tsɿ1	tsʻɿ5	sɿ1
连城城关	sɿ3	tʃʅ5	ʃʅ6	tsɿ1	tsʻɿ5	sɿ1
龙岩城关	sɿ3_文	tsi5	si4	tsɿ1	tsʻɿ5	sɿ1

（2）中元音的高化

高元音提高后，中元音有了向上发展的空间。万安话中元音高化的音变有 o＞ɤ＞ɯ、io＞iɤ＞iɯ。前文已提及，万安话这项音变呈现闽客交界性质，其变化是因 ai＞a 引起的推挤及/u/发音位置提高出现了系统空间，双重刺激后出现了 o＞ɤ＞ɯ 的变化。

有没有可能梅村与涂潭话并没有客语式的推链，而是单纯的拉链，高元音/u/高化后，果效摄字-o 变入-ɤ/-ɯ，假摄字-a 才高化为-o，而最后使蟹摄字 ai＞a？光从音变过程来说有可能，但这种演变完全与闽南西片不同，又与闽西客语的链动方向相反，仔细推敲万安的方言环境，似乎不太可能出现这种拉链。因为闽南西片-ai 韵母单化后变为-ɛ，不会变成-o，ai＞a 与 a＞o 都是客语区才有的变化。况且梅村话-ai 单化后变成[ɑ]，很明显语音系统朝口腔后部发展，与闽南西片-ai 单化为前元音有很大的差别。

（3）复元音的变化

（a）元音单化：ai＞e＞i

万安话前元音系统另有：ai＞e＞i,韵母-ai 先单化为-e 后,再提高发音位置。这个演变出现在蟹摄字,-e 高化为-i 的演变方式与闽南西片雷同,见表 4-31 例字：

表 4-31　万安方言的元音单化

地　点	菜蟹开一清	排蟹开二并	买蟹开二明	鞋蟹开二匣	矮蟹开二影	彩蟹开一清
万安梅村	ts'i5	pi2	mi3	i2	i3	(ts'ɑ3)
万安涂潭	ts'i5	pi2	mĩ3	i2	i3	(ts'a3)
龙岩苏坂	ts'ai5	pai2	bi3	i2	i3	ts'ai3
连城城关	(ts'a5)	p'e2	me1	ʃe2	e3	(ts'a3)
梅县	ts'oi5	p'ai2	mai1	hai2	ai3	ts'ai3

万安话蟹摄开口一二等除了读-a 韵母外,例如"彩",也有读-i 韵母的层次。-a 层次如前文所论,经由 ai＞a 的演变而来,属闽西客语的音变模式;读-i 韵母的层次,演变过程应是 ai＞e＞i,与闽南西片的高化音变类似。与闽南话不同的是,闽南的高化只出现在蟹摄二四等,万安则不限于二四等。连城客语蟹摄字除了 ai＞a 的单化音变外,也有ai＞e 的变化,是万安话的前阶段,但目前蟹摄字只有万安发展为高元音。

　　附带一提,万安话深具闽语特征,"买"字客语照例读阴平调,但万安话却如同闽语读阴上调。"鞋"字属古匣母,客语一般读 h-声母,连城舌叶化读ʃ-,但万安话却如同闽语读零声母。由此可见万安话的混合性质与方言归属划分的困难。

　　(b) 元音复化：i＞e＞ai

　　万安话除了复元音单化外,另外又出现单元音 i 复化为 ai 的后续演变,过程是：i＞e＞ai。

　　万安话早期读-ai 韵母的字,经历了闽南式 ai＞e＞i 及客语式ai＞a 等变化,系统中几乎没有读-ai 韵母的字,因此深、臻、曾、梗等摄的入声字,辅音韵尾弱化合流为-i 或-iʔ 韵母后,出现了新的循环。-i 韵

母降低为-e韵母后,元音复化为-ai,-ai韵母在音系中又"语音重现"。(何大安 1988)请见表4-32例字:①

表4-32　万安方言的元音复化(一)

地　点	习_{深开三邪}	一_{臻开三影}	七_{臻开三清}	疾②_{臻开三从}	色_{曾开三生}	席_{梗开三邪}
万安梅村	sɑiʔ8	ɑi6	tsʻɑi6	tsɑiʔ8	sɑi6	sɑiʔ8
万安涂潭	sai8	ai6	tsʻai6	tsai8	sai6	sai8
赖源下村	saiʔ8	ai6	tsʻai6	tsaiʔ8	sai6	saiʔ8
漳平新桥	seʔ8	eʔ7	tsʻeʔ7	tseʔ8	seʔ7	seʔ8
龙岩城关	sip8	it7	tsʻit7	tsit8	sit7	sit8

万安话深、臻、曾、梗等摄的入声字辅音韵尾弱化后合流为一类,与闽南西片的韵尾变化相似,但变化更剧烈。漳平新桥的语音形式正好是万安话的前一阶段。

　　单元音复化在万安话中并不罕见,万安话通摄入声字另外还有o/ɔ>au、io/iɔ>iau 的演变,与 e>ai 平行,请见表4-33例字:

表4-33　万安方言的元音复化(二)

地　点	鹿_{通合一来}	屋③_{通合一影}	沃_{通合一影}	福_{通合三非}	六_{通合三来}	局_{通合三群}
万安梅村	lɔʔ8	ɔ6	ɔ6	fɔ6	liɔʔ8	kiɔʔ8
万安涂潭	lau8	au6	au6	fau6	liau8	kiau8
赖源下村	lauʔ8	au6	au6	fau6	liauʔ8	kʻiauʔ8
漳平新桥	loʔ8	oʔ7	(aʔ7)	hoʔ7	(laʔ8)	kioʔ8
龙岩城关	lok8	ok7	(ak7)	hok7	(lak8)	kiok8

万安话通摄字的演变起点应为* ok、* iok,与闽南话通摄的文读层形式相当。辅音韵尾弱化为喉塞尾或消失后,元音才开始复化为-au、-iau。漳平新桥通摄字的语音形式与万安梅村很接近,是万安涂潭、赖

---

① 赖源下村话语料由台湾师范大学博士候选人何纯慧女士提供。
② 万安话以"疾"表示"疼痛"之意,是口语中很常用的词汇。
③ 万安话以"屋"表示"家""房子"等口语词汇,其语意对应闽南话的"戍"。

源下村的前一阶段,显示出元音复化前的语音样貌。单元音复化的演变使万安系统中再次出现复元音-ai 与-au,这是元音链动后,语音系统的循环变化,这种循环与漳平新桥系统中再次出现-ai 与-au 类似。

根据项梦冰(1997：9)的调查,连城新泉话果摄字亦有 o＞au 的元音复化演变,如"婆_{果合一并}"p'au2、"多_{果开一端}"tau1、"歌_{果开一见}"kau1。连城赖源下村话山摄一、二等字读-au 韵母,如"盘_{山合一并}"pau2、"酸_{山合一心}"sau1、"山_{山开二生}"sau1、"寒_{山开一匣}"hau2。下村话的变化可能是：ō＞o＞au,读单元音的阶段在万安涂潭中可看见:"盘"pō2、"酸"sō1、"山"sō1、"寒"hō2。

这么看来,漳平双洋话"徛_{止开三群}"k'iau6、"蚁_{止开三疑}"hiaũ6、"靴_{果合三晓}"hiau1、"稀_{止开三晓}"hiau1、"艾_{蟹开三疑}"hiaũ5 等龙岩苏坂、漳平新桥读-io/-iɔ、-iō/-iɔ̄ 韵母的字群,漳平双洋确实很可能是经过 io/ɔ＞iau,韵母中 o/ɔ 成分再次元音复化,o/ɔ＞au 的变化在邻近的万安话与连城话中都十分常见。

4.2.4　闽西汉语方言元音系统的区域特性

当不同的语言或方言经历长时间的接触后,彼此相融磨合,形成区域音韵特征,并扩散开来,使原先相异的语言变得越来越相似,这种聚合变化使语言的界线逐渐模糊。

闽西地区闽南与客家元音系统的链动就是因接触而产生的区域特征之一,闽南与客家的链动皆由"元音高化"及"复元音单化"两条音变组成。但基于闽、客语音系统的差异,形成的链动彼此不同。

闽南话的链动是拉链:高元音 u 高顶出位后,果、效摄字 o＞ɤ＞ɯ,而复元音 au 或 ua 又单化为 o/ɔ 来填补中元音的空缺。前元音系统 i 高顶出位后,蟹山摄二四等字逐步高化:ei＞e＞ie＞iɪ/ɿ＞i,假摄字有高化与低化两种演变方式,但皆空出 ɛ 元音的位置。复元音 ai 在系统空缺与 au 或 ua 单化的双重影响下,平行音变,ai 单化成 ɛ。

客家话的链动只出现在后元音系统,以清流话的演变结果为判断基准,闽西客语的链动可能是种推链:蟹摄字 ai>a,促使假摄字 a>o 或 a>ɔ,进而推动果摄字复化为 ɔu 或高化为 ɯ。果摄字 o>ɯ 的变化出现在连城城关,恰好与闽南西片的音变结果相同。

闽西客语 au>ɔ 的演变在链动中不是关键,读-o 韵母的字高化与否与-au 有没有单化为-ɔ 没有绝对关系。但这种变化,常使系统中出现 ɔ:o 对比,如武平话。ɔ:o 区别是典型闽南话语音系统的特征之一,但闽南西片中,只有漳平菁城方言区有这种元音架构。

"元音高化"及"复元音单化"是组成闽西汉语方言链动的两条要素,但闽南与客家的演变有细微差异。第一,闽南西片"高化"的是高元音及中元音,但闽西客语"高化"的是低元音及中元音。第二,闽南西片复元音 ai 单化为 ɛ,闽西客语的复元音 ai 单化为 a,且在语音上常是发音部位较后的[ɑ]。虽然同是复元音 ai 的单化,但演变结果与方向,闽、客不同。

连城话与万安话位于闽客交界区,元音的链动也具过渡性质。万安话的过渡性最鲜明,万安话本身就是闽客混合方言,元音的链动同时具有客语起于-ai 韵母单化的推链:ai>a、a>o、o>ɤ>ɯ,以及闽南起于高元音高顶出位形成的拉链,使较低的元音 o>ɤ>ɯ、ai>e>i。而万安的深、臻、曾、梗等摄的入声字辅音韵尾弱化后,又出现 i>e>ai 的循环演变,使系统中又出现-ai 韵母,e>ai 的元音复化过程,接近闽语式的演变。

闽西地区元音系统形成的区域特征起于长期的语言接触,而语言接触的本身就是说不同语言或方言的族群为了共同生活及交际因而出现的双语现象。闽西地区在历史上先后有客家、畲族、闽南等族群共享生活领域,畲族与客家的融合较早,语言关系也相当密切。而在深入本区的漳州移民越来越多后,漳平、龙岩一带转化为闽南的畲

族人增多,这使得汀州流域的客语成分透过畲族人传入散播至此的
"漳州话"中,当时畲族人的语言体系也因此成为本区闽南话的底层
成分,形成现今异于漳州原乡的闽南西片方言。区域特征在这样的
背景下形成,但闽、客的语音间架本不相同,因此出现的音变细节也
不完全一致。这说明虽然语言接触使异方言发展出相似的变化,甚
至出现区域特征,但语音演变仍是循着各自的语音系统,有规律地一
步步渐变,并非凭空出现融合。

4.3　闽南西片的疾变与平衡

闽南西片是因为语言转用而形成的闽南话,其音韵变迁分别有
"疾变期"与"平衡期"特性。

"平衡期"经历的时间较长,使异方言产生区域共性。不过基于
语言原先的系统差异,音韵变动的模式彼此仍然有所不同,语音是在
自身的音系基础上,慢慢演进。因此虽然闽西的闽南与客家共同出
现元音链动,但闽南西片是拉链,闽西客语则是推链,闽、客虽有相似
音变,但演变细节并不相同。长期的语言接触,虽使接触的语言变得
越来越相似,但方言自身的音系结构仍然控制了音变的方向与方式,
接触音变并非全然照搬邻近语言的语音特征,需要先经过外来规律
内化的历程。链动音变的例子说明,搭界方言或方言过渡区的语言
并非杂乱组成,仍受自身音系结构规范,虽然语言接触导致外来刺
激,但内在结构的调整仍是相当稳固的。

闽南西片的首要特点是语言接触,系统中也存在不少底层干
扰,但闽南西片仍有几个核心闽南区没有的"存古"语音特点,我们
称为"前漳州特征"。闽语的纵向联系显示了"疾变期"的特色。根
据郭必之(2005:65-66)的研究,粤北土话也是个具接触性质的搭
界方言,但粤北土话同样兼具平衡期与疾变期特征:平衡期的一面
非常清楚,来源不同的土话因长期的接触互相扩散,因而产生合流
倾向;而在全浊声母清化的结果中,又可发现粤北土话通过不同的

途径向客赣方言靠拢,这是疾变期的标志。闽南西片的状况与粤北土话非常相似,虽为接触性质的方言,平衡期必然出现,但同样也可以在其中发现疾变特征。共同闽语的构拟不应排除"边陲"区域的语音现象,经过仔细分析与比对后,边陲闽语可能负载了核心区无法看见的重要线索。

第五章

结　论

　　本章总结以上对闽南西片的所有讨论,简述我们的研究成果,包含共时的语音描述及历时的音韵变迁,并以闽南西片方言的形成,作为思考汉语方言发展模式的借镜。谱系树理论背后所阐述的语言演变图式对汉语方言的研究有重大影响,我们透过闽南西片这个带着接触性质的方言区,重新检视汉语方言的形成与发展观。最后,在本研究的基础上,提出尚待探讨的议题与未来可继续深究的方向。

5.1　本书的研究成果

5.1.1　闽南西片方言的共时音系

　　"闽南西片"指位于漳平及龙岩地区的闽南话,大致上可分为漳平双洋、漳平新桥、漳平溪南、漳平菁城、漳平永福,以及龙岩苏坂、龙岩城关、龙岩适中等八个小区块。由于本区域语料较缺乏,因此我们前往当地,调查了漳平双洋、漳平新桥、漳平溪南、漳平菁城(桂林街道)、漳平菁城(西园),以及龙岩苏坂、龙岩适中等方言,描写其共时系统,作为历史分析的语料根据。

　　闽南西片方言的共时音系中,以连读变调系统最为特殊。除了一般闽南"自身交替式"连读变调外,另有"邻接交替式"变调,变调结果随后字条件而异。但在看似相当繁杂的变调规则中,又可发现"异调共享相同连读规则"的趋势,不同的单字调共享相同的变调规则。

例如漳平新桥话,"买"≠"卖",但"买菜"读同"卖菜"。不过,闽南西片最特别的变调特点是"连读变调规则随着词组结构调整",词汇前字的变调随着该字为两字组词组首字、三字组词组首字或四字组词组首字等,使用不同的变调规则,就算语流中后字的声调(本调或变调后)相同,居于两字组首字、三字组首字或四字组首字时的变调读法彼此不相同。词汇首字的变调规律大致上是词组字数越多,变调规则越简单,词组字数越少,变调规则越繁复。这种随词组结构而调整的变调现象少见于他处闽南话。龙岩闽南话另外还有前字不变调的现象,也就是前字读本调,这个现象说明闽南话连读系统正在崩坏中,显示闽南边陲区的过渡色彩。

紧邻闽南西片西北部的万安话,是闽客混合方言,万安的语音系统颇具闽南风格,但声调系统却全无连读变调,是龙岩闽南话声调变化的下一语音阶段。为了比较闽南西片与周边方言的音韵异同,我们也调查了万安南部的涂潭话与北部的梅村话。

5.1.2　闽南西片方言的历史音韵变迁

闽南西片方言是以漳州话为音系基础,伴随着长年的语言接触形成的闽南话。接触类型为"语言转用",随着闽南势力增强,当地的原居民放弃母语,转而使用"进口"的闽南话。"语言转用"会使上层语言出现诸多底层干扰,闽南西片处处可见底层的客畲语言特性附着于上。

闽南西片的历史音变可大分为"接触性音变"与"闽语内部音变":"接触性音变"是以闽南话的立场来说的,多为本地"语言转用"时,来自本地语言的底层干扰。"闽语内部音变"则是闽语系统的自身调整。

苗栗通霄福佬客是一个正在进行闽客接触的语言,也是证实闽南西片"接触性音变"可能性的实例。根据第二语言习得的认知研究,并通过对照苗栗通霄因闽客接触带出的语音变异,闽南西片的历史音变推论得到了现实语言的根基。闽客接触后的语音演变具有普遍性,因高元音持续高化而在音节起首处出现 g-声母的演变,把闽南西片、通霄福佬客、万安话等三个闽客接触的语言紧密联系。但因为三者的接触属性不同,音变仍有细微差异。

闽南西片来自闽语系统调整的"内部音变"则以"入"字头字的变化最饶人兴味。闽南西片古日母字 dz～z>g/__ i、dz～z>l/__ u,这种演变在台湾地区的闽南话中很常看见,且分布范围正在扩大中。

闽南西片的历史音变中,不论是"接触性音变"或"闽语内部音变",音变发生时的"词汇扩散"特性皆鲜明可见。或少数字率先音变,如漳平西园话"豆""沟"先出现复元音单化 au>ɔ;或音变尚在进行中,部分字已变、部分字未变,如漳平新桥话ĩ>in 的演变;或语音残留,少数字始终不变,如龙岩苏坂、漳平新桥等有 ua>o/ɔ 音变的地区,"我""活"等字一律不发生音变,仍读复元音韵母-ua。又如龙岩适中话,上声调字的音变比其他调类的字更慢出现,因此适中话"买"bie、"卖"bɪ 二字韵母不相同,但其他闽南西片方言"买""卖"读同韵母;适中话果效摄有 o>ɤ>ɯ 音变,但上声调字如"嫂""所"等仍读-o,没有音变。上述的语言现象都显示闽南西片音变发生时,具有相同条件的字群并非"一次到位"全数变化,而是以"词汇扩散"模式,逐步音变。

5.1.3 闽南西片与古闽语的纵向承继

闽南西片虽然是经历长久语言接触后才形成的闽南小片,属于"变种"的漳州话,但是经过仔细分析后,可发现早于漳州话的语音阶段,或承继不同于漳州演变途径的语音特点。

闽南西片有三个独特的语音现象,替古闽语拟构的工作带来不可忽视的线索,分别是:一,臻摄合口三等字,除了一般常见的 un/ut 读音外,"囷臻合三日""春臻合三昌""出臻合三昌""律臻合三来"等字读 in/it 韵母,显示臻合三早期读 *iun/*iut。二,龙岩城关话"徛""蚁""艾""团"

"件""外""倚"等字读 iua/iuā 韵母,反映早期当有 *-iu-介音。构拟这批同源词的早期形式时,更应注意与处理龙岩"外""倚"二字反映的语音现象。三,漳平新桥话,遇摄鱼、虞韵字的韵母形式来自 *iu,新桥这个层次对应漳州话与其他闽南西片方言的-i 韵母, *iu 与万安方言的-y 韵母很接近,可替古闽语遇摄字的拟构提供新材料。

5.1.4　闽南西片与周边方言的音韵互动

当不同的语言或方言经历长时间的接触后,彼此相融磨合,形成区域音韵特征,原先相异的语言会变得越来越相似。闽西地区的汉语方言有链动音变,由"元音高化"及"复元音单化"两条音变组成,这是闽西独特于他处的区域特性。但基于闽、客语音系统的差异,闽南形成拉链,客语形成推链。位于闽客过渡地带的连城话与万安话,链动也具有闽客过渡性质,当中万安话又比连城城关更近似闽语。

闽南话的链动是拉链:高元音 u 高顶出位后,果、效摄字 o＞ɤ＞ɯ,而复元音 au 或 ua 又单化为 o/ɔ 来填补中元音的空缺;前元音系统 i 高顶出位后,蟹山摄二四等字逐步高化:ei＞e＞ie＞iɪ/ɪ＞i,假摄字有高化为以 e 为主要元音的韵母或低化为以 a 为主要元音的韵母两种方式,以此空出 ɛ 元音的位置。复元音 ai 在系统空缺与受到 au 或 ua 单化的双重影响下,平行音变,元音单化成 ɛ。

客家话的链动多半只出现在后元音系统,音变是推链:蟹摄字 ai＞a,使假摄字 a＞o 或 a＞ɔ,进而推动果摄字复化为 ou/uʊ 或高化为 ɯ。果摄字 o＞ɯ 的变化出现在连城城关,与闽南西片的音变结果相同,但闽南西片的动因是拉力,连城的动因则是推力。

链动是单音节语言语音变化的常态,不管是最终合流还是始终保持分立,"汉语方言的表现都很讲究规律:按部就班、循序渐进、井井有条、若合节拍"。(张光宇 2011b:20)闽西地区元音系统的链动也是如此,尽管闽南与客家的音变细节有若干差异,但仍旧在自身系统之中,一步步音变。

5.2 闽南西片方言的形成

闽南西片是因语言转用而形成的闽南话,在闽南移民一批批进入漳平、龙岩地区后,原居于此的民族最终放弃母语,使得本地区成为闽南话的通行区。但在语言转用的过程中,"底层"的语言特征附着于闽南话中,因此闽南西片有许多典型闽南话没有的音韵特点。

闽南西片方言的形成过程与经历的音韵变迁,具体抨击了谱系树理论的语言发展观。19 世纪以来,经由印欧语的历史音变研究,谱系树理论影响汉语研究至深,但在汉语东南方言的形成过程中,同源语言之间与不同源语言之间的接触比比皆是,人民大量的南北迁徙是造成这个结果的根本。从印欧语归纳出的谱系树框架无法完善地解释汉语方言"谱系树"的生成,闽南西片方言就是一个实证,闽南西片的形成不能简单用"突然分裂"来描述。

在语言长期的接触与消磨过程中,某种语言特征将会扩散开来,使这些接触的语言变得越来越相似,这种过程称为"平衡期"。平衡期是不同于谱系树理论的语言生成模式,经历平衡期的几个语言共享许多音韵特点,彼此界线模糊,该地也将发展出区域音韵特征。闽西地区元音系统的链动,就是当地闽南与客家经历长期接触后,各自消融彼此系统的差异,最终出现的区域音韵特征,这种链动演变在其他的闽南话与客语中都很少见。

"平衡期"是研究闽西地区的汉语不可忽略的关键。闽西错综复杂的方言关系正是汉语东南方言的借镜,汉语方言的研究,需要注意谱系树模式以外的语言现象与人文背景,尤其是因语言接触而导致的系统特质。何大安(1988:93)曾指出,今日的汉语方言,无论是哪一支或哪一个方言,都不敢说是孤立地从它的母语直接分化下来的。在汉语的发展过程中,分化与接触是交互进行的。今天许多方言间互相类似的地方,固然有一部分是发生同源的关系,但是也有相当一部分,是后来彼此交融的结果。

5.3　后续研究方向

5.3.1　闽南西片与周边方言的后续研究

闽南西片语言资源丰硕，仍有不少问题有待继续研究：

一，更详细的田野调查：闽南西片内部，各乡镇的语音差异不小，例如漳平新桥镇，我们调查的南丰话就与南部的珍坂话差距甚远。虽然闽南西片大分为八个方言区，但内部有不少语音差异，是可继续深入调查的方言区。

二，词汇、语法的研究：本书主要分析闽南西片的音韵问题，关于闽南西片的词汇及语法问题很少涉及。闽南西片深具底层色彩，在词汇与语法现象上，应也有许多闽南以外的特色。

三，与周边的汉语或非汉语的关系研究：闽南西片周边的汉语方言除了闽西客语外，另有万安话及大田方言。万安话与大田方言颇具闽语色彩，但这两处的语料也不甚完整。万安话与大田话内部亦有不小的差异，从当前已有的片段记录中可知，这两处的语言现象对内陆闽语，甚至是共同闽语的研究，都很重要。此外，闽南西片有零星字的声母或韵母选用不同于一般闽南话的语音层次，例如："仇流开三禅"各地都读塞擦音 tsʻ-；"字止开三从"多数地区读塞擦音 ts-；"书遇合三书"各地声母都读擦音 s-，韵母读白读-i；"臭流开三昌"各地韵母读-iau，有-i。这里的层次竞争问题应与周边的永安、大田、三明等闽中方言，以及万安、连城、上杭等闽西客语或闽客混合方言一同讨论，观察是否为闽西或福建内陆特有的语音竞争结果。

其次是闽西畲语的研究。畲族过去在闽西有举足的地位，本书第三章所讨论到的历史音韵变化，许多都涉及过去的"底层语言"，但当时的底层语言已经消失。目前在闽西仍可发现畲族聚落，虽然现今闽西的畲话不完全等于干扰闽南西片形成时的"底层语言"，不过今日的闽西畲话与闽南西片的底层语言具同源关系，调查与分析闽西畲话,是闽西汉语方言研究的必要工作。以今日闽西畲话的语音现象为基础,比较闽东、浙南、广东等地的畲话,可望重建出古代畲话。通过古代畲话音系,内陆闽语的接触现象可更明朗化。

5.3.2 关于汉语音韵史的研究

闽南西片的形成说明了汉语方言的研究不可完全倚赖谱系树提供的理论框架,因为繁杂的语言接触在汉语世界中随时发生。闽南西片的形成是汉语东南方言的借镜,底层民族的属性、北方移民的来源、相异语言或方言的接触都是影响东南方言形成的关键。也正是因为这些背景,古代文献与东南方言之间的联系必须慎重考虑。

闽南西片的历史音变也指出比较法运用到接触性方言上的方法论课题,过去关于邵武方言的研究也提供了另一层面的思考。邵武方言的地理环境与闽南西片有些相似,在成为一种汉语方言前,邵武很可能通行的是非汉语,因此邵武方言中的"特殊现象",如吸入音与第九调,可能也是在该地语言转用为汉语时留下的底层干扰。这些语音现象是否与古闽语甚至是古汉语有关,在操作比较法之前,应先详细讨论邵武的人文历史。吾人在讨论汉语音韵史相关议题时,联系现代方言材料与历代文献之前,应更谨慎地看待语言材料与文献材料之间的关系。"经由比较法得出的只是语音形式的对应关系,这些对应关系有没有历史的效用还得从其他角度来提供解释。"(张光宇 2010:327,2011a:97)

沈钟伟(2005:106-113)指出,罗杰瑞原始闽语的拟构可以说是历史比较法在汉语方言历史研究中有效性的一个测试,由于完全遵循传统历史语言学的思路,构拟的结果忽视了语言的外来影响。汉语方言的研究要更深入,就必须要尝试新的途径。从"语言转用"来了解汉语的变化和方言形成的原因,就是一个有发展性的途径。历史上,随着汉人活动区域逐步扩大,汉语的使用范围也随之扩大。在中国南方,汉人进入的地区并非语言真空地带,在汉语延伸所及的地区里,原说非汉语的族群由于政治文化因素学用汉语,最后甚至丢失自己的语言,这个过程中,非汉语特征不可避免地被带进他们学会的汉语之中,这正是"语言转用"与"底层干扰"。重要的是,汉语方言的形成是汉语扩散到不同地区后发生变化的结果,因此汉语方言变化的原因就应该从语言转用来讨论。汉语方言形成的历史长远,一个地区还可能发生过多次的语言转用,可能是由非汉语转换成汉语,也可能是由一种汉语方言转换成另一种汉语方言。

汉语东南方言因"底层干扰"造成许多衍生现象,本书以闽南西片的语言转用和历史音变,作为汉语方言新途径研究的先声,期望日后汉语的研究成果能更加丰硕。

参 考 文 献

北大中文系.汉语方音字汇.北京：语文出版社,2003.

陈宝贤.闽南漳平(溪南)方言的连读变调.//北京大学汉语语言学研究中心《语言学论丛》编委会编.语言学论丛(第37辑),北京：商务印书馆,2008：87－104.

陈宝贤.漳平溪南方言三迭式形容词连读变调.汉语学报,2010a(31)：46－50.

陈宝贤.福建漳平新桥方言两字组连读变调.方言,2010b(2)：171－175.

陈宝贤.福建漳平新桥方言一般性前变调.方言,2012(2)：123－133.

陈宝贤,李小凡.闽南方言连读变调新探.语文研究,2008(2)：47－52.

陈保亚.论语言接触与语言联盟——汉越(侗台)语源关系的解释.北京：语文出版社,1996.

陈保亚.20世纪中国语言学方法论.济南：山东教育出版社,1999.

陈保亚.语言接触导致汉语方言分化的两种模式.北京大学学报,2005(2)：43－50.

陈保亚.从语言接触看历史比较语言学.北京大学学报,2006(2)：30－34.

陈鸿迈.海口方言词典.南京：江苏教育出版社,1996.

陈淑娟.桃园大牛栏方言的语音变化与语言转移.台北：台湾大学出版

社,2004.

陈淑娟.台湾闽南语新兴的语音变异——台北市、彰化市及台南市元音系统与阳入原调的调查分析.//"中央研究院"语言学研究所.语言暨语言学(11 卷 2 期),2010:425-468.

陈筱琪.广东陆丰闽南方言音韵研究.台湾大学中国文学系硕士学位论文,2008.

陈筱琪.漳平永福闽南话的音系演变.清华中文学报,2010(4):73-120.

陈筱琪.聚变与裂变——龙岩城关闽南话的韵母演变.台湾语文研究,2011a,6(1):37-67.

陈筱琪.龙岩新罗区适中镇闽南方言的音系演变.文与哲,2011b(18):719-766.

陈筱琪.客语高元音的擦化音变与闽客接触时的规律转变.清华学报,2012,42(4):735-777.

陈秀琪.语言接触下的方言变迁——以台湾的诏安客家话为例.//"中央研究院"语言学研究所.语言暨语言学(7 卷 2 期),2006:417-432.

陈章太,李如龙.闽语研究.北京:语文出版社,1991.

陈忠敏.语言的底层理论与底层分析方法.语言科学,2007(6):44-53.

陈忠敏.历史比较法与汉藏语研究.民族语文,2009(1):12-23.

陈忠敏.历史比较法与汉语方言语音比较.第四届国际汉学研究会议论文,台北,2012.

大田县地方志编纂委员会.大田县志.北京:中华书局,1996.

戴黎刚.莆田话《新约全书附诗篇》(1912)所见音系.中国语文,2007(1):35-45.

董同龢.汉语音韵学(第 16 版),台北:文史哲出版社,2003.

杜依倩.海口方言的文白异读.海南大学学报,2007(2):13-17.

冯爱珍.福清方言研究.北京：社会科学文献出版社,1993.

福鼎县地方志编纂委员会.福鼎县志.福州：海风出版社,2003.

高本汉著.中国音韵学研究.赵元任,罗常培,李方桂译.北京：商务印书馆：1940.

郭必之.语言接触与规律改变——论中古全浊声母在粤北土话中的表现.//"中央研究院"语言学研究所.语言暨语言学（6 卷 1 期）,2005：43 - 73.

郭启熹.龙岩方言研究.香港：纵横出版社,1996.

郭启熹.闽西畲族源流初探.闽西职业大学学报,2002(2)：14 - 17.

何大安.变读现象的两种贯时意义——兼论晋江方言的古调值.//"中央研究院"历史语言研究所."中央研究院"历史语言研究所集刊（55 本 1 分）台北："中央研究院"历史研究所,1984：115 - 132.

何大安.规律与方向：变迁中的音韵结构//"中央研究院"历史研究所."中央研究院"历史语言研究所专刊之九十.台北："中央研究院"历史语言研究所,1988.

何大安.声调的完全回头演变是否可能.//"中央研究院"历史研究所."中央研究院"历史语言研究所集刊（65 本 1 分）台北："中央研究院"历史研究所,1994：1 - 18.

何大安.声韵学中的观念和方法.台北：大安出版社,2004.

洪惟仁.音变的动机与方向：漳泉竞争与台湾普通腔的形成.台湾清华大学语言所博士学位论文,2003.

洪惟仁.台湾的语种分布与分区.语言暨语言学,2013,14（2）：315 - 369.

侯精一.现代汉语方言概论.上海：上海教育出版社,2002.

黄雯君.台湾四县海陆客家话比较研究.新竹教育大学硕士学位论文,2005.

江敏华,何纯慧.连城县赖源乡下村话语音特点说略.汉语方言学新思维工作坊,台湾清华大学,2012 - 12 - 01.

江敏华.客赣方言关系研究.台湾大学博士学位论文,2003.

江敏华.闽西客语音韵的保守与创新.//声韵学学会编.声韵论丛(第13期),台北：台湾学生书局有限公司,2004：251-270。

蓝小玲.闽西客家方言.厦门：厦门大学出版社,1999.

李存智.四县客家话通霄方言的浊声母"g".中国文学研究,1994(8)：23-28.

李日星,林迪,刘钟王等.论雷州石狗的文化价值.五邑大学学报,2007,9(2)：11-15.

李如龙.福建方言.福州：福建人民出版社,1997.

李如龙,姚荣松.闽南方言.福州：福建人民出版社,2008.

李如龙,张双庆.客赣方言调查报告.厦门：厦门大学出版社,1992.

连城县地方志编纂委员会.连城县志.北京：群众出版社,1993.

林连通.泉州市方言志.北京：社会科学文献出版社,1993.

林伦伦.粤西闽语雷州话研究.北京：中华书局,2006.

林伦伦,陈小枫.广东闽方言语音研究.汕头：汕头大学出版社,1996.

林伦伦,林春雨.广东南澳岛方言语音词汇研究.北京：中华书局,2007.

林清书.武平方言研究.福州：海峡文艺出版社,2004.

林清书.山羊隔畲族村的语言传承和语言使用现状.龙岩学院学报,2008,26(2)：87-91.

林涛,王理嘉.语音学教程.北京：北京大学出版社,1992.

林珠彩.台湾闽南语三代间语音词汇的初步调查与比较——以高雄小港为例.台湾师范大学硕士学位论文,1995.

刘醇鑫.台湾客语同音字表.//古国顺主编.台湾客语概论.台北：五南图书出版公司,2005：409-514.

刘岚,李雄飞.雷州石狗崇拜变迁与民族格局之关系.广西社会科学,2008(8)：143-147.

刘新中.海南闽语的语音研究.北京：中国社会科学出版社,2006.

罗超.龙岩方言语音比较研究.汕头：汕头大学硕士学位论文,2007.

罗滔.试探连城话内部的复杂性.//闽西客家学研究.客家纵横（增刊）——首届客家方言学术研讨会专集.龙岩：闽西客家学研究会,1994：54-60.

吕嵩雁.闽西客语音韵研究.台北：台湾师范大学博士学位论文,1999.

马重奇.漳州方言研究.香港：纵横出版社,1994.

宁化县地方志编纂委员会.宁化县志.福州：福建人民出版社,1992.

潘家懿.广东南塘客家话的历史演变.方言,1999(3)：197-204.

莆田县地方志编纂委员会.莆田县志.北京：中华书局,1994.

钱奠香.琼雷闽语分区归属问题探究.第七届闽方言国际研讨会会议论文,厦门大学,2001.

清流县地方志编纂委员会.清流县志.北京：中华书局,1994.

泉州市地方志编纂委员会.泉州市志.北京：中国社会科学出版社,2000.

厦门市地方志编纂委员会.厦门方言志.北京：语文出版社,1996.

上杭县地方志编纂委员会.上杭县志.福州：福建人民出版社,1993.

沈钟伟.语言转换和方言底层.//丁邦新编.历史层次与方言研究.上海：上海教育出版社,2005：106-134.

石锋.语音格局——语音学与音系学的交汇点.北京：商务印书馆,2008.

侍建国.历史语言学：方音比较与层次.北京：中国社会科学出版社,2011.

王弘治.中古知系声母在汉语方言中演化的音系特征.纪念李方桂先生中国语言学研究学会,香港科技大学中国语言学研究中心编.中国语言学集刊,北京：中华书局,2012,6(1)：121-138.

王洪君.文白异读与叠置式音变.//丁邦新编.历史层次与方言研究.上海：上海教育出版社,2004：36-80.

王洪君.汉语非线性音系学(增定版).北京：北京大学出版社,2008.

王咏梅.龙岩话常用三字组的动态声调.龙岩师专学报,2004(1)：89-97.

温春香.他者的消失：文化表述中的畲汉融合.贵州民族研究,2008(4)：59-64.

吴福祥.关于语言接触引发的演变.民族语文,2007(2)：3-23.

吴瑞文.共同闽语*iai韵母的拟测与检证.台大中文学报,2007(27)：263-393.

吴瑞文.论海康方言b-、z-声母的一个历史来源.中国语文研究,2008(25)：39-51.

吴瑞文.共同闽语*y韵母的构拟及相关问题.//"中央研究院"语言学研究所.语言暨语言学(10卷2期),2009：205-237.

武平县地方志编纂委员会.武平县志.北京：中国大百科全书出版社,1993.

仙游县地方志编纂委员会.仙游县志.北京：方志出版社,1995.

项梦冰.闽西方言调查研究(第一辑).首尔：新星出版社,2004.

谢重光.畲族与客家福佬关系史略.福州：福建人民出版社,2002.

谢重光.客家文化述论.北京：中国社会科学出版社,2010.

徐大明.语言变异与变化.上海：上海教育出版社,2006.

徐通锵,王洪君.说"变异"——山西祁县方言的音系特点及其对音变理论研究的启示.语言研究,1986(1)：42-63.

徐通锵.历史语言学.北京：商务印书馆,2008.

严修鸿.连城方言韵母与闽语相同的层次特征.//丁邦新,张双庆编.闽语研究及其与周边方言的关系.香港：香港中文大学出版社,2002：187-212.

杨秀芳.闽南语文白系统的研究.台湾大学博士学位论文,1982.

杨秀芳.论文白异读//丁邦新编.历史层次与方言研究.上海：上海教育出版社,2004：81-105.

杨秀芳.台湾闽南语语法稿.台北：大安出版社,2005.

永定县地方志编纂委员会.永定县志.北京：中国科学技术出版社,1994.

游文良.畲族语言.福州：福建人民出版社,2002.

曾德万.龙岩闽南方言音系研究.福建师范大学博士学位论文,2012.

张光宇.闽客方言史稿.台北：南天书局出版,1996.

张光宇.汉语方言合口介音消失的阶段性.中国语文,2006(4)：346-358.

张光宇.汉语方言的鲁奇规律：古代篇.中国语文,2008(4)：349-361.

张光宇.汉语方言边音的音韵行为.汉藏语学报,2009a(3)：138-153.

张光宇.汉语方言的横的比较.//北京大学汉语语言学研究中心《语言学论丛》编委会编.语言学论丛(第40辑).北京：商务印书馆,2009b：178-193.

张光宇.汉语语音史中的比较方法.中国语文,2010(4)：321-330.

张光宇.闽方言：音韵篇.语言研究,2011a(1)：96-105.

张光宇.语言的连续性.汉藏语学报,2011b(5)：7-22.

张琨.论比较闽方言.//"中央研究院"历史语言所."中央研究院"历史语言研究所集刊(第五十五本第三分)：415-457,1984.

张屏生.同安方言及其部分相关方言的语音调查和比较.台湾师范大学博士学位论文,1996.

张屏生.台北县石门乡的武平腔客家话的语音变化.//声韵学学会编.声韵论丛(第11期).台北：台湾学生书局有限公司,2001：217-242.

张屏生.台湾地区汉语方言的语音和词汇.台南：开朗杂志事业有限公司,2007.

张秀丽.雷州石狗民俗文化探源.湛江师范学院学报,2011(4)：91-94.

张振兴.漳平(永福)方言的连读变调.方言,1983(3)：175-196.

张振兴.福建省龙岩市境内闽南话与客家话的分界.方言,1984(3)：165-178.

张振兴.漳平方言研究.北京：中国社会科学出版社,1992.

漳州市地方志编纂委员会.漳州市志.北京：中国社会科学出版

社,1999.

长汀县地方志编纂委员会.长汀县志.北京：三联书店,1993.

中国社科院语言研究所.方言调查字表.北京：商务印书馆,1988.

中国社科院语言研究所.汉语方言词语调查条目表.方言,2003(1)：
　　6-27.

钟荣富.客家话的 V 声母.//声韵学学会编.声韵论丛(第 3 期)：台北：
　　台湾学生书局有限公司,1991：435-455.

钟荣富.台湾东势客家话的卷舌音.//"中央研究院"语言学研究所.语
　　言暨语言学(11 卷 2 期),2010：219-248.

周长楫,欧阳忆耘.厦门方言研究.福州：福建人民出版社,1998.

朱晓农.音韵研究.北京：商务印书馆,2006.

朱晓农.方法：语言学的灵魂.北京：北京大学出版社,2008.

朱晓农.语音学.北京：商务印书馆,2010.

罗伯特·迪克森(Dixon R M W.)著.语言兴衰论(*The Rise and Fall
　　of Language*),朱晓农,严至诚,焦磊等译.北京：北京大学出版
　　社,2010.

Branner D P. The Classification of Long yan. *Journal of Chinese
　　Linguistics Monograph Series*, 1999(15)：36-83.

Branner D P. *Problems in Comparative Chinese Dialectology: The
　　Classification of Miigbn and Hakka*. Berlin/New York：
　　Mouton de Gruyter, 2000.

Bybee J. *Phonology and Language Use*. London：Cambridge
　　University Press, 2003.

Chang Kuang-yu（张光宇）. *Comparative Min Phonology*. PHD
　　dissertation. University of California, Berkerly, 1986.

Cook V. *Portraits of the L2 User*. Clevedon：Multilingual
　　Matters, 2002.

Crowley T. *An Introduction to Historical Linguistics（4th ed.）*.

New York: Oxford University Press, 2010.

Dixon R M W. *The Rise and Fall of Language*. London: Cambridge University Press, 1997.

Flege J E. The Production of "new" and "similar" Phones in a Foreign Language: Evidence for the Effect of Equivalence Classification. *Journal of Phonetics*, 1987(15): 47 – 65.

Fox A. *Linguistic Reconstruction: An Introduction to Theory and Method*. Oxford, New York: Oxford University Press, 1995.

Norman J. The Development in Min. *Journal of Chinese Linguistics*, 1973(1): 222 – 238.

Norman J. The Proto-Min Finals. Proceedings of the International Conference on Sinology (Section on Linguistics and Paleography), Taipei: Academia Sinica, 1981: 35 – 73。

Norman Jerry, Coblin W S. A New Approach to Chinese Historical Linguistics. *Journal of the American Oriental Society*, 1995, 15(4): 576 – 584.

Roca I, Johnson W. *A Course in Phonology*. Oxford, UK; Malden, Mass.: Blackwell Publishing, 1999.

Stewart T W, Vaillette Jr. N. *Language Files (8th ed.)*. Columbus: The Ohio State University Press, 2001.

Tommason S G, Kaufman T. *Language Contact, Creolization, and Genetic Linguistics*. Berkeley: University of California Press, 1988.

Trask R L. *Historical Linguistics*. London; New York; Arnold: St. Martin Press, 1996.

Wang W S.-Y. (王士元) Competing Change as cause of Residue. *Language*, 1969 (45): 9 – 25.

Winford D. *An Introduction to Contact Linguistics*. Oxford:

Blackwell，2003.

Winford D. Contact-induced Change —— Classification and Processes. *Diachronica* 2005，22(2)：373 - 427.

调查语料字音对照表

一、说明

　　我们以"方言田野调查法"调查各地音系：各方言区选择一位能流利使用家乡话的当地居民为主要发音人，并依据典型发音人的口音记录该方言。调查期间为 2010 年至 2012 年。收集的语料以中国社会科学院(1988)《方言调查字表》搭配中国社会科学院(2003)《汉语方言词语调查条目表》，设计闽南方言的常用词条，并依照各地发音人实际的语言状况调整。调查结果音位化处理，以 IPA 描写。

　　字音对照表选用的字是闽南西片音、字关系明确且目前当地口语中常用的字。标记的语音是发音人第一反应时所说的读法，若发音人特别强调该字口语中有两种说法时，则两音皆记录，必要时注明读音出现的词汇。有少数字标注"训读字"，这些字是闽南话中相当重要且常被提及的特征词，但因本字未明，因此暂时标上该音的训读字。

二、各地调类与调值对应表

调类 地点	阴平 1	阳平 2	阴上 3	阳上 4	阴去 5	阳去 6	阴入 7	阳入 8
漳平菁城_{桂林}	24	33	53	——	21	55	<u>21</u>	<u>55</u>
漳平溪南_{官坑}	33	24	52	——	21	55	<u>21</u>	<u>55</u>
漳平新桥_{南丰}	33	24	53	——	21	51	<u>21</u>	<u>55</u>

续　表

调类\地点	阴平1	阳平2	阴上3	阳上4	阴去5	阳去6	阴入7	阳入8
漳平双洋_{东洋} 漳平双洋(东洋)	24	33	21	—	31	53	55阴入 55阴入白	<u>53</u>
龙岩适中(中心)	55	22	53	—	213	35	<u>53</u>	<u>35</u>
龙岩苏坂(美山)	35	11	33	—	13	53	55阴入 55阴入白	<u>53</u>
龙岩万安(涂潭)	33	22	21	—	212	55	—	53
龙岩万安(梅村)	33	22	<u>21</u>	—	12	55	—	<u>53</u>

三、字音对照表

例字\地点	菁城 （桂林）	溪南 （官坑）	新桥 （南丰）	双洋 （东洋）	适中 （中心）	苏坂 （美山）	万安 （涂潭）	万安 （梅村）
多果开一歌端平	tuo1	tɯ1	tɯ1	tɤ1	tɯ1	tɯ1	tɯ1	tɑ1
拖果开一歌透平	tʻua1	tʻua1	tʻɔ1	tʻɤ1	tʻua1	tʻo1	tʻa1	tʻɑ1
大果开一个定去	tua1	tua1	tɔ1	tuɑ1	tua1	to1	ta6	tɑ6
罗果开一歌来平	luo2	lɯ2	lɯ2	lɤ2	lɯ2	lɯ2	lɯ2	lɤ2
锣果开一歌来平	luo2	lɯ2	lɯ2	lɤ2	lɯ2	lɯ2	lɯ2	lɤ2
歌果开一歌见平	kuo1	kɯ1	kɯ1	kɤ1	kɯ1	kɯ1	kɯ1	kɤ1
个果开一个见去	kai5	kɛ5	kɛ5	kai5	kai5	ki5	ka5	kɑ5
可果开一哿溪上	kʻuo3	kʻɯ3	kʻɯ3	kʻɤ3	kʻo3	kʻɯ3	kʻɯ3	kʻɤ3
鹅果开一歌疑平	guo2	gɯ2	gɯ2	gɤ2	gɯ2	gɯ2	ŋ ɯ̃2	ŋɤ2
我果开一哿疑上	gua3	gua3	gua3	gua3	gua3	gua3	ŋ ā6	ŋɑ6
饿果开一歌疑去	guo6	gɯ1	gɯ1	gɤ6	gɯ1	gɯ1	ŋ ɯ̃6	ŋɤ6
河果开一歌匣平	huo2	hɯ2	hɯ2	hɤ2	hɯ2	hɯ2	hɯ2	hɤ2
荷果开一歌匣平	huo2	hɯ2	hɯ2	hɤ2	hɯ2	hɯ2	hɯ2	hɤ2
茄果开三戈群平	kio2	kiɯ2	kiɯ2	kiɤ2	kiɯ2	kiɯ2	kio2	kio2
波合一戈帮平	puo1	pɯ1	pɯ1	pɤ1	pɯ1	pɯ1	pɯ1	pɤ1

续　表

例字 ＼ 地点	菁城（桂林）	溪南（官坑）	新桥（南丰）	双洋（东洋）	适中（中心）	苏坂（美山）	万安（涂潭）	万安（梅村）
破果合一过滂去	p'ua5	p'ua5	p'ɔ5	p'ua5	p'ua5	p'o5	p'ɯ5	p'ɑ5
婆果合一戈並平	puo2	pɯ2	pɯ2	pɤ2	pɯ2	pɯ2	pɯ2	pɤ2
磨果合一戈明平	bua2	bua2	bɔ2	bua2	bua2	bo2	mã2	mɑ2
螺果合一戈来平	lie2	li2	lue2	lie2	lɿ2	li2	lie2	lɑi2
胹果合一戈来平	luo2	lɯ2	lɯ2	lɤ2	lɯ2	lɯ2	lie2	lɑi2
坐果合一果从上	tsie6	tsi6	tsei6	tsie6	tsɿ6	tsi6	ts'ie1	ts'ɑi1
锁名词果合一果心上	suo3	sɯ3	sɯ3	sɤ3	so3	sɯ3	sɯ3	sɤ3
锁动词果合一果心上	suo3	sɯ3	sɯ3	sɤ3	sɯ6	sɯ3	sɯ3	sɤ3
果果子果合一果见上	kuo3	kɯ3	kɯ3	kuɿ3	ko3	kɯ3	kɯ3	kɤ3
果水果果合一果见上	kuo3	kɯ3	kɯ3	kɤ3	ko3	kɯ3	kɯ3	kɤ3
馃果合一果见上	kue3	kui3	kue3	kuɿ3	kue3	kui3	—	
过果合一过见去	kue5	kui5	kɯ5	kuɿ5	kuɯ5	kui5	kɯ5	kɤ5
科果合一戈溪平	k'uo1	k'ɯ1	k'ɯ1	k'ɤ1	k'ɯ1	k'ɯ1	k'ɯ1	k'ɤ1
课果合一过溪去	k'uo5	k'ɯ5	k'ɯ5	k'ɤ5	k'ɯ5	k'ɯ5	k'ɯ5	k'ɤ5
火果合一果晓上	hue3	hui3	hue3	huɿ3	hue3	hui3	fie3	fɑi3
货果合一过晓去	hue5	hui5	hue5	huɿ5	huɯ5	hui5	hɯ5	hɤ5
和果合一戈匣平	hue2	hui2	gue2	huɿ2	huɯ2	hui2	vie2	vɑi2
禾果合一戈匣平	gue2	gui2	gue2	guɿ2	guɯ2	gui2	vie2	vɑi2
祸果合一果匣上	huo6	hɯ6	hɯ6	hɤ6	hɯ6	hɯ6	hɯ6	hɤ6
靴果合三戈晓平	hia1	—	—	hiau1	hia1	—	—	fiɑ1
把假开二马帮上	pe3	pa3	pe3	pe3	pie3	pie3	puo3	po3
坝假开二祃帮去	pa5	pa5	pa5	pa5	pa5	pa5	pa5	—
爬假开二麻並平	pe2	pa2	pe2	pe2	pie2	pie2	puo2	po2
麻假开二麻明平	mã2	mã2	mã2	mã2	mã2	mã2	mã2	mɑ2
嬷假开二麻明平	muã2	muã2	mɔ̃2	muã2	ŋuã2	mŋ̍2	—	—
马假开二马明上	be3	ba3	be3	be3	bie3	bie3	mõ3	mo3

例字 / 地点	菁城（桂林）	溪南（官坑）	新桥（南丰）	双洋（东洋）	适中（中心）	苏坂（美山）	万安（涂潭）	万安（梅村）
骂假开二祃明去	mē5	mā5	mē5	mē5	mĭ6	mĭ1	—	—
茶假开二麻澄平	te2	tia2	te2	te2	tie2	tie2	tsuo2	tʃo2
差假开二麻初平	tsʻa1	tsʻa1	tsʻe1	tsʻa1	tsʻa1	tsʻa1	tsʻuo1	tʃʻo1
沙假开二麻生平	sua1	sua1	sɔ1	sua1	sua1	so1	sa1	ʃa1
家假开二麻见平	ke1	kia1	kia1	ke1	kie1	kie1	kuo1	ko1
加假开二麻见平	ke1	kia1	ke1	ke1	kie1	kie1	kuo1	ko1
假假开二马见上	ke3	kia3	ke3	ke3	kie3	kie3	kuo3	ko3
嫁假开二祃见去	ke5	kia5	ke5	ke5	kie5	kie5	kuo5	ko5
价假开二祃见去	ke5	kia5	ke5	ke5	kie5	kie5	kuo5	ko5
牙假开二麻疑平	ge2	gia2	ge2	ge2	gie2	gie2	ŋuo2	ŋo2
虾假开二麻匣平	he2	ha2	hɛ2	he2	hie2	hie2	huo2	ho2
下假开二马匣上	e6	a6	ɛ6	e6	e6	e6	huo8	ho1
厦假开二马匣上	e6	a6	ɛ6	e6	e6	e6	huo8	ho1
鸦假开二麻影平	a1	a1	a1	a1	a1	a1	uo1	o1
哑假开二马影上	e3	a3	ɛ3	e3	e3	e3	uo3	o3
写假开三马心上	sia3	sia3	sia3	sia3	sia3	sia3	sia3	siɑ3
斜假开三麻心平	tsʻia2	tsʻia2	tsʻia2	tsʻia2	tsʻia2	tsʻia5	tsʻia2	tsʻiɑ2
谢姓氏假开三祃邪去	tsia1	tsia1	tsia1	tsia1	tsia1	tsia1	sia6	siɑ6
谢多谢假开三祃邪去	sia1	sia1	sia1	sia1	sia1	sia1	sia6	siɑ6
遮假开三麻章平	tsia1	tsia1	tsa1	tsa1	tsa1	tsa1	tsuo1	tʃo1
蔗假开三祃章去	tsiā5	tsia5	tsa5	tsa5	tsā5	tsā5	tsuo5	tʃo5
车假开三麻昌平	tsʻia1	tsʻia1	tsʻa1	tsʻa1	tsʻa1	tsʻa1	tsʻuo1	tʃʻo1
蛇假开三麻船平	tsua2	tsua2	tsɔ2	tsua2	tsua2	tso2	suo2	ʃo2
射假开三祃船去	sia1	sia1	sa1	sa1	sa1	sa1	suo6	ʃo6
社假开三马禅上	sia6	sia6	sa6	sa6	sa6	sa6	suo6	ʃo6
野假开三马以上	gia3	gia3	gia3	gia3	gia3	gia3	gio3	io3

例字 ＼ 地点	菁城（桂林）	溪南（官坑）	新桥（南丰）	双洋（东洋）	适中（中心）	苏坂（美山）	万安（涂潭）	万安（梅村）
瓜 假合二麻见平	kuε1	kua1	kuε1	kue1	kue1	kue1	kuo1	ko1
瓦 假合二马疑上	gue6	gia6	guε6	gue6	hue6	hue6	vuo3	vo3
花 假合二麻晓平	huε1	hua1	huε1	hue1	hue1	hue1	fuo1	fo1
华 假合二麻匣平	hua2	hua2	hua2	hua2	hua2	hua2	fuo2	fo2
补 遇合一姥帮上	pɔ3	pu3	pu3	pu3	pu3	pou3	pu3	pu3
布 遇合一暮帮去	pɔ5	pu5	pu5	pu5	pu5	pou5	pu5	pu5
铺 铺盖遇合一模滂平	p'ɔ1	p'u1	p'u1	p'u1	p'u1	p'ou1	p'u1	p'u1
普 遇合一姥滂上	p'ɔ3	p'u3	p'u3	p'u3	p'u3	p'ou3	p'u3	p'u3
铺 店铺遇合一暮滂去	p'ɔ5	p'u5	p'u5	p'u5	p'u5	p'ou5	p'u5	p'u5
部 遇合一姥並上	pɔ6	pu6	pu6	pu6	pu6	p'ɯ6	pu6	pu6
步 一步遇合一暮並去	pɔ1	pu1	pu1	pu1	pu1	pou1	pu6	pu6
步 进步遇合一暮並去	pɔ6	pu6	pu6	pu6	pu6	pou6	pu6	pu6
模 遇合一模明平	mɔ̃2	mɔ̃2	bu2	mū2	mū2	moū2	muō2	mo2
墓 遇合一暮明去	boŋ5	bu5	bu5	bu5	mū5	—	—	—
都 遇合一模端平	tɔ1	tu1	tau1	tu1	tu1	tou1	tu1	tu1
赌 遇合一姥端上	tɔ3	tu3	tu3	tu3	tu3	tou3	tu3	tu3
肚 遇合一姥端上	tɔ3	tu3	tau3	tu3	tu3	tou3	tu3	tu3
土 遇合一姥透上	t'ɔ3	t'u3	t'au3	t'u3	t'u3	t'ou3	t'u3	t'u3
吐 遇合一暮透去	t'ɔ5	t'u5	t'au5	t'u5	t'u5	t'ou5	t'u5	t'u5
兔 遇合一暮透去	t'ɔ5	t'u5	t'u5	t'u5	t'u5	t'ou5	—	—
图 遇合一模定平	tɔ2	tu2	tau2	tu2	tu2	tou2	tu2	tu2
努 遇合一姥泥上	nɔ̃3	nū3	—	nū3	nū3	lɯ3	nū3	nu3
炉 遇合一模来平	lɔ2	lu2	lau2	lu2	lu2	lou2	lu2	lu2
卤 遇合一姥来上	lɔ3	lu3	lau3	lu3	lu3	lou3	lu3	lu3
路 遇合一暮来去	lɔ1	lu1	lau1	lu1	lu1	lou1	lu6	lu6
露 遇合一暮来去	lɔ5	lu5	lau5	lu5	lu5	lou5	lu5	lu5

例字＼地点	菁城（桂林）	溪南（官坑）	新桥（南丰）	双洋（东洋）	适中（中心）	苏坂（美山）	万安（涂潭）	万安（梅村）
租遇合一模精平	tsɔ1	tsu1	tsɯ1	tsu1	tsu1	tsou1	tsɿ1	tsɿ1
祖遇合一姥精上	tsɔ3	tsu3	tsɯ3	tsu3	tsu3	tsou3	tsɿ3	tsɿ3
做遇合一暮精去	tsuo5	tsɯ5	tsɯ5	tsɤ5	tsu5	tsɯ5	tsɯ5	tsɤ5
粗遇合一模清平	ts'ɔ1	ts'u1	ts'au1	ts'u1	ts'u1	ts'ou1	ts'ɿ1	ts'ɿ1
醋遇合一暮清去	ts'ɔ5	ts'u5	ts'au5	ts'u5	ts'u5	ts'ou5	ts'ɿ5	ts'ɿ5
苏遇合一模心平	sɔ1	su1	sɯ1	su1	su1	sou1	sɿ1	sɿ1
素遇合一暮心去	sɔ5	su5	sau5	su5	su5	sou5	sɿ5	sɿ5
姑遇合一模见平	kɔ1	ku1	ku1	ku1	ku1	kou1	ku1	ku1
古遇合一姥见上	kɔ3	ku3	ku3	ku3	ku3	kou3	ku3	ku3
牯遇合一姥见上	kɔ3	ku3	ku3	ku3	ku3	kou3	ku3	ku3
鼓遇合一姥见上	kɔ3	ku3	ku3	ku3	ku3	kou3	ku3	ku3
故遇合一暮见去	kɔ5	ku5	ku5	ku5	ku5	kou5	ku5	ku5
顾遇合一暮见去	kɔ5	ku5	ku5	ku5	ku5	kou5	ku5	ku5
苦遇合一姥溪平	k'ɔ3	k'u3	k'u3	k'u3	k'u3	k'ou3	k'u5	k'u5
裤遇合一暮溪去	k'ɔ5	k'u5	k'u5	k'u5	k'u5	k'ou5	k'u5	k'u5
五遇合一姥疑上	gɔ6	gu6	gu6	gu6	ŋ̍6	gou6	aŋ3	ɑŋ3
午遇合一姥疑上	ŋɔ̃3	gu3	bu3	gu3	gu3	gou3	aŋ3	ɑŋ3
虎遇合一姥晓上	hɔ3	hu3	hu3	hu3	hu3	hou3	hu3	fu3
黏（粘贴）遇合一模匣平	kɔ2	ku2	ku2	ku2	ku2	kou2	ku2	ku2
湖遇合一模匣平	hɔ2	hu2	hu2	hu2	hu2	hou2	fu2	fu2
壶遇合一模匣平	hɔ2	hu2	hu2	hu2	hu2	hou2	fu2	fu2
户遇合一姥匣上	hɔ6	hu6	hu6	hu6	hu6	hou6	fu6	fu6
互遇合一暮匣去	hɔ6	hu6	hu6	hu6	hu6	hou6	fu6	fu6
护遇合一暮匣去	hɔ6	hu6	hu6	hu6	hu6	hou6	fu6	fu6
乌遇合一模影平	ɔ1	u1	u1	u1	u1	ou1	u1	u1
女（妇女）遇合三语泥上	nĩ3	nĩ3	—	nĩ3	li3	lei3	ŋ3	ŋy3

例字 ＼ 地点	菁城(桂林)	溪南(官坑)	新桥(南丰)	双洋(东洋)	适中(中心)	苏坂(美山)	万安(涂潭)	万安(梅村)
女 依遇合三语泥上	li3	li3	li3	li3	li3	lei3	ŋ1	ŋ̍1
旅 遇合三语来上	li3	li3	li3	li3	li3	lei3	li3	—
猪 遇合三鱼知平	ti1	ti1	tiau1	ti1	ti1	tei1	ku1	ky1
除 遇合三鱼澄平	ti2	ti2	tiau2	ti2	ti2	tei2	ku2	ky2
箸 遇合三御澄去	ti1	ti1	tiau1	ti1	ti1	tei6	ku6	ky6
初 初一遇合三鱼初平	ts'ie1	ts'ui1	ts'ai1	ts'ui1	ts'ɿ1	ts'ui1	ts'ʅ1	ts'ʅ1
初 初中遇合三鱼初平	ts'u1	ts'u1	ts'ɯ1	ts'ui1	ts'u1	ts'ou1	ts'ʅ1	ts'ʅ1
助 遇合三御崇去	tsɔ6	tsu6	—	tsu6	tsi6	—	tsu6	tsu6
梳 遇合三鱼生平	sue1	si1	sai1	sui1	sɿ1	sui1	fu1	fy1
所 遇合三语生上	suo3	sɯ3	sɯ3	sɤ3	so3	sou3	sɯ3	sɤ3
煮 遇合三语章上	tsi3	tsi3	—	—	tsi3	tsei3	—	—
书 遇合三鱼书平	si1	si1		si1	si1	sei1	fu1	fy1
鼠 遇合三语书上	ts'i3	ts'i3	ts'au3	ts'i3	ts'i3	ts'ei3	k'u3	k'y3
藷 垂藷遇合三鱼禅平	tsi2	tsi2	tsau2	tsi2	tsi2	tsei2	fu2	fy2
锯 遇合三御见去	ki5	ki5	kiau5	ki5	ki5	kei5	ku5	ky5
墟 遇合三鱼溪平	hi1	hi1	hiau1	hi1	hi1	hei1	—	—
去 遇合三御溪去	k'i5	k'i5	k'iau5	k'i5	k'i5	k'ei5	k'ɯ5	k'ɤ5
鱼 遇合三鱼疑平	hi2	ŋi2	hiau2	hi2	hi2	hei2	ŋ2	ŋy2
虚 遇合三鱼晓平	hi1	hi1	hiau1	hi1	hi1	hei1	fu1	fy1
许 姓氏遇合三语晓平	k'ɔ3	k'u3	k'u3	k'u3	k'u3 hi3	hei3	fu3	fy3
肤 遇合三虞非平	hu1	hu1	hu1	hu1	hu1	hou1	fu1	fu1
府 遇合三虞非上	hu3	hu3	hu3	hu3	hu3	hou3	fu3	fu3
傅 遇合三虞非去	hu6	hu6	hu6	hu6	hu6	hou6	fu6	fu6
赴 遇合三虞敷去	hu5	hu5	hu5	hu5	hu5	hou5	fu5	fu5
符 遇合三虞奉平	hu2	hu2	hu2	hu2	hu2	hou2	pu2	pu2

例字＼地点	菁城（桂林）	溪南（官坑）	新桥（南丰）	双洋（东洋）	适中（中心）	苏坂（美山）	万安（涂潭）	万安（梅村）
父 伯父遇合三虞奉上	pu6	pu6	pu6	pu6	pu6	pu6	—	—
父 遇合三虞奉上	hu6	hu6	hu6	hu6	hu6	hou6	fu6	fu6
腐 遇合三虞奉是	hu1	hu1	hu1	hu1	hu1	hou5	fu6	fu6
无 遇合三虞微平	buo2	buɯ2	buɯ2	bɤ2	buɯ2	buɯ2	mŋ̍2	mɤ2
武 遇合三虞微上	bu3	bu3	bu3	bu3	bu3	bou3	u3	u3
舞 遇合三虞微上	bu3	bu3	bu3	bu3	bu3	bou3	u3	u3
娶 遇合三虞清上	tsʻua5	tsʻua5	tsʻɔ5	tsʻua5	tsʻua5	tsʻo5	—	—
须 遇合三虞心平	tsʻiu1	tsʻiu1	tsʻiau1	tsʻiu1	tsʻiu1	tsʻiu1	tsʻiu1	tsʻiu1
厨 遇合三虞澄平	tu2	ti2	tiau2	ti2	tu2	tei2	ku2	ky2
柱 遇合三虞澄上	tʻiau6	tʻiɔ6	tʻiɔ6	tʻiau6	tʻiau6	tʻiau6	tsʻiau8	kʻy1
数 遇合三虞生去	sɔ5	su5	—	su5	su5	sou5	sŋ5	sŋ5
珠 目珠遇合三虞章平	tsiu1	tsiu1	tsau1	tsiu1	tsu1	tsiou1	tsu1	tsu1
珠 珍珠遇合三虞章平	tsu1	tsu1	tsau1	tsu1	tsi1	tsei1	ku1	ky1
主 做主遇合二虞章上	tsu3	tsu3	tsau3	tsi3	tsi3	tsei3	ku3	ky3
主 主席遇合三虞章上	tsu3	tsu3	tsu3	tsi3	tsi3	tsei3	ku3	ky3
蛀 遇合三虞章去	tsiu5	tsiu5	tsau5	tsiu5	tsiu5	tsiou5	tsu5	tsu5
输 输赢遇合三虞书平	su1	su1	sau1	si1	su1	sou1	fu1	fy1
输 运输遇合三虞书平	su1	si1	sau1	si1	si1	sou1	fu1	fy1
戍 遇合三虞禅去	tsʻu5	tsʻi5	tsʻau5	tsʻi5		tsʻei5		
殊 遇合三虞禅平	su2	su2	suɯ2	su2	tsʻi2	—	fu2	ʃiu2
树 遇合三虞禅去	tsʻiu5	tsʻiu5	tsʻau5	tsʻiu5	tsʻu1	tsʻiou1	fu6	fy6
矩 遇合三虞见上	ki3	ki3	ki3	ki3	ki3	kei3	ku3	ky3
句 遇合三遇见去	ku5	ku5	ku5	ki5	ku5	kei5	ku5	ku5
区 遇合三虞见平	kʻi1	kʻi1	kʻi1	kʻi1	kʻi1	kʻei1	kʻu1	kʻy1
雨 遇合三虞云上	hɔ6	hu6	hu6	hu6	hu6	hou6	u3	u3
芋 遇合三虞云去	ɔ1	u1	u6	u1	u1	gou1	u6	u6

例字 ＼ 地点	菁城（桂林）	溪南（官坑）	新桥（南丰）	双洋（东洋）	适中（中心）	苏坂（美山）	万安（涂潭）	万安（梅村）
戴蟹开一代端去	ti5	ti5 tɛ5	ti5	ti5	tai5	tei5	tiɛ5	tɑ5 tɑi5
胎蟹开一咍透平	t'ai1	t'ɛ1	t'ɛ1	t'ai1	t'ɪ1 t'ai1	t'ai1	t'iɛ1	t'ɑi1
态蟹开一代透去	t'ai5	t'ɛ5	t'ɛ5	t'ai5	t'ai5	t'ai5	t'a5	t'ɑ5
贷蟹开一代透去	tai5	tɛ5	tɛ5	tai5	tai5	tai5	tiɛ6	tɑi6
台蟹开一咍定平	t'ai2	t'ɛ2	t'ɛ2	t'ai2	t'ai2	t'ai2	ta2	tɑ2
袋蟹开一代定去	tai6	tɛ6	tɛ6	tai6	tɪ1	—	tiɛ6	tɑ6
代蟹开一代定去	tai6	tɛ6	tɛ6	tai6	tai6	tai6	tiɛ6	tɑ6 tai6
来蟹开一咍来平	lai2	lɛ2	lei2	lie2	lai2	lei2	liɛ2	li2
灾蟹开一咍精平	tsai1	tsɛ1	tsiɛ1	tsai1	tsai1	tsai1	tsa1 tsai1	tsɑi1
栽蟹开一咍精平	tsai1	tsɛ1	tsiɛ1	tsai1	tsai1	tsai1	tsi1	tsi1
载蟹开一代精上	tsai5	tsɛ5	tsiɛ5	tsai5	tsai5	tsai5	tsiɛ5	tsɑi5
彩蟹开一海清上	ts'ai3	ts'ɛ3	ts'iɛ3	ts'ai3	ts'ai3	ts'ai3	ts'a3	ts'ɑ3
菜蟹开一代清去	ts'ai5	ts'ɛ5	ts'iɛ5	ts'ai5	ts'ai5	ts'ai5	ts'i5	ts'i5
才蟹开一咍从平	tsai2	ts'ɛ2	tsiɛ2	tsai2	ts'ai2	tsai2	ts'ai2	ts'ɑi2
材蟹开一咍从平	ts'ai2	ts'ɛ2	ts'iɛ2	ts'ai2	ts'ai2	ts'ai2	ts'ai2	ts'ɑi2
财(横财)蟹开一咍从平	tsai2	tsɛ2	ts'iɛ2	ts'ai2	tsai2	tsai2	tsa2	tsɑ2
财(财源)蟹开一咍从平	tsai2	tsɛ2	ts'iɛ2	ts'ai2	ts'ai2	tsai2	tsa2	tsɑ2
赛蟹开一代心去	sai5	sɛ5	sɛ5	sai5	sai5	sai5	sai5	sɑi5
该蟹开一咍见平	kai1	kɛ1	kɛ1	kai1	kai1	kai1	kiɛ1	—
改蟹开一海见上	kai3	kɛ3	kɛ3	kai3	kai3	kai3	kai3	kɑi3
开蟹开一咍溪平	k'ui1	k'uɨ1	k'uai1	k'ui1	k'ui1	k'ue1	k'uɛ1	k'uɑi1
海蟹开一海晓上	hai3	hɛ3	hɛ3	hai3	hai3	hai3	hiɛ3	hɑi3
爱蟹开一代影去	aĩ5	ɛ5	ɛ5	ai5	ai5	ŋaĩ5	iɛ̃5	ɑi5

例字 ＼ 地点	菁城（桂林）	溪南（官坑）	新桥（南丰）	双洋（东洋）	适中（中心）	苏坂（美山）	万安（涂潭）	万安（梅村）
贝蟹开一泰帮去	pue5	pui5	pue5	pue5	puɯi5	pui5	piɛ5	—
带蟹开一泰端去	tua5	tua5	tɔ5 tɛ5	tua5	tua5	to5	ta5	tɑ5
太蟹开一泰透去	t'ai5	t'ɛ5	t'ɛ5	t'ai5	t'ai5	t'ai5	t'a5	t'ɑ5 t'ɑi5
泰蟹开一泰透去	t'ai5	t'ɛ5	t'ɛ5	t'ai5	t'ai5	t'ai5	t'ai5	t'ɑi5
赖蟹开一泰来去	naĩ5	nɛ̃6	lɔl	lua1	lua1	lua1	nā6	—
蔡蟹开一泰清去	ts'ai5	ts'ɛ5	ts'ɛ5	ts'ua5	ts'ua5	ts'o5	ts'a5	ts'ɑ5
艾蟹开一泰疑去	hiã5	hia5	—	hiaũ5	sua5	ŋiõ5	giɛ5	ɑi5
害蟹开一泰匣去	hai1	hɛ1	hɛ1	hai1	hai1	hai1	hiɛ̃6	hɑi6
拜蟹二怪帮去	pai5	pɛ5	pɛ5	pai5	pai5	pai5	pi5	pi5
排蟹二皆并平	pai2	pɛ2	pɛ2	pai2	pai2	pai2	pi2	pi2
斋蟹二皆庄平	tse1	tsɛ1	tse1	tse1	tsie1	tsie1	tsa1	tsɑ1
介蟹二怪见去	kai5	kɛ5	kɛ5	kai5	kai5	kai5	ka5	kɑ5
界蟹二怪见去	kai5	kɛ5	ke5	kai5	kai5	kai5	ka5	kɑi5
戒蟹二怪见去	kai5	kɛ5	ke5	kai5	kai5	kai5	ka5	ki5
派蟹二卦滂去	p'ai5	p'ɛ5	p'ɛ5	p'ai5	p'ai5	p'ai5	p'a5	p'ɑ5
牌蟹二佳并平	pai2	pɛ2	pɛ2	pai2	pai2	pai2	pi2	pi2
买蟹二蟹明上	bie3	bi3	bei3	bie3	bie3	bi3	mĩ3	mi3
卖蟹二卦明去	bie1	bi1	bei1	bie1	bɩ1	bi1	mĩ6	mi6
债蟹二卦庄去	tse5	tsia5	tse5	—	tsie5	tsie5	tsa5	tsɑ5
差出差蟹二佳初平	ts'ai1	ts'ɛ1	ts'iɛ1	ts'ai1	ts'ai1	ts'ai1	tsa1	tsɑ1
柴蟹二佳崇平	ts'a2	ts'a2	ts'a2	ts'a2	ts'a2	ts'a2	—	—
筛动词蟹二佳生平	t'ai1	t'ɛ1	t'ɛ1	t'ai1	t'ai1	t'ai1	ts'i1	ts'i1
街蟹二佳见平	kie1	k'i1	kei1	kie1	kɩ1	k'i1	ki1	ki1
解蟹开二蟹见上	kai3	kɛ3	kɛ3	kai3	kai3	kai3	kai3	kɑi3

续　表

例字 ＼ 地点	菁城 (桂林)	溪南 (官坑)	新桥 (南丰)	双洋 (东洋)	适中 (中心)	苏坂 (美山)	万安 (涂潭)	万安 (梅村)
鞋蟹开二佳匣平	ie2	i2	ei2	ie2	ɿ2	i2	i2	i2
矮蟹开二蟹影上	ie3	i3	ei3	ie3	e3	i3	i3	i3
败蟹开二夬並去	pai6	pɛ6	pɛ6	pai6	pai6	pai6	pa6	pɑ6
币蟹开三祭並去	pi6	pɨ6	pi6	pi6	pi6	pei6	pi6	pi6
厉蟹开三祭来去	li6	lɨ6	li6	li6	li6	lei6	li6	li6
励蟹开三祭来去	lie6	li6	lei6	lie6	lɿ6	li6	li6	li6
世蟹开三祭书去	si5	si5	si5	si5	si5	sei5	sɿ5	ʃɿ5
誓蟹开三祭禅去	si6	sɨ6	sɯ6	si5	si5	sei5	sɿ6	ʃɿ6
批蟹开四齐滂平	p'ie1	p'i1	p'ei1	p'ie1	p'ɿ1	p'i1	—	—
米蟹开四荠明上	bi3	bi3	bi3	bi3	bi3	bei3	mĩ3	mi3
底蟹开四荠端上	tie3	ti3	tei3	tie3	tie3	ti3	ti3	ti3
帝蟹开四霁端去	tie5	ti5	tei5	tie5	tɿ5	ti5	ti5	ti5
梯蟹开四齐透平	t'ui1	t'uɨ1	t'ai1	t'ui1	t'ui1	t'ui1	t'iɛ1	t'ɑi1
体蟹开四荠透上	t'ie3	t'i3	t'ei3	t'ie3	t'ie3	t'i3	t'i3	t'i3
替蟹开四霁透去	t'ie5	t'i5	t'ei5	t'ie5	t'ɿ5	t'i5	t'i5	t'i5
题蟹开四齐定平	tie2	ti2	tei2	tie2	tɿ2	ti2	ti2	ti2
弟蟹开四荠定上	ti6	ti6	ti6	ti6	ti6	tei6	t'i1	t'i6
第蟹开四霁定去	tie6	ti6	tei6	tie6	tɿ6	tei6	ti6	ti6
礼蟹开四荠来上	lie3	li3	lei3	lie3	lie3	li3	li3	li3
丽蟹开四霁来去	lie6	li6	lei6	lie6	lɿ6	li6	li6	li6
齐蟹开四齐从平	tsie2	tsi2	tsei2	tsie2	tsɿ2	tsi2	tsi2	tsi2
脐蟹开四齐从平	tsai2	tsɛ2	tsiɛ2	tsai2	tsai2	tsai2	—	—
西蟹开四齐心平	sie1	si1	sei1	sie1	sɿ1	si1	si1	si1
洗蟹开四荠心上	sie3	si3	sei3	sie3	sie3	si3	si3	si3
细蟹开四霁心去	sie5	si5	sei5	sie5	sɿ5	si5	si5	si5

续　表

例字＼地点	菁城（桂林）	溪南（官坑）	新桥（南丰）	双洋（东洋）	适中（中心）	苏坂（美山）	万安（涂潭）	万安（梅村）
婿 女婿蟹开四霁心去	sai5	sɛ5	sɛ5	sai5	sai5	sai5	si5	si5
鸡 蟹开四齐见平	kie1	ki1	ki1	kie1	kɿ1	ki1	ki1	ki1
计 蟹开四霁见去	kie5	ki5	ki5	kie5	kɿ5	kei5	ki5	ki5
溪 蟹开四齐溪平	k'ie1	k'i1	k'ei1	k'ie1	k'ɿ1	k'i1	k'i1	k'i1
杯 蟹合一灰帮平	pue1	pui1	pue1	puɯ1	pui1	pui1	piɛ1	pai1
辈 蟹合一队帮去	pue5	pui5	pue5	puɯ5	pɯui5	pui5	piɛ5	pai5
背 背后蟹合一队帮去	pue5	pui5	pue5	puɯ5	pɯui5	pui5	piɛ5	pai5
配 蟹合一队滂去	p'ue5	p'ui5	p'ue5	p'uɯ5	p'ɯui5	p'ui5	p'iɛ5	p'ai5
陪 蟹合一灰並平	pue2	pui2	pue2	puɯ2	pɯui2	pui2	piɛ2	pai2
赔 蟹合一灰並平	pue2	pui2	pue2	puɯ2	pɯui2	pui2	piɛ2	pai2
倍 蟹合一贿並上	pue6	pui6	pue6	puɯ6	pɯui6	pui6	piɛ8	pai6
背 普通蟹合一队並去	pue6	pui6	pue6	puɯ6	pɯui6	pui6	piɛ6	pai6
梅 蟹合一灰明平	bue2	ŋ2	ŋ2	buɯ2	guɯi2	bui2	miɛ2	mai2
煤 蟹合一灰明平	bue2	bui2	bue2	buɯ2	guɯi2	gui2	miɛ2	mai2
妹 蟹合一队明去	muē5	bui5	maĩ5	muĩ5	gun6	muē5	miɛ̃5	mai5
腿 蟹合一贿透上	t'ui3	t'ui3	t'ai3	t'ui3	t'ui3	t'ui3	t'iɛ3	t'ai3
退 蟹合一队透	t'ui5	t'ui5	t'ue5	t'uɯ5	t'ɿ5	t'ui5	t'iɛ5	t'ai5
队 蟹合一队定去	tui6	tui6	tai6	tui6	tui6	tui6	ti6	tai6
内 蟹合一队泥去	lai6 naĩ6	lɛ6	lɛ6	lai6	lai6	lai6	niɛ6	nai6
雷 蟹合一灰来平	lui2	lui2	lai2	lui2	lui2	lui2	liɛ2	lai2
罪 蟹合一贿从上	tsue6	tsui6	tsue6	tsuɯ6	tsui6	tsui6	tsiɛ6	tsai6
灰 灰烬蟹合一灰晓平	hue1	hui1	hue1	huɯ1	huɯi1	hui1	fiɛ1	fai1
灰 石灰蟹合一灰晓平	hui1	hui1	—	hui1	huɯi1	hui1	fiɛ1	fai1
悔 蟹合一贿晓上	hui3	hui3	huai3	hue3	huɯi3	hui3	fiɛ3	fai3
汇 蟹合一贿匣上	hue6	hui6	hue6	huɯ6	huɯi6	hui6	fiɛ6	fai6

地点 例字	菁城 （桂林）	溪南 （官坑）	新桥 （南丰）	双洋 （东洋）	适中 （中心）	苏坂 （美山）	万安 （涂潭）	万安 （梅村）
外蟹合一泰疑去	gua1	gua6 guɛ6	guɛ6	gua1	gia1	gio1	ŋuɛ̄6	ŋiɑ6 ŋuɑi6
会开会蟹合一泰匣去	hue6	hui6	hue6	huɪ6	huɯi6	hui6	fiɛ6	fɑi6
会不会蟹合一泰匣去	ie6	i6	ei6	ie6	ɪ6	i6	fa8	fɑ8
乖蟹合二皆见平	kuai1	kuɛ1	kuɛ1	kuai1	kuai1	kuai1	kua1	kuɑi1
怪蟹合二怪见去	k'uai5	kuɛ5	kuɛ5	k'uai5	k'uai5	k'uai5	kuai5	kuɑi5
挂蟹合二佳见去	kue5	kui5	kue5	kue5	kue5	kue5	kuo5	ko5
画蟹合二卦匣去	gue1	gua1	guɛ1	gue1	gue1	gue1	fuo6	fo6
快蟹合二夬溪去	k'uai5	k'uɛ5	k'uɛ5	k'uai5	k'uai5	k'uai5	k'uɛ5	k'uɑi5
话蟹合二夬匣去	gue1	gua1	guɛ1	gue1	gue1	gue1	vuo6	vo6
脆蟹合三祭清去	ts'ui5	ts'ui5	ts'ai5	ts'ui5	ts'ui5	—	ts'iɛ5	—
岁蟹合三祭心去	hue5	hui5	hue5	huɪ5	huɯi5	hui5	si5	si5
税蟹合三祭书去	sue5	sui5	sue5	suɪ5	sɪ5	sui5	fi5	fi5
卫蟹合三祭云去	gui6	guɪ6	guai6	gui6	guɯi6	gui1	vi6	vi6
肺蟹合三废敷去	hi5	huɪ5	huai5	hui5	hui5	hue5	fi5	fi5
吠蟹合三废奉去	pui1	puɪ1	pai1	pui1	pui1	—	—	—
桂蟹合四霁见去	kui5	kui5	kuai5	kui5	kui5	kue5	kui5	kui5
碑止开三支帮平	pue1	pui1	pue1	puɪ1	pi1	—	piɛ1	pɑi1
皮止开三支並平	p'ue2	p'ui2	p'ue2	p'uɪ2	p'ui2	p'ui2	p'i2	p'i2
被止开三纸並上	p'ue6	p'ui6	p'ue6	p'uɪ6	p'ui6	p'ui6	p'iɛ3	p'ɑi3
糜止开三支明平	muē2	bui2	bue2	muɪ̃2	maĩ1	bui2	miɛ̃2	mɑi2
离止开三支来平	li2	lĩ2	li2	li2	li2	lei2	li2	li2
荔止开三霁来去	lie1	li1	li1	li1	li1	lei1	li6	li6
徙止开三纸心上	sua3	sua3	sɔ3	sua3	sua3	—	—	—
刺止开三寘清去	ts'i5	ts'ɿ5	ts'i5	ts'i5	ts'i5	ts'ei5	—	—
知止开三支知平	tsai1	tsɛ1	tsiɛ1	tsai1	tsai1	tsai1	ti1	ti1

例字 ＼ 地点	菁城(桂林)	溪南(官坑)	新桥(南丰)	双洋(东洋)	适中(中心)	苏坂(美山)	万安(涂潭)	万安(梅村)
池 止开三支澄平	ti2	ti2	ti2	ti2	ti2	tei2	tsʻɿ2	tʃʻɿ2
支 止开三支见平	ki1	kɨ1	ki1	ki1	ki1	tsi1	ki1	ki1
枝 止开三支见平	ki1	kɨ1	ki1	ki1	ki1	ki1	ki1	ki1
纸 止开三纸章上	tsua3	tsua3	tsua3	tsua3	tsua3	tso3	tsi3	tʃi3
是 止开三纸禅上	si6	sɨ6	si6	si6	si6	sei6	hi6	hi6 ʃi6
寄 止开三寘见去	kia5	kia5	kia5	kia5	kia5	kio5	ki5	ki5
奇 止开三支群平	ki2	kɨ2	kʻi2	kʻi2	ki2	ki2	kʻi2	kʻi2
徛 站止开三纸群上	kʻia6	kʻia6	kʻiɔ6	kʻiau6	kʻia6	kʻio6	kʻi1	kʻi6
*崎 训读字	kia6	kia6	kiɔ6	kiau6	kia6	kio6	—	—
蚁 止开三纸疑上	hia6	hia6	hiɔ6	hiaū6	sua6	ŋiō6	giɛ3	ŋi3
欷 拗子止开三支晓平	hia1	hia1	hiɔ1	hiau1	—	hio1	fia1	
戏 止开三寘晓去	hi5	hi5	hi5	hi5	hi5	hei5	hi5	hi5
倚① 止开三纸影上	ua3	ua3	ua3	ua3	ua3	—	—	—
椅 止开三纸影上	i3	ɨ3	i3	i3	i3	ei3	i3	i3
悲 止开三脂帮平	pui1	puɨ1	pai1	pui1	pui1	pui1	pi1	pi1
比 止开三旨帮上	pi3	pɨ3	pi3	pi3	pi3	pei3	pi3	pi3
屁 止开三至滂去	pʻui5	pʻuɨ5	pʻai5	pʻui5	pʻui5	pʻue5	pʻi5	pʻi5
鼻 止开三至并去	pʻĩ5	pʻĩ5	pʻĩ5	pʻĩ5	pʻi5	pʻei5	pʻi6	pʻi6
备 止开三至并去	pi6	pɨ6	pi6	pi6	pi6	pei6	pi6	pi6
眉 止开三脂明平	bue2	mɛ̄2	bɛ2	bai2	—	bai2	mĩ2	mi2
地 止开三至定去	tie6	ti6	ti6	ti6	ti6	tei6	ti6	ti6
梨 止开三脂来平	lai2	lɛ2	lɛ2	lai2	lai2	lai2	li2	li2
利 刀利止开三至来去	lai1	lɛ1	lɛ1	lai1	lai1	lai1	li6	li6

---

① 闽南西片少用"倚"字,一般常用的是"靠"。

续　表

例字 ＼ 地点	菁城（桂林）	溪南（官坑）	新桥（南丰）	双洋（东洋）	适中（中心）	苏坂（美山）	万安（涂潭）	万安（梅村）
利 利益止开三至来去	li6	li6	li6	li6	li6	lai5	li6	li6
资 止开三脂精平	tsu1	tsu1	tsɯ1	tsu1	tsu1	tsou1	tsʅ1	tsʅ1
瓷 陶瓷止开三脂从平	hui2	huɨ2	huai2	hui2	hui2	—	tsʻʅ2	tsʻʅ2
自 止开三至从去	tsu6	tsu6	tsɯ5	tsu6	tsu6	tsou6	tsʅ6	tsʅ6
私 止开三脂心平	su1	su1	sɯ1	su1	su1	sou1	sʅ1	sʅ1
死 止开三旨心上	si3	sɨ3	si3	si3	si3	sei3	sʅ3	sʅ3
四 止开三至心去	si5	sɨ5	si5	si5	si5	sei5	sʅ5	sʅ5
迟 止开三脂澄平	ti2	ti2	ti2	ti2	tʻi2	tei2	tsʻʅ2	tʃʅ2
师 师傅止开三脂生平	sai1	sɛ1	se1	sai1	sai1	sai1	sʅ1	sʅ1
师 老师止开三脂生平	su1	su1	sɯ1	su1	su1	sou1	sʅ1	sʅ1
狮 止开三脂生平	sai1	sɛ1	se1	sai1	sai1	sai1	sʅ1	sil1
指 止开三旨章上	tsai3	tsɛ3	tsiɛ3	tsai3	tsai3	tsai3	tsi5	—
屎 止开三旨书上	sai3	sɛ3	sɛ3	sai3	sai3	sai3		ʃl1
视 近视止开三至禅去	si6	si6	si6	si6	si6	tsʻei6	sʅ6	ʃl6
视 电视止开三至禅去	si6	si6	si6	si6	si6	sei6	sʅ6	ʃl6
二 止开三至日去	li1	li2	li1	li1	li1	lei1	ŋ6	ŋi6
弃 止开三至溪去	kʻi5	kʻɨ5	kʻi5	kʻi5	kʻi5	kʻei5	kʻi5	kʻi5
姨 止开三脂以平	i2	ɨ2	i2	i2	i2	ei2	i2	i2
李 止开三止来上	li3	li3	li3	li3	li3	lei3	li3	li3
理 止开三止来上	li3	li3	li3	li3	li3	lei3	li3	li3
子 种子止开三止精上	tsi3	tsi3	tsi3	tsi3	tsi3	tsei3	tsi3	tsi3
子 君子止开三止精上	tsu3	tsu3	tsu3	tsu3	tsu3	tsei3	tsʅ3	tsʅ3
字 止开三志从去	li1	lɨ1	tsi1	tsi1	tsi1	tsi1	tsʅ6	tsʅ6
丝 止开三之心平	si1	si1	si1	si1	si1	sei1	sʅ1	sʅ1
思 止开三之心平	su1	su1	sɯ1	su1	su1	—	sʅ1	sʅ1

例字＼地点	菁城（桂林）	溪南（官坑）	新桥（南丰）	双洋（东洋）	适中（中心）	苏坂（美山）	万安（涂潭）	万安（梅村）
司 止开三之心平	si1	sɨ1	si1	si1 su1	si1	sei1	sʅ1	sʅ1
饲 止开三志邪去	tsʻi5	tsʻɨ5	tsʻi5	tsʻi5	tsʻi6	tsʻei5	—	—
治 止开三志澄去	tie6	ti6	ti6	tsi6	—	tsei6	tsʅ6	tʃʅ6
柿 止开三止崇上	kʻi6	kʻɨ6	kʻi6	kʻi6	kʻi6	kʻei6	kʻiɛl	kʻie6
事 止开三志崇去	su6	su6	sɯ6	su6	su6	sou6	sʅ6	si6 sʅ6
史 止开三止生上	su3	su3	sɯ3	su3	sū3	sou3	sʅ3	sʅ3
志 止开三志章去	tsi5	tsi5	tsi5	tsi5	tsi5	tsei5	tsʅ5	tʃʅ5
痣 止开三志章去	ki5	kɨ5	ki5	ki5	ki5	kei5	tsʅ5	tʃʅ5
齿 止开三止昌上	kʻi3	kʻi3	kʻi3	kʻi3	kʻi3	kʻei3	kʻi3	kʻi3
试 止开三志书去	tsʻi5	tsʻɨ5	tsʻi5	tsʻi5	si5	sei5	sʅ5	ʃʅ5
时 止开三之禅平	si2	sɨ2	si2	si2	si2	sei2	sʅ2	ʃʅ2
市 止开三止禅去	tsʻi6	tsʻi6	tsʻi6	tsʻi6	tsʻi6	tsʻei6	sʅ6	ʃʅ6
耳 止开三止日上	hi6	hi6	hi6	hi6	lin6	neĩ3	ŋ3	ŋi3
基 止开三之见平	ki1	kɨ1	ki1	ki1	ki1	kei1	ki1	ki1
己 止开三止见上	ki3	kɨ3	ki3	ki3	ki3	kei3	ki3	ki3
记 止开三志见去	ki5	ki5	ki5	ki5	ki5	kei5	ki5	ki5
欺 止开三之溪平	kʻi1	kʻɨ1	kʻei1	kʻi1	kʻi1	kʻi1	kʻi1	kʻi1
起 止开三止溪上	kʻi3	kʻi3	kʻi3	kʻi3	kʻi3	kʻei3	kʻi3	kʻi3
棋 止开三之群平	ki2	ki2	ki2	ki2	ki2	kei2	ki2	ki2
旗 止开三之群平	ki2	kɨ2	ki2	ki2	ki2	kei2	ki2	ki2
喜 止开三止晓上	hi3	hi3	hi3	hi3	hi3	hei3	hi3	hi3
医 止开三之影平	i1	ɨ1	i1	i1	i1	i1	i1	i1
意 止开三志影去	i5	ɨ5	i5	i5	i5	i5	i5	i5
机 止开三微见平	ki1	kɨ1	ki1	ki1	ki1	kei1	ki1	ki1

续　表

地点 例字	菁城 (桂林)	溪南 (官坑)	新桥 (南丰)	双洋 (东洋)	适中 (中心)	苏坂 (美山)	万安 (涂潭)	万安 (梅村)
几 止开三尾见上	kui3	kui3	kuai3	kui3	ki3	ki3	kia5	—
气 天气止开三未溪去	k'i5	k'ɨ5	k'i5	k'i5	k'i5	k'ei5	k'i5	k'i5
气 受气止开三未溪去	k'ui5	k'uɨ5	k'uai5	k'ui5	k'ui5	—	k'i5	k'i5
希 止开三微晓平	hi1	hɨ1	hi1	hi1	hi1	hei1	hi1	hi1
衣 止开三微影平	i1	ɨ1	i1	i1	i1	ei1	i1	i1
髓 止合三纸心上	ts'ue3	ts'ui3	ts'ue3	ts'uɨ3	ts'ie3	ts'ui3	—	—
吹 止合三支昌平	ts'ue1	ts'ui1	ts'ue1	ts'uɨ1	ts'ɨ1	ts'ui1	k'ui1	k'ui1
炊 止合三支昌平	ts'ue1	ts'uɨ1	ts'ue1	ts'uɨ1	ts'ɨ1	ts'ui1	k'ui1	k'ui1
睡 止合三支禅去	sui6	suɨ6	sai6	sui6	sui6	—	fi6	fi6
规 止合三支见平	kui1	kuɨ1	kuai1	kui1	kui1	kue1	kui1	kui1
亏 止合三支溪平	k'ui1	k'uɨ1	k'uai1	k'ui1	k'ui1	k'ui1	k'ui1	k'ui1
跪 止合三纸群上	kui6	kuɨ6	kuai6	kui6	kui6	kue6	kui6	kui6
危 止合三支疑平	gui2	guɨ2	guai2	gui2	gui2	gui2	vi2	ŋuai2
委 止合三纸影上	gui3	guɨ3	guai3	gui3	gui3	gue3	vi3	vi3
为 止合三支云平	gui2	guɨ2	guai2	gui2	gui2	gue2	vi2	vi2
醉 止合三至精去	tsui5	tsuɨ5	tsai5	tsui5	tsui5	tsui5	tsi5	tsi5
遂 挂合三至邪去	ts'ue5	ts'ui5	ts'ue5	ts'uɨ5	ts'ie5	ts'ui5	—	—
水 止合三旨书上	tsui3	tsuɨ3	tsai3	tsui3	tsui3	tsui3	fu3	fy3
龟 止合三脂见平	kui1	kuɨ1	kuai1	kui1	kui1	kue1	kui1	kui1
季 止合三至见去	kie5	kuɨ5	kuai5	kui5	kui5	kei5	kui5	kui5
位 止合三至云去	gui1	guɨ1	guai1	gui1	gui1	gui1	vi6	vi6
维 止合三脂以平	gui2	guɨ2	guai2	gui2	gui2	—	vi2	vi2
飞 飞鸟止合三微非平	pue1	pui1	pue1	puɨ1	pui1	pui1	pie1	pɑi1
飞 飞机止合三微非平	hui1	huɨ1	huai1	hui1	hui1	hui1	fi1	fi1
匪 止合三尾非上	hui3	huɨ3	huai3	hui3	hui3	—	fi3	fi3

例字 ＼ 地点	菁城（桂林）	溪南（官坑）	新桥（南丰）	双洋（东洋）	适中（中心）	苏坂（美山）	万安（涂潭）	万安（梅村）
痱 止合三未非去	pui5	puɨ5	pai5	pui5	puɯi5	pue5	pi5	pi5
费 止合三未敷去	hui5	huɨ5	huai5	hui5	hui5	hue5	fi5	fi5
肥 止合三微奉平	pui2	puɨ2	pai2	pui2	pui2	pui2	pi2	pi2
尾 止合三尾微上	bue3	bui3	bue3	buɯ3	gue3	bui3	miɛ3	mɑi3
味 止合三未微去	bi1	bɨ1	bi1	bi1	bi1	bi1	vi6	vi6
归 止合三微见平	kui1	kuɨ1	kuai1	kui1	kui1	—	kui1	kui1
鬼 止合三尾见上	kui3	kuɨ3	kuai3	kui3	kui3	kue3	kui3	kui3
贵 止合三未见去	kui5	kuɨ5	kuai5	kui5	kui5	kue5	kui5	kui5
威 止合三微影平	gui1	guɨ1	guai1	gui1	gui1	—	vi1	vi1
围 止合三微云平	gui2	guɨ2	guai2	gui2	gui2	gue2	vi2	vi2
伟 止合三尾云上	gui3	guɨ3	guai3	gui3	gui3	gue3	vi3	vi3
胃 止合三未云去	gui3	guɨ5	guai6	gui6	gui6	gue6	vi6	vi6
保 效开一皓帮上	puo3	puɯ3	po3	pɑuɯ3	pʋo3	puɯ3	puɯ3	pɤ3
宝 效开一皓帮上	puo3	puɯ3	puɯ3	pɤ3	po3	puɯ3	puɯ3	pɤ3
报 效开一号帮去	puo5	puɯ5	puɯ5	pɤ5	puɯ5	puɯ5	puɯ5	pɤ5
抱 效开一皓並上	pʼuo6	pʼɯ6	pʼɯ6	pʼɤ6	pʼɯ6	pʼɯ6	—	—
毛 效开一豪明平	muo2	mŋ̍2	mŋ̍2	mŋ̍2	mũ2	mŋ̍2	mũ2	mɤ2
帽 效开一号明去	buo1	bɯ6	bɯ1	bɤ1	bɯ6	bɯ1	mũ6	mɤ6
刀 效开一豪端平	tuo1	tɯ1	tɯ1	tɤ1	tɯ1	tɯ1	tɯ1	tɤ1
岛 效开一皓端上	tau3	tɔ3	tɔ3	tau3	tau3	tau3	tau3	tɑu3
倒 效开一号端去	tuo5	tɯ5	tɯ5	tɤ5	tɯ5	tɯ5	—	—
讨 效开一皓透上	tʼuo3	tʼɯ3	tʼɯ3	tʼuo3	tʼɯ3	tʼɯ3	tʼɯ3	tʼɤ3
套 效开一号透去	tʼuo5	tʼɯ5	tʼɯ5	tʼɤ5	tʼɯ5	tʼɯ5	tʼɯ5	tʼɤ5
桃 效开一豪並平	tʼuo2	tʼɯ2	tʼɯ2	tʼɤ2	tʼɯ2	tʼɯ2	tʼɯ2	tʼɤ2
脑 效开一皓泥上	naũ3	nɔ̃3	nɔ̃3	naũ3	naũ3	naũ3	naũ3	—

续　表

例字	菁城（桂林）	溪南（官坑）	新桥（南丰）	双洋（东洋）	适中（中心）	苏坂（美山）	万安（涂潭）	万安（梅村）
恼 效开一皓泥上	naũ3	nɔ̃3	nɔ̃3	naũ3	naũ3	naũ3	naũ3	—
劳 效开一豪来平	lau2	lɔ2	lɔ2	lau2	lau2	lau2	lɯ2	lɯ2
老 旧物效开一皓来上	luo3	lɯ3	lɯ3	lɤ3	lo3	lɯ3	lɯ3	lɤ3
老 老师效开一皓来上	lau3	lɔ6	lɔ3	lau3	lau3	lau3	lɯ3	lɔ3
糟 效开一豪精平	tsau1	tsɔ1	tsɔ1	tsau1	tsau1	tsau1	tsau1	tsɤ1
早 效开一皓精上	tsa3	tsa3	tsa3	tsa3	tsa3	tsa3	tsɯ3	tsɤ3
枣 效开一皓精上	tsuo3	tsɯ3	tsɯ3	tsɤ3	tso3	tsɯ3	tsɯ3	tsɤ3
灶 效开一号精去	tsau5	tsɔ5	tsɔ5	tsau5	tsau5	tsau5	tsɯ5	tsɤ5
草 效开一号清去	tsʻau3	tsʻɔ3	tsʻɔ3	tsʻau3	tsʻau3	tsʻau3	tsʻɯ3	tsʻɤ3
槽 效开一豪从平	tsʻau2	tsʻɔ2	tsɯ2	tsɤ2	tsɯ2	tsɯ2	tsɯ2	tsɤ2
嫂 效开一皓心上	suo3	sɯ3	sɯ3	sɤ3	so3	sɯ3	sɯ3	sɤ3
扫 效开一号心去	sau5	sɔ5	sɔ5	sau5	sau5	sau5	sɯ5	sɤ5
高 效开一豪见平	kau1	kɔ1	kɔ1	kɤ1	kau1	kau1	kɯ1	kɤ1
膏 效开一豪见平	kuo1	kɯ1	kɯ1	kɤ1	kɯ1	kɯ1	kɯ1	kɤ1
篙 效开一豪见平	kuo1	kɯ1	kɯ1	kɤ1	kɯ1	kɯ1	kɯ1	kɤ1
糕 效开一豪见平	kuo1	kɯ1	kɯ1	kɤ1	kɯ1	kɯ1	kɯ1	kɤ1
告 效开一号见去	kuo5	kɯ5	kɯ5	kɤ5	kɯ5	kɯ5	kɯ5	kɤ5
考 效开一皓晓上	kʻuo3	kʻɯ3	kʻɯ3	kʻɤ3	kʻo3	kʻɯ3	kʻɯ3	kʻɤ3
靠 效开一号晓去	kʻuo5	kʻɯ5	kʻɯ5	kʻɤ5	kʻɯ5	kʻɯ5	kʻau5	kʻɤ5
傲 效开一号疑去	ŋau5	ŋɔ6	ŋɔ6	ŋaũ6	ŋaũ6	—	ŋaũ6	ŋɔ6
好 效开一皓晓上	huo3	hɯ3	hɯ3	hɤ3	huo3	hɯ3	hɯ3	hɤ3
号 效开一号匣去	huo1	hɯ1	hɯ1	hɤ1	hɯ1	hɯ1	hɯ6	hɤ6
包 效开二肴帮平	pau1	pɔ1	pɔ1	pau1	pau1	pau1	pa1	pɑ1
胞 效开二肴帮平	pau1	pɔ1	pɔ1	pau1	pau1	pau1	pa1	pɑ1
饱 效开二巧帮上	pa3	pa3	pa3	pa3	pa3	pa3	pa3	pɑ3

地点／例字	菁城（桂林）	溪南（官坑）	新桥（南丰）	双洋（东洋）	适中（中心）	苏坂（美山）	万安（涂潭）	万安（梅村）
炮效开二效滂去	pʻau5	pʻɔ5	pʻɔ5	pʻau5	pʻa5	pʻau5	pʻa5	pʻɑ5
泡效开二效滂去	pʻau5	pʻɔ5	pʻɔ5	pʻau5	pʻau5	pʻau5	pʻa5	pʻɑ5
貌效开二效明去	maũ6	mɔ̃6	mɔ̃6	maũ6	maũ6	maũ6	maũ6	—
闹热闹效开二效泥去	lau1	lɔ1	lɔ1	lau1	lau1	—	lio6	lio6
闹吵闹效开二效泥去	naũ6	nɔ̃6	nɔ̃6	naũ6	naũ6	naũ6	naũ6	
抄效开二肴初平	tsʻau1	tsʻɔ1	tsʻɔ1	tsʻau1	tsʻau1	tsʻau1	tsʻau1	
炒效开二巧初上	tsʻa3	tsʻa3	tsʻa3	tsʻa3	tsʻa3	tsʻa3	tsʻa3	tsʻɑ3
吵效开二巧初上	tsʻa3	tsʻa3	tsʻa3	tsʻa3	tsʻau3	tsʻau3	tsʻa3	tsʻɑ3
交效开二肴见平	kiau1	kiɔ1	kiɔ1	kiau1	kau1	kiau1	ka1	kɑ1
铰效开二肴见平	ka1	ka1	ka1	ka1	ka1	ka1	ka1	kɑ1
搅效开二巧见上	kiau3	kiɔ3	kiɔ3	kiau3	kiau3	kiau3	—	—
教动词效开二效见去	ka5	ka5	ka5	ka5	ka5	ka5	kiau5	kiɑu5
教教育效开二见去	kiau5	kiɔ5	kiɔ5	kiau5	kiau5	kiau5	kiau5	kiɑu5
较效开二见去	kiau5	kiɔ5	kiɔ5	kiau5	kiau5	kiau5	kiau5	kiɑu5
敲效开二效溪平	kʻa1	kʻa1	kʻa1	kʻa1	kʻa1	kʻa1	kʻa1	kʻɑ1
巧效开二效溪上	kʻiau3	kʻiɔ3	kʻiɔ3	kʻiau3	kʻiau3	kʻa3 kʻiau3	—	—
孝效开二效晓去	hiau5	hiɔ5	hiɔ5	ha5	ha5 haũ5	hiau5	hiau5	hɑ5
效效开二效匣去	hiau6	hiɔ6	hiɔ6	hiau6	hau6	—	hiau6	—
校效开二效匣去	hiau6	hiɔ6	hiɔ6	siau6	hau6	—	hiau6	—
标效开三宵帮平	piau1	piɔ1	piɔ1	piau1	piau1	piau1	pio1	pio1
表效开三小帮上	piau3	piɔ3	piɔ3	piau3	piau3	piau3	pio3	pio3
飘效开三宵滂平	pʻiau1	pʻiɔ1	pʻiɔ1	pʻiau1	pʻiau1	pʻiau1	pʻio1	pʻio1
票效开三笑滂去	pʻio5	pʻiɯ5	pʻiɯ5	pʻiau5	pʻiau5	pʻiau5	pʻio5	pʻio5
秒效开三小明上	miaũ3	miɔ̃3	miɔ̃3	miaũ3	miaũ3	miaũ3	miɔ̃3	mio3

例字 \ 地点	菁城（桂林）	溪南（官坑）	新桥（南丰）	双洋（东洋）	适中（中心）	苏坂（美山）	万安（涂潭）	万安（梅村）
疗 效开三笑来平	liau2	liɔ2	liɔ2	liau2	liau2	liau2	—	—
蕉 效开三宵精平	tsio1	tsiɯ1	tsiɯ1	tsio1	tsiɯ1	tsiɯ1	tsio1	—
椒 效开三宵精平	tsio1	tsiɯ1	tsiɯ1	tsiɣ1	tsiɯ1	tsiɯ1	tsio1	tsio1
消 效开三宵心平	siau1	siɔ1	siɔ1	siau1	siau1	siau1	sio1	sio1
小 效开三小心上	sio3	siɯ3	siɯ3	siɣ3	sio3	siɯ3	sio3	sio3
笑 效开三笑心去	ts'io5	ts'iɯ5	ts'ɯ5	ts'ɣ5	ts'ɯ5	ts'ɯ5	ts'ɯ5	tʃ'ɣ5
朝 效开三宵知平	tiau1	tiɔ1	tiɔ1	tiau1	tiau1	tiau1	tsɯ1	tʃɣ1
赵 效开三小澄上	tio6	tiɯ6	tiɯ6	ts'au5	tiɯ5	tsau6	—	tsɣ6
招 效开三宵章平	tsio1	tsiɯ1	tsɯ1	tsiɣ1	tsiɯ1	tsiɯ1	tsɯ1	tʃɣ1
照 效开三笑章去	tsio5	tsiɯ5	tsɯ5	tsɣ5 / tsau5	tsau5	tsau5	tsɯ5	tʃɣ5
烧 效开三宵书平	sio1	siɯ1	siɯ1	siɣ1	siɯ1	siɯ1	ts'ɯ1	tʃ'ɣ1
少 效开三小书上	tsio3	tsiɯ3	tsɯ3	tsɣ3	tsɯ3	tsɯ3	sɯ3	ʃɣ3
绍 效开三小禅上	siau6	siɔ6	siɔ6	sau6	sau6	sau6	sau6	—
骄 效开三宵见平	kiau1	kiɔ1	kiɔ1	kiau1	kiau1	kiau1	kiau1	kio1
桥 效开三宵群平	kio2	kiɯ2	kiɯ2	kiɣ2	kiɯ2	kiɯ2	kio2	kio2
梮 效开三宵晓平	giau1	giɔ1	giɔ1	giau1	giau1	giau1	—	—
腰 效开三宵影平	gio1	giɯ1	giɯ1	giɣ1	giɯ1	giɯ1	giɯ1	iɣ1
要 效开三笑影去	giau5	giɔ5	giɔ5	giau5	giau5	giau5	giɯ5	iɣ5
摇 效开三宵以平	gio2	giɯ2	giɯ2	giɣ2	giɯ2	giɯ2	giɯ2	iɣ2
窑 效开三宵以平	gio2	giɯ2	giɯ2	giɣ2	giɯ2	giɯ2	giɯ2	iɣ2
鸟 效开四篠端上	tsia6	tsia5	tsia3	tsia6	tsiau3	—	ta3	tɑ3
钓 效开四啸端去	tio5	tiɯ5	tiɯ5	tiau5	tiɯ5	tiɯ5	ta5	tɑ5
跳 效开四啸透去	t'iau5	t'iɔ5	t'iɔ5	t'iau5	t'iau5	t'iau5	t'io5	t'iɣ5
粜 效开四啸透去	t'iau5	t'iɔ5	t'iɔ5	t'iɣ5	t'iɯ5	t'iɯ5	—	—

例字　地点	菁城（桂林）	溪南（官坑）	新桥（南丰）	双洋（东洋）	适中（中心）	苏坂（美山）	万安（涂潭）	万安（梅村）
条 效开四萧定平	tiau2	tiɔ2	tiɔ2	tiau2	tiau2	tiau2	ta2	tɑ2
调 效开四萧定平	tiau2	tiɔ2	tiɔ2	tiau2	tiau2	tiau2	t'iau2	tio2
调 效开四啸定去	tiau6	tiɔ6	tiɔ6	tiau6	t'iau5	t'iau5	tiau6	—
尿 效开四啸泥去	lio1	liɯ1	liɯ1	liɤ1	liɯ1	liɯ1	ŋiɯ6	ŋiɤ6
料 效开四啸来去	liau1	liɔ1	liɔ1	liau1	liau1	liau1	la6	lɑ6
箫 效开四萧心平	siau1	siɔ1	siɔ1	siau1	siau1	siau1	sio1	sio1
母 流开一厚明上	buo3	bɯ3	bɯ3	buo3	bo3	bɯ3	mō1	mo1
斗 流开一厚端上	tau3	tɔ3	tɔ3	tau3	tau3	tau3	tio3	tio3
斗 流开一候端去	tau5	tɔ5	tɔ5	tau5	tau5	tau5	tio5	tio5
偷 流开一侯透平	t'au1	t'ɔ1	t'ɔ1	t'au1	t'au1	t'au1	t'io1	t'io1
敨 流开一厚透上	t'au3	t'ɔ3	t'ɔ3	t'au3	t'au3	t'au3	t'io3	t'io3
透 流开一候透去	t'au5	t'ɔ5	t'ɔ5	t'au5	t'au5	t'au5	t'ɯ5	t'ɤ5
头 流开一侯定平	t'au2	t'ɔ2	t'ɔ2	t'au2	t'au2	t'au2	t'io2	t'io2
豆 流开一候定去	tau1	tɔ1	tau1	tau1	tau1	tau1	tio6	tio6
楼 流开一侯来平	lau2	lɔ2	lɔ2	lau2	lau2	lau2	lio2	lio2
漏 流开一候来去	lau1	lɔ1	lɔ1	lau1	lau1	lau1	lio6	lio6
走 流开一厚精上	tsau3	tsɔ3	tsɔ3	tsau3	tsau3	tsau3	tsio3	tsio3
嗽 流开一候心去	sau5	sɔ5	sɔ5	sau5	sau5	sau5	—	—
勾 流开一侯见平	kau1	kɔ1	kɔ1	kau1	kau1	kau1	kio1	kio1
钩 流开一侯见平	kau1	kɔ1	kɔ1	kau1	kau1	kau1	kio1	kio1
沟 流开一侯见平	kau1	kɔ1	kɔ1	kau1	kau1	kau1	kio1	kio1
狗 流开一厚见上	kau3	kɔ3	kɔ3	kau3	kau3	kau3	kio3	kio3
够 流开一候见去	kau5	kɔ5	kɔ5	kau5	kau5	kau5	kio5	kio5
口 流开一厚溪上	k'au3	k'ɔ3	k'ɔ3	k'au3	k'au3	k'au3	k'io3	k'io3
扣 流开一候溪去	k'au5	k'ɔ5	k'ɔ5	k'au5	k'au5	k'au5	k'au5	—
藕 流开一厚疑上	ŋiaũ6	ŋɔ̃3	ŋɔ̃3	ŋaũ3	ŋaũ3	ŋaũ3	ŋaũ3	ŋɔ̃3

续　表

地点 例字	菁城 （桂林）	溪南 （官坑）	新桥 （南丰）	双洋 （东洋）	适中 （中心）	苏坂 （美山）	万安 （涂潭）	万安 （梅村）
喉流开一侯匣平	au2	ɔ2	ɔ2	au2	au2	au2	—	—
猴流开一侯匣平	kau2	kɔ2	kɔ2	kau2	kau2	kau2	hio2	hio2
后流开一厚匣上	au6	ɔ6	ɔ6	au6	au6	au6	hio6	hio6
厚流开一厚匣上	kau6	kɔ6	kɔ6	kau6	kau6	kau6	k'io1	k'io1
瓯小瓯流开一侯影平	au1	ɔ1	ɔ1	au1	au1	au1	—	—
富流开三宥非去	hu5	hu5	hu5	hu5	hu5	hou5	fu5	fu5
副流开三宥敷去	hu5	hu5	hu5	hu5	hu5	hou5	fu5	fu5
妇媳妇流开三有奉上	pu6	pu6	pu6	pu6	pu6	pou6	p'u6	p'u6
妇妇女流开三有奉上	hu6	hu6	hu6	hu6	hu6	hou6	fu6	fu6
负流开三有奉上	hu6	hu6	hu6	hu6	hu6	hou6	fu6	fu6
纽流开三泥上	liu3	liu3	liau3	liu3	liu3	liou3	niɔ3	nio3
流流开三尤来平	lau2	lɔ2	lɔ2	lau2	lau2	lau2	liu2	lio2
刘流开三尤来平	lau2	lɔ2	lɔ2	lau2	lau2	lau2	liu2	lio2
留流开三尤来平	lau2	lɔ2	lɔ2	lau2	lau2	lau2	lio2	lio2
柳流开三有来上	liu3	liu3	—	liu3	liu3	liou3	liu3	liu3
酒流开三有精上	tsiu3	tsiu3	tsiu3	tsiu3	tsiu3	tsiou3	tsiu3	tsiu3
秋流开三尤清平	ts'iu1	ts'iu1	ts'iau1	ts'iu1	ts'iu1	ts'iou1	ts'iu1	ts'iu1
修流开三尤心平	siu1	siu1	siau1	siu1	siu1	siou1	siu1	siu1
秀流开三宥心去	siu5	siu5	siau5	siu5	siu5	siou5	siu5	siu5
泅流开三尤邪平	siu2	siu2	siau2	siu2	siu2	siou2	siu2	siu2
昼流开三宥知去	tau5	tɔ5	tɔ5	tau5	tau5	tau5	tio5	tio5
抽流开三尤彻平	t'iu1	t'iu1	t'iau1	t'iu1	t'iu1	t'iu1	ts'u1	ts'u1
愁流开三尤崇平	ts'iu2	ts'iu2	—	ts'iu2	ts'iu2	ts'iou2	ts'u2	sio2 ts'u2
周流开三尤章平	tsiu1	tsiu1	tsau1	tsiu1	tsu1	tsiou1	tsu1	tsu1
州流开三尤章平	tsiu1	tsiu1	tsau1	tsiu1	tsiu1	tsiou1	tsu1	tsu1

例字＼地点	菁城（桂林）	溪南（官坑）	新桥（南丰）	双洋（东洋）	适中（中心）	苏坂（美山）	万安（涂潭）	万安（梅村）
帚 流开三有章上	tsʻiu3	tsʻiu3	tsʻau3	tsʻiu3	tsʻu3	tsʻiou3	tsʻu3	tsʻu3
臭 流开三宥昌去	tsʻiau5	tsʻiɔ5	tsʻiɔ5	tsʻiau5	tsʻiau5	tsʻiau5	tsʻu5	tsʻu5
收 流开三尤书平	siu1	siu1	sau1	siu1	su1	siou1	su1	ʃu1
手 流开三有书上	tsʻiu3	tsʻiu3	tsʻau3	tsʻiu3	tsʻu3	tsʻiou3	tsʻu3	tsʻu3
守 流开三有书上	siu3	siu3	sau3	siu3	sū3	siou3	su3	ʃu3
兽 流开三宥书去	siu5	siu5	sau5	siu5	siu5	siou5	su5	ʃu5
仇 流开三尤禅平	tsʻiu2	tsʻiu2	tsʻau2	tsʻiu2	tsʻiu2	tsʻiou2	tsʻu2	tsʻu2
受 流开三有禅上	siu6	siu6	sau6	siu6	su6	siou6	su6	ʃu6
寿 流开三宥禅去	siu6	siu6	sau6	siu6	su6	siou6	su6	ʃu6
九 流开三有见上	kau3	kɔ3	kɔ3	kau3	kau3	kau3	kiu3	kiu3
久 流开三有见上	ku3	ku3	ku3	ku3	ku3	kou3	ku3	ku3
韭 流开三有见上	ku3	ku3	ku3	ku3	ku3	kou3	kʻu3	kʻu3
救 流开三宥见去	kiu5	kiu5	kiau5	kiu5	kiu5	kiou5	kiu5	kiu5
究 流开三宥见	kiu5	kiu5	kiau5	kiu5	kiu5	kiou5	kiu5	kiu5
求 求人 流开三尤群平	kʻiu2	kʻiu2	kʻiau2	kiu2	kʻiu2	kiou2	kiu2	kiu2
求 求神 流开三尤群平	kʻiu2	kʻiu2	kʻiau2	kʻiu2	kʻiu2	kiou2	kiu2	kiu2
球 流开三尤群平	kʻiu2	kʻiu2	kʻiau2	kʻiu2	kʻiu2	kʻiou2	kʻiu2	kʻiu2
舅 流开三有群上	ku6	ku6	ku6	ku6	ku6	kou6	ku8	ku8 / kʻiu6
牛 流开三尤疑平	gu2	gu2	gu2	gu2	gu2	gou2	aŋ2	ɑŋ2
忧 流开三尤影平	giu1	giu1	giau1	giu1	giu1	giou1	giu1	iu1
优 流开三尤影平	giu1	giu1	giau1	giu1	giu1	giou1	giu1	iu1
有 流开三有云上	u6	u6	u6	u6	u6	ou6	vuo8	hio1
友 流开三有云上	giu3	giu3	giau3	giu3	giu3	giou3	giu3	iu3
右 流开三宥云去	giu6	giu6	giau6	giu6	giu6	giou6	giu6	iu6
油 流开三尤以平	giu2	giu2	giau2	giu2	giu2	giou2	giu2	iu2

地点 例字	菁城 （桂林）	溪南 （官坑）	新桥 （南丰）	双洋 （东洋）	适中 （中心）	苏坂 （美山）	万安 （涂潭）	万安 （梅村）
幼流开三幼影去	giu5	giu5	giau5	giu5	giu5	giou5	giu5	iu5
答咸开一合端入	tap7	taʔ7	taʔ7	taʔ7	tap7	tap7	tuo6	to6
贪咸开一覃透平	tʻam1	tʻam1	tʻaŋ1	tʻaŋ1	tʻam1	tʻam1	tʻō1	tʻəŋ1
潭咸开一覃定平	tʻam2	tʻam2	tʻaŋ2	tʻaŋ2	tʻam2	tʻam2	tʻō2	tʻəŋ2
南咸开一覃泥平	lam2	lam2	laŋ2	laŋ2	lam2	lam2	nō2	nəŋ2
簪咸开一覃精平	tsam1	tsam1	tsaŋ1	tsaŋ1	tsam1	tsam1	tsō1	tsiŋ1
参咸开一覃清平	tsʻam1	tsʻam1	tsʻaŋ1	tsʻaŋ1	tsʻam1	tsʻam1	tsʻō1	tsʻəŋ1
惨咸开一感清上	tsʻam3	tsʻam3	tsʻaŋ3	tsʻaŋ3	tsʻam3	tsʻam3	tsʻō3	tsʻəŋ3
杂咸开一合从入	tsap8	tsaʔ8	tsaʔ8	tsaʔ8	tsap8	tsap8	tsuo8	tsoʔ8
感咸开一感见上	kam3	kam3	kaŋ3	kaŋ3	kam3	kam3	kō3	kəŋ3
鸽咸开一合见入	kap7	kaʔ7	kaʔ7	kaʔ7	kap7	kap7	kau6	ko6
合咸开一合匣入	hap8	haʔ8	haʔ8	haʔ8	hap8	hap8	huo8	hɤʔ8
盒咸开一合匣入	ap8	aʔ8	aʔ8	aʔ8	ap8	ap8	huo8	hoʔ8
庵咸开一覃影平	am1	am1	aŋ1	aŋ1	am1	am1	ō1	əŋ1
暗咸开一勘影去	am5	am5	aŋ5	aŋ5	am5	am5	ō5	əŋ5
担咸开一谈端平	tā1	tā1	tā1	tā1	tā1	tā1	tō1	təŋ1
胆咸开一敢端上	tā3	tā3	tā3	tā3	tā3	tā3	tō3	təŋ3
毯咸开一敢透上	tʻam3	tʻam3	tʻaŋ3	tʻaŋ3	tʻam3	tʻam3	tʻō5	tʻəŋ3
塔咸开一盍透入	tʻa5	tʻa5	tʻa5	tʻa7	tʻa3	tʻa7	tʻuo6	tʻo6
谈咸开一谈定平	tʻam2	tʻam2	tʻaŋ2	tʻaŋ2	tʻam2	tʻam2	tʻō2	tʻəŋ2
蓝咸开一谈来平	lam2	lam2	laŋ2	laŋ2	lam2	lam2	nō2	ləŋ2
篮咸开一谈来平	nā2	nā2	nā2	nā2	nā2	nā2	nō2	ləŋ2
览咸开一敢来上	lam3	lam3	laŋ3	laŋ3	lam3	lam3	nō3	ləŋ3
榄咸开一敢来上	nā3	nā3	nā3	nā3	nā3	nā3	nō3	ləŋ3
蜡咸开一盍来入	la6	lua6	la6	la6	la6	la6	luo8	loʔ8
暂咸开一阚从去	tsiam6	tsiam6	tsiaŋ6	tsiaŋ6	tsiam6	tsiam6	tsiaŋ6	tsiaŋ6

地点 例字	菁城（桂林）	溪南（官坑）	新桥（南丰）	双洋（东洋）	适中（中心）	苏坂（美山）	万安（涂潭）	万安（梅村）
三咸开一谈心平	sā1	sā1	sā1	sā1	sā1	sā1	sō1	səŋ1
柑咸开一谈见平	kam1	kam1	kaŋ1	kaŋ1	kam1	kam1	kō1	kəŋ1
敢咸开一敢见上	kam3	kam3	kā3	kā3	kam3	kā3	kō3	kəŋ3
橄咸开一敢见上	kā3	kā3	kā3	kā3	kā3	kā3	kō3	kəŋ3
站咸开二陷澄去	tsam6	tsam6	tsaŋ6	tsaŋ6	tsam6	tsam6	tsō6	tsəŋ6
插咸开二洽初入	ts'a5	ts'a5	ts'a5	ts'a7	ts'a3	ts'a7	ts'i6	—
杉咸开二咸生平	sam1	sam1	saŋ1	saŋ1	sam1	sam1	sō1	səŋ1
减咸开二豏见上	kiam3	kiam3	kiaŋ3	kiaŋ3	kiam3	kiam3	kiaŋ3	kiaŋ3
咸咸开二咸匣平	kiam2	kiam2	kiaŋ2	kiaŋ2	kiam2	kiam2	kiaŋ2	kiaŋ2
衫咸开二衔生平	sā1	siā1	sā1	sā1	sā1	sā1	sō1	səŋ1
监咸开二衔见平	kā1	kā1	kā1	kā1	kā1	kā1	kō1	kəŋ1
甲咸开二狎见入	ka5	ka5	ka5	ka7	ka3	ka7	kuo6	ko6
岩咸开二衔疑平	nā2	nā2	nā2	nā2	nā2	nā2	ŋō2	ŋəŋ2
鸭咸开二狎影入	a5	a5	a5	a7	a3	a7	uo6	o6
压咸开二狎影入	at7	aʔ7	aʔ7	aʔ7	ap7	ap7	uo6	o6
黏咸开三盐泥平	liam2	liam2	liaŋ2	liaŋ2	liam2	liam2	—	—
镰咸开三盐来	liam2	liam2	liaŋ2	liaŋ2	liam2	liam2	niɛ̃2	liŋ2
尖咸开三盐精平	tsiam1	tsiam1	tsiaŋ1	tsiaŋ1	tsiam1	tsiam1	—	—
蟗咸开三琰精上	tsiā3	tsiā3	tsiā3	tsiā3	tsiā3	tsiā3	tsiō3	tsiŋ3
接咸开三叶精入	tsiap7	tsieʔ7	tsiaʔ7	tsi7	tsiap7	tsiap7	tsi6	tsi6
签咸开三盐清平	ts'iam1	ts'iam1	ts'iaŋ1	ts'iaŋ1	ts'iam1	ts'iam1	ts'iaŋ1	ts'iɑŋ1
签咸开三盐清平	ts'iam1	ts'iam1	ts'iaŋ1	ts'iaŋ1	ts'iam1	ts'iam1	ts'iaŋ1	ts'iɑŋ1
捷咸开三叶从入	tsiap8	tsieʔ8	tsiaʔ8	tsiaʔ8	tsiap8	tsiap8	kiɛ8	—
占咸开三艳章去	tsiam5	tsiam5	tsiaŋ5	tsiaŋ5	tsiam5	tsiam5	—	—
折咸开三叶章入	tsi5	tsɨ5	tsi5	tsi7	tsi3	tsei7	tsɿ6	tʃi6
摄咸开三叶书入	hip7	hieʔ7	hiaʔ7	hiaʔ7	hiap7	hiap7	hiau6	—

续　表

例字＼地点	菁城（桂林）	溪南（官坑）	新桥（南丰）	双洋（东洋）	适中（中心）	苏坂（美山）	万安（涂潭）	万安（梅村）
检 咸开三琰见上	kiam3	kiam3	kiaŋ3	kiaŋ3	kiam3	kiam3	kiɛ3	kiŋ3
俭 咸开三琰群上	k'iam6	k'iam6	k'iaŋ6	k'iaŋ6	k'iam6	k'iam6	k'iaŋ6	kiɑŋ6
验 咸开三艳疑去	giam6	giam6	giaŋ6	giaŋ6	giam6	giam6	liaŋ6	ŋiaŋ6
险 咸开三琰晓上	hiam3	hiam3	hiaŋ3	hiaŋ3	hiam3	hiam3	hiaŋ3	hiɑŋ3
淹 咸开三盐影平	giam1	giam1	giaŋ1	giaŋ1	giam1	giam1	—	—
厌 咸开三艳影去	giam5	giam5	giaŋ5	giaŋ5	giam5	giam5	giaŋ5	iɑŋ5
盐 咸开三盐以平	giam2	giam2	giaŋ2	giaŋ2	giam2	giam2	gin2	iŋ2
炎 咸开三盐云平	giam2	giam2	giaŋ2	giaŋ2	giam2	giam2	giaŋ2	—
頁 咸开三叶以入	giap8	gia6	gia?8	gia?8	giap8	giap8	giɛ8	i?8
剑 咸开三酽见去	kiam5	kiam5	kiaŋ5	kiaŋ5	kiam5	kiam5	kiõ5	kiŋ5
欠 咸开三酽溪去	k'iam5	k'iam5	k'iaŋ5	k'iaŋ5	k'iam5	k'iam5	k'iaŋ5	k'iɑŋ5
严 咸开三严疑平	giam2	giam2	giaŋ2	giaŋ2	giam2	giam2	ŋaŋ2	ŋəŋ2
业 咸开三业疑入	giap8	gie?8	gia?8	gia?8	giap8	giap8	giɛ8	ŋi?8
胁 咸开三业晓入	hiap8	hie?8	hia?8	hia?8	hiap8	hiap8	hiau8	hi?8
醃 咸开三严影平	giam1	giam1	giaŋ1	giaŋ1	—	gien1	—	—
点 咸开四添端上	tiam3	tiam3	tiaŋ3	tiaŋ3	tiam3	tiam3	tiɛ3	tiŋ3
店 咸开四掭端去	tiam5	tiam5	tiaŋ5	tiaŋ5	tiam5	tiam5	tiɛ5	tiŋ5
添 咸开四添透平	t'ĩ1 / t'iam1	t'iam1	t'in1	t'ĩ1	t'in1 / t'iam1	t'eĩ1	t'iɛ1	t'iŋ1
帖 咸开四帖透入	t'iap7	t'ie?7	t'ia?7	t'ia?7	t'iap7	t'iap7	t'i6	t'i6
甜 咸开四添定平	tiam2	tiam2	tiaŋ2	tiaŋ2	tiam2	tiam2	tiɛ2	tiŋ2
叠 咸开四帖定入	t'a6	t'a6	t'a6	t'a6	t'a6	t'a6	—	t'o?8
谦 咸开四添溪平	k'iam1	k'iam1	k'iaŋ1	k'iaŋ1	k'iam1	k'iam1	k'iaŋ1	k'iɑŋ1
歉 咸开四掭溪去	k'iam5	k'iam5	k'iaŋ5	k'iaŋ5	k'iam5	k'iam5	k'iaŋ5	k'iɑŋ5
嫌 咸开四掭匣平	hiam2	hiam2	hiaŋ2	hiaŋ2	hiam2	hiam2	hiɛ2	həŋ2

例字＼地点	菁城(桂林)	溪南(官坑)	新桥(南丰)	双洋(东洋)	适中(中心)	苏坂(美山)	万安(涂潭)	万安(梅村)
法威合三乏非入	huat7	hua?7	hua?7	hua?7	huat7 huot7	huat7	fuo6	fo6
凡威合三凡奉平	huan2	huan2	huan2	huaŋ2	huan2	huan2	fō2	fəŋ2
范威合三范奉上	huan6	huan6	huan6	huaŋ6	huan6	huan6	fō6	fəŋ6
犯威合三范奉入	huan6	huan6	huan6	huan6	huan6	huan6	fō6	fəŋ6
品深开三寝滂上	p'in3	p'in3	p'in3	p'iŋ3	p'in3	p'in3	p'in3	p'iæ3
林深开三侵来平	nā2 lim/lin2	nā2 liam2	nā2 liaŋ2	liŋ2	liam2	nā2	nan1	læ1
立深开三缉来入	lip8	lie?8	le?8	lia?8	liap8	liap8	lai8	lɑi?8
粒深开三缉来入	liap8	lie?8	lia?8	lia?8	liap8	liap8	—	lɑi?8
侵深开三侵清平	ts'im1	ts'iam1	ts'iaŋ1	ts'iaŋ1	ts'iam1	ts'iam1	ts'in1	ts'iɑŋ1
集深开三从入	tsip8	tsie?8	tsia?8	tse?8	tsap8	—	kie8	tsi?8
心深开三侵心平	sim1	siam1	siaŋ1	siaŋ1	siam1	siam1	san1	sæ1
习深开三缉邪入	ɕip8	sie?8	se?8	se?8	siap8	siap8	sai8	sɑi?8
沉深开三侵澄平	tim2	tiam2	tiaŋ2	tiaŋ2	tiam2	tiam2	tsin2	tʃiæ2
蔘深开三侵生平	soŋ1	soŋ1	ts'aŋ1	ts'aŋ1	ts'am1	sam1	ts'oŋ1	soŋ1
针深开三侵章平	tsiam1	tsiam1	tsiaŋ1	tsiaŋ1	tsiam1	tsiam1	tsin1	tʃiæ1
枕深开三寝章上	tsim3	tsiam3	tsiaŋ3	—	tsam3	tsiam3	tsin3	tʃiæ3
汁深开三缉章入	tsiap7	tsie?7	tsia?7	tsia?7	tsiap7	tsiap7	tsie6	tʃiæ6
深深开三侵书平	ts'im1	ts'iam1	ts'aŋ1	ts'aŋ1	ts'am1	ts'am1	ts'in1	tʃ'iæ1
湿深开三缉书入	sip7	sie?7	se?7	se?7	siap7	siap7	ts'ɿ6	tʃ'i6
十深开三缉禅入	tsap8	tsa?8	tsia?8	tsia?8	tsiap8	tsiap8	sie8	ʃiæ?8
任深开三沁日去	gim6	giam6	giaŋ6	giŋ6	giam6	giam6	gin6	iæ6
人深开三日入	lip/lit8	lie?8	le?8	lia?8	liap8	liap8	ŋie8	ŋiæ?8
今深开三侵见平	kā1	kiam1	—	kā1	kiā1	kin1	kin1	kiæ1
金深开三侵见平	kim1	kiam1	kiaŋ1	kiaŋ1	kiam1	kiam1	kin1	kiæ1

续　表

例字 ＼ 地点	菁城（桂林）	溪南（官坑）	新桥（南丰）	双洋（东洋）	适中（中心）	苏坂（美山）	万安（涂潭）	万安（梅村）
锦 深开三寝见上	kim3	kiam3	kiaŋ3	kiaŋ3	kiam3	kiam3	kin3	kiæ3
急 深开三缉见入	kip7	kie?7	ke?7	ke?7	kiap7	kiap7	kiɛ6	kiæ6
级 深开三缉见入	kip7	kie?7	ke?7	ke?7	kiap7	kiap7	k'iɛ6	k'iæ6
琴 深开三侵群平	k'im2	k'iam2	k'iaŋ2	k'iŋ2	k'iam2	k'iam2	k'in2	k'iæ2
妗 鲻鲕深开三沁群去	ŋ̍3	ŋ̍3	ŋ̍3	ŋ̍3	kiam6	—	—	kiæ?8
音 深开三侵影平	gim1	giam1	giaŋ1	giŋ1	giam1	giam1	an1	ɑi1
饮 深开三寝影上	am3	am3	aŋ3	aŋ3	am3	am3	—	—
单 被单山开一寒端平	tuā1	tuā1	tɔ̄1	tuā1	tuā1	tō1	tō1	təŋ1
单 单独山开一寒端平	tan1	tan1	tan1	taŋ1	tan1	tan1	tō1	təŋ1
炭 山开一翰透去	t'uā5	t'uā5	t'ɔ̄5	t'uā5	t'uā5	t'ō5	t'ō5	t'əŋ5
檀 山开一寒定平	t'an2	t'an2	t'an2	t'aŋ2	t'an2	t'an2	t'ō2	t'əŋ2
弹 山开一寒定平	tuā2	tuā2	taŋ2	tuā2	tuā2	t'an2	tō2	təŋ2
达 山开一曷定入	tat8	ta?8	ta?8	ta?8	tat8	tat8	ta8	tɑ?8
难 山开一寒泥平	lan2	lan2	lan2	laŋ2	lan2	lan2	nō2	nəŋ2
兰 山开一寒来平	lan2	lan2	lan2	laŋ2	lan2	lan2	nō2	ləŋ2
烂 山开一翰来去	nuā1	nuā1	nɔ̄1	nuā1	nuā1	nō1	nō6	ləŋ5
辣 山开一曷来入	lua6	lua6	lɔ6	lua6	lua6	lo6	la8	lɑ?8
餐 山开一寒清平	ts'an1	ts'an1	ts'an1	ts'aŋ1	ts'an1	ts'an1	—	ts'əŋ1
伞 山开一旱心上	suā5	suā5	sɔ̄5	suā5	suā5	sō5	sō3	səŋ3
散 山开一翰心去	suā5	suā5	sɔ̄5	suā5	suā5	sō5	sō3	səŋ3
*撒 训读字	gia1	gia1	giɔ1	giau1	gia1	giɔ1	—	via6
肝 山开一寒见平	kuā1	kuā1	kɔ̄1	kuā1	kuā1	kō1	kō1	kəŋ1
看 山开一翰溪平	k'uā5	k'uā5	k'ɔ̄5	—	—	k'ō5	—	—
割 山开一曷见入	kua5	kua5	kua5	kua7	kua3	ko7	ka6	kɑ6
寒 山开一寒匣平	kuā2	kuā2	kɔ̄2	kuā2	kuā2	kō2	hō2	həŋ2

例字＼地点	菁城（桂林）	溪南（官坑）	新桥（南丰）	双洋（东洋）	适中（中心）	苏坂（美山）	万安（涂潭）	万安（梅村）
汗 山开一翰匣去	han6	kuã1	kɔ̃1	kuã1	han6	kɔ̃1	hõ6	haŋ6
安 山开一寒影平	an1	an1	an1	aŋ1	an1	an1	õ1	əŋ1
案 山开一翰影去	an5	an5	an5	aŋ5	an5	an5	õ5	əŋ5
办 山开二裥並去	pan6	pan6	pan6	paŋ6	pan6	pan6	põ6	pəŋ6
八 山开二黠帮入	pie5	pi5	pei5	pie7	pɪ3	pi7	pi6	pi6
绽 山开二裥澄去	tʻĩ5	tʻņ5	tʻin5	tʻĩ5	tʻin5	tʻeĩ5	—	—
察 山开二黠初入	tsʻat7	tsʻaʔ7	tsʻaʔ7	tsʻaʔ7	tsʻat7	tsʻat7	tsʻa6	tsʻɑ6
山 山开二山生平	suã1	suã1	sɔ̃1	suã1	suã1	sõ1	sõ1	səŋ1
产 山开二产生上	tsʻan3	tsʻan3	tsʻan3	tsʻņ3	san3	tsʻan3	tsʻõ3	səŋ3
杀 山开二黠生入	sat7	saʔ7	saʔ7	saʔ7	sat7	sat7	sa6	sɑ6
艰 山开二山见平	kan1	kan1	kan1	kaŋ1	kan1	kan1	—	—
间 山开二山见平	kan1	kņ1	kin/kĩ1	kĩ1	kan1	keĩ1	kiɛ̃1	kiŋ1
简 山开二产见上	kan3	kan3	kiaŋ3	kiaŋ3	kan3	kien3	kiɛ̃3	kiŋ3
闲 山开二山匣平	an2	ņ2	ĩ2	ĩ2	in2	—	hiɛ̃2	hiŋ2
限 山开二产匣上	han6	han6	han6	haŋ6	an6	—	hiɛ̃6	hiŋ6
班 山开二删帮平	pan1	pan1	pan1	paŋ1	pan1	pan1	põ1	pəŋ1
斑 山开二删帮平	pan1	pan1	pan1	paŋ1	pan1	pan1	põ1	pəŋ1
板 山开二潸帮上	pan3	pan3	paŋ3	paŋ3	pan3	pan3	põ3	pəŋ3
盼 山开二删並平	pan2	pņ2	pin2	pĩ2	pin2	pin2	—	—
奸 山开二删见平	kan1	kan1	kan1	kaŋ1	kan1	kan1	kõ1	kəŋ1
颜 颜色山开二删疑平	gan2	gien2	gien2	giaŋ2	gan2	gien2	ŋuɛ̃2	iæ2
晏 山开二谏影去	ŋuã5	ŋuã5	ŋɔ̃5	aŋ5	ŋuã5	ŋõ5		
编 山开三仙帮平	pən1	pien1	pien1	pien1	pin1	pien1	pin1	piŋ1
变 山开三线帮去	pən5	pien5	pien5	pĩ5	pin5	peĩ5	pin5	piŋ5
篇 山开三仙滂平	pʻən1	pʻien1	pʻien1	pʻiaŋ1	pʻin1	pʻien1	pʻin1	pʻiŋ1

续　表

例字 ＼ 地点	菁城(桂林)	溪南(官坑)	新桥(南丰)	双洋(东洋)	适中(中心)	苏坂(美山)	万安(涂潭)	万安(梅村)
偏 山开三仙滂平	p'ən1	p'ien1	p'ien1	p'iaŋ1	p'in1	p'ien1	p'in1	p'iŋ1
骗 山开三线滂去	p'ən5	p'ŋ5	p'in5	p'iaŋ5	p'in5	p'ien5	p'in5	p'iŋ5
鳖 山开三薛帮入	pi5	pɨ5	pi5	pi7	pi3	pei7	—	
便 便宜 山开三仙並平	pan2	pan2	pan2	paŋ2	pan2	pan2	pin2	piæ2
便 方便 山开三线並去	pən6	pien6	pien6	piaŋ6	pin6	pien6	pin6	piŋ6
别 山开三薛並入	pət8	pieʔ8	piaʔ8	piaʔ8	piet8	piat8	piɛ8	piʔ8
棉 山开三仙明平	mĭ2	mŋ2	mĭ2	mĭ2	bin2	bin2	min2	miŋ2
勉 山开三狝明上	bən3	bien3	bien3	biaŋ3	bin3	bien3	min3	miæ3
灭 山开三薛明入	bət8	bieʔ8	biaʔ8	biaʔ8	biet8	biat8	miɛ̃8	miæʔ8
面 山开三线明去	bin5	bin5	bin5	bin5	bin5	bin5	min5	miæ3
连 山开三仙来平	lən2	lien2	lien2	liaŋ2	lin2	lien2	niɛ̃2	liŋ2
煎 煎药 山开三仙精平	tsən1	tsuā1	tsɔ̃1	tsuā1	tsuā1	tsɔ̃1	—	tsiŋ1
煎 煎鱼 山开三仙精平	tsuā1	tsien1	tsien1	tsiaŋ1	tsin1	tsien1		tsiŋ1
剪 山开三狝精上	tsən3	tsŋ3	tsĭ3	tsĭ3	tsin3	tseĭ3	tsiɛ̃3	tsiŋ3
箭 山开三线精去	tsĭ5	tsŋ5	tsin5	tsĭ5	tsin5	tseĭ5	tsin5	tsiŋ5
浅 山开三狝清上	ts'ən3	ts'ien3	ts'ien3	ts'ĭ3	ts'in3	ts'ien3	ts'in3	ts'iŋ3
钱 山开三仙从平	tsĭ2	tsŋ2	tsin2	—	tsin2	tseĭ2	tsin2	tsiŋ2
仙 山开三仙心平	sən1	sien1	sien1	siaŋ1	sin1	sien1	sin1	siŋ1
鲜 山开三仙心平	ts'ĭ1	ts'ŋ1	sien1	ts'ĭ1	ts'ĭ1	ts'eĭ1	sin1	siŋ1
线 山开三线心去	suā5	suā5	sɔ̃5	suā5	suā5	sɔ̃5	sin5	siŋ5
展 山开三狝知上	tən3	tien3	tsan3	tsaŋ3	tin3	tien3	tsin3	tʃiæ3
哲 山开三薛知入	tət7	tieʔ7	tiaʔ7	tət7	tsiet7	tsiat7	—	tʃiæ6
缠 山开三仙澄平	tĭ2	tŋ2	tin2	tĭ2	tin2	teĭ2	tsin2	tʃiŋ2
战 山开三线章去	tsən5	tsien5	tsien5	tsiaŋ5	tsin5	tsan5	tsin5	tsiŋ5
舌 山开三薛船入	tsi6	tsɨ6	sɔ6	tsi6	tsi6	tsei6	tsi8	tʃiʔ8

例字 ＼ 地点	菁城（桂林）	溪南（官坑）	新桥（南丰）	双洋（东洋）	适中（中心）	苏坂（美山）	万安（涂潭）	万安（梅村）
扇 山开三线书去	sĩ5	sŋ5	sin5	sĩ5	sin5	suē5	sin5	ʃiŋ5
设 山开三薛书入	sət7	sie?7	sia?7	sia?7	siet7	siat7	siɛ6	ʃi6
善 山开三狝善上	sən6	sien6	sien6	siaŋ6	sin6	sien6	siɛ6	siŋ6
热 山开三薛日入	gət8	gie?8	gia?6	gia?8	giet8	giat8	ŋ8	ŋi?8
团 山开三狝见上	kiã3	kiã3	kiɔ3	iã3	kiã3	—	kin3	kiŋ3
件 山开三狝群上	kiã6	kiã6	kiɔ6	kiã6	kiã6	kiö6	kin6	kiŋ6
杰 山开三薛群入	kət8	kie?8	kia?8	kia?8	kit8	kiat8	—	—
演 山开三狝以上	gən3	gien3	gien3	giaŋ3	gin3	gien3	—	—
建 山开三愿见去	kən5	kien5	kien5	kiaŋ5	kin5	kien5	kuɛ5	kuiŋ5
健 山开三愿群去	kən6	kien6	kien5	kiaŋ6	kin6	kien6	kin6	kiŋ6
言 山开三元疑平	gən2	gien2	gien2	giaŋ2	gin2	gien2	ŋuɛ2	ŋiæ2
掀 山开三元晓平	hən1	hien1	hien1	hiaŋ1	hin1	hien1		
献 山开三愿晓去	hən5	hien5	hien5	hiaŋ5	hin5	hien5		
歇 山开三月晓入	hio5	hiɯ5	hiɯ5	hiɤ7	hiɯ3	hiɯ7		
边 山开四先帮平	pĩ1	pŋ1	pin1	pin1	pin1	peĩ1	pin1	piŋ1
扁 扁 山开四铣帮上	pĩ3	pŋ3	pin3	pĩ3	pin3	peĩ3	piɛ3	—
扁 扁食 山开四铣帮上	pan3	pan3	pan3	piaŋ3	pan3	pan3	pin3	piŋ3
遍 山开四霰帮去	pən5	pien5	pien5	piaŋ5	pin5	pien5	pin5	piŋ5
片 山开四霰滂去	p'ĩ5	p'ŋ5	p'in5	p'ĩ5	p'in5	p'eĩ5	p'in5	p'iæ5
辫 山开四铣並上	pən6	pien6	—	piaŋ6	pin6	pien6	pin6	piŋ6
眠 山开四先明平	bin2	bin2	bin2	bin2	bin2	bin2	min2	miæ2
面 山开四霰明去	mĩ1	mŋ1	mĩ1	mĩ1	bin1	meĩ1	min6	miŋ6
篾 山开四屑明入	bi6	bɨ6	bi6	bi6	bi6	bei6	mĩ8	—
蔑 鳖 山开四屑明入	bi5	bɨ5	bi5	bi7	bi3	bei7	—	—
典 山开四铣端上	tən3	tien3	tiaŋ3	tiaŋ3	tin3	tien3	tiɛ3	tiŋ3

续　表

例字＼地点	菁城（桂林）	溪南（官坑）	新桥（南丰）	双洋（东洋）	适中（中心）	苏坂（美山）	万安（涂潭）	万安（梅村）
天 山开四先透平	t'ĩ1	t'ņ1	t'ņ1	t'ĩ1	t'in1	t'ei1	t'iɛ1	t'iŋ1
铁 山开四屑透入	t'i5	t'ɨ5	t'i5	t'i7	t'i3	t'ei7	t'i6	t'i6
电 山开四霰定去	tən6	tien6	tien6	tiaŋ6	tin6	tien6	tiɛ6	tiŋ6
年 山开四先泥平	nĩ2	nņ2	nĩ2	nĩ2	lin2	neĩ2	niɛ2	niŋ2
怜 山开四先来平	lən2	lien2	lien2	liaŋ2	lin2	lien2	niɛ2	niŋ2
莲 山开四先来平	lən2	lien2	lien2	liaŋ2	lin2	neĩ2	niɛ2	niŋ2
练 山开四霰来去	lən6	lien6	lien6	liaŋ6	lin6	lien6	niɛ6	liŋ6
节 五月节山开四屑入	tsie5	tsi5	tsei5	tsie7	tsɿ3	tsi7	tsi6	tsi6
节 一节山开四屑精入	tsat7	tsa?7	tsa?7	tsa?7	tsat7	tsat7	tsi6	tsi6
节 教师节山开四屑入	tsət7	tsie?7	tsia?7	tsia?7	tsiet7	tsiat7	tsi6	tsi6
千 山开四先清平	ts'an1	ts'an1	ts'an1	ts'ĩ1	ts'in1	ts'ei1	ts'in1	ts'iŋ1
切 山开四屑清入	ts'ie5 / ts'ət7	ts'ie5	ts'ei5	ts'ie7	ts'i3 / ts'iet7	ts'i7	ts'i6	ts'i6
前 山开四先从平	tsan2	tsņ2	tsin2	tsĩ2	tsin2	tseĩ2	tsiɛ2	tsiŋ2
先 山开四先心平	sən1	sien1	sin1	sĩ1	sin1	sien1	siɛ1	siŋ1
肩 山开四先见平	kan1	kņ1	kin1	kĩ1	kan1	keĩ1	kiɛ1	kiŋ1
结 打结山开四屑见入	kat7	ka?7	ka?7	ka?7	kat7	kat7	kiɛ6	kiæ6
结 结束山开四屑见入	kət7	kie?7	kia?7	kia?7	kiet7	kiat7	kiɛ6	kiæ6
牵 山开四先溪平	k'an1	k'an1	k'an1	k'aŋ1	k'an1	k'an1	k'in1	k'iŋ1
显 山开四铣晓上	hən3	hien3	hiaŋ3	hiaŋ3	hin3	hien3	hin3	—
贤 山开四先匣平	hən2	hien2	hien2	hiaŋ2	hin2	hien2	hin2	
现 山开四霰匣去	hən6	hien6	hien6	hiaŋ6	hin6	hien6	hin6	siŋ6
烟 山开四先影平	gən1	gien1	gien1	giaŋ1	gin1	gien1	—	iŋ1
燕 山开四霰影去	ĩ5	ņ5	ĩ5	ĩ5	in5	ei5	giɛ5	iŋ5
般 山合一桓帮平	pan1	pan1	pɔ1	paŋ1	pan1	pɔ1	pɔ1	pəŋ1
搬 山合一桓帮平	puã1	puã1	pɔ1	puã1	puã1	pɔ1	pɔ1	pəŋ1

例字＼地点	菁城（桂林）	溪南（官坑）	新桥（南丰）	双洋（东洋）	适中（中心）	苏坂（美山）	万安（涂潭）	万安（梅村）
半 山合一换帮去	puā5	puā5	pɔ̄5	puā5	puā5	po5	pō5	pəŋ5
钵 山合一末帮入	pua5	pua5	pɔ5	pua7	pua3	po7	pa6	pɑ6
判 山合一换滂去	p'uā5	p'uā5	p'ɔ̄5	p'uā5	p'uā5	p'ō5	p'ō5	p'əŋ5
泼 山合一末明入	p'ua5	p'ua5	p'ɔ5	p'ua7	p'ua3	p'o7	p'a6	p'ɑ6
盘 山合一桓並平	puā2	puā2	pɔ̄2	puā2	puā2	pō2	pō2	pəŋ2
伴 山合一缓並上	p'uā6	p'uā6	p'ɔ̄6	p'uā6	p'uā6	p'ō6	—	məŋ3
满 山合一缓明上	muā3	muā3	mɔ̄3	muā3	guan3	buan3	man1 mō3	məŋ3
锻 山合一换端去	tuan5	tuan5	tuan5	tuaŋ5	tuan5	tuan5	tō6	təŋ6
团 山合一桓定平	t'uan2	t'uan2	t'uan2	t'uaŋ2	t'uan2	t'uan2	t'ō2	t'əŋ2
断 山合一缓定上	tuan6	tun6	taĩ6	tuĩ6	tĩ5	teĩ6	—	—
暖 山合一缓泥上	nuĩ3	lun3	naĩ3	nuĩ3	nĩ3	neĩ3	nō3	nəŋ3
卵 山合一缓来上	nuĩ6	lun6	naĩ6	nuĩ6	nĩ6	neĩ6	nō3	ləŋ3
乱 山合一换来去	luan6	luan6	luan6	luaŋ6	lan6	—	nō6	ləŋ6
钻 山合一换精去	tsuĩ5	tsun5	tsaĩ5	tsuĩ5	tsĩ5	tseĩ5	tsō5	tsəŋ5
酸 山合一桓心平	suĩ1	sun1	saĩ1	suĩ1	sĩ1	suē1	sō1	səŋ1
算 山合一换心去	suĩ5	sun5	saĩ5 suan5	suĩ5	sĩ5	suē5	sō5	səŋ5
蒜 山合一换心去	suan5	suan5	saĩ5	suaŋ5	suan5	suan5	sō5	səŋ5
官 山合一桓见平	kuā1	kuā1	kɔ̄1	kuā1	kuā1	kō1	kō1	kuŋ1
棺 山合一桓见平	kuā1	kuā1	kɔ̄1	kuā1	kuā1	kō1	kō1	kuŋ1
观 山合一桓见平	kuan1	kuan1	kuan1	kuaŋ1	kuan1	kuan1	kō1	kuŋ1
管 山合一缓见上	kuan3	kuan3	kuan3	kuaŋ3	kuan3	kuan3	kō3	kuŋ3
罐 山合一换见去	kuan5	kuan5	kuan5	kuaŋ5	kuan5	kuan5	kō5	kuŋ5
冠 山合一换见去	kuan5	kuan5	kuan5	kuaŋ5	kuan5	kuan5	kō5	kuŋ5
款 山合一缓溪上	k'uan3	k'uan3	k'uan3	k'uaŋ3	k'uan3	k'uan3	k'ō3	k'uŋ3

例字 \ 地点	菁城（桂林）	溪南（官坑）	新桥（南丰）	双洋（东洋）	适中（中心）	苏坂（美山）	万安（涂潭）	万安（梅村）
阔 山合一末溪入	kʻua5	kʻua5	kʻua5	kʻua7	kʻua3	kʻo7	kʻua6	kʻuɑ6
欢 山合一桓晓平	huā1	huā1	hō1	huā1	huā1	hō1	fō1	fəŋ1
换 山合一换匣去	ŋuā1	ŋuā1	huan6	ŋuā1	ŋuā1	ŋō1	—	—
活 山合一末匣入	gua6	gua6	gua6	ua6	ua6 / huot8	gua6 / hua6	fa8	fɑʔ8
碗 山合一缓影上	ŋuā3	ŋuā3	ŋō3	ŋuā3	ŋuā3	ŋō3	vō3	vəŋ3
腕 山合一换影去	guan3	guan3	guan3	ŋuā5	guan3	guan3	vō3	vəŋ5
滑 山合二黠匣入	kut8	kuoʔ8	koʔ8	koʔ8	kuot8	kuot8	vai8	vaiʔ8
关 山合二删见平	kuē1	kuā1	kuē1	kuē1	kuĭ1	kuĭ1	kō1	kuŋ1
惯 山合二谏见去	kuan5	kuan5	kuan5	kuaŋ5	kuan5	kuan5	kō5	kuŋ5
环 山合二删匣平	kʻuan2	kʻuan2	kʻuan2	kʻuan2	kʻuan2	kʻuan2	—	—
湾 山合二删影平	uan1	uan1	guan1	uaŋ1	guan1	guan1	vō1	vuŋ1
恋 山合三线来去	lən6	lien6	lien6	luan6	luan6	lien6	liaŋ6	—
全 山合三仙从平	tsʻuan2	tsun2	tsaĭ2 / tsʻiaŋ2	tsʻuaŋ2	tsʻuan2	tsʻien2	tsō2	tsəŋ2
泉 泉州山合三仙从平	tsʻuan2	tsuan2	tsaĭ2	tsuĭ2	tsuā2	tseĭ2	tsō2	tsəŋ2
泉 矿泉山合三仙从平	tsʻuan2	tsuan2	tsuā2	tsuā2	tsuā2	tsō2	tsō2	tsəŋ2
选 山合三狝心上	suan3	suan3	sien3	suaŋ3	sun3	sien3	siɛ̃3	siŋ3
雪 山合三薛心入	sie5	sui5	sue5	suɿ7	sɿ3	si7	si6	si6
转 山合三狝知上	tuĭ3	tun3	taĭ3	tuĭ3	tĭ3	teĭ3	kun3	kuiŋ3
传 山合三仙澄平	tsʻuan2	tsʻuan2	tsʻuan2	tsʻuaŋ2	tʻuan2	tsʻuan2	kʻuɛ2	—
专 山合三仙章平	tsuan1	tsuan1	tsuan1	tsuaŋ1	tsuan1	tsuan1	kuē1	kuiŋ1
砖 山合三仙章平	tsuĭ1	tsuan1	tsaĭ1	tsuĭ1	tsĭ1	tseĭ1	kun1	kuiŋ1
穿 山合三仙昌平	tsʻuĭ1	tsʻun1	tsʻaĭ1	tsʻuĭ1	tsʻĭ1	tsʻeĭ1	kʻin5	kʻuiŋ5
喘 山合三狝昌上	tsʻuan3	tsʻuan3	tsʻuan3	tsʻuaŋ3	tsʻuan3	tsʻuan3	tsʻaŋ3	—
船 山合三仙船平	tsun2	tsun2	tsoŋ2	tsoŋ2	tsun2	tsun2	fi2	fiŋ2 / fəŋ2

地点 例字	菁城 (桂林)	溪南 (官坑)	新桥 (南丰)	双洋 (东洋)	适中 (中心)	苏坂 (美山)	万安 (涂潭)	万安 (梅村)
软 山合三狝日上	nuĩ3	lun3	naĩ3	nuĩ3	nĩ3	neĩ3	ŋun3	ŋuiŋ3
卷 山合三狝见上	kuĩ3	kun3	kuaĩ3	kuĩ3	kun3	kuē3	k'uan3	k'uæ3
卷 山合三线见去	kuĩ5	kun5	kuaĩ5	kuĩ5	kun5	kuē5	kuē5	kuiŋ3
拳 山合三仙群平	kun2	kun2	koŋ2	koŋ2	kun2	kun2	kuan2	kuæ2
权 山合三仙群平	k'ən2	k'ien2	k'ien2	k'iaŋ2	kun2	k'ien2	k'in2	—
圆 山合三仙云平	ĩ2	ŋ2	ĩ2	ĩ2	in2	eĩ2	vin2	viŋ2
员 山合三仙云平	guan2	guan2	guan2	giaŋ2	—	gien2	vin2	viŋ2
院 山合三线云去	ĩ1	ŋ1	ĩ1	ĩ1	in6	eĩ1	vin6	viŋ6
铅 山合三仙以平	gən2	gien2	gien2	giaŋ2	gin2	gien2	vin2	viŋ2
缘 山合三仙以平	guan2	gien2	—	giaŋ2	gin2	gien2	ŋuē2	—
捐 山合三仙以平	kən1	kien1	kien1	kiaŋ2	kuan1	—	kin1	kiŋ1
反 山合三阮非上	huan3	huan3	huan3	huaŋ3	huan3	huan3	fō3	—
发 山合三月非入	huat7	hua?7	hua?7	hua?7	huat7 huot7	huat7	fa6	fɑ6
番 番薯山合三元敷平	han1	huan1	huan1	huaŋ1	huan1	han1	voŋ2	fəŋ2
烦 山合三元奉平	huan2	huan2	huan2	huaŋ2	huan2	huan2	fō2	fəŋ2
饭 山合三愿奉去	puĩ1	pun1	paĩ1	puĩ1	—	puē1	pō6	pəŋ6
罚 山合三月奉入	huat8	hua?8	hua?8	hua?8	huat8	huat8	fa8	fɑ?8
挽 山合三阮微上	ban3	ban3	ban3	baŋ3	ban3	ban3	—	—
万 山合三愿微去	ban1	ban1	ban1	baŋ1	ban1	ban1	vō6	vəŋ6
袜 山合三月微入	bue6	bui6	bue6	buɪ6	guɪ6	bui6	miɛ8	mɑi?8
劝 山合三愿溪去	k'uĩ5	k'un5	k'iaŋ5	k'uĩ5	k'in5	k'ien5	k'iaŋ5	k'uiŋ5
原 山合三元疑平	guan2	guan2	gien2	gien2	gin2	gien2	ŋuē2	—
月 山合三月疑入	gue6	gui6	gue6	guɪ6	guɪ6	gui6	ŋuĩ8	ŋui?8
冤 山合三元影平	guan1	guan1	—	giaŋ1	—	gien1	vie1	—
怨 山合三愿影去	guan5	guan5	—	giaŋ5	gien5	gien5	—	—

续　表

例字 ＼ 地点	菁城（桂林）	溪南（官坑）	新桥（南丰）	双洋（东洋）	适中（中心）	苏坂（美山）	万安（涂潭）	万安（梅村）
园 菜园山合三元云平	huĩ2	hun2	huaĩ2	huĩ2	hun2	huē2	vin2	viŋ2
园 西园镇山合三元云平	gən2	gien2	ŋuaĩ2	giaŋ2	gin2	gien2	vin2	viŋ2
园 公园山合三元云平	gən2	gien2	gien2	giaŋ2	gin2	gien2	vin2	viŋ2
远 很远山合三阮云上	huĩ6	hun6	huaĩ6	huĩ6	hun6	huē6	vin3	viŋ3
远 永远山合三阮云上	gən3	gien3	gien3	gien3	gin3	gien3	vin3	viŋ3
决 山合四屑见入	kuat7	kuaʔ7	kiaʔ7	kiaʔ7	kuot7	kiat7	kiɛ6	kiæ6
缺 山合四屑溪入	kʻuat7	kʻuaʔ7	kʻiaʔ7	kʻiaʔ7	kʻuot7	kʻiat7	kʻui6	kʻiæ6
悬 山合四先匣平	kuan2	kun2	kuaĩ2	kuĩ2	kun2	kuē2	—	—
县 山合四霰匣去	kuĩ1	kun1	kuaĩ1	kuĩ1	kun1	hien1	vin6	viŋ6
血 山合四屑晓入	hue5	hui5	hue5	hui7	huɯ3	hui7	fi6	fi6
吞 臻开一痕透平	tʻun1	tʻun1	tʻoŋ1	tʻoŋ1	tʻun1	tʻun1	tʻan1	—
根 臻开一痕见平	kin1	kin1	kin1	kiŋ1	kin1	kin1	kun1	kyæ1
恨 臻开一恨匣去	hin6	hin6	hin6	hiŋ6	hin6	hin6	hin6	hiŋ6
恩 臻开一痕影平	gun1	gun1	in1	iŋ1	in1	in1	an1	æ1
笔 臻开三质帮入	pit7	pieʔ7	peʔ7	peʔ7	piet7	piet7	piɛ6	piæ6
毕 臻开三质帮入	pit7	pieʔ7	peʔ7	peʔ7	piet7	piet7	piɛ6	piæ6
民 臻开三真明平	bin2	bin2	bin2	biŋ2	bin2	bin2	min2	miæ2
密 臻开三质明入	bat8	baʔ8	baʔ8	baʔ8	bat8	bat8	miɛ̄8	miæʔ8
蜜 臻开三质明入	bit8	bieʔ8	beʔ8	beʔ8	biet8	biet8	—	—
邻 臻开三真来平	lin2	lin2	lin2	liŋ2	lin2	lin2	nan2	læ2
鳞 臻开三真来平	lan2	lin2	lan2	liaŋ2	lan2	lan2	nan2	læ2
进 臻开三震精去	tsin5	tsin5	tsin5	tsiŋ5	tsin5	tsin5	tsan5	tsæ5
亲 臻开三真清平	tsʻin1	tsʻin1	tsʻin1	tsʻiŋ1	tsʻin1	tsʻin1	tsʻan1	tsʻæ1
七 臻开三质清入	tsʻiet7	tsʻieʔ7	tsʻeʔ7	tsʻeʔ7	tsʻiet7	tsʻiet7	tsʻai6	tsʻɑi6
漆 臻开三质清入	tsʻat7	tsʻaʔ7	tsʻaʔ7	tsʻaʔ7	tsʻat7	tsʻat7	tsʻai6	tsʻɑi6
疾 臻开三质从入	tsit8	tsieʔ8	tseʔ8	tseʔ8	tsiet8	tsiet8	tsai8	tsɑiʔ8

例字　　地点	菁城(桂林)	溪南(官坑)	新桥(南丰)	双洋(东洋)	适中(中心)	苏坂(美山)	万安(涂潭)	万安(梅村)
新臻开三真心平	sin1	sin1	sin1	siŋ1	sin1	sin1	san1	sæ1
辛臻开三真心平	sin1	sin1	sin1	siŋ1	sin1	sin1	san1	sæ1
信臻开三震心去	sin5	sin5	sin5	siŋ5	sin5	sin5	san5	sæ5
珍臻开三真知平	tsin1	tsin1	tsin1	tsiŋ1	tsin1	tsin1	tsin1	tʃiæ1
镇臻开三震知平	tin5	tin5	tin5	tiŋ5	tin5	tin5	tan5	tæ5
趁臻开三震彻去	tʻan5	tʻan5	tʻan5	tʻaŋ5	tʻan5	tʻan5	—	—
陈臻开三真澄平	tan2	tan2	tan2	taŋ2	tan2	tan2	tsin2	tʃiæ2
虱臻开三质生入	sat7	saʔ7	saʔ7	saʔ7	sat7	sat7	sai6	sɑi6
真臻开三真章平	tsin1	tsin1	tsin1	tsiŋ1	tsin1	tsin1	tsin1	tʃiæ1
诊臻开三轸章上	tsin3	tsin3	tsin3	tsiŋ3	tsin3	tsin3	tsin3	tʃiæ3
震臻开三震章去	tsin5	tsin5	tsin5	tsiŋ5	tsin5	tsin5	tsin5	tʃiæ5
质臻开三质章入	tsit7	tsieʔ7	tseʔ7	tseʔ7	tsiet7	tsiet7	tsie6	tʃiæ6
神臻开三真船平	sin2	sin2	sin2	siŋ2	sin2	sin2	sin2	ʃiæ2
实臻开三质船入	sit8	sieʔ8	seʔ8	seʔ8	siet8	siet8	sie8	tʃiæʔ8
身臻开三真书平	sin1	sin1	sin1	siŋ1	sin1	sin1	sin1	ʃiæ1
伸臻开三真书平	tsʻun1	tsʻun1	tsʻoŋ1	tsʻoŋ1	tsʻun1	tsʻun1	kʻun1	—
失臻开三质书入	sit7	sieʔ7	seʔ7	seʔ7	siet7	siet7	sie6	ʃiæ6
室臻开三质书入	sit7	sieʔ7	seʔ7	seʔ7	siet7	siet7	sie6	ʃiæ6
人臻开三真日平	gin2	gin2	gin2	giŋ2	gin2	gin2	ŋin2	ŋiæ2
仁臻开三真日平	gin2	gin2	gin2	giŋ2	gin2	gin2	ŋin2	iæ2
忍臻开三轸日上	lun3	lun3	loŋ3	loŋ3	lun3 giam3	lun3	ŋun3	ŋyæ3
认臻开三震日去	lin1	lin1	lin1	liŋ1	lin1	lin1	lin6	liæ6
韧臻开三震日去	lun1	lun1	loŋ1	loŋ1	lun1	lun1	ŋun6	ŋyæ6
日日子臻开三质日入	lit8	lieʔ8	leʔ8	leʔ8	liet8	liet8	ŋie8	ŋiæʔ8
日日头臻开三质日入	lit8	lieʔ8	leʔ8	leʔ8	giet8	liet8	ŋiɛ8	ŋiæʔ8

例字　　地点	菁城 (桂林)	溪南 (官坑)	新桥 (南丰)	双洋 (东洋)	适中 (中心)	苏坂 (美山)	万安 (涂潭)	万安 (梅村)
巾臻开三真见平	kin1	kin1	kin1	kiŋ1	kin1	kin1	tsin1	kyæ1
紧臻开三轸见上	kin3	kin3	kin3	kiŋ3	kin3	kin3	—	kiæ3
吉臻开三质见入	kit7	kie?7	ke?7	ke?7	kiet7	kiet7	kiɛ6	—
银臻开三真疑平	gin2	gin2	gin2	giŋ2	gin2	gin2	ŋun2	ŋyæ2
因臻开三真影平	in1	in1	in1	iŋ1	in1	in1	an1	æ1
印臻开三震影去	in5	in5	in5	iŋ5	in5	in5	an5	æ5
一臻开三质影入	ət7	ie?7	e?7	e?7	iet7	iet7	ai6	ɑi6
引臻开三轸以上	in3	in3	in3	iŋ3	in3	in3	an3	æ3
斤臻开三殷见平	kin1	kin1	kin1	kiŋ1	kin1	kin1	kun1	kyæ1
乞臻开三迄溪入	k'ət7	k'ie?7	k'e?7	k'e?7	k'iet7	k'iet7	—	—
勤臻开三殷群平	k'in2	k'in2	k'in2	k'iŋ2	k'in2	k'in2	k'in2	k'iæ2
芹臻开三殷群平	k'in2	k'in2	k'in2	k'iŋ2	k'in2	k'in2	k'in2	k'iæ2
近臻开三隐群上	kin6	kin6	kin6	kiŋ6	kin6	kin6	k'un1	k'yæ2
本臻合一混帮上	pun3	pun3	poŋ3	poŋ3	pun3	pun3	pan3	pæ3
喷臻合一慁滂去	p'un5	p'un5	p'oŋ5	p'oŋ5	p'un5	p'un5	p'an5	p'æ5
盆臻合一魂並平	p'un2	p'un2	p'oŋ2	p'oŋ2	p'un2	p'un2	p'an2	p'æ2
门臻合一魂明平	muĩ2	bun2	maĩ2	muĩ2	gun2	muē2	man2	mæ2
顿臻合一慁端去	tuĩ5	tun5	taĩ5	tuĩ5	tĩ5	teĩ5	tan5	tæ5
钝臻合一慁定去	tun6	tun6	toŋ6	toŋ6	tun6	tun6	tan3	tæ3
论臻合一慁来去	lun6	lun6	loŋ6	loŋ6	lun6	lun6	nan6	læ6
尊臻合一魂精平	tsun1	tsun1	tsoŋ1	tsoŋ1	tsun1	tsun1	tsan1	tsæ1
卒臻合一没精入	tsut7	tsuo?7	tso?7	tso?7	tsuot7	tsuot7	tsai6	tsɑi6
村臻合一魂清平	ts'un1	ts'un1	ts'aĩ1	ts'uĩ1	ts'un1	ts'un1	ts'an1	ts'æ1
寸臻合一慁清去	ts'un5	ts'un5	ts'oŋ5	ts'oŋ5	ts'un5	ts'un5	ts'an5	ts'æ5
孙臻合一魂心平	sun1	sun1	soŋ1	soŋ1	sun1	sun1	san1	sæ1
损臻合一混心上	sun3	sun3	soŋ3	soŋ3	sun3	sun3	san3	sæ3

地点 例字	菁城 （桂林）	溪南 （官坑）	新桥 （南丰）	双洋 （东洋）	适中 （中心）	苏坂 （美山）	万安 （涂潭）	万安 （梅村）
滚臻合一混见上	kun3	kun3	koŋ3	koŋ3	kun3	kun3	kuan3	kuæ3
骨臻合一末见入	kut7	kuo?7	ko?7	ko?7	kuot7	kuot7	kuai6	kuɑi6
捆臻合一混溪上	k'un3	k'un3	k'oŋ3	k'oŋ3	k'un3	k'un3	k'uan3	k'uæ3
窟臻合一没溪入	k'ut7	k'uo?7	k'o?7	k'o?7	k'uot7	k'uot7	k'uai6	k'uɑi6
婚臻合一魂晓平	hun1	hun1	hoŋ1	hoŋ1	hun1	hun1	fan1	fæ1
魂臻合一魂匣平	hun2	hun2	hoŋ2	hoŋ2	hun2	hun2	fan2	fæ2
温臻合一魂影平	gun1	gun1	goŋ1	goŋ1	gun1	gun1	van1	væ1
稳臻合一混影上	gun3	gun3	goŋ3	goŋ3	gun3	gun3	van3	væ3
轮臻合三谆来平	lun2	lun2	loŋ2	loŋ2	lun2	lun2	nan2	læ2
律臻合三术来入	lit8	lie?8	lo?8	lio?8	luot8	luot8	lie8	—
遵臻合三谆精平	tsun1	tsun1	tsoŋ1	tsoŋ1	tsun1	tsun1	tsan1	tsæ1
笋臻合三准心上	sun3	sun3	soŋ3	soŋ3	sun3	sun3	san3	sæ3
椿臻合三谆彻平	ts'un1	ts'un1	ts'oŋ1	ts'oŋ1	ts'un1	ts'un1	k'un1	k'yæ1
准臻合三准章上	tsun3	tsun3	tsoŋ3	tsoŋ3	tsun3	tsun3	kun3	kyæ3
春臻合三谆昌平	ts'un1	ts'un1	ts'oŋ1	ts'oŋ1	ts'un1	ts'un1	k'un1	k'yæ1
出臻合三术昌入	ts'ut7	ts'ie?7	ts'e?7	ts'e?7	ts'iet7	ts'iet7	k'uɛ6	k'yæ6
顺臻合三稕船去	sun6	sun6	soŋ6	soŋ6	sun6	sun6	fin6	fiæ6
术手术臻合三术船入	sio6	sie?8	so?8	sio?8	suot8	suot8	siau8	sɑi?8
术技术臻合三术船入	sio6	sie?8	so?8	sio?8	suot8	suot8	sai8	sɑi?8
纯臻合三谆禅平	sun2	sun2	soŋ2	soŋ2	sun2	sun2	ts'an2	ts'æ2
闰闰月臻合三稕日去	lun6	gien1	loŋ6	giŋ6	gin6	gin6	vin6	viæ6
均臻合三谆见平	kin1	kin1	kin1	kiŋ1	kin1	kin1	kin1	kiæ1
分动词臻合三文非平	pun1	pun1	poŋ1	poŋ1	pun1	pun1	pan1	fæ1
分分数臻合三文非平	hun1	hun1	hoŋ1	hoŋ1	hun1	hun1	fan1	fæ1
粉臻合三吻非上	hun3	hun3	hoŋ3	hoŋ3	hun3	hun3	fan3	fæ3
份臻合三问奉去	hun6	hun6	hoŋ6	hoŋ6	hun6	hun6	fan6	fæ6

续　表

例字＼地点	菁城（桂林）	溪南（官坑）	新桥（南丰）	双洋（东洋）	适中（中心）	苏坂（美山）	万安（涂潭）	万安（梅村）
佛 臻合三物奉入	hut8	huo?8	ho?8	ho?8	huot8	huot8	—	hɔ?8
文 臻合三文微平	bun2	bun2	boŋ2	boŋ2	gun2	bun2	van2	væ2
闻 臻合三文微平	bun2	bun2	boŋ2	boŋ2	gun2	bun2	van2	væ2
问 臻合三问微去	muĩ5	bun5	maĩ5 boŋ1	muĩ5	gun5	muē5	man5	mæ5
物 臻合三物微入	mĩ6	mŋ6	mĩ6	mĩ6	mĩ6	meĩ6	vai8	vɑi?8
君 臻合三文见平	kun1	kun1	—	kiŋ1	kin1	kin1	kuan1	kuæ1
军 臻合三文见平	kun1	kun1	kin1	kiŋ1	kun1	kin1	kuan1	kuæ1
屈 臻合三物溪入	k'ut7	k'uo?7	k'o?7	k'o?7	k'ut7	k'uot7	k'uai6	k'uai6
群 臻合三文群平	k'un2	k'un2	kun2	koŋ2	kun2	kun2	k'uan2	k'uæ2
裙 臻合三文群平	kun2	kun2	koŋ2	koŋ2	kun2	kun2	kuan2	kuæ2
掘 臻合三物群入	kut8	kuo?8	ko?8	ko?8	kut8	kuot8	kuai8	kuɑi?8
薰 臻合三文晓平	hun1	hun1	hoŋ1	hoŋ1	hun1	hun1	fan1	fæ1
云 臻合三文云平	hun2	hun2	hoŋ2	hoŋ2	hun2	hun2	van2	væ2
运 臻合三问云去	gun6	gun6	gin6	giŋ6	gun6	gin6	vin6	viæ6
帮 宕开一唐帮平	paŋ1	paŋ1	paŋ1	paŋ1	paŋ1	paŋ1	poŋ1	poŋ1
榜 宕开一荡帮上	paŋ3	paŋ3	paŋ3	paŋ3	pũ3 paŋ3	paŋ3	poŋ3	poŋ3
博 宕开一铎帮入	p'ok7	p'uo?7	p'o?7	p'o?7	p'ok7	p'ok7	p'au6	p'ɔ6
薄 宕开一铎並入	puo6	pɯ6	pɯ6	pɤ6	pɯ6	pɯ6	pɯ8	pɤ?8
忙 宕开一唐明平	baŋ2	baŋ2	baŋ2	baŋ2	baŋ2	baŋ2	moŋ2	mɔŋ2
当当然 宕开一唐端平	taŋ1	taŋ1	taŋ1	taŋ1	taŋ1	taŋ1	toŋ1	tɔŋ1
党 宕开一荡端上	taŋ3	taŋ3	taŋ3	taŋ3	taŋ3	taŋ3	taŋ3	tɑŋ3
当典当 宕开一宕端去	taŋ5	tŋ̍5	taŋ5	tŋ̍5 taŋ5	taŋ5	taŋ5	toŋ5	tɔŋ5
汤 宕开一唐透平	t'ŋ̍1	t'ŋ̍1	t'ŋ̍1	t'ŋ̍1	t'ū1	t'ŋ̍1	t'oŋ1	t'ɔŋ1
烫 宕开一宕透去	t'ŋ̍5	t'ŋ̍5	t'ŋ̍5	t'ŋ̍5	t'ū5	t'ŋ̍5	—	—

例字 ＼ 地点	菁城(桂林)	溪南(官坑)	新桥(南丰)	双洋(东洋)	适中(中心)	苏坂(美山)	万安(涂潭)	万安(梅村)
托 宕开一铎透入	t'ok7	t'uo?7	t'o?7	t'o?7	t'ok7	t'ok7	—	—
堂 宕开一唐定平	tŋ2	tŋ2	tŋ2	tŋ2	tū2	tŋ2	toŋ2	toŋ2
堂 食堂宕开一唐定平	t'aŋ2	t'aŋ2	t'aŋ2	t'aŋ2	t'aŋ2	t'aŋ2	toŋ2	toŋ2
糖 宕开一唐定平	t'ŋ2	t'ŋ2	t'ŋ2	t'ŋ2	t'ū2	tŋ2	t'oŋ2	t'oŋ2
郎 宕开一唐来平	laŋ2	loŋ2	nŋ2	nŋ2	laŋ2	nŋ2	loŋ2	loŋ2
落 宕开一铎来入	luo6	lɯ6	lɯ6	lɤ6	lɯ6	lɯ6	lɯ8	lɤ?8
乐 快乐宕开一铎来入	lok8	luo?8	lo?8	lo?8	lok8	lok8	lau8	lɔ?8
作 宕开一铎精入	tsok7	tsuo?7	tso?7	tso?7	tsok7	tsok7	tsɯ6	tsɤ6
仓 宕开一唐清平	ts'ŋ1	ts'ŋ1	ts'ŋ1	ts'ŋ1	ts'ū1	ts'ŋ1	ts'oŋ1	ts'oŋ1
凿 宕开一铎从入	ts'ak8	ts'a?8	ts'a?8	ts'a?8	ts'ak8	ts'ak8	—	—
索 宕开一铎心入	suo5	sɯ5	sɯ5	sɤ7	sɯ3	sɯ7	sɯ6	sɤ6
康 宕开一唐溪平	k'aŋ1	k'oŋ1	k'aŋ1	k'aŋ1	k'aŋ1	k'aŋ1	k'oŋ1	k'ɔŋ1
囥 宕开一宕溪去	k'ŋ5	k'ŋ5	k'ŋ5	k'ŋ5	k'ū5	k'ū5	—	—
行 银行宕开一唐匣平	haŋ2	haŋ2	haŋ2	haŋ2	haŋ2	haŋ2	haŋ2	hɔŋ2
恶 宕开一铎影入	ok7	uo?7	o?7	o?7	ok7	ok7	ɯ6	ɤ6
娘 宕开三阳泥平	liaŋ2	liŋ2	liaŋ2	liaŋ2	loŋ2	liŋ2	nioŋ2	ŋioŋ2
良 宕开三阳来平	liaŋ2	lioŋ2	liaŋ2	liaŋ2	liaŋ2	liaŋ2	nioŋ2	liaŋ2
凉 宕开三阳来平	liaŋ2	lioŋ2	liaŋ2	liaŋ2	liaŋ2	liaŋ2	lioŋ2	liaŋ2
梁 宕开三阳来平	liaŋ2	lioŋ2	liaŋ2	liaŋ2	niū2	liŋ2	lioŋ2	liaŋ2
两 两个宕开三养来上	nō6	nŋ6	nŋ6	nŋ6	nū6	nŋ6	ŋ6	lioŋ3
两 几两宕开三养来上	niō3	liŋ3	liŋ3	niū3	niū3	liŋ3	lioŋ3	lioŋ3
谅 宕开三漾来去	liaŋ6	lioŋ6	liaŋ6	liaŋ6	liaŋ6	liaŋ6	lioŋ6	liaŋ6
量 宕开三漾来去	liaŋ6	lioŋ6	liaŋ6	liaŋ6	liaŋ6	liaŋ6	lioŋ6	liaŋ6
将 宕开三阳精平	tsiaŋ1	tsioŋ1	tsiaŋ1	tsiaŋ1	tsiū1	tsiaŋ1	tsioŋ1	tsiaŋ1
浆 宕开三阳精平	tsiō1	tsiŋ1	tsiŋ1	tsiū1	tsiu1	tsiŋ1	tsioŋ1	tsiaŋ1
蒋 宕开三养精上	tsiaŋ3	tsioŋ3	tsiaŋ3	tsiū3	tsiaŋ3	tsiaŋ3	tsioŋ3	tsiaŋ3

续　表

例字＼地点	菁城（桂林）	溪南（官坑）	新桥（南丰）	双洋（东洋）	适中（中心）	苏坂（美山）	万安（涂潭）	万安（梅村）
奖 宕开三养精上	tsiaŋ3	tsiŋ3	tsiaŋ3	tsiaŋ3	tsiaŋ3	tsiaŋ3	tsioŋ3	tsiɔŋ3
桨 宕开三养精上	tsiõ3	tsiŋ3	tsiŋ3	tsiũ3	tsiũ3	tsiŋ3	tsioŋ3	tsiɔŋ3
酱 宕开三漾精去	tsiõ5	tsiŋ5	tsiŋ5	tsiũ5	tsiũ5	tsiŋ5	tsioŋ5	tsiɔŋ5
枪 宕开三清清平	ts'iaŋ1	ts'ioŋ1	ts'iaŋ1	ts'iaŋ1	ts'iaŋ1	ts'iaŋ1	ts'ioŋ1	ts'iɔŋ1
抢 宕开三清清上	ts'iõ3	ts'iŋ3	ts'iŋ3	ts'iũ3	ts'iũ3	ts'iŋ3	ts'ioŋ3	ts'iɔŋ3
墙 宕开三阳从平	ts'iõ2	ts'iŋ2	ts'iŋ2	ts'iũ2	ts'iũ2	ts'iŋ2	ts'ioŋ2	ts'iɔŋ2
匠 宕开三漾从去	ts'iõ5	ts'iŋ5	ts'iŋ5	ts'iũ5	ts'iũ5	ts'iŋ5	ts'ioŋ6	ts'iɔŋ6
相 宕开三阳心平	siaŋ1	sioŋ1	siaŋ1	siaŋ1	siaŋ1	siŋ1 / siaŋ1	sioŋ1	siɔŋ1
箱 宕开三阳心平	siõ1	siŋ1	siŋ1	siũ1	siũ1	siŋ1	sioŋ1	siɔŋ1
想 宕开三养心上	siõ6	siŋ6	siŋ6	siũ6	siaŋ6	siŋ6	sioŋ3	siɔŋ3
削 宕开三药心入	sia5	sia5	sia5	sia7	sia3	sia7	—	—
详 宕开三阳邪平	siaŋ2	sioŋ2	siŋ2	siaŋ2	siaŋ2	siaŋ2	sioŋ2	siɔŋ2
像 宕开三养邪上	ts'iõ6	ts'iŋ6	ts'iŋ6	ts'ŋ6	ts'iũ6	ts'iŋ6	sioŋ6	siɔŋ6
张 宕开三阳知平	tiõ1	tiŋ1	tiŋ1	tiũ1	tiũ1	tiŋ1	tsoŋ1	tʃɔŋ1
帐 宕开三漾知去	tsaŋ5	tiŋ5	tiŋ5	tiũ5	tiũ5	tiŋ5	tsoŋ5	tʃɔŋ5
长 宕开三阳澄平	tŋ2	tŋ2	tŋ2	tũ2	tŋ2	tŋ2	toŋ2	toŋ2 / tʃ'ɔŋ2
肠 宕开三阳澄平	tŋ2	tŋ2	tŋ2	tũ2	tũ2	tŋ2	toŋ2	toŋ2
场 宕开三阳澄平	tiõ2	tiŋ2	tiŋ2	tiũ2	ts'iaŋ2	tiŋ2	tsoŋ2	tʃ'ɔŋ2
丈 宕开三养澄上	tiõ6	tiŋ6	tiŋ6	tiũ6	tiũ6	tiŋ6	ts'oŋ1	ts'ɔŋ1
装 动词 宕开三阳庄平	tsŋ1	tsŋ1	tsŋ1	tsŋ1	tsũ1	tsŋ1	toŋ1	tsɔŋ1
装 裝遺 宕开三阳庄平	tsuaŋ1	tsuaŋ1	tsuaŋ1	tsuaŋ1	tsuaŋ1	tsuaŋ1	toŋ1	tsɔŋ1
床 宕开三阳崇平	ts'ŋ2	ts'ŋ2	ts'ŋ2	ts'ŋ2	ts'ũ2	ts'ŋ2	ts'oŋ2	ts'ɔŋ2
状 宕开三漾崇去	tsuaŋ6	tsuaŋ6	—	tsuaŋ6	tsuaŋ6	tsuaŋ6	tsoŋ6	tsɔŋ6
霜 宕开三阳生平	sŋ1	siŋ1	sŋ1	sŋ1	sũ1	sŋ1	soŋ1	sɔŋ1

例字 ＼ 地点	菁城（桂林）	溪南（官坑）	新桥（南丰）	双洋（东洋）	适中（中心）	苏坂（美山）	万安（涂潭）	万安（梅村）
章宕开三阳章平	tsaŋ1	tsiŋ1	tsaŋ1	tsaŋ1	tsaŋ1	tsaŋ1	tsoŋ1	tʃɔŋ1
漳宕开三阳章平	tsiaŋ1	tsioŋ1	tsaŋ1	tsiaŋ1	tsaŋ1	tsaŋ1	tsoŋ1	tʃɔŋ1
掌宕开三养章上	tsioŋ3	tsaŋ3	tsaŋ3	tsaŋ3	tsaŋ3	tsoŋ3	tsoŋ3	tsɔŋ3
障宕开三漾章去	tsaŋ5	—	tsaŋ5	tsaŋ5	tsaŋ5	tsaŋ5	tsoŋ5	tʃɔŋ5
菖宕开三阳昌平	tsʻaŋ1	tsʻioŋ1	—	tsʻoŋ1	—	tsʻoŋ1	tsʻoŋ1	tsʻɔŋ1
厂宕开三养昌上	tsʻiõ3	tsʻiŋ3	tsʻn̩3	tsʻn̩3	tsʻiaŋ3	tsʻiaŋ3	tsʻoŋ3	tsʻɔŋ3
唱宕开三漾昌去	tsʻiaŋ5	tsʻioŋ5	tsʻaŋ5	tsʻaŋ5	tsʻaŋ5	tsʻaŋ5	tsʻoŋ5	tʃʻɔŋ5
伤宕开三阳书平	siaŋ1	sioŋ1	saŋ1	suaŋ1	suaŋ1	suaŋ1	soŋ1	ʃɔŋ1
上宕开三养禅上	tsioŋ6	tsiŋ6	tsn̩6	tsn̩6	tsoŋ6	tsoŋ6	soŋ6	ʃɔŋ1
尚宕开三漾禅去	siõ1	siŋ1	sn̩1	sn̩1	sū1	soŋ1	soŋ6	ʃɔŋ6
瓤宕开三阳日平	nn̩2	nn̩2	nn̩2	nn̩2	nũ2	nn̩2	loŋ2	—
让宕开三漾日去	niõ1	giŋ1	giŋ1	niũ1	niũ5	giŋ1	gioŋ6	ŋioŋ6
箬宕开三药日入	hio6	liu6	liu6	hiɤ6	hiu6	liu6	ŋiu8	ŋiɤʔ8
姜宕开三阳见平	kiõ1	kioŋ1	kioŋ1	kiũ1	kiũ1	kiŋ1	kioŋ1	kiɔŋ1
强宕开三群平	kʻiaŋ2	kʻiaŋ2	kʻiaŋ2	kʻiaŋ2	kʻiaŋ2	kʻiaŋ2	kioŋ2	kiɔŋ2
香烧香宕开三阳晓平	hiõ1	hiŋ1	hiŋ1	hiũ1	hiũ1	hiŋ1	soŋ1	ʃɔŋ1
香香蕉宕开三阳晓平	hiaŋ1	hiaŋ1	hiaŋ1	hiaŋ1	hiaŋ1	hiaŋ1	soŋ1	ʃɔŋ1
乡宕开三阳晓平	hiõ1	hiŋ1	hiŋ1	hiũ1	hiaŋ1	hiŋ1	soŋ1	ʃɔŋ1
响宕开三晓养上	hiaŋ3	hioŋ3	hiaŋ3	hiaŋ3	hiaŋ3	hiaŋ3	soŋ3	ʃɔŋ3
向宕开三漾晓去	hiaŋ5	hiŋ5	hiaŋ5	hiaŋ5	hiaŋ5	hiaŋ5	hioŋ5	ʃɔŋ5
央宕开三阳影平	giaŋ1	ŋ̍1	giaŋ1	giaŋ1	giaŋ1	giaŋ1	gioŋ1	iɔŋ1
秧宕开三阳影平	ŋ̍1	ŋ̍1	ŋ̍1	ŋ̍1	ŋ̍1	ŋ̍1	oŋ1	ɔŋ1
羊宕开三阳以平	ŋiõ2	giŋ2	giŋ2	ŋiũ2	ŋiũ2	giŋ2	gioŋ2	iɔŋ2
烊宕开三阳以平	ŋiõ2	giŋ2	giŋ2	ŋiũ2	ŋiã2 / gioŋ2	giŋ2	gioŋ2	—
杨宕开三阳以平	ŋiõ2	giŋ2	giŋ2	ŋiũ2	ŋiũ2	giŋ2	gioŋ2	iɔŋ2

续　表

例字 \ 地点	菁城 (桂林)	溪南 (官坑)	新桥 (南丰)	双洋 (东洋)	适中 (中心)	苏坂 (美山)	万安 (涂潭)	万安 (梅村)
痒 宕开三养以上	tsiō6	tsiŋ6	tsiŋ6	tsiɯ6	tsiɯ6	tsiŋ6	gioŋl	ioŋl
扬 宕开三漾以去	gioŋl	gioŋl	gioŋl	gioŋl	gioŋl	gioŋl	—	—
药 宕开三药以入	gio6	giɯ6	giɯ6	giɤ6	giɯ6	giɯ6	giɯ8	iɤʔ8
光 宕合一唐见平	kuĩ1	kun1	kuaĩ1	kuĩ1	kun1	kuẽl	koŋl	kɔŋl
广 宕合一荡见上	kuaŋ3	kuaŋ3	kuaŋ3	kuaŋ3	kuaŋ3	kuaŋ3	koŋ3	kɔŋ3
郭 宕合一铎见入	kue5	kui5	kue5	kui7	kuɯi3	kui7	kɯ6	kɤ6
黄 宕合一唐匣平	ŋuĩ2	gun2	ŋuaĩ2	ŋuĩ2	gun2	ŋuẽ2	voŋ2	vɔŋ2
皇 宕合一唐匣平	hoŋ2	huaŋ2	huaŋ2	huaŋ2	huaŋ2	huaŋ2	hoŋ2	vɔŋ2
方 宕合三阳非平	huaŋl	huaŋl	huaŋl	huaŋl	huaŋl	huaŋl	foŋl	fɔŋl
放 宕合三漾非去	paŋ5	paŋ5	paŋ5	paŋ5	paŋ5	paŋ5	pioŋ5 piō5 底	pioŋ5 fɔŋ5
芳 宕合三阳敷平	p'aŋl	p'aŋl	p'aŋl	p'aŋl	p'aŋl	p'aŋl	—	—
房 宕合三阳奉平	paŋ2	paŋ2	paŋ2	paŋ2	paŋ2	paŋ2	paŋ2	pɑŋ2 fɔŋ2
缚 宕合三药奉入	pak8	paʔ8	paʔ8	paʔ8	pak8	pak8	pau8	pɔʔ8
网 宕合三养微上	baŋ6	baŋ6	baŋ6	baŋ6	baŋ6	baŋ6	voŋ3	mio3
望 宕合三漾微去	baŋ6	baŋ6	baŋ6	baŋ6	ŋ̍5 看	baŋ6	miō6	—
王 宕合三阳云平	oŋ2	oŋ2	guaŋ2	guaŋ2	guaŋ2	guaŋ2	voŋ2	vɔŋ2
旺 宕合三漾云去	oŋ6	guaŋ6	guaŋ6	guaŋ6	guaŋ6	guaŋ6	voŋ6	vɔŋ6
桌 江开二觉知入	tuo5	tɯ5	tɯ5	tɤ7	tɯ3	tɯ7	tsɯ6	tsɤ6
窗 江开二江初平	t'aŋl	t'aŋl	t'oŋl	t'aŋl	—	t'aŋl	ts'iaŋl	ts'iɑŋl
镯 江开二觉崇入	sio6	sio6	siɯ6	siɤ6	siɯ6	siɯ6	suo8	tʃoʔ8
双 江开二江生平	siaŋl suaŋl	siaŋl suaŋl	saŋl	saŋl suaŋl	saŋl suaŋl	saŋl	saŋl	saŋl
江 江开二江见平	kaŋl	kaŋl	kaŋl	kaŋl	kaŋl	kiaŋl	koŋl	kɔŋl
讲 江开二讲见上	koŋ3	kŋ̍3	kŋ̍3	kŋ̍3	kũ3	kŋ̍3	koŋ3	kɔŋ3
港 江开二讲见上	kaŋ3	kaŋ3	kaŋ3	kaŋ3	kaŋ3	kaŋ3	kaŋ3	kaŋ3

地点 例字	菁城 (桂林)	溪南 (官坑)	新桥 (南丰)	双洋 (东洋)	适中 (中心)	苏坂 (美山)	万安 (涂潭)	万安 (梅村)
降江开二绛见去	kaŋ5	kaŋ5	kaŋ5	kaŋ5	kaŋ5	kaŋ5	—	—
角江开二觉见入	kak7	kaʔ7	kaʔ7	kaʔ7	kak7	kak7	kɯ6	kɤ6
确江开二觉溪入	kʻak7	kʻaʔ7	kʻaʔ7	kʻaʔ7	kʻak7	kʻak7	kʻau6	—
壳江开二觉溪入	kʻak7	kʻaʔ7	kʻaʔ7	kʻaʔ7	kʻak7	kʻak7	kʻɯ6	kʻɤ6
乐音乐江开二觉疑入	giak8	gieʔ8	giaʔ8	giaʔ8	gak8	—	ŋiau8	ioʔ8
项江开二讲匣上	haŋ6	haŋ6	haŋ6	haŋ6	haŋ6	haŋ6	hoŋ6	hioŋ6
巷江开二绛匣去	haŋ5	haŋ5	haŋ5	haŋ5	haŋ5	haŋ5	haŋ5	haŋ5
学动词江开二觉匣入	uo6	ɯ6	ɯ6	ɤ6	ɯ6	ɯ6	hɯ8	hɤ8
学学习江开二觉匣入	hiak8	haʔ8	hiaʔ8	hiaʔ8	—	hiak8	hɯ8	hɤ8
北曾开一德帮入	pak7	paʔ7	paʔ7	paʔ7	pak7	pak7	piɛ6	piæ6
墨曾开一德明入	bak8	bak8	baʔ8	baʔ8	bak8	bak8	miɛ8	miæ8
灯曾开一登端平	tin1	tin1	tin1	tiŋ1	tin1	tin1	tan1	tæ1
等曾开一等端上	tan3	tan3	tan3	tiŋ3	—	tin3	tan3	tæ3
得曾开一德端入	tət7	tieʔ7	teʔ7	teʔ7	tiet7	tiet7	ti6记得 tai6得奖	tɑi6
德曾开一德端入	tət7	tieʔ7	teʔ7	teʔ7	tiet7	tiet7	tai6	tɑi6
疼曾开一登定平	tʻiã5	tʻiã5	tʻiã5	tʻiã5	tʻiã5	tʻiã5		
特曾开一德定入	tʻət8	tʻieʔ8	tʻeʔ8	tʻoʔ8	tʻok8	tʻok8	tau8	tɔʔ8
能曾开一登泥平	lin2	lin2	lin2	liŋ2	lin2	lin2		
增曾开一登精平	tsin1	tsin1	tsin1	tsiŋ1	tsin1	tsin1	tsan1	tsæ1
层曾开一登从平	tsan5	tsan5	tsan5	tsaŋ5	tsan5	tsan5	tsan2	tsæ2
贼曾开一德从入	tsʻat8	tsʻaʔ8	tsʻaʔ8	tsʻaʔ8	tsʻat8	tsʻat8	tsʻai8	tsʻɑiʔ8
肯曾开一等溪上	kʻin3	kʻin3	kʻin3	kʻiŋ3	kʻin3	kʻin3	kʻin3	
冰曾开三蒸帮平	pin1	pin1	pin1	piŋ1	pin1	pin1	pin1	piæ1
逼曾开三职帮入	pit7	pieʔ7	peʔ7	peʔ7	piet7	piet7	piɛ6	piæ6
力出力曾开三职来入	lat8	laʔ8	laʔ8	laʔ8	lat8	lat8	lai8	lɑiʔ8

续　表

例字　　地点	菁城（桂林）	溪南（官坑）	新桥（南丰）	双洋（东洋）	适中（中心）	苏坂（美山）	万安（涂潭）	万安（梅村）
力 力量曾开三职来入	lit8	lieʔ8	leʔ8	leʔ8	liet8	liet8	lai8	lɑiʔ8
息 曾开三职心入	sit7	sieʔ7	seʔ7	seʔ7	siet7	siet7	sai6	sɑi6
征 曾开三蒸知平	tsin1	tsin1	tsin1	tsiŋ1	tsin1	tsin1	tsin1	—
直 曾开三职澄入	tit8	tieʔ8	teʔ8	teʔ8	tiet8	tiet8	tsʻiɛ8	tʃʻiæʔ8
色 曾开三职生入	sit7	sieʔ7	seʔ7	seʔ7	siet7	siet7	sai6	sɑi6
证 曾开三证章去	tsin5	tsin5	tsin5	tsiŋ5	tsin5	tsin5	tsin5	tʃiæ5
职 曾开三职章入	tsit7	tsieʔ7	tseʔ7	tseʔ7	tsiet7	tsiet7	tsiɛ6	tʃiæ6
称 曾开三证昌去	tsʻin5	tsʻin5	tsʻin5	tsʻiŋ5	tsʻin5	tsʻin5	tsʻin5	tʃʻiæ5
乘 曾开三蒸船平	sin2	sin2	sin2	siŋ2	sin2	sin2	tsin2	ʃiæ2
塍 田曾开三蒸船平	tsʻan2	tsʻan2	tsʻan2	tsʻaŋ2	tsʻan2	tsʻan2	—	—
食 吃曾开三职船入	tsia6	tsia6	tsa6	tsa6	tsa6	tsa6	si8	ʃiʔ8
食 盐食曾开三职船入	sit8	sieʔ8	seʔ8	seʔ8	siet8	siet8	si8	ʃiʔ8
升 曾开三蒸书平	sin1	sin1	sin1	siŋ1	sin1	sin1	sin1	ʃiæ1
识 曾开三职书入	sit7	sieʔ7	seʔ7	seʔ7	siet7	siet7	siɛ6	siæ6
兴 曾开三证晓去	hin5	hin5	hin5	hiŋ5	hin5	hin5	han5	hæ5
应 曾开三蒸影平	in1	in1	in1	iŋ1	in1	in1	an1	æ1
亿 曾开三职影入	it7	ieʔ7	eʔ7	eʔ7	iet7	iet7	—	—
蝇 曾开三蒸以平	sin2	sin2	sin2	siŋ2	sin2	sin2	san2	sæ2
翼 曾开三职以入	sit8	sieʔ8	seʔ8	seʔ8	siet8	siet8	sai8	sɑi8
国 曾合一德见入	kok7	kuoʔ7	koʔ7	koʔ7	kok7	kok7	kau6	kɔ6
百 梗开二陌帮入	pe5	pa5	pe5	pe7	pie3	pie7	puo6	po6
伯 梗开二陌帮入	pa5	pa5	pa5	pa7	pa3	pa7	—	—
拍 梗开二陌滂入	pʻa5	pʻa5	pʻa5	pʻa7	—	—	—	—
彭 梗开二庚並平	pʻē2	pʻā2	pʻē2	pʻē2	pʻaŋ2	pʻaŋ2	pʻoŋ2	—
白 梗开二陌並入	pe6	pa6	pe6	pe6	pie6	pie6	puo8	poʔ8
猛 梗开二梗明上	bin3	bin3	bin3	biŋ3	bin3	bin3	—	—

地点＼例字	菁城（桂林）	溪南（官坑）	新桥（南丰）	双洋（东洋）	适中（中心）	苏坂（美山）	万安（涂潭）	万安（梅村）
冷 梗开二梗来上	lin3	lin3	lin3	liŋ3	lin3	lin3	nan3	læ3
拆 梗开二陌彻入	tʻia5	tʻia5	tʻia5	tʻia7	tʻia3	tʻia7	tsʻuo6	tʃʻo6
生 生旦梗开二庚生平	sē1	siā1	sē1	sē1	sin1	sin1	sō1	sæl
省 梗开二梗生上	sē3	siā3	sē3	sē3	sĭ3	sĭ3	san3	sæ3
更 梗开二庚见平	kin1	kiā1	kē1	kē1	kĭ1	kĭ1	kō1	kəŋ1
格 梗开二陌见入	ke5	kia5	ke5	ke7	kie3	kie7	kie6	kiæ6
坑 梗开二庚溪平	kʻē1	kʻiā1	kʻē1	kʻē1	kʻĭ1	kʻĭ1	kʻō1	kʻəŋ1
客 梗开二陌溪入	kʻe5	kʻia5	kʻe5	kʻe7	kʻie3	kʻie7	kʻuo6	kʻo6
硬 梗开二映疑去	ŋē1	ŋiā1	ŋē1	ŋē1	ŋĭ1	ŋĭ1	ŋō6	ŋəŋ6
额 梗开二陌疑入	hiā6	hia6	hia6	hia6	hia6	hia6	—	—
吓 梗开二陌晓入	he5	hia5	hɛ5	he7	hiet7	hiet7	huo6	ho6
行 走梗开二庚匣平	kiā2	kiā2	kiā2	kiā2	kiā2	kiā2	hō2	—
行 行为梗开二庚匣平	hin2	hin2	hin2	hiŋ2	hin2	hin2	han2	hæ2
擘 梗开二麦明入	pe5	pa5	pe5	pe7	pe3	pe7	puo6	po6
棚 梗开二耕平	pē2	pā2	pʻoŋ2	pʻoŋ2	pʻoŋ2	pʻoŋ2	pʻaŋ2	pʻɔŋ2
麦 梗开二麦明入	be6	ba6	be6	be6	biet8	biet8	māi8	mɑʔ8
争 梗开二耕庄平	tsin1	tsin1	tsin1	tsiŋ1	tsin1	tsin1	tsō1 tsan1	tsæ1
责 梗开二麦庄入	tsit7	tsieʔ7	tseʔ7	tseʔ7	tsieʔ7	tsieʔ7	tsai6	tsɑi6
策 梗开二麦初入	tsʻe5	tsʻia5	tsʻe5	tsʻe7	tsʻiet7	tsʻiet7	tsʻiɛ6	tsʻiæ6
册 梗开二麦初入	tsʻe5	tsʻia5	tsʻe5	tsʻe7	tsʻie3	tsʻie7	tsʻuo6	tsʻo6
革 梗开二麦见入	kət7	kieʔ7	keʔ7	keʔ7	kiet7	kiet7	kiɛ6	kiæ6
幸 梗开二耕匣上	hin6	hin6	hin6	hiŋ6	hin5	hin5	hin6	hiŋ6
兵 梗开三庚帮平	pin1	pin1	pin1	piŋ1	pin1	pin1	pin1	piæl
柄 梗开三映帮去	pin3	pā3	pē3	pē3	pĭ3	pĭ3	piō5	piŋ5
平 很平梗开三庚并平	pē2	pā2	pē2	pē2	pĭ2	pĭ2	pʻin2	piŋ2

例字 ＼ 地点	菁城(桂林)	溪南(官坑)	新桥(南丰)	双洋(东洋)	适中(中心)	苏坂(美山)	万安(涂潭)	万安(梅村)
平 平宏梗开三庚並平	p'in2	p'in2	p'in2	p'in2	p'in2	p'in2	p'in2	piŋ2
坪 梗开三庚並平	p'in2	pā2	pē2	p'iŋ2	p'in2	p'in2	p'in2	p'iŋ2
病 梗开三映並去	pē1	pā1	pē1	pē1	piǐ1	piǐ1	piō6	piŋ6
明 梗开三庚明平	bin2	bin2	mē2	bin2	bin2	bin2	miō2	miæ2
命 生命梗开三映明去	miā1	miā1	miā1	miā1	miā1	miā1	miō6	miŋ6
命 革命梗开三映明去	bin6	bin6	bin6	bin6	bin6	bin6	min6	miŋ6
京 梗开三庚见平	kiā1	kiā1	kiā1	kiā1	kiā1	kiā1	kiō1	kiæ1
惊 梗开三庚见平	kiā1	kiā1	kiā1	kiā1	kiā1	kiā1	—	
警 梗开三映见上	kin3	kin3	kin3	kiŋ3	kin3	kin3	kiē3	kiæ3 kiŋ3
敬 梗开三映见去	kin5	kin5	kin5	kiŋ5	kin5	kin5	kin5	kiŋ5
镜 梗开三映见去	kiā5	kiā5	kiā5	kiā5	kiā5	kiā5	kiō5	kiŋ5
庆 梗开三映溪去	k'in5	k'in5	k'in5	k'iŋ5	k'in5	k'in5	k'in5	k'iæ5
屐 梗开三陌群入	k'ia6	k'ia6	k'ia6	k'ia6	k'ia6	k'ia6	kia8	kiaʔ8
迎 梗开三庚疑平	ŋiā2	ŋiā2	ŋiā2	ŋiā2	ŋiā2	ŋiā2	ŋiō2	ŋiŋ2
英 梗开三更影平	in1	in1	in1	iŋ1	in1	in1	an1	æ1
影 电影梗开三梗影上	ŋiā3	ŋiā3	ŋiā3	ŋiā3	ŋiā3	ŋiā3	oŋ3	ɔŋ3
影 影子梗开三梗影上	in3	ŋiā3	in3	ŋ̇3	ŋiā3	ŋiā3	oŋ3	ɔŋ3
饼 梗开三静帮上	piā3	piā3	piā3	piā3	piā3	piā3	piō3	piŋ3
聘 梗开三劲滂去	p'in5	p'in5	p'in5	p'iŋ5	—	—	p'in5	p'iæ5
名 梗开三清明平	miā2	miā2	miā2	miā2	miā2	miā2	miō2	miŋ2
领 梗开三静来上	niā3	niā3	niā3	niā3	niā3	niā3	—	—
精 味精梗开三清精平	tsiā1 tsin1	tsiā1	tsiā1	tsiŋ1	tsin1	tsiā1	tsan1	tsai1 tsiŋ1
井 梗开三静精上	tse3	tsiā3	tsē3	tsē3	tsiǐ3	tsiǐ3	tsiō3	tsiŋ3
积 梗开三昔精入	tsit7	tsieʔ7	tseʔ7	tseʔ7	tsiet7	tsiet7	tsai6	tsɑi6

例字 ＼ 地点	菁城（桂林）	溪南（官坑）	新桥（南丰）	双洋（东洋）	适中（中心）	苏坂（美山）	万安（涂潭）	万安（梅村）
迹 梗开三昔精入	tsit7	tsie?7	tse?7	tse?7	tsiet7	tsiet7	tsia6	—
脊 梗开三昔精入	tsia5	tsia5	tsia5	tsia7	tsia3	tsia7	—	—
借 梗开三昔精入	tsio5	tsiɯ5	tsiɯ5	tsiɤ7	tsiɯ3	tsiɯ7	tsia6	tsiɑ6
清 梗开三清清平	tsʻin1	tsʻin1	tsʻin1	tsʻiŋ1	tsʻin1	tsʻin1	tsʻan1	tsʻæ1
请 梗开三静清上	tsʻiã3	tsʻiã3	tsʻiã3	tsʻiã3	tsʻiã3	tsʻiã3	tsʻiõ3	tsʻiŋ3
情 梗开三清从平	tsin2	tsin2	tsʻin2	tsʻiŋ2	tsʻin2	tsʻin2	tsan2	tsæ2_{人情} tsai2_{情况}
静 梗开三静从上	tsin6	tsin6	tsin6	tsiŋ6	tsin6	tsin6	tsan6	tsæ6
省 梗开三静心上	sin3	sin3	sin3	siŋ3	sin3	sĭ3	san3	sæ3
姓 梗开三劲心去	sē5	sin5	sin5	sē5	sĭ5	sĭ5	siõ5	siŋ5
惜 梗开三昔心入	sit7	sie?7	se?7	se?7	siɯ3	siɯ7	sai6	sɑi6
席 梗开三昔邪入	sit8	sie?8	se?8	se?8	siet8	siet8	sai8	sɑi?8
席 梗开三昔邪入	tsʻio6	tsʻiɯ6	tsʻɯ6	tsʻɤ6	tsʻɯ6	tsʻɯ6	tsʻia8	tsʻiɑ?8
郑 梗开三劲澄去	tē1	tiã1	tē1	tē1	tĭ1	tĭ1	tsõ6	tʃəŋ6
正 正月梗开三清章平	tsiã1	tsiã1	tsã1	tsã1	tsã1	tsã1	tsõ1	tʃəŋ1
政 梗开三劲章去	tsin5	tsin5	tsin5	tsiŋ5	tsin5	tsin5	tsin5	tʃiæ5
正 梗开三劲章去	tsiã5	tsiã5	tsã5	tsã5	tsã5	tsã5	tsõ5	tʃəŋ5
赤 梗开三昔昌入	tsʻia5	tsʻia5	tsʻa5	tsʻa7	tsʻa3	tsʻa7	—	—
尺 梗开三昔昌入	tsʻio5	tsʻiɯ5	tsʻɯ5	tsʻɯ7	tsʻɯ3	tsʻɯ7	tsʻuo6	tsʻo6
声 梗开三昔书平	siã1	siã1	sã1	sã1	sã1	sã1	sõ1	ʃəŋ1
适 梗开三昔书入	sit7	sie?7	se?7	se?7	siet7	siet7	sie6	—
成 梗开三清禅平	sin2	sin2	tsʻin2	tsʻiŋ2	sin2	sin2	tsʻin1	tʃʻiæ2
城 梗开三清禅平	siã2	siã2	sã2	sã2	sã2	sã2	sõ2	tʃʻiæ2
石 石头梗开三昔禅入	tsio6	tsiɯ6	tsɯ6	tsɤ6	tsɯ6	tsɯ6	suo8	ʃo?8
石 矺石梗开三昔禅入	sit8	sie?8	se?8	se?8	siet8	siet8	suo8	ʃo?8
轻 梗开三清溪平	kʻin1	kʻin1	kʻin1	kʻiŋ1	kʻin1	kʻin1	kʻiõ1	kʻiŋ1

例字 \ 地点	菁城（桂林）	溪南（官坑）	新桥（南丰）	双洋（东洋）	适中（中心）	苏坂（美山）	万安（涂潭）	万安（梅村）
婴 梗开三清影平	ŋiā1	ŋiā1	ŋiā1	ŋiā1	ŋiā1	ĩ1	—	—
赢 梗开三清以平	ŋiā2	ŋiā2	ŋiā2	ŋiā2	ŋiā2	ŋiā2	ŋiõ2	ŋiŋ2
易 梗开三昔以入	it8	ie?8	e?8	e?8	iet8	iet8	ai8	ɑi8
壁 梗开四锡帮入	pia5	pia5	pia5	pia7	pia3	pia7	pia6	piɑ6
钉 铁钉梗开四青端平	tin1	tin1	tin1	tiŋ1	tin1	tin1	tan1	tæ1
顶 梗开四迥端上	tin3	tin3	tin3	tiŋ3	tin3	tin3	tan3	tæ3
鼎 梗开四迥端上	tiā3	tiā3	tiā3	tiā3	tiā3	tiā3	tsõ3	tʃʼəŋ3
钉 动词梗开四径端去	tin5	tin5	tin5	tiŋ5	tin5	tin5	tan1	tæ1
的 梗开四锡端入	tit7	tie?7	te?7	te?7	tiet7	tiet7	ti6	ti6
滴 梗开四锡端入	ti5	ti5	ti5	—	ti3	tei7	ti6	—
听 梗开四青透平	tʻiā1	tʻiā1	tʻiā1	tʻiā1	tʻiā1	tʻiā1	tsʻõ1	tʃʼəŋ1
厅 梗开四青透平	tʻiā1	tʻiā1	tʻiā1	tʻiā1	tʻiā1	tʻiā1	tʻan1	tʻæ1
踢 梗开四锡透入	tʻat7	tʻa?7	tʻa?7	tʻa?7	tʻat7	tʻat7	tʻai6	tʻɑi6
停 梗开四青定平	tʻin2	tʻin2	tʻin2	tʻiŋ2	tʻin2	tʻin2	tʻan2	tʻæ2
定 梗开四径定去	tin6	tin6	tin6	tin6	tiā1	tiā1	tan6	tæ6
敌 梗开四锡定入	tit8	tie?8	te?8	te?8	tit8	tiet8	tiɛ8	—
籴 梗开四锡定入	tia6	tia6	tia6	tia6	tia6	tia6	—	—
灵 梗开四青来平	lin2	lin2	lin2	liŋ2	lin2	lin2	nan2	læ2
零 梗开四青来平	lin2	lin2	lin2	liŋ2	lin2	lin2	nan2	læ2
历 梗开四锡来入	lit8	lie?8	le?8	lia6	liet8	liet8	liɛ8	—
历 梗开四锡来入	lit8	lie?8	le?8	lia6	liet8	liet8	liɛ8	—
绩 梗开四锡清入	tsit7	tsie?7	tse?7	tse?7	tsiet7	tsiet7	tsai6	tsɑi6
青 梗开四青清平	tsʻē1	tsʻiā1	tsʻē1	tsʻē1	tsʻĩ1	tsʻĩ1	tsʻiõ1	tsʻiŋ1
星 梗开四青心平	tsʻē1	tsʻiā1	tsʻē1	tsʻē1	tsʻĩ1	tsʻĩ1	san1	sæ1
醒 梗开四迥心上	tsʻē3	tsʻiā3	tsʻē3	tsʻē3	tsʻĩ3	tsʻĩ3	tsʻiõ3	tsʻiŋ3
经 梗开四青见平	kin1	kin1	kin1	kiŋ1	kin1	kin1	kin1	kiæ1

例字＼地点	菁城（桂林）	溪南（官坑）	新桥（南丰）	双洋（东洋）	适中（中心）	苏坂（美山）	万安（涂潭）	万安（梅村）
激 梗开四锡见入	kit7	kie?7	ke?7	ke?7	kiet7	kiet7	kai6	kɑi6
形 梗开四青匣平	hin2	hin2	hin2	hiŋ2	hiŋ2	hin2	han2	hæ2
矿 梗二梗见上	k'oŋ5 k'uaŋ5	k'uaŋ5	k'uaŋ5	k'uaŋ5	k'uaŋ5	k'uaŋ5	k'oŋ5	k'ɔŋ5
横 梗合二庚匣平	huẽ2	huã2	huẽ2	huē2	huĭ2	huĭ2	võ2	vəŋ2
兄 梗合三庚晓平	hiã1	hiã1	hiã1	hiã1	hiã1	hiã1	—	—
永 梗合三梗云上	gioŋ3	gioŋ3	in3	iŋ3	gin3	gioŋ3	gioŋ3	iɔŋ3
营 梗合三清以平	gin2	ŋiã2	ŋiã2	ŋiã2	ŋiã2	ŋiã2	ŋiã2	ŋiõ2
曝 通合一屋並入	p'ak8	p'a?8	p'a?8	p'a?8	p'ak8	p'ak8	—	—
蒙 通合一东明平	boŋ2	boŋ2	boŋ2	boŋ2	boŋ2	boŋ2		
蠓 通合一董明上	baŋ3	baŋ3	baŋ3	baŋ3	baŋ3	baŋ3		—
木 通合一屋明入	bok8	buo?8	bo?8	bo?8	bok8	bok8	maũ8	mɔ?8
东 通合一东端平	taŋ1	taŋ1	taŋ1	taŋ1	taŋ1	taŋ1	taŋ1	tɑŋ1
董 通合一董端上	toŋ3	toŋ3	toŋ3	toŋ3	toŋ3	toŋ3	taŋ3	taŋ3
通 通合一东透平	t'oŋ1	t'oŋ1	t'oŋ1	t'oŋ1	t'oŋ1	t'oŋ1	t'aŋ1	t'ɑŋ1
桶 通合一董透上	t'aŋ3	t'aŋ3	t'aŋ3	t'aŋ3	t'aŋ3	t'aŋ3	t'aŋ3	t'ɑŋ3
铜 通合一东定平	taŋ2	taŋ2	taŋ2	taŋ2	taŋ2	taŋ2	taŋ2	tɑŋ2
童 通合一东定平	t'oŋ2	t'oŋ2	t'oŋ2	t'oŋ2	t'oŋ2	t'oŋ2	taŋ2	tɑŋ2
动 动词通合一董定去	taŋ6	taŋ6	taŋ6	taŋ6	taŋ6	taŋ6	taŋ6	toŋ6
动 运动通合一董定去	toŋ6	toŋ6	toŋ6	toŋ6	toŋ6	toŋ6	toŋ6	tɔŋ6
洞 通合一送定去	toŋ6	toŋ6	toŋ6	toŋ6	toŋ6	toŋ6	toŋ6	tɑŋ6
独 通合一屋定入	tok8	tuo?8	to?8	to?8	tok8	tok8	tau8	tɔ?8
读 通合一屋定入	t'ak8	t'a?8	t'a?8	t'a?8	t'ak8	t'ak8	t'au8	t'ɔ?8
笼 通合一东来平	loŋ2	loŋ2	loŋ2	loŋ2	laŋ2	laŋ2	laŋ2	lɑŋ2
鹿 通合一屋来入	lok8	luo?8	lo?8	lo?8	lok8	lok8	lau8	lɔ?8
总 通合一董精上	tsoŋ3	tsoŋ3	tsoŋ3	tsoŋ3	tsoŋ3	tsoŋ3	tsaŋ3	tsɔŋ3

例字＼地点	菁城（桂林）	溪南（官坑）	新桥（南丰）	双洋（东洋）	适中（中心）	苏坂（美山）	万安（涂潭）	万安（梅村）
粽通合一送精去	tsaŋ5	tsaŋ5	tsaŋ5	tsoŋ5	tsaŋ5	tsaŋ5	tsaŋ5	tsɑŋ5
聪通合一东清平	ts'oŋ1	ts'oŋ1	ts'oŋ1	ts'oŋ1	ts'oŋ1	ts'oŋ1	ts'aŋ1	ts'ɑŋ1
葱通合一东清平	ts'aŋ1	ts'aŋ1	ts'aŋ1	ts'aŋ1	ts'aŋ1	ts'aŋ1	ts'aŋ1	ts'ɑŋ1
族通合一屋从入	tsiok8	tsuoʔ8	tsoʔ8	tsoʔ8	tsok8	tsok8	tsau8	tsɔʔ8
送通合一送心去	saŋ5	saŋ5	saŋ5	saŋ5	saŋ5	saŋ5	saŋ5	sɑŋ5
速通合一屋心入	sok7	soʔ7	soʔ7	soʔ7	sok7	sok7	sau6	sɔʔ6
公通合一东见平	kaŋ1	kaŋ1	kaŋ1	kaŋ1	kaŋ1	kaŋ1	kaŋ1	kɑŋ1
工通合一东见平	koŋ1	koŋ1	koŋ1	koŋ1	koŋ1	koŋ1	kaŋ1	kɑŋ1
功通合一东见平	koŋ1	koŋ1	koŋ1	koŋ1	koŋ1	koŋ1	kaŋ1	kɑŋ1
谷通合一屋见入	kok7	kuoʔ7	koʔ7	koʔ7	kok7	kok7	kau6	kɔ6
空通合一东溪平	k'aŋ1	k'aŋ1	k'aŋ1	k'aŋ1	k'aŋ1	k'aŋ1	k'aŋ1	k'ɑŋ1
红通合一东匣平	aŋ2	aŋ2	aŋ2	aŋ2	aŋ2	aŋ2	haŋ2	hɑŋ2
翁通合一东影平	aŋ1	aŋ1	aŋ1	aŋ1	aŋ1	aŋ1	—	—
瓮通合一送影去	aŋ5	aŋ5	aŋ5	aŋ5	aŋ5	aŋ5	—	ɑŋ5
屋通合一屋影入	ok7	uoʔ7	oʔ7	oʔ7	ok7	ok7	au6	ɔ6
冬通合一冬端平	taŋ1	taŋ1	taŋ1	taŋ1	taŋ1	taŋ1	taŋ1	tɑŋ1
督通合一沃端入	tok7	tuoʔ7	toʔ7	toʔ7	tok7	tok7	tau6	tɔ6
统通合一宋透上	t'oŋ3	t'oŋ3	t'oŋ3	t'oŋ3	t'oŋ3	t'oŋ3	t'aŋ3	t'ɑŋ3
毒通合一沃定入	tok8	tuoʔ8	toʔ8	toʔ8	tok8	tok8	tau8	tɔʔ8
侬通合一泥冬平	laŋ2	laŋ2	laŋ2	laŋ2	laŋ2	laŋ2		
宗通合一冬宗平	tsoŋ1	tsoŋ1	tsoŋ1	tsoŋ1	tsoŋ1	tsoŋ1	tsaŋ1	tsɑŋ1
松通合一冬心平	saŋ1	soŋ1	saŋ1	soŋ1	saŋ1	saŋ1	siaŋ1	siɑŋ1
沃通合一沃影入	ak7	aʔ7	aʔ7	aʔ7	ak7	ak7	—	ɔ6
风通合三东非平	hoŋ1	hoŋ1	hoŋ1	hoŋ1	hoŋ1	hoŋ1	haŋ1	hɑŋ1
福通合三屋非入	hok7	huoʔ7	hoʔ7	hoʔ7	hok7	hok7	hau6	hɔ6
复通合三屋非入	hok7	huoʔ7	hoʔ7	hoʔ7	hok7	hok7	hau6	hɔ6

例字＼地点	菁城(桂林)	溪南(官坑)	新桥(南丰)	双洋(东洋)	适中(中心)	苏坂(美山)	万安(涂潭)	万安(梅村)
腹 通合三屋非入	pak7	pa?7	pa?7	pa?7	pak7	pak7	pau6	pɔ6
丰 通合三东敷平	hoŋ1	hoŋ1	hoŋ1	hoŋ1	hoŋ1	hoŋ1	haŋ1	hɑŋ1
凤 通合三送奉去	hoŋ6	hoŋ6	hoŋ6	hoŋ6	hoŋ6	hoŋ6	haŋ6	hɑŋ6
服 通合三屋奉入	hok8	huo?8	ho?8	ho?8	hok8	hok8	hau8	hɔ?8
梦 通合三送明去	baŋ5	baŋ5	baŋ5	baŋ5	baŋ5	baŋ5	maŋ5	mɑŋ5
目珠 通合三屋明入	bak8	ba?8	ba?8	ba?8	bak8	bak8	maũ8	mɔ?8
目题 通合三屋明入	bok8	buo?8	bo?8	bo?8	bok8	bok8	maũ8	mɔ?8
六 通合三屋来入	lak8	la?8	la?8	la?8	lak8	lak8	liau8	liɔ?8
陆 通合三屋来入	liok8	lie?8	lo?8	lo?8	liok8	liok8	liau8	liɔ?8
中 通合三东知平	tioŋ1	tioŋ1	tioŋ1	tsoŋ1	tioŋ1	tioŋ1	tsaŋ1	tsɑŋ1
忠 通合三东知平	tioŋ1	tioŋ1	tioŋ1	tsoŋ1	tioŋ1	tioŋ1	tsaŋ1	tsɑŋ1
竹 通合三屋知入	tiok7	tie?7	to?7	tio?7	tiok7	tiok7	tsau6	tsɔ6
虫 通合三东澄平	t'aŋ2	t'aŋ2	t'aŋ2	t'aŋ2	t'aŋ2	t'aŋ2	t'aŋ2	tɑŋ2
终 通合三东章平	tsioŋ1	tsioŋ1	tsoŋ1	tsoŋ1	tsoŋ1	tsoŋ1	tsaŋ1	tʃɑŋ1
众 通合三送章去	tsioŋ5	tsioŋ5	tsoŋ5	tsoŋ5	tsoŋ5	tsoŋ5	tsaŋ5	tʃɑŋ5
祝 通合三屋章入	tsiok7	tsie?7	tso?7	tso?7	tsok7	tsok7	tsau6	tʃɔ6
充 通合三东昌平	ts'ioŋ1	ts'ioŋ1	ts'oŋ1	ts'oŋ1	ts'oŋ1	ts'oŋ1	ts'aŋ1	tʃ'ɑŋ1
叔 通合三屋书入	tsiok7	tsie?7	tsə?7	—	tsok7	tsok7	sau6	ʃɔ6
宫 通合三东见平	kioŋ2	kioŋ2	kioŋ2	kioŋ2	kioŋ2	kioŋ2	kioŋ2	kiɔŋ2
菊 通合三屋见入	kiok7	kie?7	kio?7	kio?7	kiok7	kiok7	kau6	kɔ6
穷 通合三东群平	k'ioŋ2	k'ioŋ2	k'oŋ2	—	k'ioŋ2	—	kaŋ2	kɑŋ2
熊 通合三东云平	him2	hiam2	hian2	hian2	hiam2	hiam2	saŋ2	ʃɑŋ2
雄 通合三东云平	hioŋ2	hioŋ2	hioŋ2	hioŋ2	hioŋ2	hioŋ2	saŋ2	ʃɑŋ2
育 通合三屋以入	giok8	gie?8	gio?8	gio?8	giok8	giok8	giau6	giɔ6
封 通合三钟非平	hoŋ1	hoŋ1	hoŋ1	hoŋ1	hoŋ1	hoŋ1	haŋ1	hɑŋ1
蜂 通合三钟敷平	p'aŋ1	p'aŋ1	p'aŋ1	p'aŋ1	p'aŋ1	p'aŋ1	p'aŋ1	p'ɑŋ1

续　表

例字　　　地点	菁城（桂林）	溪南（官坑）	新桥（南丰）	双洋（东洋）	适中（中心）	苏坂（美山）	万安（涂潭）	万安（梅村）
奉 通合三肿奉上	hoŋ6	hoŋ6	hoŋ6	hoŋ6	hoŋ6	hoŋ6	—	
缝 通合三钟奉平	hoŋ2	hoŋ2	hoŋ2	hoŋ2	hoŋ2	hoŋ2	paŋ2	paŋ2 haŋ2
缝 通合三用奉去	p'aŋ5	p'aŋ5	p'aŋ5	p'aŋ5	p'aŋ5	p'aŋ5	p'aŋ6	p'aŋ6
龙 通合三钟来平	lioŋ2	lioŋ2	lioŋ2	lioŋ2	lioŋ2	lioŋ2	liaŋ2	liaŋ2
绿 通合三烛来入	liok8	lie?8	lo?8	lio?8	liok8	liok8	liau8	liɔ?8
录 通合三烛来入	liok8	lie?8	lo?8	lio?8	liok8	liok8	liau8	liɔ?8
足 通合三烛精入	tsiok7	tsie?7	tso?7	tsio?7	tsiok7	tsiok7	—	—
粟 通合三烛心入	ts'iok7	ts'ie?7	ts'o?7	ts'o?7	ts'ok7	ts'ok7	—	—
松 通合三钟邪平	sioŋ2	sioŋ2	soŋ2	sioŋ2	sioŋ1	sioŋ1	tsiaŋ1	ʃɔŋ1
续 通合三烛邪入	siok8	sie?8	—	sio?8	siok8	siok8	siau8	siɔ?8
重 轻重 通合三肿澄上	taŋ6	taŋ6	taŋ6	taŋ6	taŋ6	taŋ6	ts'aŋ1	ts'aŋ1
重 尊重 通合三肿澄上	tioŋ6	tioŋ6	tioŋ6	tioŋ6	tioŋ6	tioŋ6	tsaŋ6	tsaŋ6
钟 通合三钟章平	tsioŋ1	tsioŋ1	tsoŋ1	tsoŋ1	tsoŋ1	tsoŋ1	tsaŋ1	tsaŋ1
种 种类 通合三肿章上	tsioŋ3	tsioŋ3	tsoŋ3	tsoŋ3	tsoŋ3	tsoŋ3	tsaŋ3	tsaŋ3
肿 通合三肿章上	tsioŋ3	tsioŋ3	tsoŋ3	tsoŋ3	tsoŋ3	tsoŋ3	tsaŋ3	tsaŋ3
种 种树 通合三用章去	tsioŋ5	tsioŋ5	tsoŋ5	tsoŋ5	tsoŋ5	tsoŋ5	—	—
烛 通合三烛章入	tsiok7	tsie?7	tso?7	tso?7	tsok7	tsok7	tsau6	tʃɔ6
春 通合三钟书平	tsioŋ1	tsioŋ1	tsoŋ1	tsoŋ1	tsoŋ1	tsoŋ1	tsaŋ1	tʃaŋ1
束 通合三烛书入	sok7	suo?7	so?7	so?7	sok7	sok7	—	—
蜀 通合三烛禅入	tsət8	tsie?8	tse?8	tse?8	tsiet8	tsiet8	—	—
茸 通合三钟日平	gioŋ2	gioŋ2	gioŋ2	gioŋ2	gioŋ2	gioŋ2	giaŋ2	giaŋ2
恭 通合三钟见平	kioŋ1	koŋ1	koŋ1	kioŋ1	kioŋ1	kioŋ1	kioŋ1	kiɔŋ1
共 通合三用群去	koŋ6	koŋ6	koŋ6	koŋ6	kioŋ6	koŋ6 kioŋ6	kaŋ6	kaŋ6
局 通合三烛群入	kiok8	kie?8	kio?8	kio?8	kiok8	kiok8	kiau8	kiɔ?8

例字\地点	菁城（桂林）	溪南（官坑）	新桥（南丰）	双洋（东洋）	适中（中心）	苏坂（美山）	万安（涂潭）	万安（梅村）
玉 通合三烛疑入	giok8	gieʔ8	gioʔ8	gioʔ8	giok8	giok8	ŋiau8	ŋiɔʔ8
胸 通合三钟晓平	hioŋ1	hioŋ1	hioŋ1	hioŋ1	hioŋ1	hioŋ1	hioŋ1	hiɔŋ1
凶 通合三钟晓平	hioŋ1	hioŋ1	hioŋ1	hioŋ1	hioŋ1	hioŋ1	—	hioŋ1
容 通合三钟以平	gioŋ2	gioŋ2	gioŋ2	gioŋ2	gioŋ2	gioŋ2	giaŋ2	iɔŋ2
勇 通合三肿以上	gioŋ3	gioŋ3	gioŋ3	gioŋ3	gioŋ3	gioŋ3	gioŋ3	iɔŋ3
用 通合三用以去	gioŋ6	gioŋ6	gioŋ6	gioŋ6	gioŋ6	gioŋ6	giaŋ6	iɑŋ6
浴 通合三烛以入	giok8	gieʔ8	gioʔ8	gioʔ8	giok8	giok8	—	—

后 记

　　2009年与大学时声韵学的启蒙老师张光宇教授的一次课后讨论，张老师告诉我漳平方言很值得研究，仔细阅读张振兴先生的《漳平方言研究》后，我开启了对闽南西片方言的浓厚兴趣。

　　指导老师杨秀芳教授对这个题目非常支持，并给予我许多鼓励与帮助，让我能在这几年多次前往漳平、龙岩，完成八处方言语料的搜集。2011年的夏天，杨老师亲自陪着我到龙岩，调查苏坂话与万安梅村方言，除了学问的讨论外，杨老师在日常生活细节上也十分体贴，让这趟酷暑的田调之旅相当愉快地完成。龙岩学院的林清书教授，替我们介绍许多合适的发音人，并安排住宿与交通问题，林老师也替我们联络漳平民政局的谢局长，若没有林老师的热心帮忙，这篇论文可能没办法这么快完成。漳平溪南话是北京大学陈宝贤教授的母语，溪南话有非常复杂的连读变调，以及闽南西片他处没有的特殊元音，感谢陈老师一直给我提供溪南的语言数据与当地人的使用状况，并且不厌其烦地回复我的每一封信。闽南西片g-声母广泛分布，我们在论文中也比较了苗栗通霄四县话的情况，通霄是台湾大学李存智教授的家乡，李老师亲切地替我规划与安排多次的调查，让我的讨论能够更完整与全面。感谢"中央研究院"语言所的培育，语言所的江敏华老师、吴瑞文老师时常给我新的思考方向，使论文内容能更丰富。

　　谢谢漳平与龙岩各地发音人的耐心与配合,让我能在有限的时间内完成田调工作,在我回台湾后若有任何疑问,各地的发音人也都很愿意继续给予帮忙。漳平菁城话的发音人黄国庆、郑美丽夫妻和双双妹妹,在我在漳平工作的时候,给我无微不至的生活照顾。国庆姊夫热情地邀请我住在他们家,美丽姊姊并细心地照料我的食衣住行,让田调工作宛如在家中进行! 漳平新桥、溪南的发音人,多亏了双双的热心联系与介绍,每一趟漳平之行,都有超出预期的收获。

　　特别谢谢论文的口考委员,针对论文初稿中关于闽西的人文背景、闽南层次、田调音系描写,以及各项历史音变的细节提供宝贵意见。中山大学的张屏生教授对闽西的语言材料相当熟悉,对汉语方言的田调工作也有相当丰富的经验与成果发表,感谢张老师指出我的论文初稿缺失处,并提出许多珍贵的语言材料,令我的论文分析能更加完整。

　　大学进入中文系后,感谢爸爸妈妈的支持,让我能安逸地完成硕士论文、博士论文。一路走来陪伴着我的同学、朋友们,谢谢你们。

专家评审意见(一)

　　闽南西片方言向来没有得到应有的重视,但近年来有所改观。本论文主要的研究焦点是闽南西片方言音韵系统的兴替,基本理念和研究方法有其独到特色,除传统纵向的历史传承研究,还着重横向语言接触所引发的演变。作者把语言的外在历史列入考虑中,假定闽南西片方言有底层语言客语和非汉语畲语的影响,并详加论证。作者认为闽南西片方言是当地原居民经过"语言转用"所形成的,同时闽南西片虽地处闽南边陲,却保存了业已消失的古闽南语的音韵特征,称之为"前漳州特征"。另外也观察到此地区闽客语的元音链动现象,闽南方言反映拉链式的元音链动,客语反映推链式的元音链动,总的趋势是语言接触所促成的音韵平衡现象。本论文善于结合当下方言音韵研究理论议题和田野调查的结果,提出作者创新的见解,并勇于检讨甚至挑战前人研究不足之处,对于待决的理论议题也能掌握到未来能发挥的线索和契机。

　　本论文共分五章,除前言结论外,第二章介绍闽南西片方言的共时音系,主要描述漳平闽南方言和龙岩闽南方言的语音系统。第三章讨论闽南西片方言的历史音变,共分三节:(1)闽南西片方言的性质——语言接触后的漳州话;(2)创新变化的历时发展;(3)各项音变的触发关系。第1节讨论闽南漳州方言进入闽西后所产生的音变,主要是底层语(客语和畲语)干扰所致。但是基于边陲闽南语保存古代祖语特色的信念,主张闽南西片方言显现前漳州特征。作者将此特征回推至古闽语的时期,反映她所拟定的前高圆唇元音,此语音是闽南语以外的所有闽语(即闽东、闽北方言及过渡方言)所共有的。第2节从声韵调三方面介绍闽南西片方言的创新变化,创新变化有的是接触所引发的音变,有的是内部音系的调整。声调方面,提出两点创新演变:第一,连续变调不是本土闽南语特有的自身交替式变调,而是组合式的变调;第二,中古浊去声念阴平,作者通过与海南闽南语的比较,论断第二点可能与底层语言畲语有关,声母、韵母方面,作者一方面举了7个音变,认为与底层语言客、畲语的影响有关,另一方面也举出4项音变是闽南西片方言内部音系调整的结果。

　　此外,作者也就闽南西片与周边方言的音韵互动,萃取出复元音单化,元音高化的总趋势,并认为,闽南方言客方言的连锁音变可分别以拉链和推链解释。在闽南西片方言形成的问题上,作者抨击了传统谱系理论的不足之处,提出可以用语言接触来阐明,漳州系的闽南语进入闽西受底层语的影响而产生了新的闽南西片方言。

　　第四章论疾变与平衡:前者是指闽语纵向联系,后者是指闽西汉语方言的元音变迁与区域特征。疾变方面,论证闽南西片方言反映前漳州特征,其中含古浊去读为阴去,臻摄合口三等读开口,"徛""蚁""艾""团""件""外""倚"等字韵母新起的合口成分,连同鱼虞的独特读音,作者拟定 *iu 来解释这些音变,并认定是共同闽语的音韵特征。平衡方面,作者指出两个重点,即元音高化、复元音单画,导致韵母的链动。

　　在结论中,扼要的点出本论文的研究成果。作者从语言接触的观点提出"语言转用"的机制来说明本土闽南语在闽西在底层语言的干扰下本身的音系做了调整。闽南西片方言的独特音韵现象反映出它与古闽语的纵向承继,作者认为这些音韵表现都可从拟构的 *iu 得到解释。

　　本论文语料丰富,思路缜密、理论新颖、富于说服力,采取多元的分析方式,具有开拓性的意义,但也有若干值得深入探讨的问题,其中有两点值得一提：(1) 低层语言客语和畲语对闽南西片方言的塑造在本文中起关键性的作用,但畲语的音系特点文中未加着墨,其结果只能证明闽西片的闽南语是客语音系在起作用,畲语音韵特质如何有待进一步阐明;(2) 作者主张,前漳州特征反映古闽语的存古特点,和当下学界的有些看法大相径庭。这点值得深入探究,以免流于音变理论各说各话的罗生门局面。但是不论读者同不同意作者对语料解读,都可从论文宽广多元的视野,创发性的研究,得到启迪,促发探索的动机。

连金发

专家评审意见（二）

　　闽南西片方言指闽西地区东南部的龙岩、漳平境内的一些方言。这些方言处于闽南话和客家话的交界地带，从今归属上说属于闽南话，但具有某些明显的客家话特征。

　　《闽南西片方言音韵研究》是首次对这片地区方言进行深入的专题研究的论文，对于推进闽南西片方言的整体研究具有重要作用。论文以丰富的语言事实，阐述了闽南西片方言音韵的共性特征和个性特征，并且与闽南方言和客家方言联系起来，分析了这些特征形成的语言接触环境，指出该片方言具有闽南漳州方言格局，覆盖有早期客畲话的因素。我认为这个结论是可以成立的。本论文以闽南西片方言的实例，追溯了早期闽语和早期客畲语的某些语言状态，再次论证了语言接触理论在语言研究中的广泛价值，这是具有重要的理论价值和学术价值的。

　　本论文语言事实一部分采用已有调查材料，大部分是作者亲自田野调查所得，有的是第一次得到系统披露，这是十分珍贵的。本论文材料与论证结合严谨妥当，行文引证符合学术规范，可见作者专业基础知识扎实，具有很强的科学研究能力。

　　但本论文对闽南西片方言丰富的文白异读现象关注不够，而文白异读现象对于分析闽南方言的语音音韵层次却是非常重要的。本论文强调语言接触理论的重要价值是对的，但对于语言谱系树理论的评论尚缺客观。对于论证语言发展演变来说,这两种理论出发点不同,侧重点不一样,我们应该善于扬长补短,把两者结合起来。另外,本论文引用已有材料时,可能有明显错漏,还需要仔细核对。

　　我认为,从总体上说,本论文是一篇优秀的著作。经过修改核对以后,完全可以达到出版水平。我希望尽快出版,以推动汉语方言的调查研究。

　　　　　　　　　　　　　　　　　张振兴

《清华语言学博士丛书》章程

（一）《清华语言学博士丛书》是清华大学语言研究中心主持编辑的一套丛书，选择海峡两岸暨香港、澳门地区及国外语言学博士高质量的学术著作，经同行专家匿名评审和编委会审定后，由上海中西书局出版。每年出版1至5种。

（二）《清华语言学博士丛书》旨在使优秀的语言学博士的著作得以较快出版，并在学界传播，扩大影响。一方面帮助语言学领域的优秀青年学者迅速成长，另一方面也为语言学的发展注入新的活力。

（三）《清华语言学博士丛书》坚持学术的高标准。其学术定位是：

1. 以扎实的语言材料为基础，有较深入的分析和理论思考。

2. 具有学术前沿性和创新性。

3. 符合学术规范。

（四）《清华语言学博士丛书》编委会由海峡两岸暨香港、澳门地区的学者组成，名单如下：

主编：蒋绍愚（清华大学）。

副主编：张美兰（清华大学）。

编委：蔡维天（新竹清华大学），曹志耘（北京语言大学），陈保亚（北京大学），方一新（浙江大学），冯胜利（香港中文大学），何大安（台湾中研院），邢向东（陕西师范大学），张伯江（中国社科院语言所），张赪（清华大学），张敏（香港科技大学）。

《清华语言学博士丛书》编委会聘请丁邦新先生和陆俭明先生为顾问。

《清华语言学博士丛书》编委会负责邀请同行专家进行匿名评审，并召开编委会审阅和评定入选《清华语言学博士丛书》的著作。

（五）申报《清华语言学博士丛书》的著作必须具备如下条件：

1. 作者为海峡两岸暨香港、澳门地区已获得语言学博士学位的青年学者（年龄在 45 周岁以下），国外同等条件的青年学者撰写的中国语言学的著作亦可申报。

2. 著作可以在博士论文或博士后出站报告的基础上修改而成，已获得语言学博士学位的青年学者的其他著作也可以申报。著作用中、英文撰写均可。

3. 著作内容符合本章程第（三）条所规定的学术定位。

4. 作者从取得博士学位的次年起即可申报，申报者需填写《申报表》，并有两位专家（不包括《丛书》编委和顾问）推荐。

（六）申报时间为每年 4 月 1 日至 5 月 31 日。6 至 8 月份由同行专家匿名评审。9、10 月份编委会开会评定，10 月 31 日前公布评定结果。申报和评审的具体办法另定。

（七）申报著作通过评定后，作者应根据编委会的意见进行修改，并在两年内将定稿送交上海中西书局，逾期视同放弃出版。

《清华语言学博士丛书申报表》可登陆网站下载，网址：http://www.tsinghua.edu.cn/publish/cll/index.html

地　　址：清华大学人文学院新斋 332

联系人：赵晓英　电话：010 - 62773018

电子信箱：zwlxs@tsinghua.edu.cn

（2011 年 11 月 10 日《丛书》第一次编委会讨论通过

2015 年 11 月第五次编委会讨论修改

2017 年 11 月第七次编委会讨论修改）